营销管理（第二版）

谭昆智 编著

中山大学出版社
SUN YAT-SEN UNIVERSITY PRESS
·广州·

版权所有　翻印必究

图书在版编目（CIP）数据

营销管理/谭昆智编著.—2版.—广州：中山大学出版社，2018.7
ISBN 978-7-306-06286-4

Ⅰ.①营… Ⅱ.①谭… Ⅲ.①营销管理 Ⅳ.①F713.56

中国版本图书馆 CIP 数据核字（2018）第 008032 号

出 版 人：	王天琪
策划编辑：	嵇春霞
责任编辑：	粟　丹
封面设计：	曾　斌
责任校对：	李艳清
责任技编：	何雅涛
出版发行：	中山大学出版社
电　　话：	编辑部 020-84111996，84113349，84111997，84110779
	发行部 020-84111998，84111981，84111160
地　　址：	广州市新港西路 135 号
邮　　编：	510275　传真：020-84036565
网　　址：	http://www.zsup.com.cn　E-mail: zdcbs@mail.sysu.edu.cn
印 刷 者：	广州家联印刷有限公司
规　　格：	787mm×1092mm　1/16　24.25 印张　397 千字
版次印次：	2005 年 4 月第 1 版　2018 年 7 月第 2 版　2018 年 7 月第 6 次印刷
印　　数：	12 001～14 000 册
定　　价：	62.00 元

如发现本书因印装质量影响阅读，请与出版社发行部联系调换

第二版前言

《营销管理》一书是 2005 年 4 月在中山大学出版社出版的,责任编辑是嵇春霞老师。2016 年 8 月我修改准备在中山大学出版社出版的《创新潜能开发研究》(嵇春霞老师担任责任编辑)稿件时,嵇春霞老师谈起了我多年前出版的《营销管理》一书,提议将其全面地修改整理,作为第二版出版。我接受了她的建议,但由于杂事太多,一直没有一整段的时间来做这项工作,修改稿件的工作就在断断续续中进行。2017 年 12 月下旬,我下定了决心,利用 10 天的时间在坚持中创造价值,发挥了"两个六点半,中间不休息,还要加一班"的奋斗精神,一鼓作气地修改整理好了《营销管理》第二版的书稿。

市场营销学是公共关系学专业的专业核心课,计划 54 学时,一般在一个学期内(每周 3 学时)完成教学任务。市场营销学的教学任务为:通过本课程的学习,使学生树立现代市场营销观念,懂得市场营销的基本理论,掌握市场营销的基本知识、基本技能并能灵活地加以应用,为将来从事市场营销及相关管理活动奠定基础。

我们无法超越这个时代,但我们也不能落后于这个时代。《营销管理》一书毕竟是创作于十几年前的作品了。回顾最近十几年国内外营销学的状况,本书的基本观点和思想依然有效,有些前瞻性研究还在得到不断证实,但这十几年里,营销理论已经发生了很大变化,其中,互联网、大数据时代对营销理念、手段和方法产生了重大影响。所以本书要以中国市场特性为依据,以当代营销理论为指导,紧紧把握营销策划的主体任务、核心策略与主流方法;同时,力争做到系统跟踪中国市场变化、深度洞察新消费时代、新流通业态和新传媒生态背景下的营销环境,系统解析营销策划的守正出奇与固本创新之道。

我在修改《营销管理》第二版的稿件时,查阅了大量的资料,收集了不少素材，为的是体现时代特色。在修改整理原稿的基础上，重新撰写了一半以上的内容。我把章节数量从13章改为12章，主要内容有：市场营销管理、市场营销计划与战略、市场购买行为、市场调查、市场细分与目标市场、产品策略、产品生命周期理论、价格策略、分销渠道策略、促销策略、互联网营销、国际市场营销。同时，市场营销学属于应用学科，根据这一特点，为了更好地完成教学任务，我增加了"思维拓展"以及"思考练习题"。每个思考题的设计都以"问题"为中心，提出问题，让读者分析问题、说明问题，激发读者思考问题的积极性、主动性和创造性，给读者提供尽可能大的思维空间和想象空间。

营销并不是以精明的方式兜售自己的产品或服务，而是一门真正创造顾客价值的艺术，营销真正的任务是使促销成为多余。营销赢家能够赢得和说服那些不再相信一切、不再立即购买、不再购买高价产品的客户，他们能在绝境中创造惊人奇迹。营销是一种智慧，营销是一种胸襟。用营销管理的眼光看世界，会发现世界是充满智慧的。通过对市场历程的"营销"进行分析，我们认为，任何营销都要知己知彼，既要做好自我的分析，制定好规划，确定目标客户，同时也要做好宣传工作，根据产品营销周期进行营销。我们要树立三种观念：改变不了环境，就改变自己；改变不了事实，就改变态度；改变不了过去，就改变现在。

《营销管理》第二版从实际出发，系统地阐述了营销策划工作的方方面面。尽管我本着精心、细致的态度来编撰本书，但仍可能有疏漏的地方，敬请广大读者提出宝贵的意见和建议，以便我将来对该书做出修订。《营销管理》第二版的出版要感谢中山大学出版社对我的信任，以及本书的策划编辑嵇春霞老师、责任编辑粟丹老师为我提供的帮助。我与嵇春霞老师已经是第四次合作了，她的工作风格犀利清晰，她的认真态度令人感动，最关键的是她使本书获得了新生。

谭昆智

2018年1月于中山大学新华学院

第一版前言

市场营销学20世纪初发源于美国，它主要研究市场营销活动及其规律性，是一门建立在经济科学、行为科学、现代管理理论、数学等学科基础之上的应用科学，具有综合性、边缘性的特点，属于管理学范畴。课程的核心内容就是在满足顾客需要的前提下，使企业在竞争激烈的市场环境中获得生存和发展。

20世纪70年代末，我国实施改革开放政策，市场营销学被引入我国。经过20多年的推广应用，市场营销学有了很大的发展。在我国社会主义市场经济体制的建立和发展过程中，市场营销已经引起了党和政府的高度重视，市场营销理论已经为企业经济效益的提高做出了实质性的贡献，《中华人民共和国国民经济和社会发展"九五"计划和2010年远景目标纲要》对营销的重要性已做了高度的阐述，党和国家领导人在讲话中经常提到市场营销在企业发展和经济繁荣中的重要作用。

目前市场营销学已发展成为一门新兴的、独立的学科。

在社会上，市场营销学受到不少行业的大中小型企业和乡镇企业的重视，自觉运用其理论，指导企业的经营活动，收到了良好的经营效果。随着社会主义市场经济的建立和改革开放的不断深入，企事业单位被推向了市场，企业需要自己寻找产品市场。因此，如何分析、了解、掌握市场发展变化的规律，如何按市场需要组织各项生产经营活动已成为企业生存发展最为关心的问题。

市场营销学将为企业调查分析市场环境、研究顾客需求、针对目标市场正确制定市场营销决策、增强企业的应变能力和竞争能力、改进企业经营管理、提高经济效益、进一步发展社会主义市场经济起到重要的促进作用。

市场营销学的英文为marketing。过去我国对此词的翻译不一，有的译为市场学、销售学、行销学，有的译为市场经营学、市场营销学等。近年来，国内理论界经过反复研讨，认为marketing是动名词，译名应反映其动态的意义,并基本取得了一致的认识,译成市场营销学。本书的特点可以概括为三个方面。①管理导向。市场营销学着重从市场营销管理决策的角度研究买主的市场营销问题。本书的重点集中在企业管理人员在协调企业的目标、资源和市场需求与机会之间的关系时所面临的重要决策。②应用性。本书所探讨的问题都是企业在营销活动中的问题,企业案例贯穿始终,课程的方法和原理都具有可操作性。③内容广泛。本书包括了市场营销管理的各个方面,包括战略性营销、战术性营销和市场营销的组织与控制等。

市场营销学是引进学科,从这一特点出发,本书的写作目标就在于对知识的运用,在于培养公众的营销理念和营销管理水平。具体来说,研究营销管理,首先要完整地了解市场营销学的知识体系与研究方法,在此基础上,牢固树立以顾客为中心的市场营销观念,系统掌握市场营销学的基本原理和方法,从而在经济活动实践中有效地组织企业的经营活动,使企业以市场为导向,进行产品开发、生产、定价、分销、促销等市场营销活动,提高企业经营管理水平,提高企业经济效益。

学习营销管理的基本要求:①正确认识市场营销的性质、任务及其研究对象,全面了解本书的体系、结构,对营销管理有一个整体的认识;②牢固树立以顾客需要为中心的市场营销观念,并以此观念为指导去研究和解决市场营销的理论和实际问题;③掌握学科的基本概念、基本原理和基本方法,包括国内外市场营销理论与实践的最新发展;④立足应用性的特点,紧密联系实际,学会分析案例,解决实际问题,把学科理论的学习融入对经济活动实践的研究和认识之中,切实提高分析问题、解决问题的能力,真正掌握营销管理的核心内容,为企业经济效益的提高服务,为社会主义市场经济发展与和谐社会的建设做出贡献。

本书正文共有13章,分别介绍了市场营销管理、市场营销计划与战略、市场购买行为、市场调查、市场细分与目标市场、产品策略、产品生命周期理论、价格策略、分销渠道策略、促销策略、互联网营销、CS经营战略、国际市场营销。其中互联网营销和CS经营战略是重要的话题。本书的主要目的是向学生传授从事消费者分析所必需的知识和技能,这些知识和技能能够用来了解市场并制定有效的营销战略。

柳传志曾说,中国市场的游戏规则是"胆小的等死,胆大的找死"。多位跨国公司高层管理者在进入中国市场数年后也感叹:"中国市场是全世界最大、最复杂、变化最快的市场。"中国是世界新兴的巨大市场,其市场增长率直接取决于中国的企业及其经理们的市场营销技能。这意味着市场营销管理学科及其实践作为工商教育的主导学科在中国将非常迅速地发展。回顾中国当前的市场营销实践,呈现出了市场化的消费行为和趋势。分析竞争战略,中国企业必须学会细分市场并选择有差异化需求的目标市场。企业必须坚守住高端市场,通过增值服务和有效的品牌建设,企业可以在这些市场上保持较高的价格和赢利。

中国通路分销涉及很强的区域性和巨大的农村市场。企业要继续加强其分销渠道网络的建设,并探索具有创新性的方法,为遍布各地的各种各样的区域性市场提供所需的产品和服务。互联网经济将在接触市场方面起到重要作用,并能使分销渠道更加透明和有效。以知识创新推进中国营销,市场营销学科需要不断地充实及分析研究以下问题。

第一,顾客导向的时代已经来临,企业必须更加注重需求面的趋势与变动,从而迅速拟出客我双赢战略,因此市场环境侦测必须成为企业制定策略前的准备。

第二,竞争并无疆界之分,由于全球的关税壁垒已经消失,电脑与通信又大大提高企业与市场、供应商与顾客间的互知与互动,我国企业必须认识到竞争对手也有可能成为合作伙伴,因此必须善用竞争与合作关系,而又不造成市场上的不公平竞争状况。

第三,对质量注意度(awareness)的提升。高水平的质量产出已经不算是竞争的优势,充其量只能算是一种基本需求,即无质量的产品终将为市场所弃,因此各企业必须极力提高质量水平。

第四,不要执着于价格竞争。价格与质量息息相关,低价格的理由往往是抓住顾客贪便宜的心理,而且假设由于顾客付价不高,自然无权抱怨低质量之产品或服务,但切勿忘记,当您的对手能推出高度差异化的高质量产品与服务并在价格上稍高于低质量产品价格时,后者将拱手让出市场份额。企业常胜之道在于加强产品与服务的差异化,而不是一味迷信低价格策略。

中国企业要尽量做到理论性和实用性的统一。我们可以得出结论:中国转型市场与西方成熟市场不可同日而语,将国际营销理论本土化,才能赢得市场成功。

目前我们营销管理学习的新要求:追兵就是标兵,对手就是老师。

我们应以观念制约观念，要有观念的三改变：改变不了环境，就改变自己；改变不了事实，就改变态度；改变不了过去，就改变现在。

处处留心皆学问，改变一种习惯方式或换一种角度去看同一事物，会或多或少地获得一些不同的东西，有可能会让人感到意外。普通读者阅读本书，给自己添"第三只眼"，相信再看到报纸上各种商战报道时，在看热闹之余，更可洞察其中的门道。

谭昆智

2004 年 10 月

目 录

第一章 市场营销管理

第一节 4Ps—4Cs—4Rs ································· 2
一、4Ps ·· 2
二、4Cs ·· 3
三、4Rs ·· 6

第二节 营销核心概念 ································· 8
一、需要、欲望和需求 ·· 8
二、产品 ·· 8
三、效用、价值和满足 ·· 9
四、交换、交易和关系 ·· 9
五、市场 ·· 11
六、市场营销者与市场营销学 ···························· 11

第三节 营销管理需求 ································· 12
一、八种需求状况 ·· 12
二、"五维"说欣赏 ·· 15

第四节 营销管理哲学 ································· 17
一、营销管理观念的变迁 ···································· 17
二、营销管理哲学观念 ·· 20

第五节 营销学与经济学 ································· 23
一、营销学与经济学的联系和区别 ······················ 24
二、营销管理研究进路 ·· 26

思考练习题 ·· 29

第二章 市场营销计划与战略

第一节 战略计划 ······································ 32
一、战略的本质 ·· 32

二、战略计划过程 ………………………………… 36
　第二节　营销计划 ………………………………………… 41
　　一、企业制订营销计划时普遍存在的缺陷 ……… 41
　　二、营销计划内容 ………………………………… 42
　第三节　市场营销战略 …………………………………… 44
　　一、营销战略与战术 ……………………………… 45
　　二、目标市场 ……………………………………… 46
　　三、产品定位 ……………………………………… 49
　　四、目标市场控制 ………………………………… 49
　　五、中国市场营销战略 …………………………… 52
　思考练习题 ………………………………………………… 56

第三章　市场购买行为
　第一节　消费者市场购买行为 …………………………… 60
　　一、消费者的特征与行为 ………………………… 60
　　二、消费者购买行为因素 ………………………… 62
　　三、消费者购买决策过程 ………………………… 67
　　四、消费者特征与行为的市场研究 ……………… 77
　第二节　组织市场购买行为 ……………………………… 79
　　一、组织市场及其购买行为特征 ………………… 80
　　二、组织购买行为构成 …………………………… 81
　思考练习题 ………………………………………………… 84

第四章　市场调查
　第一节　市场调查的意义和内容 ………………………… 86
　　一、市场调查的重要性 …………………………… 86
　　二、市场调查内容 ………………………………… 90
　第二节　市场调查的步骤 ………………………………… 95
　　一、市场情报资料的分类和来源 ………………… 96
　　二、市场调查的三个阶段 ………………………… 97
　第三节　市场调查的方法 ………………………………… 100
　　一、按选择调查对象的方法分类 ………………… 100

  二、按收集资料的方法分类 …………………………………… 102
 第四节 问卷设计 …………………………………………………… 107
  一、良好问卷和理想问卷的要求 ………………………………… 107
  二、问卷设计的步骤 ……………………………………………… 108
  三、问卷设计范文 ………………………………………………… 111
 思考练习题 …………………………………………………………… 115

第五章 市场细分与目标市场

 第一节 市场细分的依据和作用 …………………………………… 118
  一、市场细分 ……………………………………………………… 118
  二、市场细分变量 ………………………………………………… 122
 第二节 目标市场选择及其策略 …………………………………… 128
  一、目标市场选择内涵及条件 …………………………………… 128
  二、目标市场涵盖策略 …………………………………………… 129
  三、目标市场选择需考虑因素 …………………………………… 133
 第三节 市场定位 …………………………………………………… 136
  一、产品的市场定位策略 ………………………………………… 136
  二、产品市场定位的确定 ………………………………………… 136
  三、目标市场中的品牌定位 ……………………………………… 137
 思考练习题 …………………………………………………………… 142

第六章 产品策略

 第一节 产品整体的概述 …………………………………………… 144
  一、产品含义 ……………………………………………………… 144
  二、产品的层次 …………………………………………………… 144
 第二节 产品组合 …………………………………………………… 150
  一、产品组合概念 ………………………………………………… 150
  二、产品组合决策 ………………………………………………… 153
 第三节 整顿老产品 ………………………………………………… 155
  一、调整产品组合 ………………………………………………… 155
  二、整顿老产品，优化产品组合的方法 ………………………… 158
 第四节 品牌策略 …………………………………………………… 164

一、品牌的概述 …………………………………… 164
　　二、品牌策略的内容 ……………………………… 166
　思考练习题 …………………………………………… 171

第七章　产品生命周期理论

第一节　产品生命周期理论及其应用 ………………… 174
　　一、产品生命周期的概念 ………………………… 174
　　二、产品生命周期理论的作用 …………………… 180
第二节　新产品开发 …………………………………… 186
　　一、新产品概念 …………………………………… 186
　　二、新产品开发原则和方式 ……………………… 187
　　三、新产品开发策略 ……………………………… 191
第三节　新产品开发组织与程序 ……………………… 192
　　一、新产品开发组织 ……………………………… 192
　　二、新产品开发步骤与实施 ……………………… 193
　思考练习题 …………………………………………… 198

第八章　价格策略

第一节　影响企业定价的因素 ………………………… 202
　　一、定价的客观依据 ……………………………… 202
　　二、影响商品价格的因素 ………………………… 206
第二节　定价程序 ……………………………………… 216
　　一、确定定价目标 ………………………………… 216
　　二、测定需求与成本 ……………………………… 218
　　三、选择定价方法 ………………………………… 219
　　四、选定最后价格 ………………………………… 223
第三节　定价策略与目标 ……………………………… 223
　　一、定价策略 ……………………………………… 223
　　二、定价目标 ……………………………………… 230
　思考练习题 …………………………………………… 236

第九章 分销渠道策略

第一节 分销渠道的作用 ········· 238
- 一、分销渠道组成 ········· 238
- 二、分销渠道增值管理 ········· 239

第二节 分销渠道结构与中间商类型 ········· 241
- 一、分销渠道结构 ········· 241
- 二、批发商 ········· 242
- 三、零售商 ········· 244

第三节 选择分销渠道 ········· 248
- 一、分销渠道的选择因素 ········· 248
- 二、分销渠道管理和决策 ········· 249
- 三、渠道模式创新 ········· 251

第四节 分销渠道新变化 ········· 254
- 一、渠道体制 ········· 255
- 二、渠道运作 ········· 255
- 三、渠道建设 ········· 256
- 四、市场重心 ········· 257
- 五、渠道激励 ········· 258
- 六、渠道网络 ········· 258

思考练习题 ········· 263

第十章 促销策略

第一节 促销组合 ········· 266
- 一、信息沟通过程 ········· 266
- 二、促销组合决策过程 ········· 267

第二节 广告策略 ········· 271
- 一、广告概述 ········· 271
- 二、广告制作 ········· 274
- 三、广告媒体选择 ········· 277

第三节 人员推销 ········· 278
- 一、人员推销作用与任务 ········· 278
- 二、人员推销方式及结构 ········· 280

三、营业推广 ………………………………………… 281
　　四、营销以系统取胜 ………………………………… 284
第四节　公共关系 ……………………………………… 285
　　一、公共关系的概念 ………………………………… 286
　　二、公共关系活动形式 ……………………………… 288
　　三、组织形象设计 …………………………………… 291
思考练习题 ……………………………………………… 295

第十一章　互联网营销

第一节　互联网营销概述 ……………………………… 298
　　一、互联网营销内涵 ………………………………… 298
　　二、互联网营销的特点 ……………………………… 300
第二节　互联网营销技巧 ……………………………… 303
　　一、掌握潜在客户数据与影响潜在客户决策 ……… 304
　　二、互联网营销的品牌策略 ………………………… 304
　　三、互联网营销外包 ………………………………… 307
　　四、互联网营销方式 ………………………………… 307
第三节　互联网营销在中国 …………………………… 315
　　一、中国互联网运用情况 …………………………… 315
　　二、中国互联网营销实操三篇章 …………………… 316
第四节　互联网营销方法与评价 ……………………… 321
　　一、互联网内容营销的方法 ………………………… 321
　　二、互联网营销管理与评价 ………………………… 324
　　三、互联网营销限制与安全 ………………………… 327
　　四、互联网营销的发展趋势 ………………………… 328
思考练习题 ……………………………………………… 332

第十二章　国际市场营销

第一节　开拓国际市场 ………………………………… 336
　　一、国际市场营销带来的利益 ……………………… 336
　　二、制约开拓国际市场的因素 ……………………… 337
　　三、共同拓展国际市场 ……………………………… 338

第二节　评析国际市场营销环境 ………………………………… 340
　　　一、经济环境 ………………………………………………… 341
　　　二、政治、法律环境 ………………………………………… 342
　　　三、社会文化环境 …………………………………………… 344
　　　四、经济全球化下的战略联盟 ……………………………… 345
　　第三节　国际市场营销组合决策 ………………………………… 348
　　　一、国际市场进入决策 ……………………………………… 348
　　　二、国际市场营销组合 ……………………………………… 350
　　　三、国际市场营销战略 ……………………………………… 355
　　第四节　国际营销发展趋势 ……………………………………… 357
　　　一、新营销概述 ……………………………………………… 357
　　　二、新营销的观察视角 ……………………………………… 359
　　思考练习题 ………………………………………………………… 366

参考文献 ……………………………………………………………… 367

后记 ………………………………………………………………… 370

第一章 市场营销管理

通过本章学习,理解与市场营销有关的概念(包括需要、欲望和需求,产品,效用、价值和满足,交换、交易和关系,市场,市场营销者与市场营销学等),了解市场营销管理的含义及其任务,掌握市场营销管理哲学的演变,弄清市场营销理论,正确认识市场营销学与经济学的联系与区别,为后面各章的学习奠定基础。

第一节
4Ps—4Cs—4Rs

组织的营销工作是一门艺术,也是一门科学,先进的营销理念将提高组织的市场业绩。从营销组合策略的角度讲,市场营销管理的整个概念都是围绕着4Ps—4Cs—4Rs三个阶段进行的。

一、4Ps

4Ps理论产生于20世纪60年代的美国,随着营销组合理论的提出而出现。其意是指市场需求或多或少地在某种程度上受到所谓"营销变量"或"营销要素"的影响。为了寻求一定的市场反应,企业要对这些要素进行有效的组合,从而满足市场需求,获得最大利润。

(一)4Ps指代

第一阶段是经典的4Ps(产品、价格、渠道和促销)。其营销策略自20世纪50年代末由杰罗姆·麦卡锡(E. Jerome McCarthy)[①]提出以来,对市场营销理论和实践产生了深刻的影响,被营销界奉为营销理论中的经典。而且在4Ps理论指导下实现营销组合实际上也是组织市场营销的基本运营方法。

4Ps指代的是product(产品)、price(价格)、place(渠道)和promotion(促销)四个英文单词。这一理论认为,如果一个营销组合中包括合适的产品、合适的价格、合适的分销策略和合适的促销策略,那么这将是一个成功的营销组合,组织的营销目标也可以得到实现。

---

① [美]杰罗姆·麦卡锡(E. Jerome McCarthy):4Ps理论的创始人,20世纪著名的营销学大师。他曾发表过多篇论文,编写多本市场营销类的书籍,并担任多家知名企业的市场营销顾问。

（二）"大市场营销"理论

菲利普·科特勒（Philip Kotler）[①]认为，随着市场营销概念的不断拓宽，重新定义4Ps成为当务之急。菲利普·科特勒在他的著作中提到，"企业必须积极地创造并滋养市场"，"优秀的企业满足需求，杰出的企业创造市场"。

市场营销学涉及市场安排、市场调查以及客户关系管理等，菲利普·科特勒谈到市场营销是"创造价值及提高全世界的生活水准"的关键所在，它能在"赢利的同时满足人们的需求"。他一直试图将有关市场营销的探讨提升到产品与服务之上，他深信世界上最有成就感的市场营销工作应该"带给人们更多的健康和教育，使人们的生活质量有根本的改观"。他营销管理的整个概念是围绕10Ps进行的，它们是营销管理战术性4Ps+战略性4Ps+大市场营销2Ps。

战术性4Ps包括：产品product（产品组合、产品生命周期、新产品开发、商标、包装）、定价price（定价目标、原理、方法、策略）、分销渠道place（宽度、深度）、促销promotion（广告、人员推广、营业广度）。战略性4Ps包括：市场调查与预测probing、市场细分partitioning、目标市场选择prioritizing、市场定位（产品定位）positioning。大市场营销2Ps包括：政治力量political power、公共关系public relations。

以上是科特勒的"大市场营销"理论。我们将在后面的分析中，阐述科特勒的"大市场营销"理论的变化。"大市场营销"理论使我们看到营销管理的内涵：将营销管理表达为个人与集体通过创造并同别人交换产品和价值以获得其所欲之物的一种社会过程。

二、4Cs

第二阶段是挑战4Ps。随着市场竞争日趋激烈，媒介传播速度越来越快，4Ps理论越来越受到挑战。到20世纪80年代，罗伯特·劳特朋

[①] ［美］菲利普·科特勒（Philip Kotler）：现代营销集大成者，被誉为"现代营销学之父"，任美国西北大学凯洛格管理学院终身教授，是美国西北大学凯洛格管理学院国际市场学 S. C. 强生荣誉教授。美国管理科学联合市场营销学会主席，美国市场营销协会理事，营销科学学会托管人，管理分析中心主任，杨克罗维奇咨询委员会成员，哥白尼咨询委员会成员，中国GMC制造商联盟国际营销专家顾问。

(Robert F. Lauterborn)[①] 针对4Ps存在的问题提出了4Cs营销理论。

（一）4Cs指代

罗伯特·劳特朋提出了与传统营销的4Ps相对应的4Cs营销理论。4Cs营销理论以消费者需求为导向，重新设定了市场营销组合的四个基本要素，瞄准消费者的需求和期望。

1. customer（顾客）

customer是指顾客，主要指顾客的需求。企业必须首先了解和研究顾客，根据顾客的需求来提供产品。同时，组织提供的不仅仅是产品和服务，更重要的是由此产生的客户价值（customer value）。

2. cost（成本）

cost是指成本。成本不单是组织的生产成本，或者说4P中的price（价格），它还包括顾客的购买成本，同时也意味着产品定价的理想情况应该是既低于顾客的心理价格，亦能够让组织有所盈利。此外，这中间的顾客购买成本不仅包括其货币支出，还包括其为此耗费的时间、体力和精力消耗，以及购买风险。

3. convenience（便利）

convenience是指便利，即为顾客提供最大的购物和使用便利。4C理论强调组织在制定分销策略时，要更多地考虑顾客的方便，而不是组织自己方便。通过好的售前、售中和售后服务，让顾客在购物的同时也享受到便利。便利是客户价值不可或缺的一部分。

4. communication（沟通）

communication是指沟通。其被用以取代4P中对应的promotion（促销）。4Cs理论认为，组织应通过同顾客进行积极有效的双向沟通，建立基于共同利益的新型企业/顾客关系。这不再是组织单向的促销和劝导顾客，而是在双方的沟通中找到能同时实现各自目标的通途。

---

① ［美］罗伯特·劳特朋（Robert F. Lauterborn）：著名的营销理论专家，整合营销传播理论的奠基人之一。他于1990年提出了以一个顾客为中心的新的营销模式——著名的4Cs理论。与传统的4Ps理论相比，4Cs理论不再以产品为重心，更注重顾客，更注重如何与顾客沟通。4Cs理论是新经济时期的产物，它的出现标志着4Ps时代的终结，整合时代的到来。

（二）4Cs 存在的不足

4Cs 理论也留有遗憾。总体来看，4Cs 营销理论注重以消费者需求为导向，与市场导向的 4Ps 相比，4Cs 有了很大的进步和发展，但从组织的营销实践和市场发展的趋势看，4Cs 依然存在五个方面的不足。

1. 4Cs 是顾客导向，未能形成竞争导向

市场经济要求的是竞争导向，中国的企业营销也已经转向了市场竞争导向阶段。顾客导向与市场竞争导向的本质区别是：前者看到的是新的顾客需求；后者不仅看到了需求，还更多地注意到了竞争对手，冷静分析自身在竞争中的优、劣势并采取相应的策略，在竞争中求发展。

2. 4Cs 理论未能形成营销个性

4Cs 理论虽然已融入营销策略和行为中，但组织营销又会在新的层次上同一化。不同组织至多是个程度的差距问题，并不能形成营销个性或营销特色，不能形成营销优势，保证组织顾客份额的稳定性、积累性和发展性。

3. 4Cs 未遵循双赢原则

4Cs 以顾客需求为导向，但顾客需求有个合理性问题。顾客总是希望质量好、价格低，特别是在价格上的要求是无底线的。只看到满足顾客需求的一面，组织必然付出更大的成本，会影响组织的发展。所以从长远看，组织经营要遵循双赢的原则，这是 4Cs 需要进一步解决的问题。

4. 4Cs 未满足顾客实操需求

4Cs 没有体现既赢得客户，又长期拥有客户的关系营销思想。没有解决满足顾客需求的操作性问题，如提供集成解决方案、快速反应等。

5. 4Cs 未与顾客建立高层次关系

4Cs 总体上虽是 4Ps 的转化和发展，但被动适应顾客需求的色彩较浓。根据市场的发展，需要从更高层次以更有效的方式在组织与顾客之间建立起有别于传统的新型的主动性关系，如互动关系、双赢关系、关联关系等。

三、4Rs

21世纪开始强调关系营销，4Rs理论是由唐·舒尔茨（Don E. Schuhz）[①]在4Cs营销理论的基础上提出的新营销理论。

（一）4Rs指代

4Rs指代relevance（关联）、reaction（反应）、relationship（关系）和reward（回报）。该营销理论认为，随着市场的发展，组织需要从更高层次上以更有效的方式在企业与顾客之间建立起有别于传统的新型的主动性关系。

（二）4Rs营销要素

唐·舒尔茨提出的4Rs营销新理论阐述了全新的营销四要素。

1. **与顾客建立关联**

   在竞争性市场中，顾客具有动态性。顾客忠诚度是变化的，他们会转移到其他组织。要提高顾客的忠诚度，赢得长期而稳定的市场，重要的营销策略是通过某些有效的方式在业务、需求等方面与顾客建立关联，形成一种互助、互求、互需的关系。

2. **提高市场反应速度**

   在今天相互影响的市场中，对经营者来说，最现实的问题不在于如何控制、制订和实施计划，而在于如何站在顾客的角度及时地倾听顾客的希望、渴望和需求，并及时答复和迅速做出反应，满足顾客的需求。

3. **关系营销越来越重要**

   在组织与客户的关系发生了本质性变化的市场环境中，抢占市场的关键已转变为与顾客建立长期而稳固的关系，从交易变成责任，从顾客变成用户，从管理营销组合变成管理和顾客的互动关系。

   沟通是建立关系的重要手段。从经典的AIDA模型"注意—兴趣—渴望—行动"来看，营销沟通基本上可完成前三个步骤，而且平均每次和顾客接触的花费很低。

---

① ［美］唐·舒尔茨（Don E. Schuhz）：美国西北大学营销传播学教授、整合营销传播理论的开创者，被誉为"整合营销传播之父"。

4. 回报是营销的源泉

由于营销目标必须注重产出，注重组织在营销活动中的回报，所以组织要满足客户需求，为客户提供价值，不能做无用的事情。一方面，回报是维持市场关系的必要条件；另一方面，追求回报是营销发展的动力，营销的最终价值在于其是否能给组织带来短期或长期的收入。

（三）4Rs 理论优势

4Rs 理论以关系营销为核心，重在建立顾客忠诚度。它既从厂商的利益出发又兼顾消费者的需求，是一种更为实际、有效的营销制胜术。

1. 以竞争为导向

4Rs 营销理论的最大特点是以竞争为导向，在新的层次上概括了营销的新框架。4Rs 根据市场不断成熟和竞争日趋激烈的形势，着眼于组织与顾客互动与双赢。

2. 关系营销思想

4Rs 体现并落实了关系营销的思想。通过关联、关系和反应，提出了如何建立关系、长期拥有客户、保证长期利益的具体操作方式，这是一个很大的进步。

3. 回报为互动双赢

反应机制为互动与双赢、建立关联提供了基础和保证，同时也延伸和升华了便利性。"回报"兼容了成本和双赢两方面的内容。追求回报，组织必然实施低成本战略，充分考虑顾客愿意付出的成本，实现成本的最小化，并在此基础上获得更多的顾客份额，形成规模效益。这样，组织为顾客提供价值和追求回报相辅相成、相互促进，客观上达到的是一种双赢的效果。当然，4Rs 同任何理论一样，也有其不足和缺陷。如与顾客建立关联、关系，需要实力基础或某些特殊条件，并不是任何组织可以轻易做到的。

4Ps、4Cs、4Rs 三者的关系不是取代关系，而是完善和发展的关系。由于组织层次不同，情况千差万别，市场、组织营销还处于发展之中，所以至少在一个时期内，4Ps 还是营销的一个基础框架，4Cs 也是很有价值的理论和思路。因而，两种理论仍具有适用性和可借鉴性。

4Rs 不是取代 4Ps、4Cs，而是在 4Ps、4Cs 基础上的创新与发展，所以不可把三者割裂开来，甚至对立起来。在了解体现 21 世纪市场营销的新发展的 4Rs 理论的同时，根据企业的实际，把三者结合起来指导营销实践，可能会取得更好的效果。

第二节 营销核心概念

市场营销最重要的核心应该是定位。定位是指一种行为过程，即主体将定位课题塑造成差异化的形象，并通过传播在受众大脑中占据特殊位置，把差异化形象烙印在受众大脑中的过程；并非国内常说的"定位高端人群""定位中高端市场"等。[①] 这一定义涉及以下核心概念。

一、需要、欲望和需求

人类的需要和欲望是市场营销活动的出发点。需要是指没有得到某些基本满足的感受状态。欲望是指想得到基本需要的具体满足物的愿望。需求是指对于有能力购买并且愿意购买的某个具体产品的欲望。

人类为了生存，需要食品、衣服、住所、安全、归属、尊重等，这些需要可用不同方式来满足。人类的需要有限，但其欲望却很多。当其具有购买能力时，欲望便转化成需求。市场营销者并不创造需要，需要早就存在于市场营销活动出现之前。

市场营销者连同社会上的其他因素只是影响了人们的欲望，并试图向人们指出何种特定产品可以满足其特定需要，进而通过使产品富有吸引力，适应消费者的支付能力且使之容易得到来影响需求。

二、产品

产品可表述为能够用以满足人类某种需要或欲望的任何东西。人们通常用产品和服务这两个词来区分实体物品和无形物品。

实体产品的重要性不仅在于拥有它们，更在于使用它们来满足我们的欲望。人们购买小汽车不是为了观赏，而是因为它可以提供交通服务。

---

① 参见巩娟《新型财经报纸的定位研究——受众定位趋同的缺陷与内容差异化的弥补》，载《新闻世界》2012 年第 1 期。

所以，实体产品实际上是向我们传送服务的工具。人们不是为了产品的实体而买产品，而是因为产品实体是服务的外壳，即通过购买某种产品实体能够获得自己所需要的服务。

市场营销者的任务是向市场展示产品实体中所包含的利益或服务，而不能仅限于描述产品的形貌；否则，企业将患上"市场营销近视"，即在市场营销管理中缺乏远见，只看见自己的产品质量好，看不见市场需要在变化，最终使企业经营陷入困境。

三、效用、价值和满足

效用是指产品满足人们欲望的能力。效用实际上是一个人的自我心理感受，它来自人的主观评价。价值是一个很复杂的概念，也是一个在经济思想中有着很长历史的概念。

马克思认为，价值是人类劳动当作商品共有的社会实体的结晶，商品价值量的多少由社会必要劳动时间来决定；而社会必要劳动时间是在现有的社会正常的生产条件下，在社会平均的劳动熟练程度和劳动强度下制造某种使用价值所需要的劳动时间。

边际效用学派则认为，消费者根据不同产品满足其需要的能力来决定这些产品的价值，并据此选择购买效用最大的产品。他所愿支付的价格（即需求价格）取决于产品的边际效用。边际效用就是指最后增加的那个产品所具有的效用，产品的价值取决于其边际效用。

四、交换、交易和关系

当人们决定以交换方式来满足需要或欲望时，就存在市场营销了。交换是指通过提供某种东西作为回报，从别人那里取得所需物的行为。

1. 交换发生应具备的条件

交换的发生，必须具备五个条件：①至少有两方；②每一方都有被对方认为有价值的东西；③每一方都能沟通信息和传送物品；④每一方都可以自由接受或拒绝对方的产品；⑤每一方都认为与另一方进行交换是适当的或称心如意的。

具备了上述条件，就有可能发生交换行为。但是，交换能否真正发生，取决于双方能否找到交换条件，即交换以后双方都比交换以前好（至少不比以前差）。

交换应看作一个过程而不是一个事件。如果双方正在进行谈判，并趋于达成协议，这就意味着他们正在进行交换，一旦达成协议，我们就说发生了交易行为。

2. 交易可量度的实质内容

交易是交换活动的基本单元，是由双方之间的价值交换所构成的行为。一次交易包括三个可以量度的实质内容：①至少有两个有价值的事物；②买卖双方所同意的条件；③协议时间和地点。

3. 关系市场营销概念

关系市场营销可定义为：企业与其顾客、分销商、经销商、供应商等建立、保持并加强关系，通过互利交换及共同履行诺言，使有关各方实现各自目的。

关系市场营销将使企业获得比其在交易市场营销中所得到的更多的东西。精明的市场营销者总是试图与其顾客、分销商、经销商、供应商等建立起长期的互信互利关系。这就需要以公平的价格、优质的产品、良好的服务与对方交易；同时，双方的成员之间还需加强经济、技术及社会等各方面的联系与交往。双方越是增进相互信任和了解，便越利于互相帮助。关系市场营销还可节省交易成本和时间，并由过去逐项逐次的谈判交易发展成为例行的程序化交易。

企业与顾客之间的长期关系是关系市场营销的核心概念。关系市场营销强调顾客忠诚度，保持老顾客比吸引新顾客更重要。企业的回头客比率越高，营销费用越低。关系市场营销的最终结果是为企业带来一种独特的资产，即市场营销网络。

市场营销网络指企业及其与之建立起牢固的互相信赖的商业关系的其他企业所构成的网络，在市场营销网络中，企业可以找到战略伙伴并与之联合，以获得一个更广泛、更有效的地理占有。市场营销管理也正日益由过去追求单项交易的利润最大化转变为追求与对方互利关系的最佳化。其经营信条为：建立良好关系，有利可图的交易随之即来。

企业间密切合作的若干准则：①共存共荣，双方均从合作关系中获得成功与利益；②互相尊重，和谐一致，富有人情；③诚恳守信，坦诚相待；④在建立合作关系之前就要有明确的奋斗目标；⑤致力于长期合作，要强调合作关系的建立不是基于短期优势，而是基于长远机会；⑥深入了解对方的文化背景；⑦双方都要为最佳合作状态而努力；⑧经常沟通，及时解决问题，消除误会；⑨双方共同决策，不可强加于人；⑩力求关系的长期延续。

五、市场

市场是指具有特定需要和欲望，而且愿意并能够通过交换来满足这种需要或欲望的全部潜在顾客。因此，市场的大小取决于那些有某种需要，并拥有使别人感兴趣的资源，同时愿意以这种资源来换取其需要的东西的人数。市场这个词最早是指买主和卖主聚集在一起进行交换的场所。经济学家将市场这一术语表述为卖主和买主的集合，而在市场营销者看来，卖主构成行业，买主则构成市场。

在现代市场经济条件下，每个人在从事某项生产中趋向专业化，接受报偿，并以此来购买所需之物。每一个国家的经济和整个世界经济都是由各种市场组成的复杂体系，而这些市场之间则由交换过程来联结。

六、市场营销者与市场营销学

将市场营销理解为与市场有关的人类活动，即以满足人类各种需要和欲望为目的，通过市场变潜在交换为现实交换的活动。在交换双方中，如果一方比另一方更主动、更积极地寻求交换，则前者称为市场营销者，后者称为潜在顾客。

市场营销者指希望从别人那里取得资源并愿意以某种有价之物作为交换的人。市场营销者可以是卖主，也可以是买主。假如有几个人同时想买正在市场上出售的某种奇缺产品，每个准备购买的人都尽力使自己被卖主选中，这些购买者就都在进行市场营销活动。在另一种场合，买卖双方都在积极寻求交换，那么，我们就把双方都称为市场营销者，并把这种情况称为相互市场营销。

市场营销学又称市场学、销售学、行销学、市场管理等，是发源于西方发达国家的一门"很接近实务"的经济管理学科，是在经济学、行为科学、现代管理学等科学理论的指导下，对近百年来西方工商企业市场营销实践经验的概括和总结。

市场营销学中的市场是指具有特定的需求或欲望，而且愿意并能够通过交换来满足这种需要和欲望的全部潜在顾客。市场观念又称为市场导向、经营观、营销哲学或销售观点，指一种在一定时期内占统治地位的组织营销活动的指导思想,即由于人们对市场状况这个客观环境的认识而产生的对本企业营销活动的指导原则。

市场营销学是一门建立在经济科学、行为科学、现代管理理论基础之上的综合性应用科学,研究以满足消费者需求为中心的企业市场营销活动及其规律性,具有全程性、综合性、实践性的特点。其原理不仅广泛应用于企事业单位和行政机构,而且逐渐应用于微观、中观、宏观三个层次,涉及经济生活的各个方面。其与生产制造、人力资源、财务会计、研究开发等一道构成企业管理的主要职能。

第三节 营销管理需求

营销管理指为了实现企业目标,创造、建立和保持与目标市场之间的互利交换和关系而对设计方案的分析、规划、执行和控制,即为创造达到个人和机构目标的交换而规划和实施理念、产品和服务的构思、定价、分销和促销的过程。营销管理是一个过程,包括分析、规划、执行和控制。其管理的对象包含理念、产品和服务。[①] 市场营销管理的基础是交换,目的是满足各方的需要。营销管理的主要任务是刺激消费者对产品的需求,但不能局限于此。它还帮助公司在实现其营销目标的过程中,影响需求水平、需求时间和需求构成。因此,营销管理的任务是刺激、创造、适应及影响消费者的需求。

一、八种需求状况

营销管理的本质是需求管理。任何市场均可能存在不同的需求状况,营销管理的任务是通过不同的营销策略来解决不同的需求状况。以下是当代市场营销学泰斗、美国西北大学教授菲利普·科特勒(Philip Kotler)研究的八种需求状况。

---

① 参见翟超《营销管理过程中的八种需求》,载《发现》2001年第4期。

（一）负需求（negative demand）

负需求（否定需求）指顾客不喜欢某种产品或服务，并产生厌恶，甚至愿意出钱回避它的一种需求状况。如近年来许多老年人为预防各种老年疾病不敢吃甜点心和肥肉，又如有些顾客害怕遇到空难而不敢乘飞机，或者害怕化纤纺织品有毒物质损害身体而不敢购买化纤服装。市场营销管理的任务是分析人们为什么不喜欢这些产品，并针对目标顾客的需求重新设计产品、定价，做更积极的促销，或者改变顾客对某些产品或服务的信念，诸如宣传老年人适当吃甜食可促进脑血液循环，乘坐飞机出事的概率比较小等。把负需求变为正需求，称为改变市场营销。

（二）无需求（no demand）

无需求是指目标市场顾客对某种产品从来不感兴趣或漠不关心，如许多非洲国家居民从不穿鞋子，对鞋子无需求。市场营销者的任务是创造需求，通过有效的促销手段，把产品利益同人们的自然需求及兴趣结合起来。

通常，市场对下列产品无需求：①人们一般认为无价值的废旧物资；②人们一般认为有价值，但在特定市场无价值的东西；③新产品或消费者平常不熟悉的物品。

（三）潜在需求（latent demand）

潜在需求指现有的产品或服务不能满足许多消费者的强烈需求。例如，老年人需要高植物蛋白、低胆固醇的保健食品，美观大方的服饰，安全、舒适、服务周到的交通工具等，但许多企业尚未重视老年市场的需求。企业市场营销的任务是准确地衡量潜在市场需求，开发有效的产品和服务，即开发市场营销。

（四）下降需求（falling demand）

下降需求指目标市场顾客对某些产品或服务的需求出现了下降趋势，如近年来城市居民对电风扇的需求已饱和，需求相对减少。市场营销者要了解顾客需求下降的原因，或者通过改变产品的特色，采用更有效的沟通方法再刺激需求，即创造性地再营销，或者通过寻求新的目标市场，以扭转需求下降的格局。

（五）不规则需求（irregular demand）

不规则需求是指某些物品或服务的市场需求在一年不同季节，或一周不同日子，甚至一天不同时间上下波动很大的一种需求状况。也就是许多企业常面临因季节、月份、周、日、时对产品或服务需求的变化而造成生产能力和商品的闲置或过度使用。如在公用交通工具方面，在运输高峰时不够用，在非高峰时则闲置不用。又如在旅游旺季时旅馆紧张和短缺，在旅游淡季时旅馆空闲。再如节假日或周末时，商店拥挤，而平时，商店则顾客稀少。市场营销的任务是通过灵活的定价、促销及其他激励因素来改变需求时间模式，这被称为同步营销。

（六）充分需求（full demand）

充分需求指某种产品或服务目前的需求水平和时间等于期望的需求，但消费者需求会不断变化，竞争日益加剧；也可以是某种物品或服务的目前需求水平和时间等于预期的需求水平和时间的一种需求状况。因此，企业营销的任务是改进产品质量及不断估计消费者的满足程度，维持现时需求，这被称为维持营销。

（七）过度需求（overfull demand）

过度需求指市场上顾客对某些产品的需求超过了企业供应能力，产品供不应求。比如，由于人口过多或物资短缺，引起交通、能源及住房等产品供不应求。企业营销管理的任务是减缓营销，可以通过提高价格、减少促销和服务等方式使需求减少。企业最好选择那些利润较少、要求提供服务不多的目标顾客作为减缓营销的对象。减缓营销的目的不是破坏需求，而只是暂缓需求水平。

（八）有害需求（unwholesome demand）

有害需求指对消费者身心健康有害的产品或服务，诸如烟、酒、毒品、黄色书刊等。企业营销管理的任务是通过提价、传播恐怖及减少可购买的机会或通过立法禁止销售，称之为反市场营销。反市场营销的目的是采取相应措施来消灭某些有害的需求。

对于有害需求，市场营销管理的任务是反市场营销，即劝说喜欢有害产品或服务的消费者放弃这种爱好和需求，大力宣传有害产品或服务的严重危害性，大幅度提高价格，以及停止生产供应等。降低市场营销与反市场营销的区别在于：前者是采取措施减少需求，后者是采取措施消灭需求。

营销管理的本质是需求管理。任何市场均可能存在不同的需求状况，而不同的需求状态下有不同的市场营销管理任务，如表1.1所示。

表1.1　不同需求状态下不同的市场营销管理任务

不同需求状态	营销管理任务
否定需求	改善——转换性营销
无需求	促进——刺激性营销
潜在需求	开发——发展性营销
下降需求	再生——再营销
不规则需求	配合——同步性营销
充分需求	保持——维持性营销
过度需求	降低——低营销
有害需求	促退——反营销

二、"五维"说欣赏

被公认为现代营销之父的菲利普·科特勒曾在上海演讲[①]时提出了一个企业营销的"五维定位"法则[②]。他指出，公司需要在产品、价格等五个属性上定位，如给每个属性以5分法打分，那么，应有一个属性打5分，为特别强项，处于支配地位；一个属性打4分，居于中等以上，显示与他人之区别；其余3个属性打3分，居于中等，表明其他综合实力也不弱。其模式为：5、4、3、3、3。他告诫说，不要指望每样都超群，否则在营销方面投入过大，会减少企业盈利能力。

---

① 2006年10月20日，TNT公司携手世界营销协会、科特勒咨询集团及解放日报报业集团《新闻晚报》在上海浦东香格里拉酒店中国宴会厅，呈献了本年度营销盛典——"菲利普·科特勒之夜"。新浪作为独家网络支持媒体全程直播此次晚宴。

② 参见［美］菲利普·科特勒《营销管理》（第13版），王永贵等译，格致出版社2009年版，第65页。

(一) 立论独到

"五维"说首先让人明白全面与重点的关系。它讲五维而非一维,就表明注意全面,重视综合实力,要求所有项目必须合格;但它又强调突出重点,抓好特别强项,形成"与他人之区别"。全面推进是基础,重点突出而构建的优势,则是激活全局的主力。

(二) 善弈谋势

"五维"说认为:面面俱到地平均使用力量,最好的结果也是平平,经受不了风浪冲击;不如集中兵力,发展特长,以凭借优势,乘风破浪。这是一种体现了智慧的科学运筹方法。

"五维"说还具有超越现实的远识。全则必缺,极刚必反,这是事物发展的法则。不追求绝对完美,容许若干方面的中等水平,在自身,是留有进退的余地;对竞争对手,是共享各自发展优势的机会。这都有利于和谐、持续的发展,避免停滞或走向反面。

有趣的是"五维"说运用了一种数学表现形式,这使人想起美术上的"黄金分割"。"黄金分割"以 1:0.618 的比例,构建了一种美的模式;"五维"说则以 5、4、3、3、3 的结构,构建了一种力的模型。因此,"五维"说不仅仅适用于企业营销,它的基本精神也适用于其他方面。一个地区、单位的工作策划和推进,对于人的评价,学校或家长关于学生成长的要求都可以运用"五维"说。

思维拓展 华为创新设计,颠覆"中国制造"形象[①]

华为推出 Mate 9,正值三星 Note 7 "爆炸门"及苹果 iPhone 7 的销量不及预期之际,Mate 9 将给华为手机带来新机遇。从市场营销管理的角度,我们认为华为 Mate 9 既彰显了原创设计的价值,为"中国制造"正名,也是华为布局高端市场的一次大胆尝试。

1. "中国制造"全球扩张

从 1996 年起,经过 20 年的全球化架构建设,华为的销售网络已经遍

---

① 参见骆欢《华为创新设计,颠覆"中国制造"形象》,见 http://www.ceconline.com/strategy/ma/8800084772/01/,2017 年 8 月 30 日。

布全球140多个国家,其海外市场的营收占比更是突破65%。在全球范围内,华为的品牌知名度达到64%,成为唯一能和苹果、三星抗衡的中国智能手机品牌。

和华为一样,越来越多的中国品牌开始注重开拓全球化市场。但是,想要复制华为的国际化道路,再从技术研发耕耘开始,到完成全球网络铺设,这条漫长的时间路径,却难以被快速迭代的互联网时代所接受了。

2. 设计革新形象

这一次,华为又给中国企业指明一条成功路径,"中国制造"的转型突破口在于"设计"。2013年6月18日,华为终端在英国伦敦举办了盛大的发布会,发布了当时全球最薄的手机P6。华为凭借这款以纸为灵感而诞生的惊艳设计,在全球手机市场中的份额成功晋升至第三位,品牌也由此导向高端市场。此次华为推出的保时捷设计款Mate 9,更是借助"保时捷设计"的名号成功"霸屏"。

从"山寨"到"性价比",再到"自主芯片"和"设计感"十足,华为手机整合了供应链的上下游,掌控了产品定价的话语权,真正撕掉了"中国制造"的"低价""质次"的恶劣标签。

第四节
营销管理哲学

营销管理哲学是指企业对其营销活动及管理的基本指导思想,是企业如何看待顾客和社会的利益,如何处理企业、顾客和社会三者利益之间比重的关键。它是一种观念、一种态度,或者是一种企业思维方式。

一、营销管理观念的变迁[①]

从理论上看,市场营销学之所以具有很强的生命力,根本原因还在于它作为一门学科在理论上的不断发展创新,而且这种发展或创新动力总是源于市场经济之需要,几乎同时又能指导或服务企业的市场经营活

---

① 参见刘传江《市场营销观念的50年变迁》,载《中外企业文化》2000年第16期。

动。现在市场营销学领域的新概念如雨后春笋般不断涌现,不仅从理论上,更在实践上推动了市场营销的"革命"。

(一) 营销管理的"第一次革命"

20世纪50年代被菲利浦·科特勒称为市场营销学发展的黄金年代。50年代出现的全新概念对市场营销学与市场营销行为的影响可以用美国通用电气公司约翰·麦基特里克1957年提出的"市场营销观念"(marketing concept)来概括。市场营销由从前的以产品为出发点、以销售为手段、以增加销售获取利润为目标的传统经营哲学,到以顾客为出发点、以市场营销组合为手段、以满足消费者需求来获取利润的市场营销观念的转变,被公认为是现代营销管理的"第一次革命"。

这一"革命"要求企业把市场在生产中的位置颠倒过来:过去市场是生产过程的终点,而现在市场则成为生产过程的起点;过去是"以产定销",而现在是"以销定产"。重视消费者需求并以之为起点的市场营销活动使消费者实际上参与了企业生产、投资、开发与研究等计划的制订。这些新概念和新理论不仅导致了销售职能的扩大和强化,而且促使企业的组织结构发生了相应的巨大变化,销售部门不仅从企业的其他职能部门中独立出来,而且成为企业市场活动的核心部门。

(二) 营销管理的"第二次革命"

20世纪60年代是市场营销学发展的又一个黄金的10年。它们使20世纪50年代诞生的"市场营销观念"进一步系统与深化。20世纪70年代是第二次世界大战后经历了20世纪五六十年代黄金发展时期,西方国家经济发展重新面临动荡不定的年代,能源危机、环境污染、经济滞胀等严峻的宏观营销环境使微观市场营销面临新的挑战。

在20世纪70年代的经济冲击和消费领域的社会问题压力下,市场营销学词典中还增加了"战略营销""宏观营销""理智消费""生态主宰观念"等新概念。后来,还提出了"服务营销",此概念的论述反映了西方发达国家20世纪70年代后期以来产业结构日益服务化对市场营销的影响。20世纪80年代西方经济虽然发展缓慢,但却是市场营销学发展史上的又一个成果丰硕的年代,这一时期诞生的重要的新市场营销学概念包括:1981年"营销战""内部营销",1983年"全球营销",1985年"关系营销",1986年"大市场营销"及"直销"。

其中,最为辉煌的成就当属科特勒的"大市场营销"理论。它先是将市场营销组合由4Ps组合扩展为6Ps组合,即加上了2Ps:political power(政治力量)、public relations(公共关系)。科特勒认为,一个公司可能有精湛的优质产品、完美的营销方案,但要进入某个特定的地理区域时,可能面临各种政治壁垒和公众舆论方面的障碍。当代的营销者要想有效地开展营销工作,需要借助政治技巧和公共关系技巧。

后来,他又将之发展成为10Ps组合理论,即在6Ps组合的基础上加上新的4Ps组合,即probing(市场研究)、partitioning(市场细分)、prioritizing(目标优选)、positioning(产品定位)。不久,科特勒在上述10Ps组合的基础上再加上了第11个P,即people(人),意指理解人和向人们提供服务。这个P贯穿于市场营销活动的全过程,它是实施前面10个P的成功保证。该P将企业内部营销理论纳入市场营销组合理论之中,主张经营管理者了解和掌握职工需求动向和规律,解决职工的实际困难,适当满足职工的物质和精神需求,以此来激励职工的工作积极性。"大市场营销组合"理论将市场营销组合从战术营销转向战略营销,意义十分重大,被称为市场营销学的"第二次革命"。

(三)"市场营销系统"的新纪元

刚刚过去的20世纪90年代更是一个市场营销发展史上具有伟大划时代意义的年代,互联网在市场营销领域的应用将我们带入了一个全新的电子商务(Electronic commerce,EC)时代。早在1987年,科特勒就曾经预言,20世纪90年代将开创一个"市场营销系统"的新纪元。市场营销活动在迈向21世纪的最后10年中,将从营销技术、营销决策、营销手段等方面取得突飞猛进的发展,新的市场营销革命正在孕育之中。未来新的市场营销观念大都与发达的加工制造技术、电信和信息技术以及日益全球化的竞争趋势紧密相连,它们是"定制营销""网络营销""营销决策支持系统""营销工作站"等。

然而,互联网自身及其在市场营销领域的迅猛发展和对市场营销观念与行为的巨大影响远远超出了这位市场营销学泰斗的"大胆预言"。基于互联网的电子商务是使用电子技术的方式来实现市场营销目标的新途径,而且发展迅猛。1997年美国公司间EC成交额为56亿美元,1998年上升到 160 亿美元；2000 年美国消费者通过万维网购买的产品和服务达到 1997 年的 14 倍，EC 交易额占 GDP（国内生产总值）的 15%。

EC 环境下的市场营销观念从根本上改变了传统的 4Ps 或 6Ps 营销观念，网络经济下产生的虚拟组织不再需要地理上的营销渠道，也不需要存储清单、大而固定的营销场所就可以实现全球化业务，网络使企业失去地理疆界。市场营销行为不受时空限制，全球化、全天候的服务使交易更加便利。EC 打破了传统职能部门依赖于分工与合作的"串联组织模式"来完成整个任务的过程，形成了"并行工程"的营销思路：在 EC 构架里，除了公司的市场部和客户打交道外，其他职能部门也可以通过电子商务网络与客户频繁接触，原有各工作单元之间的界限被打破，重新组合成了一个直接为客户服务的工作组；EC 可以更快捷、更准确地捕捉顾客光临网站的各项信息，以此来了解顾客的偏好，预期新产品概念和广告效果，最终使顾客参与产品的设计，从而使"接单后生产"和一对一的、高质量的、个性化的"定制产品"和"定制服务"不再是富人的专利。

二、营销管理哲学观念

通过营销管理观念的 50 年变迁，企业的市场营销管理是在这种特定的指导思想或者经营观念指导下进行的。企业营销观念即企业的经营指导思想或营销管理哲学，是企业在经营活动中所遵循的一种观念、一种导向。在西方国家工商企业的营销活动中，先后出现了五种营销观念，即生产观念、产品观念、推销观念、市场营销观念和社会市场营销观念。营销管理哲学是企业在开展营销管理的过程中，在处理企业、顾客和社会三者利益方面所持的态度、思想和观念。

（一）生产观念

生产观念是指导销售者行为的最古老的观念之一，是以生产为中心的企业经营指导思想，重点考虑"能生产什么"，把生产作为企业经营活动的中心。消费者喜欢那些可以随处买得到而且价格低廉的产品，企业应致力于提高生产效率和分销效率，扩大生产、降低成本以扩展市场。

（二）产品观念

在市场经济条件下，有些企业的市场营销管理受产品观念支配。产品观念即企业以消费者会选择质量高的产品为前提，把企业营销活动的重点放在产品质量的提高上，坚信只要企业能提高产品的质量、增加产品的功能便会顾客盈门，而不必讲究其他，如销售方式等。消费者最喜欢高质量、多功能和具有某种特色的产品，企业应致力于生产高值产品，并不断加以改进。

最容易滋生产品观念的时间，莫过于当企业发明一项新产品时。此时，企业最容易患上"市场营销近视"，即不适当地把注意力放在产品上，而不是放在市场需要上。

（三）推销观念

推销观念是为许多企业所采用的另一种观念，是以销售为中心的企业经营指导思想，重点考虑如何能卖出去，把销售作为企业经营活动的核心。

推销观念认为，消费者通常表现出一种购买惰性或抗衡心理，如果听其自然的话，消费者一般不会足量购买某一企业的产品。因此，企业必须积极推销和大力促销，以刺激消费者大量购买本企业产品。

（四）市场营销观念

市场营销观念是以消费者需求为中心的企业经营指导思想，重点考虑消费者需要什么，把发现和满足消费者需求作为企业经营活动的核心。市场营销观念认为实现企业各项目标的关键在于正确确定目标市场的需要和欲望，并且比竞争者更有效地传送目标市场所期望的物品或服务，进而比竞争者更有效地满足目标市场的需要和欲望。

（五）社会市场营销观念

社会市场营销观念是营销观念的发展和延伸，强调企业向市场提供的产品和劳务不仅要满足消费者个别的、眼前的需要，而且要符合消费者总体和整个社会的长远利益。企业要正确处理消费者欲望、企业利润和社会整体利益之间的矛盾，统筹兼顾，求得三者之间的平衡与协调。

社会市场营销观念认为企业的任务是确定各个目标市场的需要、欲望和利益，并以保护消费者和提高社会福利的方式，比竞争者更有效、更有利地向目标市场提供能够满足其需要、欲望和利益的物品或服务。

新旧营销观念的对照可概括如表1.2、图1.1、图1.2所示。

表1.2 新旧营销观念的对照

营销观念		市场背景				重点（中心）	口号与态度	市场在生产周期中的地位	规划顺序	手段（方法）	目的
		生产力	科技	供求	市场	竞争					
旧式商业观念	生产观念	低下	缓慢发展	供<求	卖方市场	买方间进行	产品	"以生产为中心" "我生产什么，我卖什么"	终点	产品→市场	提高劳动生产率，增加产量	增加产量获取利润
	产品观念	进一步发展	加快发展	供≤求	卖方市场	卖方中已有	产品	"以生产为中心" "只要产品好，不愁没销路"	终点	产品→市场	改进与提高产品质量，提高劳动生产率	增加产量获取利润
	推销观念	较大发展	加快发展	供≥求	卖方市场→买方市场	卖方间进行	产品	"以生产为中心" "我卖什么，你买什么"	终点	产品→市场	推销术、广告术	增加销量获取利润
新式营销观念	市场营销观念	高度发展	迅速发展	供>求	买方市场	卖方间竞争激烈	顾客	"以需定产" "顾客是上帝" "用户第一"	起点	市场→产品	整体市场营销手段	满足需求获取利润
	社会市场营销观念	高度发展	迅速发展	供>求	买方市场	卖方间竞争激烈	顾客、社会利益	"以需定产" "满足需求，增强社会公共利益"	起点	市场→产品	整体市场营销手段	满足顾客需求、增强社会利益，企业获取利润

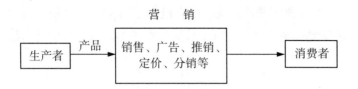

图 1.1　传统的市场营销活动

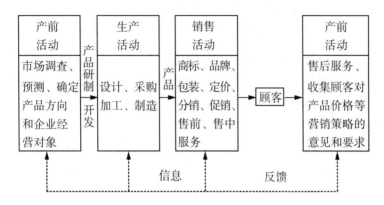

图 1.2　广义的市场营销活动

第五节
营销学与经济学

　　市场营销学的研究对象是以满足消费者需求为中心的企业营销活动过程及其规律性，即在特定的市场营销环境中，企业以市场研究为基础，为满足消费者现实和潜在的需要所实施的以产品、定价、渠道、促销为主要内容的活动过程及其客观规律性。严格地说，市场营销学属于管理学的范畴，然而营销学与经济学并不是毫无关系的，事实上，市场营销学最初正是脱胎于经济学"母体"，经过近一个世纪的发展和演变，它已不属于经济学，而是建立在多种学科基础上的一门管理学应用学科。正如最具国际影响力的营销学者之一菲利普·科特勒所指出的那样："市场营销学是一门建立在经济科学、行为科学、现代管理科学理论基础上的应用科学。"① 他曾用非常形象的语言概括了营销学和其他学科之间的关系："经济学是营销学之父，行为科学是营销学之母，数学乃营销学之祖父，哲学乃营销学之祖母。"

一、营销学与经济学的联系和区别

营销学不是经济学的分支学科，严格地说，它应属于管理学的范畴；然而营销学与经济学又不是毫无关系的，这在前面的论述中已经涉及。事实上，经济学是营销学的母学科，然而，营销学所研究的问题要比经济学更为深入，而且在某些问题的阐述上还远远超出了经济学的范畴。经济学是一门具有200多年历史的古老学科，其核心思想基于资源的稀缺性。② 经济学家早已注意到，人类需求无穷，而资源却远远不足，所以，社会必须决定在资源稀缺的前提下首先满足哪些需求。

（一）经济学家对基本问题的研究

1. 经济学研究的问题

经济学家主要对三个基本问题展开研究：①社会应生产何种产品或服务；②如何生产这些产品或服务；③谁可获得这些产品或服务。

上述问题的核心是如何提高资源配置的经济效益，即如何使现有资源尽量满足社会需要。因此，经济学是一门研究人们如何进行抉择，以便使用稀缺的生产资源来生产各种产品或服务，并把它们分配给不同的社会成员以供消费的一门科学。

2. 经济学在假设前提下研究问题

经济学家从消费者主权和经济效益出发研究问题，他们假设消费者尽可能使自己的经济需要得到最大限度的满足。因此，消费者通晓和掌握关于产品质量及其价格的详尽信息，并能顺利到达最佳交易场所，他们还假设生产者及购买者都非常了解各种资源的成本，以及不同经营规模所适用的技术，而且知道如何运用这些信息来取得最佳的经济效益。总之，消费者与生产者都是富于理性的，并且都能够自由从事交换活动。

---

① ［美］菲利普·科特勒、凯文·莱恩·凯勒：《营销管理》（第14版），王永贵等译，上海人民出版社2012年版，第78页。
② 参见于树青《市场营销学》，经济科学出版社2008年版，第87页。

经济学家就是在这种假设的前提下研究问题的。

市场营销学产生于20世纪初,当时只是试图了解和研究经济学家忽略或过分简化的某些问题。例如,经济学家试图通过供求曲线解释食品价格,而营销学家则对导致最终价格及消费水平的复杂过程展开研究。包括农民决定种植何种作物,选择哪些种子、肥料、设备,如何将农产品卖给收购站,收购站如何转卖给农产品加工厂,生产加工出来的食品如何经由批发商、零售商卖给消费者。其过程涉及多种市场营销职能,包括各种不同层次上的购买、销售、集散、分类、储藏、运输、风险承担以及融资等。

所有上述活动的总体效益都在最终价格上得到了反映。市场营销学中的价格决定与经济学家过分简化的供求曲线是大异其趣的。可见,市场营销学致力于更详尽地研究流通机构与流通过程的运行机制,并对探索消费者及供应商行为这一课题颇感兴趣,而不像经济学家那样将一切简单地归结于效用及利润极大化。因此,营销学家不可避免地要扬弃经济学家的某些概念,而更多地吸收现代心理学、社会学、人类学的优秀研究成果。现在,市场营销学已不再是经济学的一个分支,而是一门重要的应用科学。严格地讲,它是一门建立在经济科学、行为科学和现代管理理论基础之上的应用科学。

(二)营销学家对基本问题的研究

在大数据和新常态时代的社会经济活动中,随着服务业的发展和产品营销中服务活动所占比重的提升,将服务营销从市场营销中独立出来加以专门研究成为必要。服务营销学既是从市场营销学中衍生出来的,也是对市场营销学的拓展。所以,营销学家对基本问题的分析就有待研究和探讨。

1. 企业经营目的

营销管理最强调的是企业经营的目的。我们知道企业经营的目的主要有三点:①利润(钱);②效益,它涉及经济效益和社会效益;③社会期望价值(附加值)。

在企业经营的目的中,我们也看到了两个问题,那就是经济和经营,用一种换位的思维方式来考虑,我们可以得出对经济和经营的不同理解。

经济是以有限资源去满足人们无限需要的学问,而经营则是以有限资源去创造尽可能大的附加值来满足人们的需要。经营用期望价值来分，这是一个理想的概念。所以，换一种思维方式来设想，创造的素质观应该是增加自己对社会的附加值，这是一个厚积而薄发的精神状态。这里，精神状态很重要。有一个好的精神状态，面对困难和问题就不回避，不退缩，知难而进，开拓进取。在新形势下，创业上的精神状态应该是增加自己对社会的附加值。

2. 营销学要研究的问题

从以上的理论分析，营销学必然会对三个问题展开研究：①消费者的需求和欲望及其形成、影响因素、满足方式等（即消费者行为）；②供应商如何满足并影响消费者的欲望和购买行为（即供应商行为）；③辅助完成交易行为，从而满足消费者欲望的机构及其活动（即营销机构行为）。上述问题是完善市场营销系统、提高消费者福利的关键。

二、营销管理研究进路

在社会转型带来诸多问题进而需要人们认真关注的促动下，营销管理成为一个耳熟能详的话题。营销管理研究进路是以需求营销和偏好营销、价值营销和观念营销作为切入点的。

（一）需求营销和偏好营销

长期以来，营销学一直是经济学的附属学科。营销学的开创者是以经济学的需求理论为基石的，因此可以称之为"需求营销学"。但是，经济学基本上把需要视为固定的，因此"经济人"假设与实际消费者的行为相差甚远，消费者并不是时刻都按照经济学的理论进行"成本/收益"考量的。所以，以需求理论为基石建立起来的市场营销学对营销实践的指导作用也是有限的。

也许正因为市场营销学发现了这种"有限性"，才引入了"偏好"这个概念。经济学认为偏好是与生俱来的，与现实"成本/收益"没有更大纠葛，建立在"偏好"理论之上的营销学比较接近实际一点，在"偏好"理论指导下产生的"市场细分"和"盈利模式设计"方法取得了一定的成就，而且比按照需求理论打"价格战"高明了许多。

经济学并不研究"偏好"是如何产生的，经济理论是在给定"偏好"的前提下描述、预测个人的理性行为。因此，这一假设有其局限性。

（二）价值营销和观念营销

在"需求营销学"和"偏好营销学"的发展进路之外，还有一个脱胎于"价值工程"的"价值营销学"。"价值营销学"强调通过向顾客提供最有价值的产品与服务，以创造出新的竞争优势而取胜，认为企业市场过程是理解价值、创造价值、传递价值的过程。特别值得一提的是"价值营销学"看到了"顾客使用系统"对价值的影响。可以看出，"价值营销学"比"需求营销学""偏好营销学"更加接近顾客的真实状况。但是，由于"价值营销学"脱胎于"价值工程"，坚持或者变相坚持"价值＝功能/价格"的基本公式，所以在处理"企业市场"问题时显得得心应手，而应对更加复杂的"消费者市场"则显得力不从心。

"价值营销"在研究"需要是如何形成的"这一方面比基于经济学需求理论的"需求营销学"前进了一步，但在消费者的"人文"特征研究方面却比"偏好营销学"退了一步。所以，可以把"价值营销学"与"偏好营销学"看成市场营销学发展的两个并行的分支。

营销管理所面对的是活生生的人，不是经济学家假设的凡事都要进行"成本/收益"核算的"经济人"。所以，市场营销学的发展需要跳出经济学的束缚，走一条更加宽广的道路，要对"人之所以为人"进行研究，至少需要对有关的研究成果进行广泛的借鉴、学习。

无论"需求营销学""偏好营销学"还是"价值营销学"，都遵循着一个共同的思维进路，那就是都向改善、改进、改变生产以适应消费者需要或者偏好、价值的方向努力。市场营销学应该还有另外一条进路：向引领大众价值观念，形成一致的消费的方向努力。这是一条"领导"的进路。

现在盛行讲"观念营销"，"观念营销"就是把新的消费理念、消费情趣等消费思想灌输给消费者，使其接受新的消费理念，改变传统的消费思维、消费习俗、消费方式，使消费更上一个新的层次的营销行为。① "观念营销"是快于市场一拍、引导市场消费的主动营销行为。只要让消费者接受了一种新的消费观念，就能出现一股新的消费热潮，实现消费

---

① 参见［美］平克《全新销售：说服他人，从改变自己开始》，闾佳译，浙江人民出版社2013年版，第120页。

的快速增长。

"观念营销"之所以胜于"产品营销",是因为消费观念决定着消费取向,左右着消费行为,消费观念是巨大的消费动力。"观念营销"虽然还没有形成完整的理论体系,但这应该是在第二种市场营销学研究进路上的一种努力。也许,这预示着市场营销学的新的突破。

思维拓展 2017中国电商规模将增长至24万亿元[①]

1. 中国电商规模将增长至24万亿元,行业规模进一步扩大

过去5年,在国家政策的规范下,电子商务已成新"常态化",实现了从电商到全业态发展。随着中国经济转型发展,正跨入"消费升级"全新时代,电商不断创造着新的消费需求,引发了新一轮的投资热潮。

据前瞻产业研究院《中国电子商务市场竞争及企业竞争分析报告》整理数据显示,2012—2016年,中国电子商务及各细分领域交易规模实现不断攀升。其中,2012年中国电子商务市场交易规模为7.85万亿元,2016年为20.2万亿元,预计2017年为24万亿元,到2020年将达到43.8万亿元。

过去5年,在电子商务扶持政策上,从国务院到各大部委,再到各地市都出台了针对电子商务、零售电商、跨境电商、生活服务电商等有关政策,同时随着互联网技术的不断发展,电子商务演变出极为丰富的业态,社交电商、农村电商、跨境电商等纷纷涌现,加快了行业发展。

新经济时代,新零售模式已经成为未来的发展趋势,而它的要求就是精准化、场景化的体验式服务。这需要电商平台和实体零售企业之间相互合作,通过互联网的大数据及时了解用户的消费需求。新零售模式最终必将给整个电商和实体经济带来新的转机。

2. 挖掘数据矿藏,电商回归经济的本质

互联网的工具属性越发明显,这也意味着未来电商行业的发展将进一步回归经济的本质。更加透彻地理解新经济将有助于电商企业在未来的发展中更好地把握市场风向。随着互联网技术的进一步升级,融入大数据、人工智能的新模式在未来将取代传统电商企业,因此传统电商企

[①] 参见《中国电商规模将增长至24万亿,行业规模进一步扩大》,见 http://www.donews.com/news/detail/4/2972746,2017年11月2日。

业也需要适应新经济。

同时，对传统产业和实体经济而言，要借助新经济、新业态、新动能的蓬勃力量更好地适应经济转型，从而提高竞争力，更好地满足人民群众不断提升的消费需求，才能获得长远发展。依靠传统动能的实体经济产业要插上新经济的"翅膀"，用新动能带动传统动能转型升级。

思考练习题

一、简答题

1. 简述营销管理的概念。
2. 简述营销管理的八种需求状况。
3. 简述"五维"说的概念和优点。
4. 简述市场营销者与市场营销学的概念。

二、论述题

1. 论述营销管理观念的变迁。
2. 论述营销管理哲学观念。
3. 论述营销学与经济学的联系和区别。
4. 论述营销管理的研究进路。

三、思考题

1. 为什么在中国GDP中，消费只占35%？
2. 北京奥运、上海世博会和广州亚运会能否拉动中国经济？
3. 2016—2017年，广州2～4万元/平方米的房价是否合理？房价多少才合理？
4. "广州第一桥"海珠桥历经18个月大修恢复开通，为城市营销主要传播了什么？
5. 市场营销者的任务是向市场展示产品实体中所包含的利益或服务，而不能仅限于描述产品的形貌。问题：

（1）从旅游界的角度看，香港的多元景点向市场展示了什么？
（2）刘翔在2008北京奥运会退跑前，给人们传递的是什么精神？

第二章 市场营销计划与战略

学习本章，应理解企业战略计划过程与市场营销管理过程的主要步骤，掌握市场营销计划的基本构成，了解有效市场细分的必备条件，并着重领会目标市场、目标市场涵盖战略、市场定位等基本概念、原理与方法。

第一节 战略计划

战略（strategy）来源于希腊文，指重大的决定全局的计谋。战略就是在企业的各项运营活动之间建立一种配称。战略的起点事关抉择：不存在人人都满意的企业战略。战略的一部分不可或缺的内容是你必须抛弃一些东西。有得必有失，集中优势兵力是企业制胜的关键所在。在很多情况下，"不做什么"与"要做什么"同样重要。

一、战略的本质

企业战略的本质是发展。企业发展战略是企业战略的种类之一，是企业发展的谋略，是对企业发展中整体性、长期性、基本性问题的谋划。

（一）抉择、权衡和各适其位

战略管理大师、哈佛大学教授迈克尔·波特（Michael E. Porter）认为，战略的本质是抉择、权衡和各适其位。你必须为你准备达到的目标设定界限，一个没有战略的企业什么都想尝试。战略就是为企业制图，勾画出一块领地，企业力求在这一领地做到最好。

战略必须代表一个与众不同的价值主张，企业一定要选择属于自己的独一无二的道路。正确的战略从树立正确的目标开始，唯一能支撑一个明智战略的目标是出色的盈利能力。战略必须有连续性，战略不能经常更新。战略涉及你想要传递给顾客的基本价值，涉及你想要服务哪类顾客。在此层面的定位战略中需要有最坚韧的连续性。

（二）战略的关键因素

取得卓越业绩是企业的首要目标，实现其目标的两个关键因素是运营效益和战略。但是，人们往往混淆了这两个最基本的概念。运营效益意味着相似的运营活动能比竞争对手做得更好。战略定位则意味着运营活动有别于竞争对手，或者虽然类似，但是其实施方式有别于竞争对手。没有企业能一直凭借运营效益方面的优势立于不败之地。运营效益代替战略的最终结果必然是零和竞争、一成不变或不断下跌的价格,以及不断上升的成本压力。

竞争战略就是创造差异性,即有目的地选择一整套不同的运营活动以创造一种独特的价值组合。战略定位有三个不同的原点:种类的定位、需求的定位、接触途径的定位。

战略就是创造一种独特、有利的定位,涉及各种不同的运营活动。同时,战略就是在竞争中做出取舍,其实质就是选择不做哪些事情。

战略和运营的有效性完全是两码事。战略目标与运营目标不同,它不是由功能部门确立的。战略目标与企业蓝图有关,即与企业的产品、客户、市场细分以及地理市场有关。"战略目标的概念起源于军队,相当于'战略位置'。在将部队派往战场之前,指挥官就确定了必须不惜一切代价守住的高地以及为了取得战斗的胜利必须夺取的新高地。"[1] 同样的概念也适用于企业。战略离不开抉择和权衡,它事关通过精心选择而达到与众不同。运营有效性涉及的事情其实没有必要做出抉择,它关涉怎样才能使每个人达到最佳和每项业务应该做什么。但是,只有战略才能产生持久的优势。从以上对战略的分析,可以对企业战略做一个概括:企业战略就是企业以未来为主导,将其主要目标、方针、策略和行动信号构成一个协调的整体结构和总体行动方案。

思维拓展　最好的营销战略[2]

1. 成功营销战略的特点

现代营销集大成者,被誉为"现代营销学之父"的菲利普·科特勒(Philip Kotler)认为,成功营销的战略特点有三个。

(1)聚焦:企业必须仔细地界定其目标市场。

(2)定位:建立独特的产品定位并将其有效地通过沟通传达给消费者。

(3)差异化:制定差异化市场供给品,使竞争对手很难完全模仿。

---

[1] [美]米歇尔·罗伯特:《超越竞争者:战略思考的力量》,李准译,机械工业出版社2001年版,第126页。

[2] 参见MIC营创学堂《营销学之父科特勒:什么是最好的营销战略?》,见https://mp.weixin.qq.com/s?__biz=MzI4NzAzODc5Ng%3D%3D&idx=1&mid=2652777035&sn=dc24adf97de40ea178d9150ba975e175,2017年8月30日。

2. 高效营销战略的类型

科特勒也列出了高效营销战略的类型，以及采用它们的企业。

（1）能够创新营销方式以降低企业生存成本的企业，如宜家、西南航空、沃尔玛和家得宝。

（2）不断把质量提到新高度的企业，如雷克萨斯、英特尔、星巴克。

（3）注重社会效益的企业，如美体小铺、雅芳、卡夫食品。

3. 市场领导者应注意的营销策略

（1）做大市场，因为新进入市场的企业可能会从你手中抢走份额。

（2）关注各种创新，尽快地将更有效的创新复制到自己的市场供给品上。

市场领先的企业并不需要过多的创新，但是必须尽快地采用任何可能对其市场地位造成威胁的新技术。

4. 市场挑战者应注意的营销策略

相对于市场领先者，市场挑战者应该采用什么样的营销策略呢？事实上，许多市场的领头企业都失去了它们的领先地位，原因包括企业没有让自己的产品跟上时代、降低价格、提供更好的服务等。一家企业越是能够使其产品或相关服务与众不同或者高人一等，其成功的可能性就越大。

5. 今天的市场没有永远的赢家

随着市场和技术变化日新月异，营销战略过时比以往快得多。任何行之有效的策略都会被模仿，正是这样的"策略趋同"造成了"策略无效"。企业必须向他们的竞争者和世界级的企业看齐，以确保他们核心业务的竞争力。企业的战略思维不仅包括对现在境况的判断，更应包括对未来可能的情形及其对企业影响的设想。企业要在竞争中生存下来，需要不断地提高其供给客户的性价比，而不是停留在过去取得的成就上。

（三）"五力"与战略

生存和发展是任何一家企业所面临的首要问题，而战略是企业成功的关键，战略管理是企业制胜之道。

1. "五力模型"

迈克尔·波特①对管理理论的主要贡献是在产业经济学与管理学之间架起了一座桥梁。在其经典著作《竞争战略》中,他提出了行业结构分析模型,即所谓的"五力模型"。他认为行业现有的竞争状况、供应商的议价能力、客户的议价能力、替代产品或服务的威胁、新进入者的威胁这五大竞争驱动力决定了企业的盈利能力,并指出公司战略的核心应在于选择正确的行业,以及行业中最具有吸引力的竞争位置。

波特战略理论的分析架构以"五力分析"与"价值链"为代表,其理论在实践层面上有相当的研究和学习价值。如果在波特理论的战略性思考上加入革新的战略执行,就更加能体现波特"五力分析"的实践精髓。

以 IBM 公司为例。该公司向员工灌输"自外向内"的思考方式。每位员工无论是参与战略规划,还是参与执行日常的任务,都要思考顾客的需求情况。除此之外,还彻底配合顾客的价值标准来改造内部基础架构并设计配合顾客需求的流程。在推行"由外向内"的思维方式和"顾客价值优先"的观念以使之深植于每位员工的心中时,在基础架构方面进行配合是很大的学问。企业的管理者除了要领会大师的理念,更要注重将大师的理念付诸实施并获得成功。

2. 三大战略

波特明确地提出了三种通用战略,在与五种竞争力量的抗争中,蕴含着三类成功战略思想——总成本领先战略、差异化战略、专一化战略。波特认为,这些战略的目标是使企业的经营在行业竞争中高人一等。在一些行业中,这意味着企业可取得较高的收益;而在另外一些行业中,一种战略的成功可能只是企业在绝对意义上能赢得微利的必要条件。有时企业追逐的基本目标可能不止一个,但波特认为这种情况实现的可能性是很小的。因为有效地贯彻任何一种战略,通常都需要全力以赴,并且要有一个支持这一战略的组织安排。

---

① 迈克尔·波特是哈佛大学商学研究院著名教授、当今世界上少数最有影响的管理学家之一。他曾在 1983 年被任命为美国总统里根的产业竞争委员会主席,开创了企业竞争战略理论并引发了美国乃至世界的竞争力讨论。到现在为止,迈克尔·波特已有 14 本著作,其中最有影响力的有《品牌间选择、战略及双边市场力量》(1976)、《竞争战略》(1980)、《竞争优势》(1985)、《国家竞争力》(1990)等。

（1）总成本领先战略。成本领先要求建立起高效规模的生产设施，在经验的基础上全力降低成本，抓紧成本与管理费用的控制，以及最大限度地减少研究开发、服务、推销、广告等方面的成本费用。

（2）差异化战略。差异化战略是将公司提供的产品或服务差异化，树立起一些全产业范围中具有独特性的东西。实现差异化战略可以有许多方式：设计名牌形象、技术上的独特、性能特点、顾客服务、商业网络及其他方面的独特性。

（3）专一化战略。专一化战略主攻某个特殊的顾客群、某产品线的一个细分区段或某一地区市场。低成本与差异化战略都是要在全产业范围内实现其目标，专一化战略的整体却是围绕着很好地为某一特殊目标服务这一中心建立的，它所开发推行的每一项职能化方针都要考虑这一中心思想。

二、战略计划过程

战略计划过程是指企业及其各业务单位为了生存和发展而制定长期总战略所采取的一系列重大步骤，即通过制定企业的任务、目标、业务投资组合计划和新业务计划，使企业的目标和资源与企业的外部环境之间保持一种切实可行的战略适应。

（一）企业对环境变化的适应

当前，我国市场供给呈现相对过剩，加之亚洲金融危机的影响，不少企业产品销售不畅、库存增加、成本上升、效益下滑，生产经营面临较大困难。对此，我们提出：冷静思考、积极谋划、主动适应市场需求变化、切实加强营销工作。

1. 竞争优先与规模优先

西方"工业革命"之后的19世纪末，"新古典学派"和"剑桥学派"的创始人、英国著名经济学家马歇尔根据对大机器工业实践发展的观察，在其名著《经济学原理》中提出了一个"哥德巴赫猜想"式的命题：社会经济发展可能要长期面临规模效益和竞争效益的两难选择。马歇尔提出，高效大型机器设备的广泛应用必然带来规模扩大，而规模扩大可以带来单位产品的成本大幅度降低；但规模经济造就的生产集中又极易造成垄断，垄断又会使经济丧失竞争活力。他认为，规模经济和垄断是难以分割的，社会要取得规模效益，就得牺牲竞争效益；要取得竞争效益，就得牺牲规模效益。这就是经济学与产业组织理论中著名的"马歇尔两难"。

一个世纪以来，人们一直在"两难"中摸索。西方发达国家多强调"竞争优先"，制定有严格的反垄断法，唯有日本反其道而行之。日本产业政策的最显著特点之一，就是在这"两难"中坚决选择了"规模优先"或者叫"生产集中优先"的战略。

解决"马歇尔两难"问题的关键在于认清垄断和竞争的关系。垄断和竞争不仅有对立的一面，更有统一的一面，二者最终统一于市场效率，这对我国的产业组织战略选择有重要作用。[①]

2. 企业的自我调节能力

每个企业都和总体环境的某个部分相互影响、相互作用，我们将这部分环境称为相关环境。企业的相关环境总是处于不断变化的状态之中。在一定时期内，经营最为成功的企业一般是能够适应其相关环境的企业。企业得以生存的关键在于它在环境变化需要新的经营行为时所拥有的自我调节能力。适应性强的企业总是随时注视环境的发展变化，通过事先制订的计划来控制变化，以保证现行战略对环境变化的适应。

3. 环境发展趋势的分类

环境发展趋势基本上分为两大类：一类是环境威胁，另一类是市场营销机会。所谓环境威胁，是指环境中一种不利的发展趋势所形成的挑战。如果不采取果断的市场营销行动，这种不利趋势将伤害到企业的市场地位。企业市场营销经理应善于识别所面临的威胁，并按其严重性和出现的可能性进行分类之后，为那些严重性大且可能性也大的威胁制订应变计划。所谓市场营销机会，是指对企业市场营销管理富有吸引力的领域。在该领域内，企业将拥有竞争优势。这些机会可以按其吸引力以及每一个机会可能获得成功的概率来加以分类，企业在每一特定机会中成功的概率取决于其业务实力是否与该行业所需要的成功条件相符合。

（二）功能定位与核心战略

企业发展战略是对企业发展的谋略。研究企业发展战略要涉及许多

---

① 参见张静敏《"马歇尔两难"的解决与我国产业组织战略的选择》，载《北京师范大学学报》（社会科学版）1997年第2期。

问题，要点是搞好功能定位与确定核心战略。研究企业发展战略首先要搞好功能定位。

1. **功能定位**

功能定位可以为企业科学确定经营方向和经营目标。企业经营方向有：专业化、多元化、扩大化、优质化、优序化、更新化。专业化就是收缩现有经营内容，多元化就是拓展现有经营内容，扩大化就是扩大现有经营规模，优质化就是提高现有经营质量，优序化就是优化现有经营结构，更新化就是替换现有经营内容。企业经营朝哪个方向发展都有利有弊，应该实事求是地做出正确选择。任何企业在任何时期都要首先确定主要经营方向，这是谋划企业发展最基本的工作。

企业不仅要科学地确定经营方向，而且要科学地确定经营目标。经营方向不等于经营目标，经营目标是朝着经营方向走所要到达的那个地方。功能定位是一件难度很大的工作：选择经营内容面临对错问题，选择经营范围面临宽窄问题，选择目标市场面临偏正问题，选择辐射半径面临大小问题，选择行业地位面临高低问题。功能定位既然非常重要而又难度很大，那么就要在这方面下功夫。

2. **核心战略**

为了实现功能定位，首先要确定核心战略。研究企业发展核心战略还要善于抓重点。许多企业往往面临以下两种情况：一是虽然存在主要矛盾，但主要矛盾并不突出；二是虽然主要矛盾很突出，但是在一定时期很难解决。要是面临上述两种情况之一，谋划企业发展就应该集中精力抓重点，要灵活使用扬长补短与扬长避短这两大策略。扬长就是要发挥和再造优势，而发挥和再造优势是企业发展的重要条件。扬长靠创新，抓重点就是抓重大创新点。只要抓住了重大创新点，就能把其他方面的创新带动起来，从而促进企业迅速发展。

（三）战略计划系统的内容

战略计划是指为保证企业长期的生存和发展而对企业管理总体战略的规划和确定。[①] 市场营销在企业战略计划中起着重要的作用。战略计划

---

① 参见张晓林、张润东《中小企业持续发展的战略规划原则》，载《消费导刊》2009 年第 4 期。

强调营销过程必须在比较高的角度来策划，并要解决三个问题：企业在变化的环境中如何提高应变力，企业所采取的主要战略计划工具，成功的企业在营销管理过程中的主要步骤。战略计划必须适应多变的、不可控的未来环境，计划中的事项必须要有充足的弹性，以使组织能够信心百倍地对付变幻莫测的环境。这种内在规定性决定了战略计划系统必须有六个方面的内容。

1. 对企业总体战略的说明

这包括三方面的内容：①什么是企业总体经营战略，包括总体战略目标和实现总体战略的方针政策；②为什么做这些选择；③实现此战略将会给企业带来什么样的重大发展机遇。企业总体战略应是概括性的和非限制性的。

企业总体战略涉及企业任务。企业任务是指在一段较长时期内，企业将从事何种活动，为哪些市场服务等。它涉及企业的经营范围及企业在整个社会分工中的地位，并把本企业和其他类型的企业区别开来。在目标管理制度下，企业任务必须转化为各个管理层次的具体目标。

2. 企业分阶段目标

一般需要对分阶段目标进行尽可能具体与定量的阐述，它是保证总目标实现的依据。企业的分阶段目标常常与具体的行动计划和项目捆在一起，它们都是达成企业总目标的具体工具。

企业分阶段目标也影响着企业目标实施，最常见的目标有利润、销售增长率、市场占有率、风险分担、创新等。企业目标应具备层次化、数量化、现实性和协调一致性等条件。企业明确了任务、目标后，下一步就是要检查目前所经营的业务项目和确定每项业务的具体内容，即确定建立、维持、收缩和淘汰哪些业务。

3. 企业的行动计划和项目

行动计划是组织为实施其战略而进行的一系列重组资源活动的汇总。在战略计划阶段，这些行动计划常常是包括研究、开发及削减等方面的活动。各种行动计划往往通过具体的项目来实施。

4. 企业的资源配置

资源配置是制订计划的基本决策因素之一。实施战略计划需要设备、资金、人力资源及其他重要资源，因此，对各种行动计划的资源配置的优先程度应在战略计划系统中得到明确规定。所有必要的资源在尽可能的情况下应折算为货币价值,并以预算和财务计划的方式来表达。

企业的资源配置也要考虑弥补差额,将企业现有各业务单位所制订的业务投资组合计划汇总,便可得出企业的预期销售额和利润额。但是,预期销售额和利润额通常低于企业最高管理层希望达到的水平。为弥补这一差额,就需要制订一个获得新增业务的计划。

企业可以通过三条途径弥补这一差额:①在企业现有的业务领域内寻找未来发展机会,即密集增长机会;②建立或收买与目前企业业务有关的业务,即一体化增长机会;③增加与企业目的业务无关的但富有吸引力的业务,即多样化增长机会。

现代企业的一种新思维是确定企业最高的经营目标。企业的经营目的有获得利润、效益(经济效益和社会效益)和附加值。企业最高的经营目标是控制市场而不是追求最高的利润,因为市场决定利润,控制市场就是控制利润。企业为在激烈的竞争中控制市场,并不过分强调利润的厚薄,而是致力于开拓市场。

5. 组织保证及战略系统的协调

为了实现企业的战略目标,必须有相应的组织结构来适应企业战略发展的需求。由于企业战略需适应动态发展的环境,组织结构必须具备相当的动态弹性。另外,企业战略计划系统往往包括若干子系统,必须明确各子系统间接口处的管理和控制。

6. 应变计划

有效的战略计划系统要求一个企业必须具备较强的适应环境的能力。[①] 要获取这种能力,就要有相应的应变计划作为保障,要看到各种可能条件在一定时间内都可能突如其来地发生变化,将应变计划作为整个战略计划系统的一部分。

战略计划是在整个企业的发展战略、在企业的组织整体管理思想指导下进行的,是为目标以及使命的达成而确定的总体目标,它实际上是按照管理思路制订的一个总体计划。不同的企业可以选择不同的战略,但在制订战略计划之前,必须先进行SWOT分析,分清自己的优势、劣势,只有把这些问题弄清楚之后,才能制订出符合企业实际情况的战略

---

① 参见沈正立《企业战略适应能力及其与绩效关系研究》,见 http://cdmd.cnki.com.cn/Article/CDMD-10335-2008031952.htm,2017年8月30日。

计划。

战略计划指导营销管理过程，企业的每个业务单位都把市场营销作为监控各种机会、建立营销目标和计划以实现其业务目标的主要系统。事实上，业务计划中的一个重要内容就是市场营销，即确定销售目标以及实现目标所需要的资源。财务、生产和人事等职能部门的任务则是确保提出的市场营销计划能得到足够的资金、工厂和设备以及人员的支持，并使这些资源的价值得以实现，为此，市场营销经理必须实施市场营销管理。营销管理过程就是分析市场机会、研究和选择目标市场、制定市场营销战略、设计部署市场营销战术，以及为实施和控制市场营销而努力的过程。

第二节 营销计划

市场营销计划是指在研究目前市场营销状况（包括市场状况、产品状况、竞争状况、分销状况和宏观环境状况等）、分析企业面临的主要机会与威胁、优势与劣势以及存在问题的基础上，对财务目标与市场营销目标、市场营销战略、市场营销行动方案以及预计损益表的确定和控制。市场营销计划不仅是企业部门计划中最重要的计划之一，而且其他各种计划都要涉及市场营销计划的内容。

一、企业制订营销计划时普遍存在的缺陷

无论规模大小，营销计划都是企业经营必不可少的重要环节，但如何使营销计划真正为企业的经营带来效益，却不是每个企业都能掌握其中的关键。根据对企业的深入研究，我们发现企业制订营销计划时普遍存在着五种缺陷。

1. 缺乏专业性

营销计划的专业性体现在专业的部门、职能、人员和流程，但是很多企业往往都是由领导根据自己的经验和认识来做营销计划，这种做法的成功取决于领导对市场的了解程度、判断能力以及必备的专业素质，风险很大，成败往往系于一人身上。

2. 成为空架子

很多企业的营销计划仅仅是走形式，制订出来并不是为了真正地执行。在实际工作中要么是缺乏操作性，要么是随意变动，要么仍然是按照经验行事，制订出来的营销计划根本不起作用。

3. 数据不准确

营销计划作用不大的一个重要表现就是缺乏数据支持：一种是具体的数字，另一种则是发生的现象。企业做营销计划时对这两方面的信息往往了解不精确、分析不准确，从而造成营销计划对实际工作的指导意义不大。

4. 缺乏策略性

很多企业制订的营销计划只是着重于具体的营销推广战术，对整体的营销策略思路不明确，市场的整体定位不清晰，造成实际工作中存在着营销推广方向的严重问题。

5. 缺乏系统性

整个营销计划缺乏整合，各个部分各自为战，没有在整体的营销策略思路和目标下做事，对营销工作的轻重缓急把握不准，实际工作中经常发生冲突，资源利用不合理，对突发事件也无法有效应对。

二、营销计划内容

战略性计划确定整个公司的任务和目标。每一个业务单位都必须准备包含营销计划在内的功能性计划。如果业务单位包括许多产品线、品牌和市场，则必须为每一个单位拟订计划。

（一）执行纲领

执行纲领，即对主要营销目标和措施的简明概括的说明。总结企业的市场状况及市场机会点，提纲挈领地表达出市场的战略发展思想，并且统一全体人员的思想，以有利于提出营销方案。

（二）营销状况

直观地讲，营销状况就是营销目前所处的状态，有宏观和微观之分。宏观上讲，是企业在整个行业环境中所处的地位、所面临的威胁或挑战、所能选择的机会或利基等；微观上讲，就是指企业营销所具有的优势和劣势，以及各要素的发展现状与组合方式等。

1. 市场情况

确定市场调研方案—实施计划—数据收集整理（一手资料、二手资料）—数据分析—形成报告。数据收集整理后可以用到的市场分析方法：市场的范围有多大，包括哪些细分市场；市场及细分市场近几年营业额有多少；顾客需求状况及影响顾客行为的各种环境因素等。

2. 产品情况

我们可以对营销产品的发展状况与特点，以及营销产品创新方向进行讨论分析，特别是产品组合中每个品种的价格、销售额、利润率等。

3. 竞争情况

主要竞争者有哪些，各个竞争者在产品质量、定价、分销等方面都采取了哪些策略，他们的市场份额有多少以及变化趋势等。

4. 分销渠道情况

各主要分销渠道的近期销售额及发展趋势等。

（三）威胁与机会

威胁是指营销环境中存在的对企业营销的不利因素。机会是指营销环境中对企业营销有利的因素，即企业可以取得竞争优势和差别利益的市场机会。

环境威胁可从两方面进行评估。①潜在的重要性，重要性的大小依威胁成为事实时公司的损失多少而定。②发生的可能性，即威胁成为事实的可能性。

营销机会也可从两方面进行评估。①潜在吸引力，即获利的能力。②成功的可能性。市场机会能否成为企业的营销机会，还要看它是否符合企业的目标和资源。

（四）营销目标

营销目标是营销计划的核心部分，是在分析营销现状并预测未来的威胁和机会的基础上制定的。营销目标也就是在本计划期内要达到的目标，主要包括市场占有率、销售额、利润率、投资收益率等指标。

（五）营销策略

营销策略是指达到上述营销目标的途径或手段。包括目标市场的选择和市场定位战略、营销组合策略、营销费用策略等。市场营销的整体战略为：①未来发展的设想以及营销的方向；②期望值。

（六）行动方案

将营销目标转换成为具体的行动方案，这就需要对企业现有的资源进行综合考虑，才能更加全面详细地制订出一套完整的营销计划。营销计划的分析有信贷能力、生产力量、营销费用、人力资源、客户忠诚度、销售能力和分销能力。行动方案具体包括：①要做什么；②何时开始，何时完成；③由谁负责；④成本预算。

（七）预算

收入方面要说明预计销售量及平均单价，支出方面要包括生产成本、实体分配成本及营销费用的说明，收支的差额为预计的利润。财务成果为：①销售收入、构成比例及获利状况；②营销费用控制的方式。

（八）控制

典型情况是将计划规定的目标和预算按月份或按季度分解，以便于企业的上层管理部门进行有效的监督检查，督促未完成任务的部门改进工作，以确保营销计划的完成。

计划的假设及前提：①未来可能面对的问题；②不可控制前提下的假设及前提。

当我们把所有的问题都通盘思考完毕，就可以开始周密地制订控制未来一年的市场营销计划了。完整的计划包括八个方面：①新产品上市方案；②全年广告计划方案；③销售渠道的建设方案；④对消费者的促销方案；⑤对经销商的促销方案；⑥对销售人员的促销方案；⑦市场调研方案；⑧大型促销活动方案。

第三节 市场营销战略

营销战略是一个企业的核心经营能力，盈利与亏损往往体现在企业的营销战略上，在微利时代下，强化和提升营销战略是企业所关注的焦点问题。市场营销战略是企业用以实现其目标的基本方法，包括营销战略与战术、目标市场、产品定位、市场营销组合和市场营销费用水平等决策。市场营销战略是指确定目标市场并制定相应的市场营销组合。在制定市场营销战略的过程中，市场营销经理需要与生产部门、采购部门、财务部门等密切合作、共同协商。

一、营销战略与战术

（一）战略服从于战术

正如结构要服从于功能一样，战略要服从于战术。也就是说，战术上取得成功是战略的唯一的最终目标。如果已定的战略无益于战术结果，那么，不管它有多么完美的形象与体现，这样的战略都是错误的。战略的制定不是从上到下的，而应该是自下而上的。一位将军只有深入了解战场上发生的一切，才能在制定有效的战略中处于有利的地位。

战略生存于市场的土壤里。我们不能先做计划，然后试图让环境来适应计划，而应该使计划适应于环境的变化。

（二）战略指导战术

一个战略从战术的观点来看是可行的，那么营销一开始，战略就应当指导着战术。一位善营销的管理者应能够忽视战术上的困难，以便加快战略目标的实现。有时，花费大量的财力去克服可能阻碍总体战略实施的困难也是必要的；有时为了实现有助于总体战略成功的战术目标，不得不在短期内亏本经营。反之亦然，如果战术目标与战略相矛盾，也许不得不缩减甚至放弃盈利产品的经营。但是，营销中的单项优势不能和总目标相脱离。

（三）进攻与反攻

在一定时期内，一项目标会控制着一个公司的战略计划，公司的资源应当优先满足这项目标的需要，这种观念可以称为"重点进攻"。

根据物理定律，每一个作用力都有一个大小相等、方向相反的反作用力。但是，许多营销管理者在制订作战计划时却没想到这点。对于每一项行动，竞争对手一定会做出某些反应。一项可行的营销战略是要考虑到竞争对手的反击的，进行营销战要认识到反击的危险性。

预测市场份额变化是分析反击可能性的另一种方法。有些公司大胆地预言他们将占有一半的市场份额，却没有估计到这一过程中会发生的反击；但与处于进攻地位的你相比，你的竞争对手将花费更多的财力，做出更大的牺牲才能保护他们所拥有的东西。

（四）行动并不独立于战略

不论一个公司采取或准备采取什么行动，它都不能与它所体现的战略相分离，行动就是战略的体现。成功的大公司常常由于错误地理解"有志者，事竟成"的格言而陷入困境，他们经常先决定公司要达到的目的，然后分派力量制定战略以实现他们的目标。事实上，没有一个大公司有实力这样做，总有些目标是他们无力达到的。

行动体现战略，战略体现战术，这是一个紧密结合的序列，如果想在某一点上将它割裂，将自食其果。战术方面的知识有助于制定战略，战略使公司行动的实施成为可能。一旦行动被确定，下一步就是战略指导战术，战略与战术之间的障碍会危害整个过程。[①]

二、目标市场

营销计划的任务是执行营销战略和长期计划。在制订和实施战略计划过程中没有单一的方法可以遵循，前提是争取企业的竞争优势与可持续发展。

（一）目标市场营销概念

目标市场是指企业进行市场细分之后，拟选定进入并为之服务的子市场。这里所涉及的市场细分、选择目标市场以及后面将要提到的产品定位，构成了目标市场营销的全过程。目标市场营销则是指企业将整个市场划分为若干个子市场，并对各子市场的需求差异加以区分，选择其中一个或几个子市场作为目标市场，开发适销对路的产品，发展相应的市场营销组合，以满足目标市场的需要。

---

① 参见吴志勇《浅析市场营销战略与战术》，载《投资与营销》2006年第1期。

与目标市场营销有关的概念还有两个，即大量市场营销和产品差异市场营销。大量市场营销是指企业大量生产某种产品，并通过众多渠道大量推销给所有购买者。产品差异市场营销是指企业生产两种或更多的产品，以展示出不同的特色、式样、质量、型号等。

（二）消费者市场细分变量

市场细分要依据一定的细分变量来进行。消费者市场的细分变量主要有地理变量、人口变量、心理变量和行为变量等四类。

（1）地理变量包括城市农村、地形气候、交通运输等。

（2）人口变量包括年龄、性别、收入、职业、教育水平、家庭规模、家庭生命周期阶段、宗教信仰等。

（3）心理变量包括社会阶层、生活方式、个性等。

（4）行为变量包括追求利益、使用者情况、使用程度、信赖情况、购买准备阶段、对产品的态度等。

细分产业市场的变量，有一些与消费者市场细分变量相同，如追求利益、使用者情况、使用程度、对品牌的信赖程度、购买准备阶段、使用者对产品的态度等。此外，细分产业市场的常用变量还有最终使用者、顾客规模等。

细分市场的有效标志主要有：可测量性，即各子市场的购买力能够被测量；可进入性，即企业有能力进入所选定的子市场；可营利性，即企业所选定的子市场的规模足以使企业有利可图；可行动性，即为吸引和服务子市场而系统地提出有效计划的可行程度。市场细分的目的在于有效地选择并进入目标市场。

（三）目标市场涵盖战略选择

企业在决定为多少个子市场服务，即确定其目标市场涵盖战略时，有三种选择。

1. 无差异市场营销

无差异市场营销是指企业在市场细分之后，不考虑各子市场的特性，而只注重子市场的共性，决定只推出单一产品，运用单一的市场营销组合，力求在一定程度上适合尽可能多的顾客的需求。这种战略的优点是产品的品种、规格、款式简单，有利于标准化与大规模生产，有利于降低生产、存货、运输、研究、促销等成本费用。其主要缺点是单一产品要以同样的方式广泛销售并受到所有购买者的欢迎，这几乎是不可能的。特别是当同行业中如果有几家企业都实行无差异市场营销时，在较大的子市场中的竞争将会日益激烈，而在较小的子市场中的需求将得不到满足。由于较大的子市场内的竞争异常激烈，因而往往是子市场越大，利润越小。这种追求最大子市场的倾向叫作"多数谬误"。充分认识这一谬误，能够促使企业增强进入较小子市场的兴趣。

2. 差异市场营销

差异市场营销是指企业决定同时为几个子市场服务，设计不同的产品，并在渠道、促销和定价方面都进行相应的改变，以适应各个子市场的需要。企业的产品种类如果同时在几个子市场都占有优势，就会提高消费者对企业的信任感，进而提高重复购买率；而且通过多样化的渠道和多样化的产品线进行销售，通常会使总销售额增加。

差异市场营销的主要缺点是会使企业的生产成本和市场营销费用（如产品改进成本、生产成本、管理费用、存货成本、促销成本等）增加。有些企业曾实行了"超细分战略"，即许多市场被过分地细分而导致产品价格不断增加，影响产销数量和利润，于是，一种叫作"反市场细分"的战略应运而生。反细分战略并不反对市场细分，而是将许多过于狭小的子市场组合起来，以便能以较低的价格去满足这一市场的需要。

3. 集中市场营销

集中市场营销是指企业集中所有力量，以一个或少数几个性质相似的子市场作为目标市场，试图在较少的子市场上占较大的市场占有率。实行集中市场营销的企业一般是资源有限的中小企业，或是初次进入新市场的大企业。由于服务对象比较集中，对一个或几个特定子市场有较深的了解，而且在生产和市场营销方面实行专业化，可以比较容易地在这一特定市场取得有利地位。因此，如果子市场选择得当，企业可以获得较高的投资收益率。但是，实行集中市场营销有较大的风险性，因为目标市场范围比较狭窄，一旦市场情况突然变坏，企业可能陷入困境。

上述三种目标市场涵盖战略各有利弊，企业在选择时需考虑五个方面的主要因素，即企业资源、产品同质性、市场同质性、产品所处的生命周期阶段、竞争对手的目标市场涵盖战略等。

三、产品定位

在当前市场中，有很多的人对产品定位与市场定位不加区别，认为两者是同一个概念，其实两者还是有一定区别的。具体说来，目标市场定位（以下简称"市场定位"）是指企业对目标消费者或目标消费者市场的选择，而产品定位是指企业对应什么样的产品来满足目标消费者或目标消费市场的需求。从理论上讲，应该先进行市场定位，然后才进行产品定位。产品定位是对目标市场的选择与企业产品结合的过程，也就是将市场定位企业化、产品化的工作。

（一）产品定位决策

随着市场经济的发展，在同一市场上有许多同一品种的产品出现。企业为了使自己生产或销售的产品获得稳定的销路，要从各方面为产品培养一定的特色，树立一定的市场形象，以求在顾客心目中形成一种特殊的偏爱。这就是产品定位决策，包括根据属性和利益定位、根据价格和质量定位、根据用途定位、根据使用者定位、根据产品档次定位、根据竞争局势定位，以及各种方法结合定位等。

（二）产品的重新定位

企业产品在市场上的定位即使很恰当，但在出现下列情况时也需考虑重新定位：①竞争者推出的产品定位接近本企业产品的定位，侵占了本企业品牌的部分市场，使本企业品牌的市场占有率有所下降；②消费者偏好发生变化，从喜爱本企业某品牌变为喜爱竞争对手的某品牌。

企业在重新定位前，尚需考虑两个主要因素：①企业将自己的品牌定位从一个子市场转移到另一个子市场时的全部费用；②企业将自己的品牌定在新位置上的收入有多少，而收入多少又取决于该子市场上的购买者和竞争者情况，取决于在该子市场上销售价格能定多高等。

四、目标市场控制

目标市场控制是指企业为协调同目标市场上顾客间的利益关系，而对顾客行为可能产生的风险进行控制和处理的活动。企业通过市场细分和产品定位等过程进入目标市场之后，就要对目标市场实施控制。这是因为随着市场经济的不断发展和生产力水平的日益提高，卖方市场逐步转化成买方市场，顾客选择的自由度加大，在市场上讨价还价能力增强，企业渐渐失去其交易主导地位，转而接受顾客需求的引导和支配。于是，顾客在市场交易中占了上风。然而，买卖双方的矛盾斗争一刻也没有停止过。追逐利润仍是企业营销的最高目标。

（一）目标市场控制风险与类型

目标市场控制风险与类型就涉及风险管理。风险管理目标是指风险管理所要达到的客观效果，即运用风险处理的各种方法，做到在损失发生前预防，损失发生后进行有效控制，以尽量增大社会效益。

1. 顾客给企业带来的威胁

在买方市场条件下，企业营销将面临顾客行为的对抗，顾客为了自身利益会给企业带来诸多风险和威胁。[①] 主要表现为两个方面。

（1）拖欠威胁。在批发或组织购买过程中，由于顾客购买量大，货款金额较多，分期付款或延期支付是普遍的，从而造成拖欠的可能。

（2）顾客背离。由于某些方面的原因，同企业建立起稳固关系的顾客可能会突然背离本企业而转向其他企业。其直接后果便是市场份额和销售利润的同时下降。因此，企业在制定目标市场战略时，除了要奉行顾客第一的宗旨外，还必须采取措施即实施目标市场控制以避免由这些意外风险所带来的损失。

2. 目标市场控制的类型

根据前述分析，目标市场控制主要划分成两种类型，即货款控制和背离控制。

（1）货款控制。据经济专家测算，世界上每年因种种原因而无法收回应收款项，造成烂账或坏账的交易占总交易额的2%～3%。

顾客拖欠或者赖账的原因大致有：①自身资信不好，从一开始就设置了骗局；②双方签订的合同存在缺陷，再加上管理方面的漏洞（银行结算手段的弊端、管理混乱等现象），使对方赖账有机可乘；③双方交易纠纷产生拖欠；④由于政策或市场的变化，购买者大量积压商品，暂时

---

① 参见刘海龙、王惠《金融风险管理》，中国财政经济出版社2009年版，第124页。

不能清偿债务；⑤购买者亏损严重乃至破产而无力偿还货款。

企业收不回货款，就无法从顾客需要的满足中获取利润，从而使其整个营销流程遭受破坏，无法实现营销目标；所以，企业必须加强货款控制。

货款控制的方法：①控制结果就是当拖欠发生后要及时追收；②控制过程是指企业在供货过程中就要采取防范措施，以免货款收不回来。此时，企业可借助 ABC 分析法。ABC 分析法又称 ABC 管理法或重点管理法，管理者可以根据管理对象在数量或重要程度等方面的不同而将它们分成 A、B、C 三类，然后对之分别实行不同的管理措施，以加强企业的货款控制。

（2）背离控制。背离控制的实质是提高顾客回头率。顾客回头率是指企业的顾客再购买的次数，反映企业对顾客的保持能力以及顾客对企业的忠实程度。由于企业营销的核心是赢得广大顾客和占有更多的市场，所以，提高顾客回头率就成为背离控制的中心。

据国外一项研究表明，顾客回头率提高 5%，利润就增加 25%～85%，显然，顾客回头率的提高不仅导致企业营销成本的下降，而且忠诚的顾客有时是非常出色的推销员，他们能不断帮助企业增加新的业务。事实上，目前许多企业通过各种营销活动开辟销售渠道，不断争取新顾客；然而，它们在保持老顾客方面却做得很少，以至于在获得新顾客的同时在失去老顾客。

（二）顾客背离企业分析

能够及时地发现顾客背离是企业经营中最有价值的信息之一。

1. 顾客背离企业的六种情形

顾客背离企业的情形：①价格背离，即顾客购买转向低价竞争对手；②产品背离，指顾客转向那些能够提供高档、优质产品的竞争者；③服务背离，即因企业服务质量太差而致使顾客背离；④市场背离，指顾客因市场环境的变化而退出某个市场领域，此时，顾客尽管背离了本企业，却并未转向其他竞争对手；⑤技术背离，指顾客购买行业外部的企业所提供的产品；⑥组织性背离，即因各种政治原因而迫使顾客背离。

2. 改进措施或制定新策略

顾客背离的情形尽管很多，但并不都是不可避免的。除了一些外部因素（如市场变化、政治压力等）难以把握外，对于内部原因所造成的顾客背离，企业可以通过采取改进性措施或制定新的策略留住顾客。

(1) 建立有效的沟通渠道，接受顾客的抱怨和申诉。顾客对企业产品、服务和技术等方面的申诉或抱怨会损及企业的正常经营及其形象。或许10个背离顾客中只有1个会向企业吐露心中的不满，因此倾听顾客的申诉并及时纠正错误，不仅能挽回那些抱怨的顾客，更重要的是挽回那些不曾吐露怨恨的顾客。

(2) 加强技术支持，提高顾客的生产效率。对于技术性较强的产品（如汽车、计算机），企业需要承担起支持用户的责任，即在技术上帮助、指导顾客把钱用在刀刃上，并使产品发挥出最大效益。

(3) 采用一揽子策略。一揽子策略是指企业为顾客提供系列化产品与服务，节约成本，方便购买，如果购买的是一揽子产品，即使顾客有更好的其他选择，也不会轻易背离企业。

当然，企业还要注重从其他企业（包括本行业和其他行业）借鉴优秀的管理经验，并把这些经验和本行业顾客的需求特点结合起来，这样，企业在开展竞争时就能出奇制胜，笼络、保持和控制住目标市场上各种类型的顾客。

五、中国市场营销战略

如果中国的制造商要想从市场改革中获益，就必须优先考虑战略性的营销创新。中国企业需要的不仅仅是低价策略和对错综复杂的分销渠道的掌控，还需要利用品牌领导力和价格准则来获取足够的利润，像世界上许多基业长青的领导企业那样，在研究开发和营销创新上进行投入。

（一）中国的营销环境

对于任何一家企业来说，中国市场无疑是世界上最具挑战性的市场，因为它的庞大与复杂，让它有一种不可捉摸性。

在当今的中国，市场研究和营销信息系统的建设正处于襁褓之中，品牌意识和品牌偏好则正处在快速成长的发育期，提高产品质量和增强产品的创新能力已经成为当务之急。为降低分销管理的成本和提高其效率，需要加大投入并配以强有力的法律强制力量，对价格战的钟爱应当停止了。事实上，企业在提升自身的营销能力方面有许多的路可供选择。

（二）中国市场营销面对的问题

企业在市场营销方面要充分关注如何在竞争不断激烈的市场环境下立于不败之地，对新常态下的企业市场营销中存在的问题进行分析；同时，提出相应的解决措施。这对完善企业的市场营销工作具有很大的指导意义。

1. 品牌

战略性的品牌建设并非仅仅建设品牌意识。再好的品牌也会有丧失活力的一天，品牌偏好的关键并不只是大规模的促销，而是在企业核心顾客群中建立起对企业所承诺的品牌价值的信任感。

中国国产品牌面临的最大挑战是从依靠大规模的广告和促销建立品牌意识转变到通过战略性的步骤建立起能让目标顾客感觉到的品牌价值。

2. 通路

中国目前有400个香烟品牌，这种多品牌的状况与在长期稳固的行业环境中集中资源建设具有增长潜力的品牌的论断相矛盾。造成品牌分散的原因主要有三个方面：一是地区口味的差别，二是由于大范围内分销网络的不健全，三是在巩固和加强分销商的忠诚度方面有困难。

（1）多样性。企业应该把中国当作一个更类似欧洲而非美国的市场来看待。基于不同的地区文化、法律、品味及只能通过政治力量与媒体力量慢慢消化的权力结构，欧洲商业表现出多样性；相反，美国市场具有显著的同质性。

（2）约束性。中国尚没有一个完整的运输体系来支持全国性的分销网络。在有些行业，企业在向其他地区继续渗透之前，必须在战略上首先控制一个地区，全国性品牌的建立要从建立地区性品牌做起。

（3）地区性。只有在经销商得到了稳定的货源保证及稳定的质量保证的情况下，产品才能够顺利进入市场；同时，厂商也希望经销商能保证遵守彼此达成的区域分销协议。商业性法规和良好的人际关系则有助于维持这种互利的合作关系。

3. 定价

通过价格行动来建立市场份额是商业竞争中的最常用的手段。运用价格战来竞争时，一个战略性的问题是当价格战结束时，如何同时赢得"市场份额"和"市场信心"而给自己定位。价格战结束后，随之带来的一个更大的问题是"如何确保我们的顾客为我们的品牌价值再度付费"。

经过将近40年的高速发展，中国在许多方面的生产能力已经超过了其国内的市场需求。现在全行业电视机、空调、冰箱和洗衣机出现大量库存，其直接结果是爆发了疯狂的价格战，这些价格战使消费者和产品的价值都大大降低。对这种形势所采取的措施之一是使不同行业的企业之间进行相互兼并，但是，这依然不能在短期或中期内解决庞大的库存问题。一种通常的策略是通过出口向国外销售以减少库存量，但这也同时会带来反倾销的诉讼问题，并且从长期的市场渗透潜力上来讲几乎无益。

全世界的领先品牌正日益转向采用另外一种可行的战略——通过将生产外包，集中精力运作品牌获取利润，而不是用保留各种生产线的方法来达到目的。

对高质量的制造商来说，清理过剩产品的另外一种策略是将他们的产品通过大众化的平价零售商店来出售。这就需要自己能与这些零售商结成共同承担风险的伙伴关系，而不仅仅是做一个典型的生产企业。

4. 产品

中国的制造商们面临着三个方面的产品问题：首先是质量问题，其次是产品专业化问题，最后是产品创新问题。质量的提高可以使标准化的产品（如冰箱、手机、彩电等）在市场上更具竞争力；产品专业化可以使中国进入一些高端产品的市场，这意味着可以以较高的价格卖出并获取较高的利润率；第三个阶段是产品创新，较早地采用新技术不仅可以获得最高的价格和丰厚的利润率，而且可以确定企业在市场上的统治地位。

中国企业在营销中也有其指导性原则：将营销战略集中于创造品牌价值。[①] 企业应战略性地定价而不是战术性地定价，将分销战略与长期品牌规划相结合，利用顾客导向的研发投入，有选择地进入国内和国际的高端市场。

---

① 参见刘巾《我国畅销书整合营销传播策略分析》，载《视听》2017年第2期。

思维拓展   **抓住欲望，华为成功**[①]

任正非于 2016 年 5 月进行了一次内部讲话，年近古稀的他思想更为深邃，视角也更为独到，在他看来，企业管理遵循的是人性和欲望的逻辑，华为能一路披荆斩棘屹立于行业之巅，就是因为团队既能激发欲望，也能控制欲望。以下是任正非的讲话内容。

我们经常听到一种说法，叫作无欲则刚。我对这个说法的看法为：第一，违背人性；第二，无欲者很难做到所谓刚强、有力量。欲望其实是中性的，很大程度上，欲望是企业、组织、社会进步的一种动力。欲望的激发和控制构成了一部华为的发展史，构成了人类任何组织的管理史。一家企业管理的成与败、好与坏，背后所展示的逻辑，都是人性的逻辑、欲望的逻辑。从心理学的角度分析，知识型劳动者的欲望可以被分为五个层面。

（1）物质的饥饿感。绝大多数人，甚至可以说，每个人都有最基础层面的对物质的诉求，员工加入企业，最直接、最朴素的诉求就是财富的自由度。企业、组织能不能给员工提供相对的物质满足，实际上是企业人力资源最基础的部分。

（2）安全感。这是人类与生俱来的一种本能性的需求，人的一生多数都处于一种不安全状态，越是杰出人物、领袖人物，内心的不安全感越强烈。华为正是因为拥有充满了危机意识的优秀管理者，又拥有十几万内心有强烈不安全感的人，大家抱团取暖，共同面对充满了风险、未知、恐惧的世界，才有了华为的"胜则举杯相庆，败则拼死相救"的文化。

（3）成长的愿望与野心。越是智力高的人，领袖欲望、野心的张力越强大。怎么能够把这些要出人头地、要做领袖、想拥有权力的人凝聚在一起？公司的价值评价和价值分配体系至关重要。当这些人的权力与他的欲望、雄心、野心相称的时候，他自然愿意在这样一个平台发挥自己的才能，发挥自己的智慧。组织说到底就是要张扬队伍中每个人的雄心，同时又要遏制过度的野心，张扬雄心、遏制野心是所有管理者每时

[①] 参见《任正非：我抓住了人的 5 个欲望，所以华为成功了》，见 http://www.100ec.cn/detail--6333385.html，2017 年 8 月 30 日。

每刻都要面对的问题。

（4）成就感。这包括被社会认可、被大众认可的欲望等。华为成功有各种各样的因素，其中重要因素之一就是两个字——共享，共享发展的财富成果，同时也分享安全感、分享权力、分享成就感。把钱分好，把权分好，把名分好，这是相当重要的。

做老板的人，一定要把最基本的东西想明白。第一，财富这个东西越散越多；第二，权力、名声都是你的追随者赋予你的，假使哪一天你的追随者抛弃你，你的权力、你的成就感、你的聚光灯下的那些形象，乃至财富都会烟消云散、灰飞烟灭。

（5）使命主义。只有极少数人是拥有超我意识的使命主义者，乔布斯是，我任正非大概也属于这一类人。

思考练习题

一、简答题

1. 简述战略的本质。
2. 简述战略计划的过程。
3. 简述企业制订营销计划时普遍存在的缺陷。
4. 简述营销计划的内容。
5. 简述营销战略与战术的关系。
6. 简述目标市场营销的概念。
7. 简述产品定位的概念。

二、论述题

1. 论述营销计划。
2. 论述市场营销战略。
3. 论述目标市场控制。
4. 论述中国市场营销战略。

三、思考题

1. 请分析《建国大业》《建党大业》《建军大业》的成功之处。
2. 当前的需求市场有几种？新时期如何追求新的需求市场？
3. 从市场营销角度分析琼瑶的文学作品。
4. 中国应该如何应对美国华尔街金融危机？

（1）华尔街危机对中国经济的传导渠道有哪些？

（2）我们应该怎么应对？
（3）美国华尔街金融危机说明了什么？
5. 企业的经营目的和企业最高的经营目标是什么？

第三章
市场购买行为

　　研究目标市场的购买行为是市场营销管理的一个重要任务。市场营销管理所要考察的市场可归纳为消费者市场和组织市场两大类，而组织市场又由产业市场（又称生产者市场或企业市场）、中间商市场（又称转卖者市场或再售者市场）和政府市场构成。通过本章学习，了解影响市场购买行为的主要因素，掌握市场购买行为的主要类型、购买决策参与者以及购买决策过程的主要阶段等。

第一节
消费者市场购买行为

消费者市场是指所有为了个人消费而购买物品或服务的个人和家庭所构成的市场。消费者市场是现代市场营销理论研究的主要对象。成功的市场营销者是那些能够有效地发展对消费者有价值的产品，并运用富有吸引力和说服力的方法将产品有效地呈现给消费者的企业和个人。因而，研究影响消费者购买行为的主要因素及其购买决策过程对开展有效的市场营销活动至关重要。

一、消费者的特征与行为

消费者的特征及行为有人口特征和心理特征。市场分析既需要消费者的特征信息，又需要消费者的行为信息。消费者的特征是指人口特征、心理特征，消费者的行为是指购买行为与大众传播媒体偏好。对市场营销与消费者的特征、行为之间的关系进行研究，可以发现市场营销成败的关键在于掌握消费者的特征和行为。

（一）人口特征

消费者的人口特征是指消费者的数量、性别年龄构成及地理分布状况等，其中最重要的是年龄和收入（收入是一个经济指标，但也可作为一个人口特征）。同消费者的心理特征、购买行为及大众媒体偏好相比，人口特征比较容易把握，因为人口数据比较容易得到。

（二）心理特征

尽管人口信息能反映消费者的基本情况，但仅了解消费者的人口特征是不够的，人口特征相同的人的消费心理可能不同。因此，公司、企业除了要掌握消费者人口特征外，还应了解消费者的心理特征，即了解消费者的个性、观念、兴趣、态度、价值观及自信心等。但是，由于消费者的心理特征不像人口特征那样容易定义和度量，加之人的心理随时间和环境而不断改变，因此，要掌握消费者的心理特征并不十分容易。

由于消费者的心理特征反映在生活方式上,因此可以从生活方式中间接了解消费者的心理特征。有些市场咨询公司专门收集消费者的心理特征数据并建立数据库,如生活方式监测系统和消费者媒体偏好及购买行为方面的数据。

(三) 购买行为

在掌握消费者的人口和心理特征后,就可大致判断他们可能购买什么样的商品。但要准确预测消费者将购买什么样的商品,还需了解消费者以前的购买行为,即人们在不同品牌的消费品上花了多少钱。

消费者购买行为方面的信息有两个来源:一是商场的顾客账单的底单,另外就是专门的市场调查。

(四) 大众传播媒体

从以上三方面的信息中,能知道潜在顾客是谁、有多少、在哪里、心理特征是怎样的、购买习惯是怎样的。现在需要做的是让顾客了解某种产品。如何用最少的成本让更多的顾客了解某种产品并促使顾客购买呢?大众媒体偏好方面的信息可以解决这个问题。

现代社会人们可供选择的大众媒体很多,有电视、收音机、报纸、杂志及其他读物。为了有效地推销某种产品,就要了解消费者的大众媒体偏好情况,从而选择合适的媒体,将产品或公司、企业的信息提供给潜在的顾客。为了解人们的大众媒体偏好情况,就要进行收视率、收听率或读者调查。

思维拓展 周杰伦结婚捧红了英国古堡塞尔比教堂[①]

2015年1月下旬,英国《独立报》《每日电讯报》等媒体报道,英国约克郡的爱德华城堡、塞尔比教堂在周杰伦举行过婚礼之后"走向了全球"。"这个小镇向来不是中国游客会停留下来关注的地方,最近突然一大批中国游客直接'涌进'塞尔比教堂内。原因是今年1月18日,流行歌手周杰伦在这里举行了童话般的梦幻婚礼。"

---

① 参见任宏伟、胡琴《周董结个婚捧红英国古堡教堂》,载《成都商报》2015年1月30日。

中国很多旅行社推出"周杰伦婚礼主题游",很多新人都想去那里结婚。近期携程特别在英国的 10 天行程中增加了周杰伦婚礼福地——霍华德城堡的参观项目,特色旅游产品推出后,相关线路的流量增幅明显。

周杰伦结婚捧红了英国古堡塞尔比教堂的案例说明,市场营销成败的关键在于掌握消费者的特征和行为。对消费者的情况及变化特征了解得越清楚,就越有可能生产出他们所需要的产品。

二、消费者购买行为因素

从宏观的角度看,消费者的特征是指人口特征、心理特征;消费者的行为是指购买行为与大众传播媒体偏好。从微观的角度看,消费者不可能在真空里做出自己的购买决策,其购买决策在很大程度上受到文化、社会、个人和心理等因素的影响。

（一）文化因素

文化、亚文化和社会阶层等文化因素对消费者的行为具有最广泛和最深远的影响。文化是人类欲望和行为最基本的决定因素,低级动物的行为主要受其本能的控制,而人类行为大部分是学习而来的,在社会中成长的儿童通过其家庭和其他机构的社会化过程学到了一系列基本的价值、知觉、偏好和行为的整体观念。

每一文化都包含着能为其成员提供更为具体的认同感和社会化的较小的亚文化群体,如民族群体、宗教群体、种族群体、地理区域群体等。在人类社会中,还存在着社会层次。它有时以社会等级制形式出现,不同等级的成员都被培养成一定的角色,而且他们的等级成员资格不能改变。然而,更为常见的是,层次以社会阶层形式出现。

社会阶层是指一个社会中具有相对的同质性和持久性的群体,它们是按等级排列的,每一阶层的成员具有类似的价值观、兴趣爱好和行为方式。社会阶层具有四个主要特点:①同一社会阶层内的人的行为要比来自两个不同社会阶层的人的行为更加相似;②人们以自己所处的社会阶层来判断各自在社会中所处地位的高低;③一个人所处的社会阶层并非由一个变量决定,而是受到职业、收入、财富、教育和价值观等多种变量的制约;④一个人能够在其一生中改变自己所处的阶层,既可以向高阶层迈进,也可以跌至低阶层,而这种变动程度会因某一个社会等级森严程度的不同而有所差异。

(二) 社会因素

消费者购买行为也受到诸如参照群体、家庭、社会角色与地位等一系列社会因素的影响。参照群体是指那些直接或间接影响人的看法和行为的群体。直接参照群体又称为成员群体，即某人所属的群体或与其有直接关系的群体。成员群体分为首要群体和次要群体两种。首要群体是指与某人直接、经常接触的一群人，一般都是非正式群体，如家庭成员、亲戚、朋友、同事、邻居等。次要群体是对其成员影响并不频繁，但一般都是较为正式的群体，如宗教组织、职业协会等。

间接参照群体是指某人的非成员群体，即此人不属于其中的成员，但又受其影响的一群人。这种参照群体又分为向往群体和厌恶群体。向往群体是指某人推崇的一些人或希望加入的集团，例如体育明星、影视明星就是其崇拜者的向往群体。厌恶群体是指某人讨厌或反对的一群人。一个人总是不愿意与厌恶群体发生任何联系，在各方面都希望与其保持一定距离，甚至经常反其道而行之。

参照群体对消费者购买行为的影响表现在三个方面：①参照群体为消费者展示出新的行为模式和生活方式；②由于消费者有效仿其参照群体的愿望，因而消费者对某些事物的看法和对某些产品的态度也会受到参照群体的影响；③参照群体促使人们的行为趋于某种"一致化"，从而影响消费者对某些产品和品牌的选择。参照群体的影响力取决于产品、品牌以及产品生命周期。企业应善于运用参照群体对消费者施加影响，扩大产品销售。

家庭是社会组织的一个基本单位，也是消费者的首要参照群体之一，对消费者购买行为有着重要影响。一个人在其一生中一般要经历两个家庭。第一个是父母的家庭，在父母的养育下逐渐长大成人，然后又组成了自己的家庭，即第二个家庭。当消费者做出购买决策时，必然要受到这两个家庭的影响，其中，受原有家庭的影响比较间接，受现有家庭的影响比较直接。家庭购买决策大致可分为三种类型：一人独自做主；全家参与意见，一人做主；全家共同决定。这里的"全家"虽然包括子女，但主要还是夫妻二人。夫妻二人购买决策权的大小取决于多种因素，如各地的生活习惯、妇女就业状况、双方工资及教育水平、家庭内部的劳动分工以及产品种类等。孩子在家庭购买决策中的影响力也不容忽视，随着孩子的成长、知识的增加和经济上的独立，都会使他们在家庭购买决策中的权力逐渐加大。

一个人在其一生中会参加许多群体，如家庭、俱乐部及其他各种组织。每个人在各个群体中的位置可用角色和地位来确定。每一个角色都将在某种程度上影响其购买行为。每一个角色都伴随着一种地位，这一地位反映了社会对他或她的总评价；而地位标志又随着不同阶层和地理区域而有所变化。①

（三）个人因素

消费者购买决策也受其个人特性的影响，特别是受其年龄所处的生命周期阶段、职业、经济状况、生活方式、个性以及自我概念的影响。生活方式是一个人在世界上所表现的有关其活动，兴趣和看法的生活模式。个性是一个人所特有的心理特征，它导致一个人对其所处环境的相对一致和持续不断的反应。

（四）心理因素

消费者购买行为要受动机、知觉、学习以及信念和态度等主要心理因素的影响。动机是一种升华到足够强度的需要，它能够及时引导人们去探求满足需要的目标。最流行的人类动机理论有四种，即弗洛伊德理论、马斯洛理论、赫茨伯格理论和麦克里兰理论。

弗洛伊德认为，形成人们行为的真正心理因素大多是无意识的，人在成长和接受社会支配自己的过程中有很多欲望受到抑制，这些欲望既无法消除，也无法完善地加以控制，它时常在梦境中、在脱口而出的谈话中和神经质的行为中表现出来。因而，一个人不可能真正懂得其受激励的真正动因。

马斯洛则认为，人是有欲望的动物，需要什么取决于已经有了什么，只有尚未被满足的需要才影响人的行为，即已满足的需要不再是一种动因；人的需要是以层次的形式出现的，按其重要程度的大小，由低级需要逐级向上发展到高级需要，依次为生理需要、安全需要、社会需要、

---

① 参见徐卫民《消费者网购行为分析》，载《经济学研究》2010年第6期。

自尊需要和自我实现需要；只有低层次需要被满足后，较高层次的需要才会出现并要求得到满足。

继马斯洛需求层次论之后，美国心理学家赫茨伯格提出双因素论。他认为人的动机受两种不同因素的影响，即保健因素和激励因素。保健因素是指诸如组织的政策和管理、监督、工作条件、人际关系、薪金、地位、职业安定以及个人生活所需等因素，如果人们得到这些因素则没有不满，得不到则产生不满。激励因素则是诸如成就、赏识、艰巨的工作、晋升和责任感等因素。如果人们得到这些因素则感到满意，得不到则产生不满，只有激励因素才能调动人们的积极性。

麦克里兰的激励需要理论认为，基本需要有三种，即成就需要、社交需要和权力需要。具有较高权力欲的人对施加影响和控制表现出极大的关心；极需社交的人通常从友爱中得到快乐，并总是设法避免因被某个群体拒之门外带来的痛苦；而极需成就的人，对成功有一种强烈的需求，同样也强烈担心失败。麦克里兰还认为，动机的强度 T_s 是成就动机 M_s、成功的期望值 P_s、成功的激励值 I_s 三者的乘积。

一个被激励的人随时准备行动，然而，他如何行动则受其对情况的知觉程度的影响。两个人处于相同的激励状态和目标情况下，其行为却大不一样，这是由于他们对情况的知觉各异。

知觉是指个人选择、组织并解释信息的投入，以便创造一个有意义的过程，它不仅取决于刺激物的特征，还依赖于刺激物同周围环境的关系以及个人所处的状况。人们之所以对同一刺激物产生不同的知觉，是因为人们要经历三种知觉过程，即选择性注意、选择性曲解和选择性记忆。人们对刺激物的理解是通过感觉进行的。感觉是指通过视、听、嗅、味、触五种感官对刺激物的反应。随着感觉的深入，将感觉到的材料通过大脑进行分析综合，从而得到知觉。

人们要行动就要学习。学习是指由于经验而引起的个人行为的改变，人类行为大都来源于学习。一个人的学习是通过驱使力、刺激物、诱因、反应和强化的相互影响而产生的。由于市场营销环境不断变化，新产品、新品牌不断涌现，消费者必须经过多方搜集有关信息之后，才能做出购买决策，这本身就是一个学习过程。通过行为和学习，人们获得了自己的信念和态度，而信念和态度又反过来影响人们的购买行为。

信念是指一个人对某些事物所持有的描述性思想。[1] 生产者应关注人们头脑中对其产品或服务所持有的信念，即本企业产品和品牌的形象。人们根据自己的信念做出行动，如果一些信念是错误的，并妨碍了购买行为，生产者就要运用促销活动去纠正这些错误信念。

态度是指一个人对某些事物或观念长期持有的好与坏的认识上的评价、情感上的感受和行动倾向。态度能使人们对相似的事物产生相当一致的行为。一个人的态度呈现为稳定一致的模式，改变一种态度就需要在其他态度方面做重大调整。

综上所述，一个人的购买行为是文化、社会、个人和心理因素之间相互影响和作用的结果。其中很多因素是市场营销者无法改变的，但这些因素在识别那些对产品有兴趣的购买者方面颇有用处。其他因素则受到市场营销者的影响，市场营销者借助有效的产品、价格、地点和促销管理，可以诱发消费者的强烈反应。

思维拓展　影响身影飘忽的消费者[2]

企业经营者经常有种错觉，以为自己就是那个精气盈满、睿智机警的猎人，总能够矫健地在市场丛林里纵横奔走，轻易寻到静静等候着我们的消费者猎物，而且成功加以捕获。实际上营销教科书就是这么教导我们的：消费者无比顺从地填答着我们派发的问卷，毫无心机地告诉我们他们是谁，他们的性格、价值观、消费态度，以及想要什么、不喜欢什么，然后按照我们布置的价格、推广方式、渠道，乖乖地发生消费行为。

真是这样的吗？不！消费者是动态的，而且他们的主观能动性远比你我想象的还大得多。

消费者身影飘忽是天性，所谓三心二意、心猿意马，所以消费行为学发展了众多手段以锁定并捕捉这不可捉摸的人心。要缓解消费"碎片化"所带来的种种营销困境，我们必须建立"以子之矛攻子之盾"的技术能力，也就是利用信息技术来掌握消费者的信息入口或信息节点。

(1) 请君入瓮。打开大门欢迎消费者参与企业内部经营活动，包括

---

[1] 参见［美］菲利普·科特勒《营销管理》（新千年版·第十版），梅汝和等译，中国人民大学出版社2001年版，第66页。

[2] 参见周庭锐《如何搞定身影飘忽的消费者》，载《商学院》2016年第12期。

研发或营销活动等。

（2）十面埋伏。广泛在各种社交媒介、论坛、App（手机应用程序），甚至可穿戴设备里埋入脚本，全面追踪消费者言谈和形迹，甚至生理特征。对于类似微信这样的封闭式朋友圈，可以开发一些有趣的App，获取用户授权直接读取他们在微信里的信息；对于开放式的平台论坛等，则可以利用网络爬虫持续获取用户信息，并进行语义网、社交网、行为建模等后台分析。其实更多的厂商可能愿意花点小钱，直接购买大数据供应商统整归并之后的信息服务。

（3）天罗地网。配合前面的十面埋伏，我们除了监测消费者方方面面的行为轨迹外，还可以利用埋伏在各种节点里的脚本，通过事前设计的情景触发，或者经过深度学习建模后的智能触发，从多个向度来影响消费行为。由于前述的消费者专注力缺失，我们有必要通过多触点来唤起和维系消费者对特定品牌的记忆或特定消费的动机，当我们有能力在概率上识别特定消费者时，我们就有把握让他在许多不同的线上场合里不断接收到我们想向他传递的营销信息。

（4）举一反三。在前面信息可获得的前提下，我们有许多算法不仅可以对消费者进行精细画像，还能够通过对初期行为的有限观察来推断他们的行为意图。这里有两重意义。首先，是猜测消费者此番前来的动机，直接推送用户想看的内容，来加速消费决策时间，并更好地促成提袋率。其次，是交叉销售，我们可以从用户的浏览行为或实际购买轨迹推断他/她同样感兴趣的商品或服务，也就是所谓的精准推荐。由于消费者的消费渠道逐渐从传统零售实体向线上和移动端转移，厂商反而获得在精准推荐后直接收获实际消费行为的便利。

三、消费者购买决策过程

市场营销者在分析了影响购买者行为的主要因素之后，还需了解消费者如何真正做出购买决策，即了解谁做出购买决策，购买决策的类型以及购买过程的具体步骤。

（一）购买角色与购买动机模式

1. 参与购买的角色

人们在购买决策过程中可能扮演不同的角色，包括：发起者，即首先提出或有意想购买某一产品或服务的人;影响者,即其看法或建议对最终决策具有一定影响的人;决策者,即对是否买、为什么买、如何买、何处买等方向的购买决策做出完全或部分最后决定的人;购买者,即实际采购人;使用者,即实际消费或使用产品或服务的人。

2. 购买动机的基本模式

消费心理学认为:一个人在一定的环境刺激下产生需要,需要产生购买动机,由购买动机激发人的购买行为。其基本模式为:需要→动机→行为。

在现实生活中,每个消费者的购买行为都是由其购买动机引发的,而动机又是由人的需要而产生的。例如,人饿了就会想吃饭,渴了就想要喝水,冷了就想要添衣。这就是人的需要产生动机,动机引起行为的表现。营销学界的权威菲利普·科特勒教授又把人的需要进一步进行了划分,他认为人的需要可分为需求、欲求和需要三个层次。

需求是指人们对生活的最基本的要求。人们为了生存就需求食物、衣服、房屋、安全、归属感、尊重和其他一些东西,这些需求是存在于人类本身的生理组织和社会地位、状况之中的。

欲求是指对那些能满足更深层次需求的物品的企求。比如一个人饿了就会需求食物,而南方人就会对米饭产生欲求,北方人则会对馒头产生欲求。在不同的地区,同样的需求可以有不同的满足方式。面对同样的需求,不同时间的欲求也不相同。比如人们对食物的需求,早晨可能会需要肠粉,中午可能会需要米饭。

需要是指有支付能力和愿意购买某种物品的欲求,光有欲求没有支付能力不行;因此欲求在有购买力做后盾时就变成了需要。很多人都会欲求一部奔驰轿车,但只有少数的人有能力和愿意购买。需要是消费者产生购买行为的原动力,离开需要的动机是不存在的;但是并不是所有的需要都能表现为购买动机,而是要具备一定的条件。这些条件主要表现在两个方面。

首先,只有当需要的强度达到一定程度后,才能引起动机,进而引起、推动或阻止人的某种活动。人的需要是多方面的,甚至是无止境的;但是由于客观条件的限制,人的需要不可能同时全部获得满足。对于消费活动来说,只有那些强烈的、占主导地位的消费需要才能引发购买动机,促成现实的购买活动。

其次，需要产生以后，还必须有能满足需要的对象和条件，才能产生购买动机。比如有的消费者想买红旗CA7560型高级轿车，但是这种车属于元首接待车，在市场上并不是有钱就能买到的，对于一般消费者来说，当然也就不可能产生购买红旗CA7560型高级轿车的动机。因此，对于市场营销来说，研究消费者的购买动机比研究消费者的需要会更直接、更有效地激发消费者的购买行动。

（二）购买行为与动机类型

购买动机是直接驱使消费者实行某种购买活动的一种内部动力，反映了消费者在心理、精神和感情上的需求，实质上是消费者为满足需求采取购买行为的推动者。动机的作用是过去的满足感的函数，其意义是，人对行为的决策，大部分从过去行为所获结果或报酬进行考虑，也就是人的行为动机要以过去的效益为依据。在客观上，许多人的确如此行事，以往的某个行为得到良好的结果，从中受益，人们就有反复进行这种行为的趋向。

1. 购买行为类型

消费者购买决策随其购买决策类型的不同而变化。较为复杂和花钱多的决策往往凝结着购买者的反复权衡和众多人的参与决策。根据参与者的介入程度和品牌间的差异程度，可将消费者购买行为分为习惯性购买行为、寻求多样化购买行为、化解不协调购买行为和复杂购买行为。

对于价格低廉、经常购买、品牌差异小的产品，消费者不需要花时间进行选择，也不需要经过搜集信息、评价产品特点等复杂过程；因而，其购买行为最简单，消费者只是被动地接收信息，出于熟悉而购买，不一定进行购后评价。这类产品的市场营销者可以用价格优惠、电视广告、独特包装、销售促进等方式鼓励消费者试用、购买和续购其产品。

有些产品品牌差异明显，但消费者并不愿花长时间来选择和估价，而是不断变换所购产品的品牌。这样做并不是因为对产品不满意，而是为了寻求多样化。针对这种购买行为类型，市场营销者可采用销售促进和占据有利货架位置等办法，保障供应，鼓励消费者购买。有些产品品牌差异不大，消费者不经常购买，而购买时又有一定的风险；所以，消费者一般要比较、看货，只要价格公道、购买方便、机会合适，消费者就会决定购买。购买以后，消费者也许会感到有些不协调或不够满意，在使用过程中,会了解更多情况,并寻求种种理由来减轻化解这种不协调,以证明自己的购买决定是正确的。经过由不协调到协调的过程,消费者会有一系列的心理变化,针对这种购买行为类型,市场营销者应注意运用价格策略、人员推销策略,选择最佳销售地点,并向消费者提供有关产品评价的信息,使其在购买后相信自己做了正确的决定。

当消费者购买一件贵重的、不常买的、有风险的而且又非常有意义的产品时,由于产品品牌差异大,消费者对产品缺乏了解,因而需要有一个学习过程,广泛了解产品性能、特点,从而对产品产生某种看法,最后决定购买。对于这种复杂购买行为,市场营销者应采取有效措施,帮助消费者了解产品性能及其相对重要性,并介绍产品优势及其给购买者带来的利益,从而影响购买者的最终选择。

2. 购买动机类型

消费者的购买动机是复杂的、多样的。从大的方面来看,有生理性购买动机和心理性购买动机。生理性购买动机是由先天的、生理的因素所引起的,为满足、维持、保持、延续和发展生命等需要而产生的各种购买动机。心理性购买动机主要是由后天的社会性或精神需要所引起的为满足和维持社会生活、进行社会生产和社会交际、在社会实践中实现自身价值等需要而产生的各种购买动机。在人的购买行为中,往往既有生理性的购买动机又有心理性购买动机,两者相互交织在一起,并不好区分;而且如果光是这两种购买动机还是显得非常粗略,不便于制定出有指导性的营销方案,这就需要更具体地加以研究。具体说来,消费者的购买动机主要有十种。

(1) 求实动机。这是以注重商品或劳务的实际使用价值为主要目的的购买动机。消费者在购买商品或劳务时,特别重视商品的实际效用、功能质量,讲求经济实惠、经久耐用,而对商品的外观造型、色彩、商标、包装装潢等不大重视,在购买时大都比较认真仔细地挑选,也不太受广告宣传的影响。一般而言,消费者在购买基本生活资料的时候,求实动机比较突出;而在购买享受资料的消费品时,求实动机不太突出。此外,也要看消费者的消费支出能力和消费的价值观念。

(2) 求新动机。这是以注重商品的新颖、奇特和时尚为主要目的的购买动机。消费者在购买商品时,特别重视商品的外观、造型、式样色彩和包装装潢等,追求新奇、时髦和与众不同,而对陈旧和落后于时代的东西不屑一顾，在购买时受广告宣传、社会环境和潮流导向影响很大。具有这种购买动机的消费者一般来说观念更新较快，容易接受新思想、新观念，生活也较为富裕，追求新的生活方式。

（3）求美动机。这是以注重商品的欣赏价值和艺术价值为主要目的的购买动机。消费者购买商品时特别重视商品对人体的美化作用、对环境的装饰作用、对其身体的表现作用和对人的精神生活的陶冶作用，追求商品的美感带来的心理享受，购买时受商品的造型、色彩、款式和艺术欣赏价值的影响较大，强调感受而对商品本身的实用性要求不高。这样的消费者往往文化素质较高，生活品位较高。但从现在的情况看，也有这样两个趋势：其一是随着人们生活水平的提高、收入的增加和用于非食物方面开支比重的增加，求美动机越来越强烈了；其二是随着时间的推移，人们休闲时间的增加，越来越多的人注重求美的动机了。

（4）求廉动机。这是以注重商品价格低廉，希望付出较少的货币而获得较多的物质利益为主要特征的购买动机。价格敏感是这类消费者的最大特点，在购买时不大看重商品的外观造型等，而是受处理价、优惠价、大特价、清仓价、"跳楼价"等的影响较大。一般而言，这类消费者收入较低或者经济负担较重，有时也受对商品的认识和价值观的影响。近年来还有一种趋势，就是在目标市场营销中，较低档次的消费者对于较高档次的消费品而言，往往是求廉购买。比如在广州，不少的时装专卖店本来是面向高收入者的，他们讲究时装的质地、款式、服务、购物环境等，普通大众平时是不会光顾的，但在换季时大减价，普通的消费者此时去抢购就是求廉动机的激发。

（5）求名动机。这是一种以追求名牌商品或仰慕某种传统的名望为主要特征的购买动机。消费者对商品的商标、商店的牌号等特别重视，喜欢购买名牌产品，在购买时受商品的知名度和广告宣传等影响较大。一般而言，青年人、收入水平较高的人常常具有这种购买动机。

（6）好胜动机。这是一种以争强好胜或为了显示与他人攀比并胜过他人为目的的购买动机。消费者购买商品主要不是为了实用而是为了表现比别人强，在购买时主要受广告宣传、他人的购买行为所影响，对于高档、新潮的商品特别感兴趣。

（7）显耀动机。这是一种显示地位、身份和财富势力为主要目的的购买动机。消费者在购买商品或从事消费活动时，不太重视消费支出的实际效用而格外重视由此表现出来的社会象征意义,通过购买或消费行为体现出有身份、权威或名流的形象。具有显耀动机的人与具有好胜动机的人相比,通常所处的社会阶层高,而又经常与下一阶层的人在一起,为了显示与众不同,常常购买具有社会象征意义的商品。

(8) 求同动机。这是一种以求得大众认可的购买动机。消费者在购买商品时主要以大众化为主,跟上潮流即可,人有我有,不求创新,也不要落后,有时也称为从众动机,在购买时受购买环境和别人的经验、介绍、推荐影响较大。

(9) 便利动机。这是一种以方便购买、便于使用维护为主的购买动机。在购买价值不高的日用品时,消费者常常具有这种购买动机。对于这类日用消费品,消费者经常购买,经常使用,购买时也不太认真挑选,讲求便利是其主要特征,他们对服务也有一定的要求。

(10) 偏爱动机。这是一种以某种商品、某个商标和某个企业为主的购买动机。消费者由于经常地使用某类商品的某一种,渐渐产生了感情,对这种商品、这个商标的商品或这个企业的商品产生了偏爱,经常指名购买,因此有时也称为惠顾动机。再广泛一点来说,有人喜欢购买日本货,有人喜欢购买国产货等等都属于偏爱动机。企业注重服务、善于树立产品形象和企业形象往往有助于培养、建立消费者的偏爱动机。

(三) 购买决策过程

消费者完整的决策过程是以购买为中心,包括购前购后一系列活动在内的复杂的行为过程。具体来说,在复杂购买行为中,购买者的购买决策过程有引起需要、收集信息、评价方案、购买决策、购后评价等互相联系、循序渐进的五个基本阶段。

1. 引起需要

购买者的需要往往由两种刺激引起,即内部刺激和外部刺激。营销人员应注意识别引起消费者某种需要和兴趣的环境,并充分注意到两个方面的问题:一是注意了解那些与本企业的产品实际上或潜在地有关联的驱使力;二是消费者对某种产品的需求强度,会随着时间的推移而变动,并且被一些诱因所触发。在此基础上,企业还要善于安排诱因,促使消费者对企业产品产生强烈的需求,并立即采取购买行动。

诱导是企业对购买时处于犹豫不决状态的消费者采用的有效的沟通

方式，此时的诱导如果运用得当就会起到"四两拨千斤"的作用。

如何对消费者的购买动机进行诱导，进而引起需要？一般而言，要围绕着影响消费者购买的环境因素进行诱导，也要根据影响购买行为的主要动机类型进行诱导。

（1）品牌强化诱导。消费者对购买某种物品已经做出了决定，但是对挑选哪个品牌心里没底。售货员可以突出介绍一个品牌，详细说明它的好处，以及其他消费者对这个品牌的认识、感受；如果这个品牌介绍一下，那个品牌也介绍一下，最后，消费者还是不知选哪一个好。

（2）特点补充诱导。当消费者对选择某一品牌已有了信念，但是对该产品的优缺点还不能做出判断时，采用特点补充诱导方式，在消费者重视的属性之外，再补充说明其他一些性能特点，可以通过品牌之间的比较进行分析，帮助消费者进行决策。比如消费者在购买冰箱时，重视外观的好看与否、容量的大小、噪声的高低，但在对这些因素进行了比较之后还不能决定时，可以提示消费者××牌的冰箱环保性能优越，还可以左右开门，方便在不同地点使用等来补充产品的优点，刺激其购买。

（3）利益追加诱导。消费者对产品带给他的利益是感性的、有限的，这就使消费者对商品的评价具有局限性，此时应利用利益追加诱导方式，增加消费者对某一品牌、某一品种商品的认识，提高感知价值。还以冰箱为例，某消费者对某品牌三门大冰箱的品牌、容量都比较满意，但是对于中间那个门的作用认识不足，这时厂家推销员过来介绍："中间那个门里面有个温度控制开关可以把温度调高，扩充冷藏室的容积（空间），也可以把温度调低，扩充冷冻室的容积（空间），可以随您的需要进行调整。还有一个更重要的作用，一般而言冷冻室温度过低，把生肉等食物放进去以后会迅速冷冻，使味道变差一些，但可以保持较长时间，中间那个门里放进熟食、熟肉，两三天内食用绝对不会改变味道，又不用拿出来化冻，可以作为熟食的专用柜。"这个消费者一听，马上就下定了购买的决心。

（4）观念转换诱导。消费者对某一品牌的印象较低往往是由于这个品牌的商品在消费者认为比较重要的属性方面还不突出，不具有优势，此时可以采用观念（信念）转换诱导方式，改变消费者对商品的信念组合，这也是心理再定位的方法，改变消费者对商品属性重要性的看法。比如购买冰箱时，消费者把质量放在第一位，把价格放在第二位，把容量放在第三位，而××牌冰箱的价格不占优势，使顾客在购买时难以下决心。此时告诉消费者，价格不是最重要的，容量比价格更重要，容量选择过小以后要改变就很难了。这样就会改变消费者对本企业冰箱价格高容量大的不好的看法，认为容量大比较适合需要，进而对价格也就不那么敏感了。

2. 收集信息

一般来讲，引起的需要不是马上就能满足的，消费者需要寻找某些信息。消费者信息来源主要有个人来源（家庭、朋友、邻居、熟人）、商业来源（广告、推销员、经销商、包装、展览）、公共来源（大众传播媒体、消费者评审组织等）、经验来源（处理、检查和使用产品）等，营销人员应对消费者使用的信息来源认真加以识别，并评价其各自的重要程度，以及询问消费者最初接触到品牌信息时有何感觉等。

收集信息要做好证据的提供，有时消费者对选择什么样的商品，选择什么品牌的商品都已确定下来了，但是还没有把握，怕风险而犹豫不决，此时运用证据提供诱导方式，告诉消费者什么人买了，有多少人买了这种商品，促使从众购买动机的强化，消除消费者的顾虑，也可以促成购买行为的产生。有效的诱导，除了要注意方式、方法之外，还要掌握好时机。

3. 评价方案

消费者对产品的判断大都是建立在自觉和理性基础之上的。消费者的评价行为一般会涉及五个问题。

（1）产品属性，即产品能够满足消费者需要的特性。例如，计算机的储存能力、图像显示能力、软件的适用性等，手表的准确性、式样、耐用性等都是消费者感兴趣的产品属性；但消费者不一定将产品的所有属性看得同等重要。营销人员应分析本企业产品应具备哪些属性，以及不同类型的消费者分别对哪些属性感兴趣，以便进行市场细分，对不同需求的消费者提供具有不同属性的产品，既满足顾客的需求，又最大限度地减少因生产不必要的属性所造成的资金、劳动力和时间的耗费。

（2）属性权重，即消费者对产品有关属性所赋予的不同的重要性权数。消费者被问及如何考虑某一产品属性时立刻想到的属性，叫作产品的特色属性。特色属性不一定是最重要的属性。在非特色属性中，有些可能被消费者遗忘，而一旦被提及，消费者就会认识到它的重要性。营销人员应更多地关心属性权重,而不是属性特色。

（3）品牌信念,即消费者对某品牌优劣程度的总的看法。由于消费者个人经验、选择性注意、选择性曲解以及选择性记忆的影响,其品牌信念可能与产品的真实属性并不一致。

（4）效用函数,即描述消费者所期望的产品满足感,随产品属性的不同而有所变化的函数关系。它与品牌信念的联系是,品牌信念指消费者对某品牌的某一属性已达到何种水平的评价,而效用函数则表明消费者要求该属性达到何种水平他才会接受。

（5）评价模型,即消费者对不同品牌进行评价和选择的程序和方法。要想使评价方案取得成功,还要注意克服一些不利因素的影响。比如消费者对推销员、售货员的不信任会造成对产品的不信任,对介绍内容的不信任,销售现场的环境也会影响诱导的效果。

4．购买决策

评价行为会使消费者对可供选择的品牌形成某种偏好,从而形成购买意图,进而购买所偏好的品牌。也就是说,在方案评估完成之后,消费者心目中就会有品牌偏好,并产生购买意图,这时,如果没有重大的反对意见或其他特殊状况出现,消费者就会采取购买行动。但是,在购买意图和决定购买之间,有两种因素会起作用:一是别人的态度,二是意外情况。消费者修正、推迟或者回避做出某一购买决定,往往是受到了可觉察风险的影响。

对于营销人员,最主要就是要清除（或减少）从购买意图到购买行动之间的干扰因素。例如,女性在购买决策中的角色日益重要,因此对女性的某些偏好也必须加以考虑,如外观、颜色等,"万家乐牌"小家电外形细致、优美、颜色柔和,就是相当重视女性角色的表现。

可觉察风险的大小随着冒这一风险所支付的货币数量、不确定属性的比例以及消费者的自信程度而变化。营销人员必须了解引起消费者不安全感的那些因素,进而采取措施来减少消费者的可觉察风险。

5．购后评价

购后评价是消费者对已购商品,通过自己使用或通过他人的评估,对满足自己需要的反馈,重新考虑购买这种商品是否是正确选择,从而形成的评价。消费者对商品的评价主要取决于商品满足人们需要的程度,以及商品的质量、花色、款式、包装等。人们的需要是多方面的,就消费者来说，不但有生理、物质方面的需要，而且有心理和精神方面的需要。随着市场经济的发展，同质、同性能的商品出现，在消费者的心目中，商品，特别是耐用消费品，不单单是满足需要的看得见、摸得着的实体产品，而且是包括一系列售后服务、保换、技术培训、维修保养、交货付款等附加内容的一个整体产品的概念，即在购买商品后，消费者的消费行为并未因此马上结束，消费者与企业的联系并未因交易行为的结束而割断。

消费者的满足程度不仅取决于所购商品所能提供的满足程度，而且取决于对商品的预期与使用中的实际绩效之间的对比。也就是说，在实际消费中，符合预期的效果则感到基本满意；超过预期则很满意；未能达到预期，则不满意或很不满意。实际同预期的效果差距越大，不满意的程度也就越大。

消费者在购买商品之后，一般都要做购后评价。这种评价会对消费者本人以后及周围其他人的购买决策产生重要的影响。

（1）对自己以后购买决策的影响。如果消费者对所购商品感到满意，则此次购买经验作为知识存储于大脑，形成对商品、企业肯定的认识，那么以后可能会继续购买这一品牌的商品。如果感到不满意，消费者会改变对该商品、企业形象的态度，进而寻找更合适的品牌来满足自己的需要。因而，购后评价常会作为一种经验反馈到决策的第一阶段，起着帮助做出决策的作用。

（2）对周围其他人购买决策的影响。消费者通过购后评价向周围其他人（如亲戚、朋友、同事）传递某些商品信息，表示自己对商品（或服务）的看法，影响这些消费者对商品的态度和购买决策。

消费者愿意提供购后评价的原因：一是可能满足自己的潜在需要，减少或者消除对自己购物行为的疑虑；二是可能表达自己对产品的满意或不满意，由于他们自己对商品十分感兴趣或过分失望，心理上感到不告诉别人不行；三是借此增加与相关群体其他成员之间的交往。

其他人之所以乐意接受他人对商品的评价并作为自己购买商品时的重要决策依据，可能有三个方面的原因：一是来自亲戚、朋友或相关其他成员的购物经验，因其非营利性被认为要比商业性信息来源更加可靠；二是对于那些性能复杂而又难以检测的产品，消费者倾向于充分听取他人意见以减少购买风险；三是通过向其他人获取购买信息以减少自己信息搜取的成本。这种购后评价以口头传播的形式,往往以高可信度影响消费者的购买决策。

有关研究表明：一个满意的顾客会向 3 个人介绍好产品的优点,而一个不满意的顾客会向 11 个人讲它的坏话。如果扩展开来,这些不良口碑会对企业形象、信誉度产生更大的影响。

消费者对其购买的产品是否满意,将影响到以后的购买行为。[①] 营销人员应采取有效措施尽量减少购买者买后不满意的程度,因为过去的品牌选择对未来品牌偏好起强化作用。

研究和了解消费者的需要及其购买过程,是市场营销成功的基础。营销人员通过了解购买者如何经历引起需要、寻找信息、评价行为、决定购买和买后行为的全过程,就可以获得许多有助于满足消费者需要的有用线索;通过了解购买过程的各种参与者及其对购买行为的影响,就可以为其目标市场设计有效的市场营销计划。

四、消费者特征与行为的市场研究

从以上分析可知,对市场营销来说,应该充分掌握消费者四个方面的信息。不过,由于市场营销的侧重点及目的不同,各方面信息的作用也不一样。市场研究都是根据不同的需要进行的,可分成四个方面：市场分析、产品分析、广告分析、战略计划分析。各种分析对消费者信息的需求是不同的,如表 3.1 所示。

表 3.1 消费者的特征、行为信息与市场研究的关系

市场研究	人口信息	心理信息	大众媒介偏好信息	购买行为信息
市场分析	✓			✓
产品分析	✓			✓
广告分析	✓	✓	✓	✓
战略计划	✓			✓

[①] 参见束军意《市场营销：原理工具与实务》,机械工业出版社 2015 年版,第 217 页。

（一）市场分析

市场分析是判断某一地理区域的市场潜力，并由此选择销售地点。市场分析所需要的最重要的信息是人口信息。市场分析要了解某一地理区域人口的性别年龄构成、收入状况等，同时还需了解该地域人们的购买行为，以此估计销售量。市场分析一般不需要消费者心理及大众媒体偏好方面的信息，对小区域而言，也很难获得这方面的数据。

（二）产品分析

产品分析是估计某一产品的市场潜力及该产品的市场占有率。产品分析需要了解用户特征以及不同特征的用户对该产品的实际购买情况。因此，产品分析既需要人口信息，又需要消费者的购买行为信息。

（三）广告分析

广告分析是选择合适的大众传播媒体，用生动而又吸引人的文字、图像、声音向消费者宣传介绍产品。它既需要消费者的特征信息，又需要消息者的行为信息。例如，设计一个好的广告词需要了解顾客的心理。媒体的选择既需要人口信息，又需要大众媒体偏好信息。广告分析还包括研究广告刊登（播出）后消费者的购买行为有何改变，因此，需要消费者购买行为方面的信息。

（四）战略计划分析

公司、企业在制订战略计划时要分析市场过去的变动趋势，预测哪些产品将拥有较大市场；因此，它需要人口及购买行为方面的信息。制订长期的战略计划不需要心理及大众媒体偏好方面的信息，因为消费者的心理及大众媒体偏好是在不断改变的。

从以上简要分析中可知，由于市场营销的侧重点不同及目的不同，消费者各方面信息的作用也不一样；不过，人口信息是进行市场研究的基础，是最重要的信息，缺乏它，别的信息毫无意义。

由于激烈的市场竞争，企业家们越来越重视消费者信息的重要性，并从原来单纯地了解消费者的购买行为逐渐发展到全方位地了解消费者详细的人口特征、心理特征、购买行为和大众媒体偏好。由于存在对消费者特征、行为信息的需求，加之官方统计资料是公开的，统计方法、技术不断发展，从而刺激了市场咨询公司的产生与发展。这些公司利用官方资料或进行市场调查，向企业提供消费者特征、行为信息，从而既满足企业对消费者某一方面信息的需求，又能使市场研究者将不同信息结合起来进行研究，而它们自身也逐渐形成了以市场咨询为方向的各具特色的产业。如城市决策系统专门提供各地的人口预测数据，生活方式监测系统主要是提供消费者心理方面的信息。

就市场咨询业本身的发展来说，近年来，由于外企、合资企业对消费者及市场信息的需求，一大批市场调查咨询公司应运而生，各种先进的调查统计方法都在我国得到运用。但是，由于我国企业的市场意识薄弱，极大地限制了对消费者各方面的信息的需求，因而，我国咨询业目前还处于初级阶段。我国的市场调查大多按企业（外企或合资企业）的要求独立进行，未能形成市场咨询方面的具有相当规模的专业数据库。目前，只有很少公司、机构专门提供面向企业的人口和消费心理信息。尽管消费行为及媒体偏好调查（如电视收视率调查）在我国进行得比较普遍，但在技术方法、覆盖面及细致程度上与美国相比仍有不少差距。我国要形成以消费者为中心的较大规模的信息咨询产业，最终将取决于本国企业对消费者特征、行为与市场关系的充分认识。

第二节　组织市场购买行为

组织市场购买行为是指各类组织机构确定其对产品和服务的需要，并在可供选择的品牌与供应商之间进行识别、评价和挑选的决策过程。组织市场是指购买商品或服务以用于生产性消费，以及转卖、出租，或用于其他非生活性消费的企业或社会团体。企业的营销对象不仅包括广大消费者，也包括各类组织机构，这些组织机构构成了原材料、零部件、机器设备、供给品和企业服务的庞大市场。为此，企业必须了解组织市场及其购买行为。

一、组织市场及其购买行为特征

组织市场是由各种组织机构形成的对企业产品和劳务需求的总和，它可分为三种类型，即产业市场、转卖者市场和政府市场。

产业市场，又叫生产者市场或企业市场。它是指一切购买产品和服务并将之用于生产其他产品或劳务，以供销售、出租或供应给他人的个人和组织。产业市场通常由农业、林业、水产业、制造业、建筑业、通讯业、公用事业、银行业、金融业和保险业、服务业等产业所组成。

转卖者市场是指那些通过购买商品和劳务以转售或出租给他人获取利润为目的的个人和组织。转卖者不提供形式效用，而是提供时间效用、地点效用和占有效用。转卖者市场由各种批发商和零售商组成。批发商是指购买商品和劳务并将之转卖给零售商和其他商人以及产业用户、公共机关用户和商业用户等，但不把商品大量卖给最终消费者的商业单位；而零售商的主要业务则是把商品或劳务直接卖给消费者。

政府市场是指那些为执行政府的主要职能而采购或租用商品的各级政府单位，也就是说，一个国家政府市场上的购买者是该国各级政府的采购机构。由于各国政府通过税收、财政预算等掌握了相当大一部分的国民收入，所以形成了一个很大的政府市场。

从上述定义不难看出，组织市场同消费者市场有着根本区别，相应地，二者的购买行为也就不尽相同。组织市场购买行为（以下简称"组织购买行为"）是指各类正规组织机构确定其对产品和劳务的需要，并在可供选择的品牌与供应商之间进行识别、评价和挑选的决策过程，它与消费者市场购买行为相比存在四个特点。

（1）组织需求是一种派生需求。组织机构购买产品是为了满足其顾客的需要，也就是说，组织机构对产品的需求归根结底是从消费者对消费品的需求中派生出来的。显然，皮鞋制造商之所以购买皮革，是因为消费者要到鞋店去买鞋的缘故。

（2）购买决策过程的参与者往往不只是一个人，而是由很多人组成，甚至连采购经理也很少独立决策而不受他人影响。

（3）由于购买金额较大，参与者较多，而且产品技术性能较为复杂，所以组织购买行为过程将持续较长一段时间，几个月甚至几年都是可能的。这就使企业很难判断自己的营销努力会给购买者带来怎样的反应。

(4) 物质产品本身并不能满足组织购买者的全部需求，企业还必须为之提供技术支持、人员培训、及时交货、信贷优惠等条件与服务。

二、组织购买行为构成

市场上的各类组织都在发生着大量的购买行为，成为企业产品销售市场的重要组成部分。由于消费主体和消费方式的多元化，为了更好地满足目标消费者的需求和欲望，为制定正确的营销决策提供依据，市场工作人员必须了解目标消费者的欲望、观念、喜好和购买行为，甚至他们的语言方式、风俗习惯、沟通技巧。①

（一）购买阶段

组织购买者为采购到所需要的产品，在购买过程中往往要采用不同的策略。许多学者习惯上根据这些策略的不同而将购买过程划分成不同的购买阶段。实际上，购买过程是一种渐进行为，通过不断选择达到购买的目的。在购买过程中，除了购买阶段外，值得考虑的一个重要因素是采购中心。采购中心是个非正式的、跨部门的决策单位，由所有参与购买决策过程的个人和集体组成。其基本目标是搜集、输入和处理与采购有关的各种信息，并承担由决策所引发的一切风险。采购中心的各个成员在购买决策过程中分别承担五种角色，即使用者、影响者、购买者、决定者和控制者。营销人员必须明确判断采购中心各个成员所扮演的角色，以便采取针对性措施。

（二）购买情况

组织购买者不是只做单一的购买决策，而要做一系列的购买决策。组织购买者要做多少购买决策，即其购买决策构成的复杂性，取决于组织购买者的购买情况。

1. 购买决策

购买决策不是随便产生的。购买决策是购买企业的许多成员参与进行的一整套复杂活动所形成的从某销售商购买商品与服务的一项决议。

---

① 参见邢会强《金融消费纠纷的多元化解决机制研究》，中国金融出版社 2012 年版，第 53 页。

购买不是一件事情，而是企业的一项决策制定程序，其结果是产生一项合同责任。就购买程序来说，每一个参与者必须就购买问题做出自己的结论和决定。

一位西方学者把购买决策程序划分为八个阶段：①需要的确认；②确定所需物品的特性和数量；③拟定指导购买的详细规格；④调查和鉴别可能的供应来源；⑤提出建议和分析建议；⑥评价建议和选择供应商；⑦安排订货程序；⑧工作绩效的反馈和评价。

这种有组织的购买决策程序的特点就在于它是建立在现场调查的基础上的。这些活动可以看成购买程序的不同阶段。例如，拟定指导购买的详细规格就是一个不同的阶段。这个阶段包括把确定所要购买的物品和服务转化成为对销售商的详细而精确的特性要求；同时，在这一阶段，产品销售商也可以得到一种特殊的机会，即他可以根据自己的某种竞争优势来参与购买程序。比如，当拟定的详细规格中包括某种产品的具体特性，而某销售商正好具有这方面的特长时，这个销售商就可以获得这种独特的销售机会。

有分析的购买决策程序对产品销售商拟定其销售策略是很有用的，因为他可以据此明确规定其工作目标，如为购买者提供某一阶段所需的资料。搜集资料是购买机构在制定购买决策以前所必须完成的业务活动，然后才有可能确定购买。

2．购买情况

组织购买者的购买情况大体可分为三种类型。

（1）直接重购。组织的采购部门根据过去同许多供应商打交道的经验，从供应商名单中选择供货企业，并直接重新订购过去采购的同类产品。此时，组织购买者的购买行为是惯例化的。在这种情况下，列入供应商名单中的供应商将尽力保持产品质量和服务质量，并采取其他有效措施来提高采购者的满意程度。未列入名单内的供应商会试图提供新产品或开展某种满意的服务，以便使采购者考虑从他们那里购买产品，同时还将设法先获得一部分订单，以后逐步争取更多的订货份额。

（2）修正重购。组织的采购经理为了更好地完成采购任务，适当地改变（或修正）所要采购的产品的规格、价格等条件或供应商的情况。这类购买情况较为复杂，因而参与购买决策过程的人数较多。同时，它给名单外的供应商提供了市场机会，并给名单内的供应商造成压力和威胁，这些供应商必须设法拉拢其现有顾客，保护既得市场。

（3）新购。组织首次购买某种产品或劳务。新购的成本越高、风险越大，那么参与决策的人数和所要掌握的市场信息就越多。这种购买情况为营销人员提供了最佳机会与挑战。供应商会设法尽可能多地接触主要的采购影响者，并派出特殊的推销队伍向顾客提供市场信息，帮助他们解决疑难问题。

思维拓展　星巴克"中杯事件"引发的现象级反应[①]

顾客要的到底是什么？这个营销战略中最基本的问题显然已经到了很有必要旧事重提的时候。因为，在迅猛发展的互联网力量的驱动下，顾客的需求特性已经发生了翻天覆地的变化，而很多企业依然沿袭旧有的策略，没有敏锐地根据消费者需求的变化做出调整。我们先来看看闹得沸沸扬扬的星巴克"中杯事件"。

杭州的林先生是星巴克的资深顾客，长达5年的金卡会员，但是他每次到星巴克点咖啡时都会遭遇"中杯之问"。在星巴克的杯型体系中，根据容量的不同，分为中杯（tall）、大杯（grande）和超大杯（venti）。也就是说，星巴克的中杯事实上是顾客正常理解中的小杯。这个有悖常理的杯型体系很容易造成顾客的误解。当顾客点中杯时，星巴克的店员就会（根据销售程序）提醒顾客，这是小杯，并推荐顾客再加3元就可以享受大杯（grande）。

在经历了无数次的"中杯之问"后，一贯只点星巴克中杯（tall）而不愿升杯的林先生终于忍无可忍地生气了，于是他写了《致星巴克中国CEO王静瑛的公开信：什么时候才不觉得中杯顾客无知或愚蠢？》，并在微信公众号上发布。结果，这篇文章引发了大量的关注。

这个现象级事件的背后恰好隐藏着顾客需求变化的重要线索。在互联网力量风起云涌的推动下，顾客的个体意识、身份意识正在觉醒。他们迫切想要商家知道他们是谁，知道他们的消费偏好、消费习惯，知道他们是活生生的、有个性的人，而不再把他们当作标准化的"平均顾客"来对待。

[①] 参见李悦妮《从顾客满意度到"顾客优越感"》，载《销售与市场·管理版》2017年第1期。

此前我们用"顾客满意度"来衡量产品或服务的优良程度,但以后我们必须切换到"顾客优越感"的衡量上来,认真思考顾客要的到底是什么,这就是从顾客满意度到"顾客优越感"。

思考练习题

一、简答题

1. 简述消费者的特征与行为。
2. 简述消费者的购买行为因素。
3. 简述组织市场的概念及其购买行为特征。
4. 简述组织购买行为的构成。

二、论述题

1. 论述消费者购买决策过程。
2. 论述消费者特征与行为的市场研究。
3. 论述组织市场购买行为。

三、思考题

1. 从营销角度看,牛津大学学生为筹集善款拍摄裸体年历的行动方案是什么?
2. 人与人最大的区别在哪里?
3. 三流营销、二流营销和一流营销分别怎么体现?
4. 请运用心智模式测验的方式分析以下两幅图。

第一幅　　　　　　　　第二幅

第四章
市场调查

科学的决策源于科学的市场调查。要管理好一个企业，就要安排好未来；要安排好企业的未来，必须充分掌握信息。企业的经营决策者只有收集掌握全面和可靠的信息，准确地估计市场目前和未来发展变化的方向、趋势和程度，才能发现合适的市场机会、市场威胁和预见营销中可能产生的问题，从而调整企业的市场营销决策以适应市场的变化，使企业能更好地生存和发展，所以市场调查专指针对购买者、消费者群体的调研活动，是企业进行市场预测、正确制定市场营销战略的前提。有了正确的市场调查，企业才能真正做到宏观与微观相结合、综合与分析相结合、科学精神与认真务实相结合、国际视野与本土实用主义相结合、理性资料与感性方案相结合。

第一节
市场调查的意义和内容

市场调查是运用科学的方法，有目的、有系统地收集、记录、整理有关市场营销方面的各种信息和情报资料，分析研究卖方将商品或劳务销售转移给买方的各种情况与趋势。其目的在于为企业的决策者进行预测、做出经营决策、制订计划提供重要依据。市场调查是市场营销活动的出发点，是了解市场、认识市场的一种有效方法和手段。

一、市场调查的重要性

市场调查可以非常有效地把握供求的现状和市场的发展趋势，为企业制定更好的营销战略和做出正确的决策提供依据。它是市场调查和市场研究的统称，是市场预测和经营决策中不可缺少的一部分。总的来说，市场调查是了解市场的主要方法。

（一）面对市场竞争要正确决策

各企业为了增强产品在市场上的竞争能力，都希望能随着变化万千的市场动态及时做出相应的正确决策，并在采取行动之前，能获得有关的市场信息和情报资料，以避免做出错误的决策，减少决策的风险。尤其当企业由以往的地区性销售扩大为全国性销售，甚至发展到国际性营销时，企业的经营决策者或销售部门的主管人员实际上已不大可能亲自与市场广泛接触；而市场情况变化万千，顾客需求越来越多样化和挑剔，以及他们的爱好、动机、欲望对市场营销的影响很大。

企业要了解哪种产品是顾客所需要的，如何定出适宜的价格，怎样合理地选择分销渠道，选择适当的销售促进方式，适时适地地满足顾客需求，了解潜在市场情况，这些都需要做好市场调查工作，从多方面获取市场情报资料，敏感地捕捉这些信息，分析企业的生产与市场需求之间的内在联系，周密分析和研究市场需求变化的规律，用以指导企业的经营决策，有预见性地安排市场营销活动，提高企业的经营管理水平，促进企业更好地生存和发展。

(二) 营销决策过程的作用

图 4.1 表示了市场调查和市场营销活动的关系，以及市场调查在市场营销决策过程中的重要作用。企业通过对市场环境和消费者行为的调查取得市场营销方面的情报资料。企业领导者根据这些调查资料和来自本企业其他职能部门的情报资料做四个方面的工作。

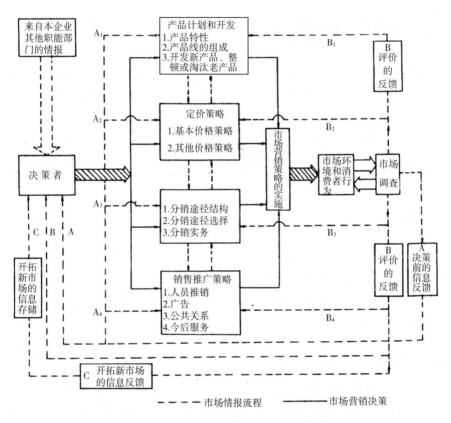

图 4.1　市场调查情报和市场营销决策的关系

1．分析产品生命周期

分析研究产品的生命周期，确定研制设计新产品、整顿或淘汰老产品，制定产品生命周期各阶段的市场营销策略，确定产品生产销售计划。

2．制定产品定价策略

根据顾客对产品价格变动的反应，在不违反国家政策的前提下，研究产品适宜的售价，制定企业产品的定价策略，确定新产品的定价、老产品价格的调整、产品的批发价和零售价。

3. 设计销售渠道方案

设计销售促进方案，加强推销活动、广告宣传和销售服务，开展公关活动，搞好公共关系，树立企业和产品形象，组织营业推广活动，扩大销售量。在考虑市场、产品等因素的基础上，合理选择分销渠道，尽量减少流通环节，缩短运输路线，降低运输成本和仓储费用，降低销售成本。

4. 制定市场营销综合策略

企业综合运用各种营销手段，制定正确的市场营销综合策略，使企业在市场竞争中获取更多的利润，取得良好的经营效果；同时在市场营销策略实施过程中，继续对市场环境和消费者行为进行调查，掌握市场动向、发展趋势、竞争对手情况等，及时反馈信息、储存信息，为开发新产品、保持现有市场、开拓未来市场服务。因此，搞好市场调查，对企业正确决策、改善经营、提高管理水平和经济效益、促进企业进一步发展有着十分重要的意义。

（三）市场调研的误区

真正的市场调研不仅仅是数据调研，还有经验和感觉，不是不凭数据，而是数据在我们的决策因素中所占比重较小，约20%。如果靠一套分析模型来进行数据分析就进行决策，那谁都可以借用一套分析模型与数据成为通用、海尔了。

纯粹的数据有很大的局限性，很多问题也不是凭一些问卷和座谈就可以得出的，还必须依靠有经验的人员的感觉。产品的前期市场调研绝不是一个分析模型与分析程序那么简单，要想做好一个产品的市场调研，首先必须懂得如何去卖这个产品，然后从产品推向市场的各个时段所涉及的问题反向展开定性内容的设计，很多市场调查的定性内容没有从产品推广的角度去定性，而是从市场调查程序去定性，从一开始就埋下了方向错误，遗漏了关键的种子。真正的市场调研应该调查好三个方面的问题。

1. 消费者购买该产品的原始诱因

消费者购买某产品的原始诱因与消费需求不能混为一谈，很多人虽然有需求，但如果没有独特的诱因对其进行刺激，需求就无法转变为购买。如果我们能准确地调研出消费者购买某类产品的原始诱因，在进行产品推广时针对性地进行回应，就能有效地诱发消费者的消费需求，使消费者对产品开始心动，从而将消费需求转换为消费行为。

2. 消费者尝试性购买的因素排序

在击中消费者的原始诱因之后，消费者一般会进行尝试性购买，这时就需要重点研究促使消费者达成尝试性购买的主要因素有哪些。达成尝试性购买的主要因素就是消费者产生原始诱因后至走向店铺时的一系列复杂的心理历程，包括其决策产生的过程、走向店铺时所受的影响、为什么购买甲产品而不购买乙产品。在这些因素清晰地显现并对其重要性进行排序后，我们根据这一系列的因素，在市场推广的各环节做好相对应的工作，就会使销售阻力减少到最低限度之内，最大限度地促使消费者达成尝试性购买。

3. 消费者重复性购买的因素排序

在消费者达成尝试性购买后，并不是就万事大吉了，市场是否能真正地启动，获得可持续性发展，关键还要看消费者的重复性购买。重复性购买的主要因素从表面来看肯定是产品的质量与效果，然而，很多产品因消费者的个体差异问题，体现出来的效果各不相同。我们要深层次地研究功效究竟体现在什么地方，并对消费者进行功效描述，除了功效之外，还有哪些辅助因素会促使消费者达成重复性购买，在这一系列因素充分研究透了之后，就可真正地为市场营销决策提供有力的依据，有效地促使消费者进行重复性购买。

在市场调查过程中，我们只有抓住了关键性问题，并对关键性问题进行充分的研究与探讨，才能对市场推广起到关键性作用，否则，大量的无关紧要的装饰性数据与分析充斥其间，既扰乱决策者的思路，又浪费决策者的时间。

《中国经营报》记者对娃哈哈品牌的创始人宗庆后进行了一次采访。记者问宗庆后娃哈哈的决策程序是什么，宗庆后的回答是娃哈哈从不做那种程式化的市场调查，而是凭自己的双脚去走访市场，凭感觉进行决策。市场营销之所以区别于其他的学科，大学生在校园里可以学好其他学科而学不好市场营销，是因为其本身含有众多的不确定因素与灵活性，绝不是一种分析模型和一些数据可以解释的。

市场营销是一个复杂的动态的过程，而我们的数字分析是一个静态的过程，市场调查即使做得非常严谨，充其量也只是一个营销决策的参考。真正的市场决策还应该配合专业人员对市场的了解与经验，并且很大程度上应依靠经验，加上我们的思考与判断，才能使市场调研的数据发挥应有的作用。

二、市场调查内容

由于影响市场的因素很多，所以市场调查的范围也很广泛。凡是直接或间接影响市场营销的情报资料，都要广泛收集和研究，以便采取相应的策略。市场调查的内容主要包括五个方面。

（一）政治与经济环境

政治环境的好坏影响着宏观经济形势，从而也影响着企业的生产经营活动。国内政局安定必然促进经济繁荣。人民安居乐业，市场需要增长，也为企业发展创造了机会。政治形势是企业确定发展规模、发展速度的重要依据，也是企业能否引进外资的重要条件。政治环境的好坏影响着宏观经济形势，从而也影响着企业的生产经营活动。[①] 政治环境分析有两个方面的内容。

1. 政治法律环境

（1）政府方针政策。政府的有关方针政策如政府关于发展农业、原材料工业、能源、交通运输业的政策，价格、关税、外汇、税收、财政、金融政策和对外贸易政策等。

（2）政府有关法律条令。如环境保护法、工商法、商标法、破产法、反对不正当竞争法、保险法与外国合资经营条例等。

（3）政局的变化。政治局势发生的变化、政府人事变动以及战争、罢工、暴乱的发生等情况。

2. 经济环境

经济环境是指构成企业生存和发展的社会经济状况和国家经济政策，是影响消费者购买能力和支出模式的因素。它包括收入的变化、消费者支出模式的变化等。

---

① 参见王秀彦、杜峰《当代世界政治经济形势》，北京工业大学出版社2011年版，第73页。

具体来说,包括:①国民生产总值及其发展速度;②物价水平、通货膨胀率、进出口税率及市值稳定情况;③城乡居民家庭收入、个人收入水平、城乡居民存款额;④通讯及交通运输、能源与资源供应、技术协作条件等。

一般来说,经济环境对企业的市场营销有直接影响。经济发展速度快,人民收入提高,则购买力增强,市场需求增大;反之,则小。一个国家或地区的基础设施完善,投资环境良好,便有利于吸引外资、发展经济。由于国与国之间、本国各地区之间经济发展不平衡,经济发展落后地区往往成为经济发达地区已进入成熟期后期或衰退期产品的转销地。日本12英寸黑白电视机在20世纪80年代初期大量进入我国城市市场就是一个典型的事例。

(二) 人口与文化环境

环境是人类赖以生存的基础。随着人类社会的进步,生产力发展,人类适应环境的能力比过去大大增加,但人口数量的变化、素质的提高及人口迁移和分布的改变仍受环境条件的制约。人口与环境相互影响、相互制约的关系构成了人类社会可持续发展的基础。

1. 人口环境

人口环境包括:①人口规模、人口增长率、人口结构;②地理分布、民族分布、人口密度、人口迁徙流动情况;③出生率、结婚率;④家庭大小等。

人口是构成市场的三大要素之一。一般来说,人口越多,收入越高,市场需求量就越大。不同地理分布、不同民族、不同城市和不同年龄结构的人,其需求也各不相同。

人口增长就意味着人类需求的增长和市场的扩大,而人口迁徙流动也直接影响着市场需求。据有关方面统计,我国目前民工跨省流动的数量约为2000万人,主要从是川、湘、桂、黔、鄂、皖、赣、豫、冀、甘等省(自治区)流向珠江三角洲、福建沿海、长江三角洲和京津地区,从而使流入地在短时间内人口大量增加,给流入地的粮食和各种日用消费品的供应,以及住房、交通运输等造成很大压力。

结婚率上升、两口或三口之家的比重增大,则家具、家用电器、厨房用具等耐用消费品的需求增加。总之,市场营销人员对人口环境的变化情况应十分关注。

2. 社会文化环境

社会文化环境包括企业所处的社会结构、社会风俗和习惯、信仰以及价值观念、行为规范、生活方式、文化传统、人口规模与地理分布等因素的形成和变动。

具体可分为：①教育程度、职业构成、文化水平；②价值观、审美观、风俗习惯；③宗教信仰、社会阶层分布；④妇女就业面大小。

不同教育程度、不同职业者，其价值观、审美观不同；不同宗教信仰者，其价值观、风俗习惯也大不相同，因而其需求也不同。

妇女就业人数增加，说明双职工多，意味着家庭收入的提高，增加了对妇女用品、中高档服装等的需求。妇女要求减轻家务劳动的欲望越来越迫切，希望家务劳动社会化或市场尽可能提供方便衣食住行的商品或劳务，从而提高了对洗衣机、电饭锅、微波炉、洗碗机、冷冻食品、方便食品的需求，扩大了对幼儿园、小时家庭打扫服务的需求等。

企业营销人员综合分析研究社会文化环境对人们生活方式的影响，便于了解不同顾客的购买行为，以正确细分市场和选择目标市场，制定企业的市场营销策略。

（三）市场竞争调查

通过进行竞争研究，可以帮助企业更加系统深入地了解其竞争对手，辨析企业目前所处的竞争环境；帮助企业规划市场发展战略，制定业务组合策略，确定销售策略和营销策略等，改进管理控制系统，以提升企业的品牌价值和竞争力水平。

1. 竞争企业和竞争产品

竞争企业和竞争产品调查主要是为了使企业在市场竞争中处于有利的地位而搜集的有关的情报，包括的内容有：同行业或相近行业的各企业的经济实力、技术和管理方面的进步情况；竞争性产品销售和市场占有情况、竞争者的主要竞争；竞争性产品的品质、性能、用途、包装、价格、交货期限以及其他附加利益等。此外，还可以对先进入市场的企业的一些经济技术指标、人员培训法、重要人才进出情况、新产品的开发计划等情报加以对比、借鉴或参考。

（1）竞争单位的调查分析。如竞争单位数和企业名称、生产能力、生产方式、技术水平、产品的市场占有率、销售量及销售地区，竞争单位的价格政策、销售渠道、销售促进以及其他竞争策略和手段，竞争单位所处地理位置和交通运输条件、对外贸易状况、新产品开发和企业的特长等。

（2）竞争产品的调查分析。调查的内容包括竞争产品（包括替代品）的品质、性能、用途、规格、式样、设计、包装、价格、交货期等。对竞争单位、竞争产品的调查分析是市场调查的重要内容。只有清楚了解竞争情况和优劣势，才能扬长避短，采取有针对性的竞争策略，使企业在市场竞争中立于不败之地。

以上几项调查内容均属于不可控制因素的调查，其目的不仅是分析市场环境、适应市场环境变化、提高企业的应变能力，还在于寻找和发掘市场机会、开拓新市场。

2．新产品发展趋势

这主要是为企业开发新产品和开拓新市场搜集有关情报。

（1）新技术、新工艺、新材料、新能源的发展趋势和速度。

（2）新产品的技术现状和发展趋势、发展速度，新产品应用新技术、新工艺、新材料的情况。

（3）新产品的国内外先进水平。

科学技术的飞跃发展促使产品更新换代的速度大大加快。企业为开发新产品、改造老产品，必须调查了解科学技术的发展情况，以便使本企业的产品能符合技术发展的趋势，受到顾客的欢迎，在市场上获得成功；否则，技术老化、落后的产品势必会因为没有销路而被市场淘汰。

（四）消费者需求和行为调查

消费者研究也称消费市场研究，是指在对市场环境（政治、法律、社会、文化、技术）、人口特征、生活方式、经济水平等基本特征进行研究的基础上，运用各种市场调研技术和方法，对消费群体通过认知、态度、动机、选择、决策、购买、使用等阶段实现自身愿望和需要的研究。

1．消费者需求

顾客的需求应该是企业一切活动的中心和出发点，因而调查消费者或用户的需求就成了市场调查的重点内容。消费者需求研究主要是了解消费者的具体特征、变动情况和发展趋势，分析购买动机、购买行为、购买习惯以及新产品进入市场时的购买原因和反应等。

2. 消费行为

（1）消费者类别：购买本产品的是个人或工商企业、社会团体、民族、性别、年龄、职业、爱好、所在地区等。

（2）购买能力：如收入水平、消费水平、消费结构、资金来源、用户的经营财务状况等。

（3）消费者的购买欲望和购买动机，什么因素影响购买者的购买决策，消费者不愿购买本企业产品的原因及其对其他企业生产的同类产品的态度。

（4）谁是主要的购买者？谁是最忠实的购买者？谁是使用者？谁是新产品的首用者？谁是购买的决策者？

（5）消费者的购买习惯：购买地点、时间、分量，是否坚持某种品牌商标，是否亲自挑选，是现金购买或是其他方式购买等。

调查了解消费者的情况及其购买行为，主要目的在于使企业掌握消费者的爱好、心理、购买动机、习惯等，以便正确细分市场和选择目标市场，针对不同的消费者和市场采取不同的市场营销策略。

（五）营销因素与市场容量调查

国内外市场环境调查、市场需求容量调查、消费者和消费者行为调查、竞争情况调查等调查内容均属于不可控制因素的调查，市场营销因素调查属于可控制因素的调查。

1. 市场营销因素

（1）产品调查。其内容包括：①顾客对本企业新、老产品的评价、意见和要求，顾客对本企业产品的使用方法是否正确；②调查现有产品的新用途及其在新的部门或行业中使用的可能性，研究如何扩大产品的应用领域，延长产品生命周期；③分析研究产品处于生命周期的哪一阶段，何时投放新产品，何时淘汰老产品；④产品包装的美观程度，是否轻便、安全和方便运输，是否吸引顾客；⑤产品的品牌、商标是否易于记忆、富于联想；⑥调查研究合适的产品服务方式；⑦调查协作单位的产量、质量、成本、技术水平、交货期限、经济能力和今后发展状况。

（2）价格调查。其内容包括：①顾客对产品价格变动的反应；②产品最适宜的售价；③与新产品相关或相类似的产品价格、新产品的定价、老产品价格的调整；④产品批发价、零售价、赊销价以及优惠价、数量折扣等的确定。

（3）分销渠道调查。其内容包括：①中间商销售状况的调查分析，包括销售额、利润、资金使用程度、经营能力、中间商所在地区的市场占有率等，消费者或用户对中间商的印象；②调查各销售网点（包括自销点）的销售状况，分析其经济效益，以便扩大或减少销售网点；③调查研究商品的运输包装、企业和中间商的储存、地区储存设施等，运输工具、运输成本、仓储成本等；④国外市场流通机构的调查，为企业开展对外贸易服务。

（4）销售促进调查。其内容包括：①调查采用人力推销或非人力推销的方法和效果；②广告是否引人注目，有何特点，效果如何，采用哪种广告媒体为好；③调查顾客对销售服务的意见和要求；④调查顾客对企业的公关活动和营业推广方面的反映。

2. 市场需求容量

需求研究可以了解现有市场特性、产品的占有率以及不同细分市场的需求状况，分析企业产品市场的进入策略和时间策略。

市场需求容量的调查包括：①国内外市场的需求动向；②现有的和潜在的市场需求量；③社会拥有量、库存量；④同类产品在市场上的供应量或销售量、供求平衡状况；⑤本企业和竞争企业的同类产品市场占有率；⑥本行业或有关的其他行业的投资动向；⑦企业市场营销策略的变化对本企业和竞争单位销售量的影响。

通过市场需求容量的调查，便于企业掌握分析国内外市场需求动向和需求供应情况，结合本企业的市场占有率，预测本企业的销售量，研究如何保持或提高本企业市场占有率等，制定市场营销策略或进一步开拓新的市场。

第二节　市场调查的步骤

市场调查内容十分繁多，范围极其广泛，尤其在当今"信息爆炸"时代，情报资料非常多，很多企业感到无从下手；因此，研究如何调查收集与市场营销有关的情报资料,以此为企业决策服务至关重要。

一、市场情报资料的分类和来源

市场情报是指贯彻于市场活动的始终,影响市场机会和市场交换的机构和环境的有关数据、事实和思想的组成信息。市场情报是用科学方法在最短时间内搜集的市场营销活动资料。[①] 这种信息情报的流动是多向的、扩散的和动态的。市场情报是情报的衍生物。它既具有信息知识、情报的特征,如可塑性、真实性、时效性、共享性、知识性、可传播性等,又因为市场的千变万化而表现出自己的特点。在市场情报的诸多特点中,真实性与时效性是最主要的特点。

(一) 第一手资料

第一手资料又称原始资料。第一手资料是调查人员通过现场实地调查所收集的资料。其收集方法有询问调查法、观察法、实验法和网上调查法四种。

(二) 第二手资料

第二手资料是他人为某种目的而收集并经过整理的资料,其来源有六种。

(1) 企业内部资料,包括企业内部各有关部门的记录、统计表、报告、财务决算、用户来函等。完备精确的内部资料能提供相当正确的情报和信息。

(2) 政府机关、金融机构公布的统计资料,如统计公报、统计资料汇编、统计年鉴等,这些都是很有价值的情报资料。除此之外,还有政府公开发布的有关政策、法规、条例规定及规划、计划等。

(3) 公开出版的期刊、文献、报纸、杂志、书籍、研究报告、工商企业名录等。

(4) 市场研究机构、咨询机构、广告公司所公布的资料。企业可向这些机构购买资料,或者提出咨询、委托调查。

(5) 行业协会公布的行业资料,竞争企业的产品目录、样本、产品

---

① 参见孙丽英《**市场营销调查与预测**》,北京理工大学出版社 2012 年版,第 15 页。

说明书及公开的宣传资料，信息网络或情报网，供应商、分销商提供的情报资料，以及展览会、展销会公开发送的资料。这些都是掌握其他企业动向的重要情报资料。

（6）推销员提供的情报资料。推销员经常在顾客和市场中活动，直接接触市场，他们提供的资料是十分有用的情报。

以上种种第二手资料的收集方法不外乎直接查阅、购买、交换、索取、复制等。取得第二手资料的成本必须低于第一手资料收集的成本。

除以上第一、第二手资料外，口头信息也是信息的重要来源。营销人员可以有目的地也可随意地与外界人员或企业内部人员接触，在交谈中获取信息。

无论第一手资料还是第二手资料的收集，都要注意三点：①要有针对性，根据具体需要有目的、有计划地进行；②注意保持资料的完整性、系统性与连贯性，不可时有时无、时断时续，零敲碎打；③要有预见性，注意及时收集有关调查问题发展动向和发展趋势的情报资料。

情报资料收集的目的不是收藏，而是利用。因此，对已收集到的情报资料要及时进行整理，对已掌握的信息要进行分析、研究，并定期提出报告，或者根据需要做出对某个特定问题的报告，充分发挥情报资料的效用，为进行市场预测、确定市场营销策略、制定经营决策提供可靠依据。

二、市场调查的三个阶段

科学的市场调查必须按照一定的步骤进行，保证市场调查的顺利进行和达到预期的目的。市场营销人员进行市场实地调查、收集第一手资料的调查步骤一般可分为三个阶段。

（一）提出问题阶段

这个步骤要注意的是问题一定要明确，如该不该投资、该不该推出新产品、怎样推出新产品、服务质量怎样、哪些方面还有待提高、顾客满意度如何、怎样提高顾客满意度、销售代表工作是否尽力等。只有问题明确，调查结果才有用，调查才能为决策起到参考作用。

1．初步情况分析

调查人员可收集企业内外有关情报资料，进行情况的初步分析，帮助调查人员初步掌握和发现各影响因素之间的相互关系，探索问题所在。

初步情况分析的资料收集不必过于详细，只需重点收集对所要研究分析的问题有参考价值的资料即可。

2. 非正式调查

非正式调查也称试探性调查。调查人员根据初步情况分析，认为近几个月来销售量下降的原因是价格太贵，售后服务不好。但这种认识是否正确？调查人员可以进行非正式调查，向本企业内部有关人员（如销售经理、推销员）、精通本问题的专家和人员（批发商、主要零售商等）以及个别有代表性的用户主动征求意见，听取他们对这个问题的看法和意见。经过初步情况分析和非正式调查，使调查的问题明朗化，范围也缩小了，这就便于调查人员确定调查的主题。假如可以找出问题和产生问题的原因，提出改进方案，那么就可以省略以后的几个步骤，节省时间和费用。但是，大部分问题不可能通过预备调查就得到解决，尚须进一步深入调查。

（二）实地调查阶段

这一步骤的调查工作量较大，也是关键的一个步骤，没有准确的基础数据，再高明的分析人员也分析不出什么结果。

1. 制定调查方案

调查方案中除调查主题外，主要包括抽样设计、调查问卷或调查提纲。

（1）资料来源和方法。例如，决定调查收集什么资料——是收集第一手资料，还是一手、二手两种资料同时收集；决定用什么方法进行调查——确定调查方法；决定在什么地方进行调查——确定调查地点；决定由谁提供资料——确定调查对象；决定什么时候调查最合适——确定调查时间；决定一次调查或多次调查——确定调查次数。

（2）准备调查表格。如设计收集第一手资料的调查提纲或调查问卷，以及调查所需的记录表、统计表等。调查问卷的设计并无一定格式和规则，而是根据常识和经验来设计的。调查方式不同和选择询问问题的类型不同，询问表的内容设计也不同。

（3）抽样设计。由于在市场调查中普遍采用抽样调查，当市场调查的方法确定后,在实地调查前,调查人员应该设定抽查的对象(或单位),采用什么抽样方法进行抽样,选择被调查者,以及确定样本的大小。例如,确定抽查的对象是消费者个人还是工商企业;是在合同单位中抽查还是包括非合同单位;是选择在合同单位中用简单随机抽样法抽取样本,选择抽查对象,还是在合同单位中按大型、中型、小型企业分类随机抽样。抽样方法、对象和样本大小决定后,参加实地调查的人员必须严格按照抽样设计的要求进行抽查,以保证调查质量。

2. 现场实地调查

现场实地调查就是调查人员按确定的调查对象、调查方法进行实地调查,收集第一手资料。现场实地调查工作的好坏直接影响调查结果的质量。为搞好实地调查,必须重视与做好现场调查人员的选择和培训工作。调查人员一般应有一定的文化水平和工作经验,了解本企业的基本情况,最好具备市场营销学、统计学和企业生产技术方面的专门知识,性格外向,善于与陌生人相处,工作认真,有克服困难的信心和勇气。

(三) 总结处理阶段

总结处理阶段也被称为质量环,是管理学中的一个通用阶段。在总结绩效的同时,也要清醒地认识到发展中还面临不少困难和问题。

1. 分析数据资料

通常我们会用专业的统计软件进行数据处理,有时也会根据需要或项目的性质开发专用的数据处理软件或数据库。这一步骤包括:①将调查收集到的零散的、杂乱的资料和数据进行编辑整理,剔除因抽样设计有误、问卷内容不合理、被调查者的回答前后矛盾等错误,保证资料的系统、完整和真实可靠;②将整理后的资料分类编号,便于归档查找和利用,如果采用电子计算机处理,分类编号尤为重要;③对调查的资料进行统计计算,绘制统计图、表,并加以系统的分析,在此基础上找出原因,得出调查结论,提出改进建议或措施以供领导决策时参考。

2. 提出调查报告

编写调查报告时,应注意报告内容要紧扣调查主题,突出重点,并力求客观扼要;文字要简练,观点明确,分析透彻,尽可能使用图表说明,便于企业决策者在最短时间内对整个报告有一个概括的了解。

提出报告后,调查人员还应追踪了解调查报告是否已被采纳,采纳的程度和实际效果如何，以便总结调查工作和经验教训，进一步提高市场调查的水平。

第三节 市场调查的方法

市场调查工作必须有计划、有步骤地进行，以防止调查的盲目性。市场调查方法选择是否恰当对调查结果的影响很大。市场调查的方法很多，现概括如下。

一、按选择调查对象的方法分类

调查对象指接受调查的社会现象的总体。调查对象由性质相同的各个调查单位组成。确定调查对象的关键在于科学地确定调查对象的定义，明确地规定接受调查的总体的范围与界限。只有这样，才能避免因界限不清而导致调查登记的重复或遗漏，保证调查资料的准确性。按选择调查对象的方法来分类，可分为全面调查（或普查）和抽样调查。

（一）全面调查

市场调查资料最好是采取全面调查的方法取得，这样得来的调查资料较为全面可靠。可是普查的方法花费人力、物力、财力较多，非一般企业所能负担，且调查时间长，不适合一般企业的要求，尤其是消费品的顾客面既广又分散，采取全面普查既不可能，也无必要。全面调查方法只在产品的销售范围很小或用户很少的情况下可以采用。

（二）抽样调查

抽样调查是从调查对象的全体（也称母体或总体）中抽取有代表性的若干个体（也称样本）进行调查，并据以从数量上推断全体的调查方法。例如，抽查某区部分居民的平均收入，据此推算该区全体居民的平均收入。

由于抽样调查只需从调查对象的全体中抽取一部分有代表性的若干个体进行调查，所需人力较少，而且省钱、省时、省力，其调查资料可以用统计方法加以计算，得到与全面调查甚为相近的结果；所以在市场调查中被广泛采用。抽样方法大体上可分为随机抽样和非随机抽样。

1. 随机抽样

它是按随机原则抽取样本，完全排除人们主观的、有意识的选择，在总体中，每一个个体被抽取的机会是均等的。常用的抽样方法有四种。

（1）简单随机抽样法。从母体中随机抽取若干个体为样本，抽样者不做任何有目的的选择，而用纯粹偶然的方法抽取样本。它是随机抽样法中最简便的方法。

（2）等距抽样。等距抽样又称系统抽样，当抽取样本容量很大时，利用其他方法一个个地抽取还是很费时间，故采用等距抽样法。它是从总体中每隔若干个个体选取一个样本，故称等距抽样。假如总体为100，要抽取4个个体为样本，抽样间隔为25。

（3）分层随机抽样法。当总体中的调查单位特性有明显差异时，可采用分层随机抽样法。分层随机抽样是先将调查的总体根据调查目的按其特性分层（或组），然后在每一层中随机抽取部分个体为样本的方法。

（4）分群随机抽样法。分群随机抽样法又称整群随机抽样法，采用简单随机抽样法往往抽出的样本比较分散，在各地区都有，因而调查费用较高。若集中调查 n 个区域，则困难可减少。另外，有时要取得总体的名单也很不容易，因此，市场调查人员常常采用分群随机抽样法。分群随机抽样法应用于市场调查，最典型的是地区分群随机抽样。

分群随机抽样法是先将调查总体分为若干群体，再从各群体中随机整群地抽取样本，即其抽取的样本单位不是一个，而是一群，然后再在抽中的整群内进行调查。分群随机抽样法所划分的各群体，其特性大致要相近，而各群体内则要包括各种不同特性的个体。

以上几种抽样方法的优点是可以进行统计检验，抽样误差小、精确度高，但随机抽样需要较高的抽样技术，调研人员也要有较丰富的经验，而且样本数目的确定是关键。样本量越大，越接近总体平均值，抽样误差就越小。抽样误差的大小取决于抽样单位数的多少和总体特性变异的大小，总体中个体之间的差异程度越小，样本量也就可以少些，反之，样本量就大。如果采取了可信的抽样程序，对一个总体只要抽出少于1%的样本，就常常能提供良好的可靠性。

2. 非随机抽样

它是按照调查目的和要求，根据一定标准来选择抽取样本，对总体中的每一个体不给予被选择抽取的平等机会。常用的抽样方法有三种。

（1）任意抽样法。又称便利抽样法，其样本的选择完全根据调查人员的方便来决定，例如，在街道上随意访问来往的行人。这种方法的一个基本假定是认为总体中每一个体的特性都是相同的，所以任意选出的样本与总体的特性并无差别。任意抽样法的优点是使用方便，比较经济。在市场调查中，任意抽样法常用于预备调查和试查。

（2）判断抽样法。根据专家的判断或调查者的主观判断来决定选取的样本。例如，某公司要调查各零售商销售其产品的情况，该公司经理根据本人的判断，选定一些具有代表性的零售商作为调查对象。使用这种方法，样本的选定者必须对总体的特征有相当了解，选样时应极力避免挑选"极端型"，而应选择"多数型"或"平均型"的样本作为调查对象，以便通过典型样本的研究观察了解母体的情况。判断抽样法是调查人员根据调查需要主观判断选定样本，所以能适合特殊需要，调查的回收率也较高，但易出现主观判断的偏差。此法一般适用于样本数目不多的情况。

（3）配额抽样法。它同分层随机抽样法相似，是按规定的控制特性进行分层，然后给每一个调查人员按规定的控制特性分配一定的样本数目进行调查。

二、按收集资料的方法分类

营销管理是一个不断地从提出问题到解决问题的过程。在这个过程中，收集资料是研究者的主要任务。研究就是通过收集有关的事实资料和数据资料来解释和说明研究问题。研究设计当然要考虑如何去收集资料，如何整理分析资料，以及选择什么统计方法处理收集到的资料。按现场实地收集资料进行调查的方法很多，其基本方法有四种。

（一）询问法

询问法是以询问的方式作为收集资料的手段，将所要调查的事项以当面或电话或书面的方式向被调查者提出询问，以获得所需要的资料。它是市场调查方法中最常用的一种。

1. 个人访问法

个人访问法是调查者面对面地向被调查者询问有关问题,被调查者的回答可当场记录。调查方式可采用走出去、请进来或召开座谈会的形式,进行一次或多次调查。调查者可根据事先拟订的询问表(问卷)或者调查提纲提问,也可采用自由交谈的方式进行。

2. 小组访问法

小组访问法是访问法的一种,其不同点只在于调查人员是一个小组,而不是一个人,如组织设计、工艺、情报、质量、设备和销售人员参加的用户访问小组。调查面广、较复杂的问题使用这种方法效果较好。

个人访问与小组访问的优点有:直接与被调查者见面,能当面听取意见并观察反应;能相互启发和较深入地了解情况,对问卷中不太清楚的问题可给予解释;可根据被调查者的态度灵活掌握,或者进行详细调查,或者进行一般性调查,或者停止调查;资料的真实性较大,回收率高。其缺点为:调查成本较高,尤其是组织小组访问;调查结果易受调查人员技术熟练与否影响。

3. 电话调查法

电话调查法是由调查人员根据抽样设计要求,用电话向调查对象询问收集资料的一种方法。其优点是资料收集最快,成本最低,可按拟订的统一问卷询问,便于资料统一处理。缺点是调查对象只限于有电话的用户,调查总体不够完整,不能询问较为复杂的问题,时间不能太长,不易深入交谈和取得被调查者的合作。

4. 邮寄调查法

邮寄调查又称信函调查、通讯调查,即将设计好的询问调查表、信函、订货单、征订单等通过邮政寄给被调查者,请被调查者填好后寄回。这种方法的优点为:调查区域广,凡邮政所达地区均可列入调查范围;被调查者可有充分的时间来回答;调查成本较低;调查资料较真实。其缺点为:询问表、征订单等回收率较低,收回时间较长;被调查者可能误解询问表中某些事项的含义而填写不正确。

以上四种方法中,究竟采用什么方法好,主要应根据调查问题的性质和要求,决定采用一种或两种、三种结合使用。

(二) 观察法

观察法是由调查人员利用眼睛以直接观察具体事项的方式搜集资料,

也可安装照相机、摄影机、录音机等进行收录和拍摄。这种方法不直接向被调查者提出问题，而是从旁观察并记录所发生的事实及被调查者的购买习惯和行为。

1. 直接观察法

这种方法常用来研究产品的外观、款式、包装的设计和效果。例如：调查人员亲自观看顾客选购商品，观察了解最吸引顾客注意的是哪些事项，以便改进产品质量；服装行业派调查人员专门到影剧院、大街上观察演员和群众的服装样式、颜色等，以便设计款式新颖的服装。

2. 店铺观察

这种方法是调查人员亲自站柜台或参加展览会、展销会、订货会，观察并记录商品的实际销售情况，同类产品的发展情况，新品种的性能、用途、样式、包装、价格和广告宣传情况，以及顾客的活动情况，便可及时发现本企业产品销售好坏的原因，为改进企业市场营销管理提供可靠资料。

3. 实际痕迹测量法

这种方法是通过对某事项留下的实际痕迹来观察调查情况。例如，企业在几种报纸杂志上刊登同一广告，在广告下面附有一张表格或回条，请读者阅后把表格或回条剪下分别寄回企业的有关部门，便于企业了解在哪种报纸或杂志上刊登广告最为有效，为今后选择广告媒体和测定广告效果提供可靠资料。

观察法的优点为可以比较客观地收集资料，直接记录调查的事实和被调查者在现场的行为，调查结果更接近实际。其缺点有：观察不到内在因素，只能报告事实的发生，不能说明其原因；比询问法花钱多，调查时间长；要求观察人员有较高的业务水平，使观察法的利用受到限制。为弥补观察法不能说明被调查者购买的动机等内在因素的缺点，可在观察的同时，结合采用询问法进一步了解情况。

4. 组中值计算法

按收集资料的方法进行市场调查，统计学的应用是必不可少的。统计学是一门研究统计原理和统计方法的科学，即根据对市场总体的信息搜集和分析，进行推断的方法和理论。市场统计是把统计学的方法和原理应用于营销上。市场统计学的形成使市场调查研究，包括研究市场测量和评价更科学、更准确。市场统计中的组中值计算法就是基层营销管理人员经常要涉及的。在发表市场调查资料和计算分析时，可用组中值表示各组的组限。组中值就是每组上、下限的中点，即上限与下限的平均值。

计算题：

20人年龄分布的原始资料如下，请你以20为组距，编制年龄次数分布表，并求出算术平均数。

62　59　22　19　16　14　15　33　32　17
67　6　27　45　47　6　23　55　8　13

提示：

（1）绘表：年龄次数分布表。

（2）求算术平均数。

$$组中值 = \frac{上限 + 下限}{2}$$

$$算术平均数 = \frac{\Sigma x \cdot f}{\Sigma f}$$

答案要点：

（1）绘表：年龄次数分布表。

年龄组 x	次数 f
0—20	9
20—40	5
40—60	4
60—80	2
合　计	20

（2）求算术平均数。

$$组中值 = \frac{上限 + 下限}{2}$$

$$\frac{0+20}{2}=10 \quad \frac{20+40}{2}=30 \quad \frac{40+60}{2}=50 \quad \frac{60+80}{2}=70$$

$$算术平均数 = \frac{\Sigma x \cdot f}{\Sigma f}$$

$$\frac{10 \times 9 + 30 \times 5 + 50 \times 4 + 70 \times 2}{20} = 29（岁）$$

（三）实验法

实验法是从影响调查问题的许多因素中选出一个或两个因素，将它们置于一定条件下进行小规模的实验，然后对实验结果做出分析，研究是否值得大规模推广。实验法在市场调查中应用范围很广，凡是某一种商品在改变品种、包装、设计、价格、广告、陈列方法等因素时，都可应用这种方法。

1. 产品包装实验

例如，某公司欲对某产品是否需要增加包装进行了实验。方法是第一、第二星期把增加包装的产品给甲、乙两家商店销售，把无包装的产品给丙、丁两家商店销售，第三、第四星期互相调换，甲、乙商店销售无包装产品，丙、丁商店销售有包装产品。其实验结果是有包装产品的销售量比无包装产品的销售量增加了 40%，因此该公司决定对该产品增加包装，以扩大销售量。

2. 新产品销售实验

某轿车展销会为推销一款新型轿车做了如下实验：将试产的 10 台新型轿车，请有关单位试用，条件是无偿试用半年，到期轿车收回，但试用单位必须提出轿车的优缺点。经过实验，该轿车展销会收集了很多有价值的资料，为进一步改进质量和进行销售预测提供了可靠依据。

其他如试销、展销、试点也都是实验法的一种。实验法的优点为方法科学，可获得较正确的原始资料作为预测销售额的重要依据。其缺点为：不易选择社会经济因素相类似的实验市场，而且干扰因素多，影响实验结果；实验时间较长，成本较高。

（四）网上调查法

互联网技术的发展促进了信息采集与分析的发展，传统的市场研究方法与新技术的结合为市场调查方法带来了重大的变革，网上调查以其快速、便捷、成本低廉的特点，越来越成为市场调查中最广泛使用的方法。互联网的迅速发展已经开始改变人们的生活方式和工作方式，并对很多行业都带来了深刻的影响和新的机遇；作为一个交互性很高的工具，互联网同样为市场调查方法带来了重大的变革。网上调查具有四个主要优势。

1. 费用低

对调查实施者而言，网上调查节省了问卷印刷费用、人工费用、场地费用、数据录入费用等，大大降低了运作成本。

2. 周期短

由于省去了问卷印刷、访问员入户和数据录入等过程，网上调查从时间上讲是各种方法中最快的。这种方法易于收集数据：被访者可以在自己方便的时间完成问卷，利用网络能迅速找到条件特殊的被访者。

3. 避免了人为误差

由于在访问过程及数据录入过程中均无须人员干预，网上调查避免了数据收集和处理过程中人为因素引起的误差。

4. 提高了信息的丰富程度

传统的当面采访可以出示一些卡片和照片，电话访问基本不可能出示任何辅助的提示性材料，而网上调查可以通过多媒体手段向受访者出示丰富的动画、声音和图像信息，极大地提高了信息的丰富程度。

上述四种市场调查方法各有优缺点，使用时可根据调查问题的性质、要求的深度、费用的多少、时间的长短和实施的能力等进行选择。四种方法可单独使用，也可结合使用。

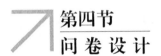

第四节 问卷设计

问卷又称调查表或询问表。它是市场调查的一种重要工具，是用以记载和反映调查内容和调查项目的表式。问卷的功能是能正确反映调查目的，问题具体，重点突出，使被调查者乐意合作，协助达到调查目的；能正确记录和反映被调查者回答的事实，提供正确的情报；统一的问卷还便于资料的统计和整理。问卷的设计是市场调查中重要的一环。询问表设计得好坏对调查结果影响很大。调查人员应事先做一些访问，拟订一个初稿，经过事前调查试验，再修改成正式问卷。

一、良好问卷和理想问卷的要求

问卷所有的项目基本符合心理测量标准要求，同时问卷要具有良好的结构效度。[①] 在效标效度上、理想问卷各维度之间均存在显著的关联，表明良好和理想正式问卷有着理想的效标效度。

（一）良好问卷具备条件

一份良好的问卷应具备三项条件。

（1）能达到市场调查目的，即将调查目的以询问方式具体化、重点化地列举在问卷上。

（2）促使被访问者愿意合作，提供正确情报，协助达成调查目的。

（3）正确表达访问者与被访问者的相互关系。

（二）理想问卷结构顺序

一份理想的问卷的结构按照顺序应包括四个部分。

（1）开场白。在问候后，表明主持调查机构及访查员的身份，说明调查目的及为什么访问受访者，并提示回答方法，确定受访者是否了解，必要时重复说明，并交代访问结果将如何处理。如果当时不方便进行访问，预约适当的访问时间。

（2）示范答复例子。由访问员示范一个与访问主题无涉的中性例子，将极有助于双方的沟通。

（3）访问主题。

（4）受访者个人资料。通常有电话号码、年龄、性别、教育程度，依调查目的而定。

二、问卷设计的步骤

问卷调查是目前调查业中广泛采用的调查方式，问卷设计严格遵循的是概率与统计原理，因而，调查方式具有较强的科学性，同时也便于操作。这一方式对调查结果的影响，除了样本选择、调查员素质、统计手段等因素外，问卷设计水平是其中的一个前提性条件。问卷设计共有十个步骤。

1. 确定要搜集的资料

搜集资料是问卷设计过程中常常用到的一项基本技能。首先要确定

[①] 参见周振华《大学生心理状况自评问卷的项目筛选和信效度研究》，载《贵州师范大学学报》2007 年第 5 期。

想要研究的主题，围绕这个主题，到图书馆，或者实地调查、采访，或者上网搜集所需要的资料，然后把搜集到的资料加以归纳和总结。

2．决定问卷调查方式

因问卷调查方式的不同，问卷内容的繁复及问卷设计方式也不同，应依问卷调查方式做适当的安排。

3．决定问题内容

在决定问题内容时，应考虑四个问题。

（1）问题必须切题，而且都是必要的，不要有无关调查目的问题。

（2）一个问题中不要包含两个以上问题，以免在未来统计分析时造成困扰。

（3）要提出访问者知道的问题。

（4）使被访者乐于回答。

4．决定问题形式

（1）开放式问题：让被询问者自由回答所提问题，不做任何限制。除在第一次询问或试探性调查外，尽量少用。其优点是可使被调查者尽量发表自己的意见，制造一种活跃的调查气氛，消除调查者与被调查者之间的隔阂，可收集到一些为调查者所忽略或想不到的答案、资料或建设性的意见。其缺点为：答案由调查者当场记录，由于理解不同，记录可能失实，出现偏差；同时，答案很多且不相同，给资料的整理分类和分析工作造成很大困难。

（2）是非题：又称二项选择题，把问题简化成"是"与"否"两种答案。举例如下。

问：你会不会开车？

□会　　□不会

如遇到两者都有的时候，应分成两个问题。

问：你现在使用剃须刀吗？

□用　　□不用

问：你现在使用安全刀片吗？

□用　　□不用

是非题的优点是可以在短时间内得到明确的回答，缺点是不能表示意见的程度差别。

（3）复选式：又称多项选择题，对于每一问题列举几个答案，让被问者在限定答案中勾选答案。

问：你使用过哪种洗发液？

□飞柔　　□丽仕　　□花香　　□雷雅

复选式可避免是非题的强制选择的缺点，统计时也比自由回答题简单。使用时应注意：将拟定的答案编上号；供选择的答案不宜过多，最多不超过10个；所拟答案要避免重复。

（4）声明式问题：又称顺位题，是让被调查者依自己的爱好和认识程度对题中所列答案定出先后次序。譬如下面的例子。

问：你选购纸尿裤时，认为哪一种条件最重要？请按重要程度以1、2、3、4的顺序在下列答案上注明。

□好用　　□防漏　　□经济　　□耐久

使用声明式问题时，要求选定的顺序数目不宜过多。选定到第几位由调查目的决定，可要求全部顺位，也可从中选择几个顺位。

5. 决定问题用语

询问用语在答卷调查中对调查结果有绝对的影响，以下是值得注意的几个问题。

（1）询问的着眼点要明确、明朗。例如，问"你现在使用什么洗发液？"

（2）主观问句胜于客观问句。例如"××汽车会不会比××汽车好？"采用主观问句或客观问句还要看所调查的事项。

（3）用平易语句，让被询问人易于回答。例如，问"贵公司对新进推销人员有无给予职前训练？"

（4）避免有诱导性作用的问题，使答案和事实产生误差。例如，不该问"府上使用空调吗？"应该问"府上用的是××牌空调？"

（5）避免过于涉及个人隐私。例如，不应问"你今年几岁？""你结婚了吗？"不妨以"你是哪一年出生的？""你先生现在在哪儿？"来代替。

6. 决定问题先后顺序

（1）第一个问题必须有趣且容易回答。

（2）重要问题放在重要地方。

（3）容易的问题在前面，慢慢引入比较难答的问题。

（4）问题要一气呵成，而且应注意问题前后连贯性，不要让被访者情感或思绪中断。

（5）私人问题和易引起对方困扰的问题应最后提出。

（6）避免被访者太劳累。

7. 决定检验可靠性问题

为了解被访问者之答题可靠与否，于访问结束时不妨将重要问题再重新抽问。

8. 决定问卷版面布局

问卷形式及体裁的设计与搜集资料成效关系很大，应力求做到两点。

（1）纸质及印刷精美，留作填充空白处应易于填写。

（2）日后处理方便。

9. 试验检查

在实地市场调查大体完成之际，有必要根据计划举行小规模试验检查，以得知如下信息。

（1）问卷格式是否适合，并做必要的改进。

（2）调查员调查方式是否正确，并做必要的改进。

（3）求证抽样设计是否适当，加以改良。

（4）调查编组是否合理，做必要的人员调查。

（5）调查成本的搜集，作为成本控制参考。

（6）对未来资料整理统计的有效性预做测验。

这种事前测验的样本有 20 个就够了，若被询问对象是熟练回应者，可以进一步要求他提供有关建议。

10. 修订及定稿

将需要调查的问卷付之于印刷，问卷纸张质地要良好，不易破，字迹印刷清晰，留作填写说明的空白处要大，页数较多时要装订成册，以供相关人员参考。

三、问卷设计范文

调查问卷一般分为标题、引言、正文、结束语四个部分。好的调查问卷可以提高应答率，那么怎样才能设计出一份优秀的调查问卷呢？

（一）问卷

××问卷

用户同志，您好！为了更好地为您提供您所需要的产品和服务，我公司公共关系部特开展了"了解市场，了解用户"的调查活动，请您在百忙中花时间填写本问卷，我们将在回答问卷的顾客中抽出100名中奖者，赠送本公司的精美纪念品。

填写本问卷不写姓名，我们也会遵照保密法对所填内容给予保密，请您放心真实地填写。

谢谢您的支持和合作。

某公司公共关系部
通讯地址：
电话：

填写说明：

1. 请在符合您的情况和想法的答案前画"√"或在_____中填写。

2. 若无特殊说明，每一个问题只能选择一个答案。

一、您的基本情况
①您的年龄是_____岁。
②您居住的省份是_____（省、直辖市或自治区）。
③您家里有几口人？_____。
二、您的文化程度是_____。
①小学及以下　②初中　③高中及同等学力　④大专及以上
三、您从何处知道或了解我们的产品？_____。
①报纸　②电视　③朋友介绍　④街头广告　⑤商店
四、您认为我们产品的主要优点有哪些？
五、您认为我们产品的主要缺点有哪些？
六、您对我厂的产品满意吗？
①满意　②一般　③不满意
请说明理由_____。

（二）问卷分析

请分析上面的问卷，答出以下问题。

（1）该问卷由几个基本要素构成？

该问卷由说明信、指导语、调查内容三个要素构成。

（2）它们各自的功能是什么？

说明信是在问卷的卷面上给被调查者的短信，用来交代调查者的身份、调查目的、意义、内容、要求及通信地址，以消除被调查者的顾虑，争取他们的积极支持与配合。说明信的语言应简明、谦虚、诚恳。说明信一般放在问卷的开头。

指导语是用来指导被调查者填写问卷的说明。需要说明的事项一般有：对选择答案时所用符号的规定、选择答案的个数及其他要求。

调查内容是问卷中的问题和答案部分，是问卷的主体，包括问题设计和答案设计。

问题设计：问题是向被调查者提出要求回答的事实、态度、行为、愿望等，是问卷的主要内容，一般包括基本情况、行为事实、态度意见三部分。

答案设计：在问卷的每一个问题后，一般设计供被调查者选择或填写的答案，答案是问卷主体部分不可缺少的内容。答案可分为三种类型，即封闭式问答、开放式问答和半封闭半开放式问答。

（3）第一至第五题各代表什么形式的提问？

A. 填答式；B. 一项选项式；C. 多项选项式；D. 开放式；E. 半封闭半开放式。

（4）其中第五种提问形式的特点是什么？

半封闭半开放式问答，即在半封闭式回答后加上"其他"，或者在开放式问题前加上封闭式答案。这种形式既给被调查者一定的自由回答余地，又给其一定的标准答案，综合了封闭式和开放式问答的优点，克服了它们的缺点，具有广泛的用途。

思维拓展　　"90后"最欢迎的公司[①]

管理最大的挑战是怎么激发人，尤其是年轻人。互联网的出现使我们在管理学上的研究遇到了很大挑战。有人说，应该把管理去掉，把KPI（关键绩效指标）去掉，把中心和中介都去掉，因为没多大用处。然而，

---

① 参见陈春花《什么样的公司最受"90后"欢迎？》，见 http://www.sohu.com/a/76037210_420139，2017年8月30日。

当员工从20人变成200人，从200人变成500人时，一些曾经说不要管理的公司不知道该怎么办了。所以当下管理并非不再重要，而是更重要了。我们要做的并不是要把KPI或者管理去掉，而是重新认识管理真正的价值。

1. 共享时代的管理

现在遇到的很多管理问题是以前没有遇到过的。比如现在的年轻人非常强调个性和独立性，他不一定执行你的决定，反而会挑战你的权威，问你为什么这么决定。管理最大的挑战是怎么激活人，尤其是激发年轻人。在这个共享经济时代，有三个关键词：倡导、连接、合作。共享经济给管理带来两个重要影响。

（1）雇员社会有可能消失，这是一个非常大的挑战。大家不希望再有上下级关系，都愿意平等，喜欢共创。

（2）个体价值的崛起。以前有个概念是知识型员工，谷歌前CEO（首席执行官）施密特在新书 *How Google Works* 里提出一个新的概念——创意精英。他认为，未来组织的关键职能是让一群创意精英聚在一起，而公司要做的是营造合适的环境，使之踊跃创造。这就提出下一个问题，什么样的组织最受欢迎呢？

2. 通过研究发现四个特征

（1）更加重视创新、挑战和多样性的学习方式。

（2）没有等级和职位划分的层级结构，也没有系统的僵化和内耗。

（3）员工觉得自己可以贡献价值，并能及时看到最终结果。

（4）能够迅速地学会涉及范围更广泛的一系列技能。

所以，我们会发现，共享经济会倒逼管理者随之做出改变，当管理者学会和员工"谈恋爱"，彼此"爱"得越深，员工离职率越低。

3. 组织也由此衍生出新的内涵

（1）组织和个体是共生关系。

（2）组织一定是外部引导，以往通过内部交流进行决断的方式一定要调整。

（3）组织需要打开内外边界，具有整合能力。

新的时代背景下，管理者想成为变革者就要有归零的心态，不要开口闭口讲过去；同时要激发员工的内在成长驱动力和担当，与对的人在一起。相较于新员工，老员工的创造性和工作动力没有那么强了，该怎么激活这些人？

4. 组织设计激活员工

这两年公司有过一次动作非常大的组织调整，要换一批新的总裁、副总裁，新班子比较年轻，很想证明自己，能力被激发出来。

同时我们设计了四个新平台，分别做投资、金融、养殖技术以及创新实验，把原来的总裁和三个副总裁放在这四个平台上，一人管一块，还设定了很强的激励模式，能够促使他们把原有的经验和能力更快释放出来，而且做的是新的业务，结果他们非常乐意接受这样一个新机会，觉得做事情更明确，跟个人的利益挂钩更清楚，做得非常好。经过了一年多的调整，每个人都很满意。

我们不主张一做管理就淘汰人，把人开除掉。每个人都可以找到合适的地方，关键还是组织设计。组织设计出来其实就可以了，让他们去做，可能他们迸发出来的能力超出你想象。比如说我们的金融平台，一年时间已经做到11亿元的规模，就是原来的一位副总裁带领去做的。他很有经验，他去做，这个事情就做成了。所以，激活员工很重要。

思考练习题

一、简答题

1. 简述市场调查的重要性。
2. 简述市场调查的内容。
3. 简述市场情报资料的分类和来源。
4. 按选择调查对象的方法分类，市场调查的方法有哪些？
5. 按收集资料的方法分类，市场调查的方法有哪些？
6. 简述良好和理想问卷的要求。
7. 简述问卷设计的步骤。

二、论述题

1. 论述市场调查的意义和内容。
2. 论述市场调查的步骤。
3. 论述市场调查的方法。
4. 论述如何进行问卷设计。

三、思考操作题

1. ××公司要策划一项大型营销专题活动，请问你将如何对其背景资料进行收集和应用？

2. 当危机事件发生后，营销人员要根据企业或组织的有关要求，提供相应的资料。你认为到底应该收集和提供哪些资料？

3. 营销经理问营销员小王，明日的访谈调查是否准备好了。小王说："好了。我了解了调查任务、目的以及相关背景资料，设计了访谈提纲，选择并了解了访问对象。"经理说："还不够。"你知道为什么吗？

4. 阅读下列的材料。

波音公司和麦克唐纳-道格拉斯公司今天宣布，根据一项价值133亿美元的合同，它们将合并成立世界上最大的航空航天公司。这家联合公司将把总公司设在波音公司在西雅图的总部，以波音公司的名称经营。该公司把1997年的销售额定为480亿美元，其中波音公司为280亿美元，麦道公司为200亿美元。这个由两家合并而成的大企业将雇用20万人，已接受的订货总额为1000亿美元，从而把它的竞争对手洛克希德-马丁公司和欧洲4国的空中客车工业公司远远抛在后面，波音公司和麦道公司在一项声明中说，它们签署了一项最终协议。

根据这项协议，麦道公司的股东将以该公司的每个普通股换取波音公司的0.65普通股。波音公司总裁菲尔·康迪特对记者说，他将担任这家联合公司的董事长和总裁，麦道公司总裁哈里·斯通希弗将担任总经理和首席业务经理。

根据以上材料提供的信息，指出这一条新闻的信息：

(1) 最重要的新闻事实是_____。

(2) 次重要的新闻事实是_____。

(3) 背景材料是_____。

(4) 再次要的新闻事实是_____。

第五章
市场细分与目标市场

当代战略营销的核心，可被定义为"STP"①，也就是市场细分、确定目标市场和市场定位。在市场营销活动中，企业首先面临的问题是：本企业产品的市场在哪里？产品在哪里最畅销？愿意购买本企业产品的顾客是什么行业的，或是什么职业、性别、年龄？他们的需要、爱好和购买行为的特点是什么？企业如果想在市场营销活动中取得成功，必须了解分析顾客的不同需求情况，根据企业的具体条件，选择那些能发挥自己差别优势的市场作为企业经营和服务的对象。这种抉择就是选择目标市场，而选择目标市场的前提是市场细分。

目前，有为数众多的市场细分变量被用来作为消费者市场细分的依据，那么在如此众多的细分变量中，究竟应该选择哪些细分变量对市场进行细分，才能实现企业的营销战略，为企业带来最佳经济效益，这正是本章要讨论的内容。

---

① STP 理论中的 S、T、P 分别是 segmenting、targeting、positioning 三个英文单词的缩写，即市场细分、目标市场和市场定位的意思。第一步，市场细分，即根据购买者对产品或营销组合的不同需要，将市场分为若干不同的顾客群体，并勾勒出细分市场的轮廓；第二步，确定目标市场，即选择要进入的一个或多个细分市场；第三步，定位，即建立在市场上传播该产品的关键特征与利益。

第一节 市场细分的依据和作用

自从美国市场营销学教授温德尔·史密斯于 1956 年提出市场细分理论以来,这一理论已被广泛用来指导企业的市场营销活动。企业通过市场细分来寻找目标市场,对产品进行精确市场定位,加强企业的市场竞争地位,在为企业带来良好经济效益的同时,也更好地满足了消费者的需求。作为一家良好运营的企业,目标市场的定位恰当与否是关系到企业能否生存与发展、企业市场营销战略制定与实现的首要问题。

一、市场细分

市场细分也称市场细分化,此概念为企业如何开发产品及产品的有效性提供了保证。市场细分就是根据顾客不同的需求特性或需求差异,把总体市场划分为若干个子市场的过程。每个子市场就是一个细分市场,都是由需要与愿望相同的顾客所组成。

(一) 市场细分理念

市场细分是依据消费者的需要、欲望、购买习惯和购买行为的明显差异性,把某一产品的市场整体划分为若干个消费者群的分类过程。每一个消费者群就是一个细分市场,亦称为"子市场"或"市场面"。

1. 营销者能影响人的欲望

我们需要弄清需要、欲望和需求之间的关系。市场营销者并不能创造需要,因为需要存在于市场营销活动之前,市场营销者却可通过自己的工作和开展促销活动来影响人们的欲望,进而影响人们对某企业产品的需求,所以企业要努力将消费者的需要、欲望变为对自己产品的需求,并竭尽全力、最大限度地在质量、数量和服务等方面满足广大消费者对产品的需求。例如,服装市场可按顾客的性别或年龄因素细分为男士市场、妇女市场,或者细分为老年市场、中年市场、青年市场和儿童市场;也可按地理因素细分为国外市场、国内市场,或者城市市场和乡村市场,或者南方市场和北方市场等。以上每个细分市场之间的需求各不相同,但同一细分市场内的需求却基本相似。

2. 市场划分以顾客来分类

市场细分，如消费品市场、生产资料市场，不是通过产品分类来细分市场。它是从顾客的角度，按照顾客需求爱好的差别，求大同存小异来细分市场，并从中选择经营对象和目标市场。市场细分是选择目标市场的基础，它意味着对消费者需求的一种划分，而不完全是对产品的划分。市场细分的优点在于能找到一个合适的顾客群。

（二）市场细分客观基础

细分市场的客观基础是目标客户群确实有多种不同的消费倾向或爱好；将要细分的市场具有一定的容量，能够支撑企业的发展；细分市场能够被目标客户群接受，或者经过引导教育，能够被逐步接受；企业有能力对细分市场进行掌控。

1. 市场细分内在条件

消费者需求的异质性是市场细分的内在条件。需求可以分类，所以可对市场进行划分，形成不同的顾客群。市场有两种类型：同质市场和异质市场。

（1）同质市场的顾客对某产品的需求是没差异的，如食盐（只要价格便宜和方便）、原材料（水泥、钢铁）、大宗材料（包括某些能源），这种市场不能也无须人为地细分。

（2）异质市场。绝大部分商品市场为此类市场，消费者表现出来的需求是有差异的，如家用电器、服装、家具、颜色、质量和式样，这种市场是能够分类的。

（3）从同质市场到异质市场是随着消费者收入水平提高而发展的。如家用电器市场，表现出来的特点是越来越细分化，所以异质市场是普遍的。科特勒认为，只要这个市场上不是仅有一个顾客，不是仅有一个产品，就存在市场细分问题。首先，市场细分化的"化"表明，在整个营销活动策略中，把市场细分看成一种基本的业务活动，使其普遍化；其次，需求的相似性；最后，企业营销能力的限制性。

2. 市场细分外在条件

企业资源限制和有效的市场竞争是市场细分的外在条件。在激烈的市场竞争中，为求生存、谋发展，企业必须进行市场需求分析和市场细分，选择目标市场，搞好市场定位，集中资源有效地服务于目标市场，力争取得较大的竞争优势。

3. 市场细分重要条件

经济利益是市场细分的重要条件。企业通过市场营销研究和市场细分，可了解不同购买人群的需要和满足情况。在满足程度较低的子市场上，找准定位、抓住机遇，从而提高市场占有率。

（三）市场细分作用

市场细分作用是指有意识地运用市场细分原理给企业带来的好处。市场细分对企业市场营销的影响和作用主要表现在四个方面。

1. 有利企业发掘新市场机会

企业经过市场调查和市场细分后，对各细分市场的需求特征、需求的满足程度和竞争情况将了如指掌，并能从中发现那些需求尚未得到满足，或需求尚未充分满足的细分市场，这些市场将为企业提供一个新的极好的市场开拓机会。市场细分有利于企业分析、挖掘新的市场，从而制定最佳的市场营销策略。市场机会对企业来说，也就是有未被满足的需求。市场机会与企业机会是两个不同的概念，它们的外延不同，某些市场机会转变为企业机会，需具备三个条件。

（1）企业的资源能力，包括人、财、物和经济资源。

（2）营销能力，不仅能开发产品，还能运用广告和营销战略把产品打入目标市场。

（3）管理能力，即把有关的资源和营销要素最佳地组合起来，产生有效的管理。

只有具备这些条件，市场机会才可为企业所利用进而成为企业机会；如果不具备这些条件，市场机会仅仅是机会而已。我们可以这样说，营销战略是建立在特定的市场细分基础上的。

例如，日本精工牌手表于20世纪70年代打入美国市场（最早的石英表）。通过市场分析，该厂商发现美国的手表市场并不是单一的名贵表市场，而是有不同的需求层次。①31%的消费者需要名贵手表，要求计时精确，价格高。购买者年龄偏高，略保守。购买用意为自己使用（身份地位的象征）或送人。②44%的消费者处于社会中层，收入水平一般，较年轻。购买方式开放，要求新颖、富有个性、计时准确、价格适中、保持新颖、不断更换，为早期购买者。③25%的消费者处于社会下层，收入水平相对低，但全是晚期购买者，要求比较新颖、计时准确和实惠。

该厂商对三个不同的顾客群进行分析，认为美国和瑞典的手表仅满足31%的高端市场消费者的需求，这个市场不用去竞争。他们决定占有其余两块市场，而20世纪70年代日本在石英表技术上的开发既能满足差异市场需求，又能满足大规模工业的需求，促使其在石英手表的推销上取得成功。在渠道上，从珠宝店到一般商场均可买到。由此表明，市场机会是建立在市场细分基础上的，而且可通过市场细分来把握。

又如20世纪70年代末80年代初，美国和其他西方国家掀起自行车热，中国趁机向国外出口自行车，但在美国的销售不佳。原因在于没有对当时美国的自行车市场进行细分，没有针对美国消费者的需求。美国消费者需求有三类：①未成年人——上学、玩；②成年人——体育锻炼、玩；③自行车迷——娱乐，自行车俱乐部。

美国人骑车带有相当浓厚的娱乐色彩，而不是作为交通工具，而当时我国生产的自行车是为满足交通工具这一需求，因而产品结构和需求结构不相符合，失败原因就在于不了解消费需求和消费市场的特殊性。

2．有助于小企业开发市场

大小企业各有优劣势。与大企业相比，小企业的劣势在于获得资源能力弱，无法进入许多市场，但并不意味着企业开发市场的能力较弱；小企业的优势在于其规模小，容易根据市场需求的变化，调整产品结构。

市场细分的作用还在于能使小企业在大企业的夹缝中求生存。顾客的需求是多变的、各不相同的。即使是大企业的资源也有限，不可能满足整个市场的所有需求，更何况小企业。为求生存，小企业应善于运用市场细分原理把整体市场进行细分，拾遗补阙，从中找到适合自己优势的部分，以及尚未满足需求的细分市场。采取与目标市场相对应的产品、价格、销售渠道和销售促进的市场营销组合策略，从而能获得良好的发展机会，取得较大的经济效益。

例如，某小型毛巾厂在整体毛巾市场上缺乏竞争力，该厂通过市场细分发现，日本旅馆市场需每日更换盥洗室毛巾，对质量要求不高，一般大型毛巾厂对之不屑一顾。该厂瞄准此细分市场，将其作为本企业的目标市场，生产和提供该市场所需的毛巾，获得了很好的经济效益。

经营学上的基本原理：市场规模必须和经营规模相符合①。所以小市场适合小企业开发，其特点是需求没满足，竞争不激烈，成功可能性大。

3. 有助企业确定目标市场

市场细分有助于企业确定目标市场，制定有效的市场营销组合策略；同时，也有助于企业深入了解顾客需要，结合企业自己的优势和市场竞争情况，进行分析比较，从细分市场中选择目标市场。企业的经营服务对象已定，就能有的放矢，有针对性地制定营销组合策略，提高企业经营管理水平，增强市场竞争力。

企业根据市场细分，确定目标市场的特点，扬长避短，集中使用有限的人力、物力和财力资源于少数几个或一个细分市场上，可避免分散使用力量，取得事半功倍的经济效果，发挥最大的经济效益。市场细分也有助于企业进行营销预算。

4. 信息推动调整营销策略

就整体市场而言，一般信息反馈比较迟钝，不易敏感地察觉市场变化；而在细分市场中，企业为不同的细分市场提供不同的产品，制定相对应的市场营销策略，企业能较易得到市场信息，察觉顾客的反应。这将有利于企业发掘潜在需求，适时调整营销策略。

二、市场细分变量

一个整体市场之所以可能细分为若干子市场，主要是由于顾客需求存在着差异性，人们可以运用影响顾客需求和欲望的某些因素作为细分依据（也称细分变量、细分标准）对市场进行细分。影响顾客需求的因素很多，消费者市场和生产者市场的顾客需求及其影响因素也不同。现分别将两类市场的细分依据归纳叙述如下。

（一）消费者市场的细分依据

市场细分（market segmentation）是指营销者通过市场调研，依据消费者的需要、欲望、购买行为和购买习惯等方面的差异，把某一产品的市场整体划分为若干消费者群的市场分类过程。每一个消费者群就是一

---

① 参见邢祥焕、张明星《朝鲜高丽参的规模化市场经营研究》，载《中外企业文化旬刊》2014年第9期。

个细分市场,每一个细分市场都是由具有类似需求倾向的消费者构成的群体。消费者市场的细分涉及需求差异性的变量的因素,其依据是地理细分、人口细分、心理细分和行为细分。

1. **地理细分**

这是按消费者居住的地区和地理条件来划分的。消费者居住的地区和地理条件不同,其需求和欲望也不同。它的有利之处在于整个市场的范围是相当明确的,而且不同地理位置上的需求是有差异的,对产品的偏好也不一样。

地理因素包括国界(国际、国内)、气候、地形、政区、城市、乡村、自然环境、城市规模、交通运输、人口密度等。地理细分是一个静态因素,往往容易辨别,对分析研究不同地区消费者的需求特点、需求总量及其发展变化趋势有一定意义,也有助于企业开拓区域市场。但是,即使居住在同一国家、地区和城市的消费者,其需求与爱好也并不完全相同,差别也会很大。因此,地理因素只能作为一种粗线条的划分方法,还要进一步按其他标准细分市场。

2. **人口细分**

人口因素细分市场就是根据人口统计变量,如国籍、民族、人数、年龄、性别、职业、教育、宗教、收入、家庭人数和家庭生命周期等因素将市场进行细分。

市场细分主要是分析顾客的需求。不同国籍或民族、不同年龄和性别、不同职业和收入的消费者,其需求和爱好是大不相同的。故人口统计变量与消费者对商品的需求、爱好和消费行为有密切关系,而且人口统计变量资料比较容易获得和进行衡量;因此人口因素是市场细分中常用以区分消费者群体的标准。

通过人口细分来划分市场,其优点在于:①市场界限比较明确,如年龄18～35岁;②有关的资料比较容易获得,如人口普查资料;③这些因素往往反映出消费者的需求差异,与地理因素相比更有确定性。

3. **心理细分**

心理细分包括社会阶层、生活方式、性格和购买动机等。同样性别、年龄,相同收入的消费者,由于其所处的社会阶层、生活方式或性格不同,往往表现出不同的心理特性,对同一种产品会有不同的需求和购买动机。心理因素对消费者的爱好、购买动机、购买行为有很大影响。企业以心理因素进一步深入分析消费者的需求和爱好，更有利于发现新的市场机会和目标市场。

有的消费者购买昂贵的名牌商品，不仅追求其质量，而且具有显示其经济实力和社会地位的心理；有的消费者身穿奇装异服，为的是突出其个性；有的消费者喜欢购买洋货，是为了满足其崇洋心理；等等。企业根据心理因素细分市场，可为不同细分市场设计专门产品，采用有针对性的营销组合策略。

（1）生活方式。这是反映消费者心理和行为因素的综合性指标，消费者生活方式不一样，需求、消费价值观和偏好就不一样。

（2）追求利益。根据消费者对商品追求的利益不同来划分市场。如儿童对牙膏功效的要求主要是能防龋；青少年的要求主要是洁齿美容、去污性强和口味清爽；而中老年对牙膏的要求主要是能预防疾病和保健。大多数消费者追求商品的实惠，对价格十分敏感，要求商品价廉物美。

（3）用户状况。针对用户状况，可划分为四类市场：经常使用者、初次使用者、曾经使用者、潜在使用者。依此来决定公关策划手段，为整个公关计划提供依据。

（4）产品使用频率和数量。主要根据购买行为的次数和数量划分为大量使用者（主力顾客）、中等程度使用者、少量程度使用者。划分的目的是为整个推销策略服务。根据销售学原则，把80%的产品销售到20%的顾客中，表明企业整个经营状况良好。

（5）偏好状况。在营销学中，根据对产品的喜爱程度，市场可划分为四类。极端偏好：会产生强烈的购买动机，对该品牌来说是品牌忠诚者。中等程度偏好：优先考虑此品牌，若无，找替代品。可有可无偏好：就要将品牌渗透到市场。没有偏好：顾客是犹豫不定者。

（6）购买时机。营销者把特定时机的市场需求作为服务目标。以学生为例，在新学期，他们对文具、电脑和学习书籍等有需求。

（7）待购阶段。消费者对商品的认识会出现不同情况，其购买欲望、付诸购买的情况也有所不同，营销者就要在不同阶段采取不同的营销方案。

（8）态度。消费者对商品表现出热爱和肯定，就要团结消费者中的"进步力量"；消费者对商品表现出冷淡，就要争取消费者中的"中间力量"；消费者对商品表现出拒绝和敌意，就不需要费太多努力在营销方案上，最主要的是要检验和分析出消费者敌意态度的真正原因。

依据地理、人口、心理因素对市场进行细分，最后反映出的市场是相当明确的。营销的成败取决于变量的选择，实际操作中市场细分相当重要，应在市场调研基础上，对市场进行细分。

4. 行为细分

行为细分即根据消费者的不同购买行为来进行市场细分。行为细分包括八种。

（1）时机细分。如利用节假日时机宣传促销等。

（2）利益细分。根据消费者不同的购买动机追求不同的利益，企业结合自身条件，权衡利弊，选择其中追求某种利益的消费者群为目标市场，并设计、生产适合目标市场需要的产品。

（3）使用者细分。可按曾经使用者、潜在使用者、初次使用者和经常使用者等细分。

（4）使用率细分。按使用量细分为少量使用者、中量使用者、大量使用者。

（5）忠诚度细分。可按顾客重复购买次数、顾客购买时挑选时间长短、顾客对价格的敏感程度来细分。如果市场上同类、同质、同档次产品竞争激烈，则人们对价格敏感度就高；如果某种产品在市场上处于垄断地位，或者经常推出新产品，无竞争对手或竞争对手较少，人们对价格的敏感度就低。按照忠诚度，可将消费者细分为四类：铁杆品牌忠诚者，即只忠诚于某一品牌的消费者；有限品牌忠诚者，即忠诚于有限的两三种品牌的消费者；游移品牌忠诚者，即从忠诚于某一种品牌转移到另一种品牌的消费者；非品牌忠诚者，即并不忠诚于某一品牌的消费者。市场中铁杆品牌忠诚者成长比例较大的市场是品牌忠诚市场。

（6）待购阶段细分。企业对处在不同待购阶段的消费者，必须酌情运用适量的营销组合，采取适当的营销措施，促进销售，提高效益。例如，企业对那些根本不知道企业产品的消费者群要加强广告宣传，使他们了解本企业的产品；对那些知道企业产品的消费者群，则要着重宣传介绍购买本企业产品的好处等，促使他们进入发生兴趣阶段，进一步进入考虑购买、决定购买阶段，实现潜在的交换，促进销售。

（7）态度细分。消费者对企业产品的态度一般有五种：热爱、肯定、不感兴趣、否定和敌对。企业对持不同态度的消费者群，应当酌情分别采取不同的市场营销措施，增进消费者对本企业产品的热爱。

（8）适宜市场细分。主要指企业将许多过去狭小的子市场进行调整组合，适度而不是过分细分市场，从而节省市场营销费用，以便能以具有竞争力的质量、价格优势来满足目标市场的需求。

（二）生产者市场的细分依据

生产者市场的购买者是工业用户（包括贸易企业），其购买目的是再生产或再销售，并从中谋求利润，它与消费者市场中的消费者购买目的不同、需求不同。

产业市场可依据创造利润、使用者情况、使用程度、对品牌的依赖程度、购买准备阶段、使用者对产品的态度进行市场细分，也可按最终用户细分。因为，市场上不同的最终用户对同一种产业用品的市场营销组合往往有不同的要求。企业对不同的最终用户要相应地运用不同的市场营销组合，采取不同的市场营销措施，取得最终用户信赖，促进产品销售。根据工业用户的特点，生产者市场主要的细分依据有四种。

（1）用户的行业类别。用户的行业类别包括农业、军工、食品、纺织、机械、冶金、汽车、建筑等，用户的行业不同，其需求有很大差异。即使是同一产品，军工与民用对质量的要求也不同。

（2）用户规模。包括大型、中型、小型企业，或者大用户、小用户等。不同规模的用户，其购买力、购买批量、购买频率、购买行为和方式都不相同。在现代市场营销实践中，许多企事业都建立适当制度，分别与大、中、小顾客打交道，并想方设法去赢得顾客满意，提高市场占有率。

（3）用户的地理位置。除国界、地区、气候、地形、交通运输等条件外，生产力布局、自然环境、资源等也是很重要的细分变量。用户所处的地理位置不同，其需求有很大不同。例如，香港地价昂贵，香港企业就希望购买精小的机械设备。自然环境、资源、生产力布局等因素形成某些行业集中于某些地区。例如，我国东北地区，钢铁、机械、煤炭、森林工业比较集中；山西省则集中了煤炭、煤化工和能源工业。按用户地理位置细分市场有助于企业将目标市场选择在用户集中地区，有利于提高销售量，节省推销费用，节约运输成本。

（4）购买行为因素。包括追求利益、使用率、品牌商标忠诚度、使用者地位（如重点户、一般户、常用户、临时户等）、购买方式等。

细分标准和具体因素选用是否得当对市场细分影响很大。

（三）企业如何有效地细分市场

（1）顾客购买行为的多因素。顾客的需求、爱好和购买行为都是由很多因素决定的。市场营销人员可运用单个标准也可结合运用双指标标准、三维指标标准或多种标准来细分市场，但是应择其主要的，确定少数主要标准和若干次要标准；否则既不实用，也不经济。

（2）选用市场细分的标准。选用细分标准时，要求这些细分因素是可以度量的，并使细分市场能呈现明显区别和显著的特性，难以度量测定的细分因素尽量少用或不用。市场分得太细，不适合大量生产，影响规模的经济性。细分市场要有一定的规模和发展前途，并能使企业获得利润。市场特性是动态的、经常变化的，细分标准不能一成不变，应经常根据市场变化研究、分析与调整。预期市场细分所得收益将大于因细分市场而增加的生产成本和销售费用时，可进行市场细分；否则可不细分。

（3）市场调查是市场细分的基础。在市场细分前，必须经过市场调查，掌握顾客需求和欲望、市场需求量等有关信息，营销人员才能据此正确选择市场细分标准，进行市场细分，并具体确定企业为之服务的经营对象——目标市场，制定有效的市场营销组合策略。

（四）市场细分的有效标志

（1）可测量性。可测量性是指各子市场的购买力能够被测量，采用的变量对市场划分的界限相当明确，如按区域或省份、年龄。

（2）可进入性。可进入性又叫可接受性，指企业有能力进入所选定的子市场，细分出的市场中至少有一块是可以被利用的，企业是可以服务的。

（3）可赢利性。可赢利性又叫实效性，指企业进行市场细分后，所选定的子市场的规模使企业有利可图。所细分的市场中，至少有一块是企业可利用其营销手段达到营销目的（启动市场，实现企业利润）的。

第二节
目标市场选择及其策略

市场细分是选择目标市场的基础。市场细分后，企业由于内外部条件的制约，并非要把所有的细分市场都作为企业的目标市场。企业可根据产品的特性，自身的生产、技术、资金等实力大小和竞争能力的分析，在众多的细分市场中，选择一个或几个有利于发挥企业优势、最具吸引力又能达到最佳或满意的经济效益的细分市场作为目标市场。市场战略的首要问题是决定一定的目标市场（target market），即需要满足合适的顾客，寻找一个合适的顾客群，也就是合格的有效市场。[①] 目标市场是企业为满足现实或潜在需求而开拓的特定市场，就是企业决定要进入的那个市场部分，也就是企业选择并竭诚为之服务的顾客群，而这个顾客群有颇为相似的需要。

一、目标市场选择内涵及条件

企业的目标市场是企业营销活动所要满足的市场需求，是企业决定要进入的市场，企业的一切营销活动都是围绕目标市场进行的。选择和确定目标市场是企业制定营销战略的首要内容和基本出发点。目标市场选择的恰当与否对企业来说至关重要。

（一）目标市场选择含义

在现代市场经济条件下，任何产品在市场上都有许多顾客群，而且分散在各国和国内各个地区。任何企业都不可能满足所有顾客群的需要，也不可能满足同一顾客群中所有顾客的需要，必须与同行业企业通过竞争和合作共同营造良好的市场环境，满足顾客的需要。为了降低成本，提高企业经营效益，企业必须细分市场，根据自己的资源、特长和优势确定目标市场；同时，必须竭尽全力为目标市场顾客群服务，提高顾客满意度、忠诚度。

---

① 参见隋兵、武敏《市场营销基础与实务》，中国经济出版社2010年版，第29页。

(二) 目标市场选择条件

作为一个企业的目标市场，一般应具备四个条件。

（1）该市场应有充分的现实需求量，其需求水平能符合企业销售的期望水平。

（2）该市场有潜在需求，有较好的潜在发展前途，能为企业获得较大利润，有利于企业持续地开拓该市场。

（3）该市场的竞争不激烈，竞争者最少，或者竞争者最不易打入，或者本企业有竞争优势。

（4）通过适当的分销渠道，可以接触和进入这个市场；否则不能作为目标市场。

二、目标市场涵盖策略

企业在决定为多个子市场服务，即确定目标市场涵盖战略时，对于目标市场的选择，一般有三种基本策略。

（一）无差异性市场策略

企业在市场营销细分之后，不考虑各子市场的特性，而是注重子市场的共性，决定只推出单一产品，运用单一的市场营销组合，力求在一定程度上满足尽可能多的顾客需求，如图5.1所示。

图5.1　无差异性市场策略

产品本身是无差异的，营销战略也是无差异的。产品需求无差异，即"以不变应万变"的基本方法，比较古老，主要在20世纪50年代以前使用，如美国早期的可口可乐公司、福特汽车公司。

无差异性市场策略的优点：品种、规格、款式简单，有利于标准化与大规模生产，发挥规模经济的优势；可以降低生产、存货和运输成本；缩减广告、推销、市场调研和细分市场的费用，进而以低成本策略在市场上赢得竞争优势。

无差异性市场策略的缺点：单一产品要以同样的方式广泛销售，很难得到需求多样性的广大客户的满意,应变能力差。特别是当同行业中有若干家企业实行无差异营销时,在较大的子市场中的竞争将会日趋激烈,而在较小的子市场中将会出现供不应求,往往出现子市场越大,利润反而越小的情况。一旦市场需求发生变化,难以及时调整企业的生产和市场营销策略;对该目标市场的依赖性强,风险较大。

无差异性市场策略适宜于通用性和适应性较强、差异性小且具有广泛需要的产品,如通用设备、通用的量具刃具、标准件以及不受季节和生活习惯影响的日用消费品。可口可乐公司、福特公司之所以能采用无差异市场营销战略占有市场,主要在于其具有一些垄断因素。①资金方面的垄断:实力雄厚,调动能力强;②规模垄断:规模大,才能控制整个市场;③技术垄断:拥有专有技术。

(二) 差异性市场策略

差异性市场策略的基本要点和无差异的市场营销战略完全不同。它是在市场细分化的基本思想指导下产生的,是在20世纪50年代以后所产生的市场营销战略。

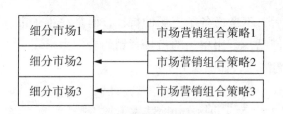

图5.2 差异性市场策略

差异性市场策略是指企业将整体市场细分后,选择两个或两个以上的细分市场作为目标市场,根据不同细分市场的特点,推出不同的市场营销策略。企业决定同时为几个子市场服务,设计、研制不同的产品,并在渠道、促销和定价等方面采取相应的措施,以适应各子市场的需要。根据不同的细分市场的需求特点,分别设计生产不同的产品,采取不同营销组合手段制定不同的营销组合策略,有针对性地满足不同细分市场顾客的需求,如图5.2所示。

差异性市场营销策略的优点:企业的产品种类如果同时在几个子市场都占有优势,就会提高消费者对企业的信任感,进而提高重复购买率;通过多样化的渠道和多种形式销售,亦会大大增加企业的总销售额;面向广阔市场,满足不同顾客需要,扩大销售量,增强竞争力;企业适应性强，富有周旋余地，不依赖一个市场、一种产品。

差异性市场营销策略的缺点：由于小批量多品种生产，要求企业具有较高的经营管理水平；由于品种、价格、销售渠道、广告和推销的多样化会使企业的生产成本和平时营销费用（包括产品改进成本，生产成本、管理费用、存货成本、促销成本和市场调研费用等）增加，从而降低经济效益。所以在选择差异性市场策略时要慎重，应比较运用此策略时所能获得的经济效益是否能够抵销或超过成本的提高。

企业选择差异性市场策略时，不一定面向整体市场中的每一个细分市场，可以根据具体情况选择几个细分市场作为企业的目标市场。现介绍几种不同类型的差异性市场策略，并以图5.3示之（图中横坐标表示市场，C_1、C_2、C_3分别表示具有不同消费者群的细分市场；纵坐标表示产品，P_1、P_2、P_3分别表示不同的产品）。

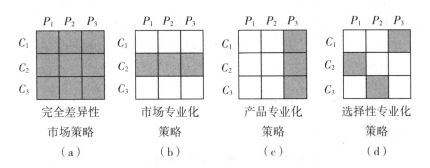

图5.3 差异性市场选择策略

1. 完全差异性市场策略

企业将整体市场细分后的每一个细分市场都作为目标市场，并为各目标市场生产和提供不同的产品，分别满足不同目标顾客的需求。例如，某一服装厂分别为中老年、青年、少年三个目标市场提供不同面料、款式、尺寸的外套、内衣、衬衫。

2. 市场专业化企业策略

为一个目标市场即同一类的顾客群，提供多种产品，满足这一类顾客对产品的不同需要。例如为少年市场提供各种服装，为农村市场提供化肥、农药、农用薄膜。这种策略的优点是适当缩小市场面，有利于发挥企业生产技术优势，生产多种产品以满足目标市场顾客的不同需要，扩大销售量，增加销售收入，避免生产单一产品可能造成的弊端。

3. 产品专业化策略

企业以对同类产品有需求的若干不同细分市场作为目标市场，为不同的目标市场提供同类产品。例如，为军队、武警部队提供避弹衣，为工业、捕鱼业（如渔民用）提供直流电机。这种策略的优点是产品单一，有利于发挥企业的优势，避免多品种生产的一些弊端；企业保持较宽的市场面，扩大了周旋的余地。

4. 选择性专业化策略

选择性专业化策略（或称散点式专业化策略），即企业在市场细分的基础上，结合企业的实际情况，有选择地放弃部分细分市场，选取若干有利的细分市场作为目标市场，并为各该目标市场提供不同的产品，实行不同的营销组合策略。例如，为家庭市场提供家用缝纫机，为成衣制造业提供锁眼机，为工业提供包装缝纫机。这种策略的优点是使企业集中精力开拓有利的细分市场，简化营销工作，节省费用，降低成本。

差异性市场策略一般适宜于生产、经营差异性较大的产品的企业以及多品种生产企业。

（三）集中性市场策略

集中性市场策略又称产品-市场专业化策略。企业在整体市场细分后，由于受到资源等的限制，企业集中所有力量，以一个或少数几个性质相似的子市场作为目标市场，以便在较少的子市场上占有较大的市场占有率，以某种市场营销组合集中实施于该目标市场，如图5.4所示。

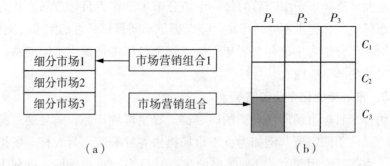

图5.4 集中性市场策略

采用这种集中性市场策略的企业，追求的不是在较大市场上取得较小的市场占有率，而是一个或几个小市场上拥有较高的市场占有率。其战略意图是在小的市场取得大的份额。

集中性市场策略的优点：有利于为顾客服务；有利于在生产和市场营销方面实现专业化；有利于企业在特定市场取得优势地位，获得较高的投资收益率。

这种策略适宜于资源有限的中小企业，有利于企业对市场的深入了解，集中使用有限的资源，实行专业化的生产和销售，提供良好的服务，节省营销费用，提高产品和企业的知名度，有助于企业在局部市场的竞争环境中处于有利地位。必要时，企业还可等待时机，迅速扩大市场，得以进一步向纵深发展。因此，集中性市场策略往往成为新企业战胜老企业或小企业战胜大企业的有效策略，并获得很大成功。

这种策略的缺点：对这一比较单一和窄小的目标市场依赖性太大，一旦目标市场情况发生突然变化，企业周旋余地小，风险大，可能陷入严重困境，甚至倒闭。

三、目标市场选择需考虑因素

以上几种目标市场涵盖战略各有优缺点，企业选择时除了目标市场应具备的一些条件外，尚需考虑目标市场涵盖战略的主要因素。

（一）市场同质性

如果市场上多数顾客在同一时期偏好相同，购买的数量和对市场营销刺激的反应亦相同，则可视为同质市场，宜实行无差异市场营销；如果市场需求的差异较大，则为异质市场，宜采用差异市场营销或集中市场营销。

（二）产品同质性

对于同质产品或需求上共性较大的产品，一般宜实行无差异市场营销；对于异质产品或个性化需求较大的产品，则应实行差异市场营销或集中市场营销。

（三）企业资源

如果企业资源和经济实力雄厚，可以考虑实行差异市场营销；否则，最好实行无差异市场营销或集中市场营销。资源和经济实力有限的企业和部分初次进入新市场的大企业都宜于实行集中市场营销或无差异市场营销。

（四）产品生命周期阶段

处在投入期和成长期的产品，市场营销重点是启发和巩固消费者偏好，最好实行无差异市场营销或针对某一特定子市场实行集中市场营销；当产品进入成熟期后，随着消费者需求日益多样化，可改用差异市场营销，以开拓新市场，满足新需求，延长产品生命周期。[①]

（五）竞争者的市场策略

如果本企业面临的是较弱的竞争者，可采取与之相同的战略，凭借实力在竞争中赢得主动；反之，如果强大的竞争对手实行的是无差异市场营销，企业则应实行集中市场营销或差异市场营销。

五种目标市场策略各有利弊，企业究竟采用哪种策略，须视具体情况，权衡利弊，做出正确选择；但必须指出的是，这五方面因素不应单独使用，应结合起来综合考虑使用。

思维拓展　中国足球产业市场的"国际范儿"[②]

中国资本在最近两年里，不断地在国际足球界掀起惊人的波澜。这一现象对欧洲乃至全球足球市场的影响很大。从市场营销的角度分析，市场战略的首要问题是决定一定的目标市场，即需要满足合适的顾客，寻找一个合适的顾客群，也就是合格的有效市场。[③]

---

① 参见国际金融公司中国项目开发中心《目标市场》，上海科学技术出版社2003年版，第75页。

② 参见尼尔森《中国足球产业有了"国际范儿"：商业资本加速布局》，见http://www.ceconline.com/financial/ma/8800085134/01/，2017年8月30日。

③ 参见隋兵、武敏《市场营销基础与实务》，中国经济出版社2010年版，第29页。

1. **中国在全球体育事业的影响**

中国在全球体育事业上的影响力与日俱增已是公开的秘密。无论是中国投资者的体育资产收购和投资在欧洲遍地开花、国际联盟和球队期盼吸引中国庞大的人口形成新一波粉丝热潮、买卖主要赛事的转播权，还是中国战略性地赢得各大国际体育赛事的举办权，都使体育界真正清醒地认识到中国市场的各种潜力。

世界正指望着中国，而中国正日益展望世界。在国家政府层面制定的战略指导下，中国公司和个人正以前所未有的速度进军全球体育事业。足球——世界上最受欢迎和瞩目的运动，已经展现出难以抵挡的吸引力：过去两年里，中国控股的俱乐部和代理机构数量大幅增加，同时中国国内超级联赛声名鹊起，而新投资推动了更多成熟的国内联盟进行大量引人注目的球员转会。

越来越多的重要赛事都选择在中国举行。世界一级方程式锦标赛自2004年起落户中国；国际篮球联合会（FIBA）篮球世界杯将于2019年在中国举行；北京将于2022年举办冬季奥林匹克运动会，将成为世界上首个举办过夏季奥运会和冬季奥运会的城市。中国市场的规模和流动性，加上几乎每周都会出现新的投资，使详细了解中国消费者变得空前重要。

2. **中国的足球市场的发展**

关于中国足球市场的发展，我们可以看到足球市场在国内的受众稳步增长。在中国最受欢迎的5项体育赛事中，有3项赛事与足球有关，国际足联（FIFA）世界杯和美国男子职业篮球联赛（NBA）均位列其中。

在所有体育项目里，从整体来看，对足球的兴趣在过去3年里稳步增长，16岁到59岁的球迷占到城市总人口的31%。

在欧洲足球俱乐部方面，目前在中国最受欢迎的球队是皇家马德里。由于历史原因——意甲联赛是在中国转播的首个欧洲联赛——意甲联赛的俱乐部国际米兰和AC米兰也跻身中国最受欢迎球队的前三。

3. **赛事的传播：相关体育媒体**

中国媒体的形势正在发生转变。中国拥有数百家电视台，其中20个电视台的运营商是广播巨头中国中央电视台（CCTV），其余是省级或地方级电视台。中国是全球主要广告市场之一。

然而，新的互联网媒体公司不断涌现。它们代表了消费者的偏好和不断发展的技术，从而可以挑战CCTV在优质国内和国际体育赛事转播权上的历史优势。这些正在崛起的大型公司逐渐将体育直播流融入一系列服务中，同时全面覆盖腾讯 QQ、微信、新浪微博等消息平台以及零售和电商、智能手机和游戏。

现今，中国 13.7 亿人口中有 6.8 亿人属于活跃的互联网用户。在这 6.8 亿人中，有 6.53 亿人属于活跃的社交媒体用户，有 5.77 亿人通过移动设备活跃于社交平台。

第三节 市场定位

目标市场确定后，企业为了能与竞争产品有所区别，为开拓和占领目标市场，取得产品在目标市场上的竞争地位和优势，更好地为目标市场服务，还要在目标市场上给本企业产品做出具体的市场定位决策。

一、产品的市场定位策略

产品的市场定位策略就是使本企业产品具有一定的特色，适应目标市场的需求和爱好，塑造产品在目标顾客心目中的良好形象。产品市场定位后，才能进一步研究和制定与之相应的价格、渠道、促销等策略。[①] 所以产品市场定位是确定市场营销组合策略的基础，而价格、渠道和促销策略的制定也应有助于形成和树立选定的产品形象。

二、产品市场定位的确定

确定产品的市场定位，首先，要调查了解目标顾客的需求和爱好，研究目标顾客对于产品的实物属性和心理方面的要求和重视程度；其次，研究竞争者产品的属性和特色，以及市场满足程度。在此分析研究基础上，企业可根据产品的属性、用途、质量、顾客心理满足程度、产品在市场上的满足程度等因素，做出产品的市场定位决策，对本企业产品进行市场定位。

---

① 参见白光《市场定位与功能质量战略》（第二卷），中国经济出版社 2014 年版，第 132 页。

三、目标市场中的品牌定位

在现代市场营销中，品牌营销日益受到企业的重视，品牌定位作为品牌营销的基石发挥着重要的作用，正确地理解品牌定位及其作用是企业营销的核心内容之一，是企业在激烈的市场竞争中立于不败之地的重要手段。

（一）品牌定位针对目标市场确定

品牌定位是针对目标市场确定、建立一个独特品牌形象并对产品的整体形象进行设计、传播，从而在目标顾客心中占据一个独特的有价值的地位。其着眼点是目标顾客的心理感受，其途径是对品牌整体形象的设计，其实质是依据目标顾客的种种特征设计产品属性并传播品牌形象，从而在目标顾客心中形成一个企业刻意塑造的独特特征。品牌定位并不是针对产品本身，而是要求企业将功夫下到消费者的内心深处。简单地说，品牌定位就是树立形象，目的就是在目标顾客心中确立产品及品牌与众不同的地位。

消费者购买商品有非专家购买的特点，买或不买，很大程度上取决于对该产品的认识及其鲜明的个性和品牌知晓度。消费者选择某一商品的主要依据在于该品牌所能给消费者带来自我个性宣泄的满足，在于品牌形象对他们持续而深入的影响，而品牌定位是塑造成功品牌形象的重要环节，是求得目标顾客认同与选择的重要手段之一。所以，对企业来讲，为自己的产品在消费者心中树立一个鲜明的形象是非常必要的，特别是在买方市场的条件下，产品竞争比较激烈，品牌定位是影响企业成功的重要因素。企业要善于分析消费者对商品需求的心理特征，通过理性和感性的品牌定位方式来达到塑造行家、赢得发展的目的。

（二）品牌定位要进行市场细分

品牌定位不能盲目进行，而是要针对目标市场，目标市场是企业的品牌定位的着力点，所以进行品牌定位首先要进行市场细分。通过市场细分，能使企业发现市场机会，从而使企业设计塑造自己独特的产品或品牌个性有了客观依据。所以，以市场细分为前提进行目标市场选择，在目标市场上实行市场定位、品牌定位，才能使企业开拓市场、赢得市场、塑造自身产品的品牌形象。

1. 品牌成功定位的因素

消费者的认同和共鸣是产品销售的关键。定位需要正确掌握消费心理，把握消费者的购买动机，激发消费者的情感，还要不失时机地进行市场调查。成功定位的因素有三个。

（1）抓住重点。抓住重点就是把产品最重要的定位内容说出来，不要不分主次、主观臆断、歪曲事实。正确的做法是不求说出产品的全部优点，但要说出自家的产品与其他同类产品有何不同之处。

（2）引起消费者的共鸣。要引起消费者的共鸣，定位就要有针对性，针对目标顾客关心的问题及他们的欣赏水平。企业还要把产品口碑融入消费者的内心，使消费者产生感动的力量，得到情感的升华正是品牌能够攻心的保证。企业通过与消费者之间的有效沟通，站在消费者的角度去塑造极具亲和力、凝聚力的品牌形象，把企业和消费者的情感共同融入品牌，就会引起消费者心灵的共鸣。

对新时期的品牌来说，要达到与消费者有效的沟通，越来越取决于品牌的形象能力。它要求不是将产品作为孤立的"光杆产品"来经营，而是通过为产品"打造光环"，提升品牌的综合形象，使其成为"光环产品"，从而大力提高品牌对消费者的吸引力，这是有效的品牌资源。

攻心是一个系统的战略工程，不可能一蹴而就，企业必须抓住品质、沟通、服务这三个关键要素，进行长期、扎实、坚实不懈的努力。赢得了消费者的企业，最终就能赢得市场。

（3）让消费者切身感受到。定位必须能让消费者切身感受到，如果不能让消费者作为评定品质的标准，那定位便失去了意义。

为了让消费者切身感受到品牌的科技感，产品在终端要展开体验营销活动。当顾客对产品性能的宣传将信将疑时，导购人员会当场做实验，让消费者对产品有一个更为直观的了解。

让消费者切身感受到产品优秀的品质和优质的服务也应该是企业真正的用意，顾客可以通过产品与服务所表现出来的卓越品质，获得单纯的乐趣。与此同时，在企业上下广泛开展职业道德教育，反对欺诈教育，使货真价实的经营观转化为每位员工的行为，让消费者切身感受到企业的用心服务。定位让消费者切身感受到的是产品科技、品质和服务，还感受到时尚与人本理念。

事实上，消费者认知和选购某一品牌的产品时，可能是出于感觉，也可能是出于性情，甚至是随意的。对不同的产品，可根据不同的目标市场，通过透视该市场消费者的心理来采取不同的定位。所以，进行充分的市场调查，把握消费者的心理是定位的基础。

2. 品牌定位要考虑产品特点

在产品上，受品牌产品使用性能等因素的限制，品牌定位应有所区别，有的产品使用范围广，可以以不同定位来满足不同消费者的需要。也就是说，产品本身的用途决定了品牌定位的档次。因此，品牌定位必须考虑产品本身的特点，突出产品的特质，使之与消费者需求相匹配。在竞争优势上，品牌定位的成功与否并不一定取决于企业的综合实力，而在于谁能将自身优势有效融合于品牌定位之中，从而塑造出个性化的品牌。

然而，随着科技的发展，不少产品已进入"同质化"时代，产品内在的差异很难找到，这时就要看谁能先让消费者了解了，谁捷足先登，迎合了消费者的心理，也就达到了目的。品牌定位应从整体产品概念出发，首先看产品在功能上、品质上与竞争者有无差异，如果有，就应以此作为定位的依据；再看款式上有无差异；如果上述几项都没有差异的话，就要看延伸差异了，如售前、售中、售后服务是否到位等。

总之，要善于分析竞争定位信息，找出你的产品与其他同类产品的差异性，这是品牌定位的重要因素。

思维拓展　　"95后"消费心理特点与品牌营销[①]

眼下正在成长起来的"95后""00后"群体，从出生到成长，他们所处的环境与之前每一个时代的人相比都有着迥然的差异。正所谓"3岁一代，4岁一沟"，特别是当"95后"一代正逐渐成为市场的中坚力量时，即便是身经百战的营销高手们面对这一机灵古怪的群体，心理上也不一定有底。面对"95后"的特点，如何进行品牌营销传播，这是当下值得研究的问题。

从心理学角度来说，"95后"不能说是另一代人，而应说是另一类

---

① 参见丁家永《"95后"消费心理特点对品牌营销的启示》，见http://www.emkt.com.cn/article/646/64613.html，2017年8月30日。

人。他们生长在互联网时代，对他们进行品牌营销必须创新。在生活和消费层面，"95后"更在意圈、群这类网络群体或社群的意见与观点。通过互联网和移动互联网形成的超越时空的虚拟"小群体或群"，从某种意义上讲，比现实的消费者细分来得更为精准和纯粹，对品牌营销传播非常有用。在数字生活空间，如果你不重视网上主流消费人群特点的变化就意味着不能真正了解目标消费者的需求。

《2015淘宝大数据分析报告》显示，"95后"的用户在淘宝网上的人数占比超过30%，"95后"人群尽管消费金额不高，但正在成为消费主力。"95后"一出生就接触互联网，普遍对网络产生了心理依赖。对于"95后"来说，互联网特别是智能手机已不仅是一个工具，而是一种生活方式。开阔的视野及对新事物具有较高的接受程度，让"95后"有能力提出自己的见解，在购买决策上有话语权。与"80后""90后"不同，"95后"很少有人会进行冲动消费，在大多数消费中，他们都表现得颇为理智。"95后"的最大特点是愿意为快乐花钱，迫于有限的赚钱能力，他们更崇尚"买对不贵""品质与价格兼得"和"品牌与实用不分"的消费理念。

如果你不想被"95后"遗弃的话，对于大多数企业来说，现在已经到了不得不进行品牌重塑的时候了，因为移动互联网下的"95后"正在重新定义品牌价值与意义。你试想一下为什么微信、海豚浏览器、美图秀秀这些产品让年轻人趋之若鹜，而新浪微博、人人网这些原来风靡一时的品牌则失去了原有的魅力。成功的品牌与失败的品牌的差别在于成功的品牌能够与时俱进地不断重塑品牌价值，让品牌保持年轻态，并且持续地使用最流行的工具向目标用户进行传播，在激烈的市场竞争中提高品牌自身地位，通过有效沟通保持客户高认知度和美誉度，从而抢占了更多的市场份额。

2000年起，中国的个人电脑普及，从城市到乡村，孩子们对电脑绝不陌生。这样的硬件基础便造就了一个事实："95后"直到"00后"，他们对电脑不陌生，他们一定有一个QQ号。从营销角度来看，针对大学新生，QQ、QQ群、QQ空间仍是营销推广的主战场。由此我们得到了一个结论：对于"95后"，同伴之间的沟通主要是QQ与QQ空间，面对"95后"的品牌营销，用好QQ与QQ空间很重要。

要想打动"95后"，最好的办法就是与"95后"零距离接触，让他们体验产品、体验品牌价值、体验消费文化。记住，他们需要获得亲身体验后的快感，才会考虑是否跟你成交。品牌营销传播时要记住，面对"95后"时千万不要吝惜你们的赞美之词。同时"95后"之间还具有较大的个体差异，但他们从不随便盲从，这一点与"95后"超自信的心理不无关系。因为他们比其他年代的人群更早地具有自我意识，他们笃信"我就是我"，因而在群体特征上表现出一定的差异。消费者心理与行为研究认为，人群的个体差异越多，说明不同的需求也会越多，品牌在推出新产品时，不妨多设计几款不同香味、不同味道甚至是不同包装的产品。因为人们需要的正是这种差异。

品牌营销传播还要重视互动，沟通不要忽略引导分享。过去那种明星代言"我信赖×××"的方式过时了，"95后"更信任的是朋友的说法，可以推荐但是不可以灌输，有人说"顺着毛摸"，要学会通过大数据判断他们的趋势。

可见"95后"获取信息的渠道主要是QQ空间、电视、同学聊天、搜索引擎和微博。从品牌营销传播角度来看，通过新媒体特别是社会化媒体对"95后"进行品牌营销传播会是比较高效的沟通渠道。在品牌营销传播时也不妨为"95后"提供一个互动的机会，一方面互动为他们提供了发表意见的渠道，另一方面品牌也可以通过"95后"及时给予的准确反馈做出调整。

经营者要明白，"95后"的崛起将影响中国未来10年的消费市场，企业不在今天培养用户，明天就要花大价钱去抢用户。面向"95后"的品牌营销传播与体验会影响日后"95后"的消费选择。如果企业忽视对潜在顾客的培养，很大程度上就意味着企业将丧失未来市场的话语权。"95后"作为一个正在不断崛起的消费群体，他们的消费观念、消费心理和行为特点正在深刻影响着企业的品牌营销与思想。对这个日益庞大的消费群体进行深入分析了解、准确把握他们的消费心理与行为特征，对企业或商家抢占未来市场都具有非常重要的意义。今天他们还未完全成为中国消费市场的主导者，但他们是未来的市场的中坚力量，只有抓住了他们，才能掌握未来中国的市场。

思考练习题

一、简答题

1. 简述市场细分的概念。
2. 简述市场细分变量。
3. 简述目标市场选择的内涵及条件。
4. 简述目标市场的涵盖策略。
5. 简述目标市场选择需考虑的因素。
6. 简述产品的市场定位策略。
7. 简述产品市场定位的确定。

二、论述题

1. 论述市场细分的依据和作用。
2. 论述目标市场选择及其策略。
3. 论述目标市场中的品牌定位。

三、思考题

1. 如果用中国的三条大河——黄河、长江和珠江来划分并比喻中国文化的话,哪三个企业的文化恰好比较接近这种表达方式?
2. 城市居民收入差距的基尼系数要达到多少,这种分配差距在相当程度上才是不合理的?
3. 谈谈三维市场营销。
4. 在日常生活中,怎样的经济行为让我们生活得好?我们现在要解决的问题是什么?

第六章 产品策略

　　产品策略是企业市场营销战术的四大内容之一。主要包括：产品分类设计策略、产品组合策略、产品线策略、产品品牌策略、产品包装策略、顾客服务策略。产品是企业从事生产经营活动的直接而有效的物质成果。在市场营销活动中，企业满足顾客需要是通过一定的产品来实现的，企业和市场的关系是通过产品来连接的。产品是买卖双方从事市场交易活动的物质基础。在市场营销因素4个P中，它是最重要的一个因素。因而正确确定企业的产品结构和经营范围，决定生产和销售什么产品来为顾客服务，并满足他们利益的产品策略是企业的一项重大决策，它是企业市场营销战略的核心，也是制定其他市场营销策略的基础。

第一节 产品整体的概述

企业的一切生产经营活动都是围绕着产品进行的，即通过及时、有效地提供消费者所需要的产品而实现企业的发展目标。企业生产什么产品？为谁生产产品？生产多少产品？这些似乎是经济学的问题，但其实是企业产品策略必须回答的问题。企业如何开发满足消费者需求的产品，并将产品迅速、有效地传送到消费者手中，构成了企业营销活动的主体。

一、产品含义

通常人们对产品的理解是一种具有某种特定物质形状和用途的物体，这种物体就称之为产品，如汽车、钢铁、衣服、食品等等。这是生产观点的传统看法。事实上，顾客购买一件产品并不是只要得到一个产品的有形物体，还要从这个产品得到某些利益和欲望的满足。比如，工业生产者购买一台机床，他想得到的不仅是一台质量好的机床，还希望通过使用能满足获得投资收益的需要，因此，他要求卖方能及时交货，帮助安装调试，培训人员，得到维修保证等各项服务。又如，妇女到美容院美容，是对能使自己更加美丽和年轻的欲望的满足。服务虽然是非物质形态的，没有物理化学属性，但可以满足人们的某种需求。

按照传统的观念，产品仅指通过劳动而创造的有形物品，这是狭义的产品概念。按照市场营销观念，产品是指能提供给市场，用于满足人们某种需要和欲望的任何事物，包括实物、服务、场所、组织、思想、主意等。可见，产品概念已经远远超越了传统的有形实物的范畴，思想、主意等作为产品的重要形式也能进入市场交换。简言之，产品等于有形的实体加上无形的服务。

二、产品的层次

营销界对整体产品有两种层次的分析。

（一）产品的三层次

产品是指提供给市场用于满足需要和欲望的任何东西。营销学上将产品的本质区分成三个层次，以探讨消费者对产品的感觉，以及如何进一步刺激消费者消费的改进方向。产品层次仅为一概念，提供新产品开发与行销的发展方向，但实际上，是很难具体评估三个层次的影响程度的。一般认为，三层次结构理论能完整地解释消费者选购和消费产品的全部心理过程，如图6.1所示。

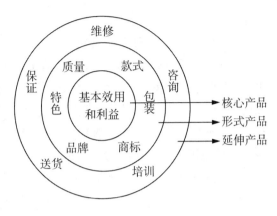

图6.1　整体产品概念

1. 核心产品

核心产品也叫实质产品，是指产品能提供给顾客的基本效用和利益，这是最基本的和实质性的，是顾客需求的中心内容。产品若没有效用和使用价值，不能给人们带来利益的满足，产品就不可能有销路，顾客就不会去购买它。

2. 形式产品

形式产品也叫有形产品，是指呈现在市场上的产品的具体形态，是产品的实体性，一般是以产品的外观、质量、特色、包装、品牌等表现出来。产品的基本效用通过产品的实体才能实现。

3. 延伸产品

延伸产品也叫附加产品，是指顾客在购买产品时所获得的全部附加服务和利益，包括提供信贷、免费送货、保证、安装、售后服务等，是指顾客购买产品所得到利益的总和，也就是形式产品所产生的利益及随同提供的各项服务所产生利益之和。延伸产品能给顾客带来更多的利益和更大的满足。

（二）产品的五层次

随着科学技术的快速发展，社会的不断进步，消费者需求特征的日趋个性化，市场竞争程度的加深加广，导致了产品的内涵和外延也在不断扩大。以现代观念对产品进行界定，产品是指为留意、获取、使用或消费以满足某种欲望和需要而提供给市场的一切东西（菲利普·科特勒）。电视机、化妆品、家具等有形物品已不能涵盖现代观念的产品。产品的内涵已从有形物品扩大到服务（美容、咨询）、人员（体育、影视明星等）、地点（桂林、维也纳）、组织（保护消费者协会）和观念（环保、公德意识）等；产品的外延也从其核心产品（基本功能）向一般产品（产品的基本形式）、期望产品（期望的产品属性和条件）、附加产品（附加利益和服务）和潜在产品（产品的未来发展）拓展，即从核心产品发展到潜在产品五层次。

1. 核心利益层

核心利益层即向消费者提供的产品基本效用和利益，也是消费者真正要购买的利益和服务。消费者购买某种产品并不是为了拥有该产品实体，而是为了获得能满足自身某种需要的效用和利益。如洗衣机的核心利益体现在它能让消费者方便、省力、省时地清洗衣物。

2. 实体产品层

实体产品层也可称为一般产品层。产品核心功能需依附一定的实体来实现，即产品的基本形式，主要包括产品的构造、外形等。

3. 期望产品层

期望产品层是消费者购买产品时期望的一整套属性和条件，例如对于购买洗衣机的人来说，期望该机器能省时省力地清洗衣物，同时不损坏衣物，洗衣时噪音小，方便进排水，外形美观，使用安全可靠等。

4. 附加产品层

附加产品即产品包含的附加服务和利益，主要包括运送、安装、调试、维修、产品保证、零配件供应、技术人员培训等。附加产品来源于对消费者需求的综合性和多层次性的深入研究，要求营销人员必须正视消费者的整体消费体系，同时必须注意消费者是否愿意承担因附加产品的增加而增加的成本的问题。

5. 潜在产品层

潜在产品预示着该产品最终可能的所有增加和改变。现代企业产品外延的不断拓展缘于消费者需求的复杂化和竞争的白热化。在产品的核心功能趋同的情况下，谁能更快、更多、更好地满足消费者的复杂利益整合的需要，谁就能拥有消费者，占有市场，取得竞争优势。不断地拓展产品的外延部分已成为现代企业产品竞争的焦点，消费者对产品的期望价值越来越多地包含了企业所能提供的服务、企业人员的素质及企业整体形象的综合价值。

目前，发达国家企业的产品竞争多集中在附加产品层次，而发展中国家企业的产品竞争则主要集中在期望产品层次。若产品在核心利益上相同，但附加产品所提供的服务不同，则可能被消费者看成两种不同的产品，因此也会造成两种截然不同的销售状况。

(三) 服务是产品的重要因素

服务产品化概念已经影响到服务行业的各个方面。[①] 服务产品化是通过改变服务的生产方式，把服务的生产过程变得像产品制造一样，把服务的内容分解，实现标准化，然后按照传统产品市场的原则，把服务产品交付给客户。

1. 产品价值由顾客决定

产品的整体概念说明了它是以顾客需求为中心的，产品的价值是由顾客决定的，不是由生产者决定的。企业若对产品的整体概念没有充分的认识，就不能真正贯彻现代市场营销观念。

2. 生产和销售顾客满意的产品

从整体产品概念而言，产品是多种因素的组合体，由有形产品因素和无形产品因素组成的。这些因素关系到产品的功能、质量、可靠性、安全性、经济性以及产品的信誉等，构成了产品的有形价值和无形价值，成为市场竞争的重要手段。企业必须十分重视生产和销售顾客在各方面都满意的产品。

3. 服务是市场竞争力的关键

随着企业生产技术和管理水平的提高，消费者购买能力的增强和需

---

① 参见石元蒙、王学思《特许经营导论》，北京师范大学出版社2009年版，第24页。

求趋向的变化,服务这无形因素在企业市场营销中的重要性已超过以往,它逐步成为决定企业市场竞争能力高低的关键。服务作为顾客需求的一部分,已不再只是受到服务业的重视,也开始为工业生产企业所重视。但是很多企业并没有把服务看成整体产品的一个重要组成因素,而是把服务看成企业的负担,是可有可无的。因此,在实践过程中,往往是为服务而服务。

学习产品的整体概念后,企业必须正确认识服务就是产品,从这样一个新的高度来认识服务,树立服务就是产品的观念。这不仅对一般的工业生产企业和商业企业具有重要意义,而且对一些产品技术比较复杂和生产高科技产品的企业更为重要。服务好虽不能使产品成为优质产品,但优质产品却会因服务不好而失去市场。大众汽车有限公司服务部高级经理奥伯尔先生曾说过:"一家成功的公司除了生产优质优良的产品外,还必须提供良好的售后服务,这一哲学是企业成功的根本。"美国市场营销学家里维特教授曾断言,"未来竞争的关键,不在于工厂能生产什么产品,而在于其产品所提供的附加价值:包装、服务、广告、用户咨询、购买信贷、及时交货和人们以价值来衡量的一切东西"。我国企业为了满足顾客日益多样化的需要,在国际国内市场竞争中立于不败之地,不仅生产和销售产品时要注意提高产品品质,降低成本,发挥价格优势,还必须提供更多的附加利益,才能适应市场经济发展的需要。

思维拓展　让顾客与你的品牌来场意外的"邂逅"[1]

常见的品牌营销往往重点关注受众能够有意识地接收的信息,但神经学的理论指出,从运作机制来说,大脑更容易在无意识的情况下联想起与品牌相关的细节,而这才是营销的关键。

在商业领域,"酷"很重要。这意味着你的品牌具备客户渴望拥有的风格和形象。问题是大多数品牌管理工具忽略了品牌的"酷"元素。品牌幻想模型则试图捕捉"酷"元素,并把它转换为有形的形式,从而塑造、讨论并引导一个品牌。强大的品牌和客户忠诚度正是从与品牌相关

---

[1] 参见[美]达里尔·韦伯《让顾客与你的品牌来场意外的"邂逅"》,见http://www.ceconline.com/sales_marketing/ma/8800084934/01/?part_4,2017年8月30日。

联的感觉（风格、形象、情绪和态度）中孕育出来的。正是在无意识的联想中，我们形成了对品牌的看法，而这些看法又推动了我们的决定。

1. 承认问题

如果你在中型或大型公司的市场营销部或者与大品牌合作的代理机构工作过，可能会发现他们通常会用仅仅一页的文档概括该品牌的关键元素。这些都是建立一个强大品牌的重要元素。但笔者认为这类模型有两个问题：①几乎只关注品牌的有意识的元素；②品牌给人的感觉不够立体。

在这类模型中，即使是更偏重情感的方面（情感收益和目标客户洞见）往往也更多地倾向于与有意识的情绪挂钩。例如，汰渍可能会主张它的品牌是妈妈们成为好母亲的要素之一，而照顾家庭是她们表达爱的方式。这种关联也属于情感的关联，但它仍然是品牌中的有意识的元素。

2. 品牌的关键元素

（1）产品属性：描述产品是什么，定义其功能、品牌遗产、设计元素等。

（2）功能优势：产品的功用、功能。

（3）情感收益：消费者感受到的情感效应。

（4）市场/竞争洞见：竞争环境以及该产品的差异点。

（5）文化洞见：品牌能够利用的文化动态。

（6）目标描述：对目标市场的简短描述，包括人口特征和"心理心态"。

（7）目标客户洞见：品牌可以利用的、关于消费者的真相。

（8）紧张关系/敌人/冲突：文化或品牌服务的目标客户群，其观念中的负面或反对力量。

（9）愿景/目的/核心：一个简短的词或声明，捕捉品牌的核心信念、价值或存在的理由。

（10）个性/格调：描述品牌的外观和感觉、口吻和个性。

通过象征优秀父母和照顾家人的价值观，汰渍可以将其品牌形象与认同这些价值观的父母联系到一起。这是消费者眼中的又一个加分项。问题是品牌的威力不止于此。

汰渍包装的鲜艳颜色，"Tide"（汰渍的英文名，本意是"潮汐"）暗示的波浪撞击海边岩石带来的清新感，又或许你是看着妈妈用着这个牌子长大的，这些都会带给你无意识的联想，产生强大的吸引力。这些东西貌似属于边缘的、次要的元素，但其实它们才应该被当成品牌的核心。

上文列举的元素中触及品牌的无意识感受的只有重要性较低的"品

牌个性"或"口吻"。这些元素经常被忽略，往往在品牌文档的某个角落里被遗忘，事后才会有人想起；同时，他们使品牌的感觉非常平面化。我们给品牌套上一个单一的标签，除此之外空无一物。营销人员希望事情简单、干净、简洁——用他们的话来说就是"想法单一"，但在现实中，我们与品牌的联系却更复杂、细致、凌乱和抽象。

第二节 产品组合

产品组合是指某一特定销售者所能提供给消费者的一整套产品和产品项目。也就是指一个企业生产经营的全部产品的有机构成和量的比例关系。它是销售者售予购买者的一组产品，包括所有产品线和产品项目。企业的产品组合有一定的宽度、长度、深度和关联性。

一、产品组合概念

产品组合也称"产品的各色品种集合"，是指一个企业在一定时期内生产经营的各种不同产品、产品项目的组合。产品和人一样，都有由成长到衰退的过程。因此，企业不能经营单一的产品。

（一）产品组合内涵

世界上很多企业经营的产品往往种类繁多，但并不是经营的产品越多越好，一个企业应该生产和经营哪些产品才是有利的？这些产品之间应该有些什么配合关系？这就是产品组合问题。

1. 产品项目

产品项目：凡企业在其产品目录上列出的每一个产品，就是每个产品项目。它是产品大类中各种不同品种、规格、质量的特定产品，企业产品目录中列出的每一个具体的品种就是一个产品项目。

2. 产品线

产品线是指密切相关的满足同类需求的一组产品。一个企业可以生产经营一条或几条不同的产品线。它是许多产品项目的集合，这些产品项目之所以组成一条产品线，是因为这些产品项目具有功能相似、用户相同、分销渠道同一、消费上相连带等特点。

3．产品组合

产品组合由各种各样的产品线组成，每条产品线又由许多产品项目构成。具体来说，产品组合便是企业生产经营的全部产品线、产品项目的组合方式，即产品组合的宽度、长度、深度和关联度，也称产品组合的四个维度。

（二）产品组合方式

1．产品组合的宽度

产品组合的宽度是指一个企业拥有多少条不同的产品线（产品大类）。产品线越多，说明该企业的产品组合的宽度越广。它反映了一个企业市场服务面的宽窄程度和承担投资风险的分散能力。产品组合的宽度也就是指企业生产经营的产品线的多少。例如，宝洁公司生产清洁剂、牙膏、肥皂、纸尿裤及纸巾，有5条产品线，表明产品组合的宽度为5。

2．产品组合的长度

产品组合的长度是指一个企业所有产品线中所包含的产品项目的总数。如图6.2所示，产品项目的总数是15。

		产品项目				
彩电	产品线1	1a 21寸	1b 18寸	1c 16寸	1d 29寸	4
洗衣机	产品线2	2a 单缸	2b 双缸			2
冰箱	产品线3	3a 300升				1
轿车	产品线4	4a 红	4b 黄	4c 黑	4d 白	5
手机	产品线5	5a 男	5b 女	5c 儿童		3

产品线总数：5　　产品项目总数：15　　平均深度：3

图6.2　产品组合概念示意

3．产品组合的深度

产品组合的深度是指每条产品线（产品大类）上的产品项目数，也就是每条产品线有多少个花色、品种和规格。产品线中包含的产品项目越多，产品组合深度越深。产品组合深度反映了一个企业在同类细分市场中满足顾客不同需求的程度。通过计算每一条产品线中的产品项目数，可得出企业产品组合的平均深度。例如，宝洁公司的牙膏产品线下的产品项目有三种，佳洁士牙膏是其中一种，而佳洁士牙膏有三种规格和两种配方，佳洁士牙膏的深度是6。

4. 产品组合的关联性

产品组合的关联性（或者一致性）是指每条产品线之间在最终用途、生产条件、销售渠道以及其他方面相互关联的程度。其关联程度越密切，说明企业各产品线之间具有一致性；反之，则缺乏一致性。产品组合的关联度就是指各产品线在最终用途、生产条件、分销渠道和其他方面相互关联的程度。

由于产品组合所包含的四个维度不同，就构成了不同的产品组合（图6.2）。产品组合的四个维度对促进销售和增加企业的总利润有十分密切的关系。企业增加产品组合的宽度，可以充分发挥企业的特长，使企业尤其是大企业的资源、技术得到充分利用，开拓新市场，拓展服务面，分散投资风险，提高经济效益。此外，实行多角化经营还可以减少风险。

企业增加产品组合的长度和深度可使各产品线有更多的花色品种，迎合广大消费者的不同需要和爱好，以招徕、吸引更多的顾客，扩大总销售量。

企业增加产品组合的关联性可以充分发挥企业现有的生产、技术、分销渠道和其他方面的能力，提高企业的竞争力，增强市场地位，提高经营的安全性；同时，还可以提高企业在某一地区、行业的声誉。

产品组合的扩大与缩减是值得注意的问题。扩大产品组合就要拓展产品组合的宽度，加深产品组合的深度。当市场繁荣时，较长、较宽的产品组合会为企业带来较多的盈利机会，但当市场不景气或原料、能源供应紧张时，缩减产品组合反而可能使总利润上升。这是因为从产品组合中剔除了那些获利很少甚至无利润的产品大类或产品项目，可使企业集中力量发展获利多的产品大类与产品项目。

要使企业产品组合达到最佳状态，即各种产品项目之间质的组合和量的比例既能适应市场需要，又能使企业盈利最大，需采用一定的评价方法进行选择。评价和选择最佳产品组合并非易事，评价的标准有许多选择。这里主要从市场营销的角度出发，按产品销售增长率、利润率、市场占有率等几个主要指标进行分析。

二、产品组合决策

产品策略是制定其他各项决策的基础。一旦产品决策确定了,其他人财物、产供销等各方面的工作也就基本确定,但是对产品进行组合不是无条件地要求越宽越深越好。产品组合越宽越深,要求企业必须拥有充足的资金,有一定水平的生产、技术和管理的人才,有较高的经营管理水平;否则品种增多,生产成本将上升,若经营管理不善,经济效益反而下降。所以产品组合在现代营销活动中起着至关重要的作用,产品决策应慎重考虑产品组合问题。

(一) 产品决策原则

企业必须根据市场调查和预测资料,按照市场需要、竞争情况及企业所处外部环境,结合企业自身实力和经营目标,以有利于促进销售和扩大总利润为原则,对产品进行组合,做出正确的产品组合决策。

有利于促进销售和扩大总利润为原则的具体做法就是分析产品的功能可以满足什么人的需求、判断产品内在的竞争优势、分析产品制造的可行性、分析市场前景、进行成本-收益分析、重视社会效益和生态效益分析,以便进行有效的组合。

(二) 产品组合策略分类

企业所能要求的最佳产品组合必然包括:目前虽不能获利但有良好发展前途、预期成为未来主要产品的新产品,目前已达到高利润率、高成长率和高占有率的主要产品,目前虽仍有较高利润率而销售成长率已趋降低的维持性产品,以及已决定淘汰、逐步收缩其投资以减少企业损失的衰退产品。根据以上产品线分析,针对市场的变化,调整现有产品结构,从而寻求和保持产品结构最优化,这就是产品组合策略,其中包括五种策略。

1. 有限产品专业性策略

企业集中生产经营有限的或单一的产品,适应和满足有限的或单一的市场需要。例如,有的企业只生产高档产品,满足对质量要求较高且并不在乎价格的顾客的需要。

采用单一产品决策,产品线简化,生产过程单纯,可以采用高效的技术装备和工艺方法，提高自动化程度，能大批量生产，提高劳动生产率，技术上易于精益求精，提高产品质量，降低成本，节省销售费用。但是生产经营单一品种，企业对产品的依赖性太大，适应性弱，风险大。

2. 产品系列专业性策略

企业重点生产经营某一类产品。例如，某日用化工厂根据市场不同的需要生产妇女润肤霜、男子护肤霜、宝宝霜等护肤品。同时，发掘现有产品的深层卖点也是非常重要的。其产品策略是让顾客跟着你的脚步走。许多企业总是习惯跟着市场先行者的脚步亦步亦趋地前进，按照领先者设定的游戏规则拓展市场，但是可能包括一些所谓的市场先行者有时都会故步自封，认为自己已经找到了产品的卖点，其实不是。现有产品基础上的新市场是可以分割的，所以继续发掘现有产品的深层卖点可以使营销工作变得更有意义，对盈利率也会产生巨大的影响。

强生公司的婴儿用爽身香皂原本是专为婴儿提供的一种清洁护理皮肤的产品，但是在市场策略的检讨和对顾客需求变化的研究中，强生发现现在成年人对保护皮肤越来越重视，于是强生公司决定将这种爽身香皂来一次大胆的细分市场诉求——"成人使用效果也非常好，它将像呵护婴儿的皮肤一样使您的皮肤获得细致深层的护理"。此举居然大受成年消费者的追捧，强生公司成功地为产品找到了新的卖点，赚取了新的分割市场的利润。

顾客对某种产品的需求看似是固定的，但欲望却是无止境的。当企业在勘测顾客需求心理时，不要仅仅停留在顾客现在需要什么，或者以后顾客还会需要什么，而是要多考虑"顾客的欲望是什么？"才有希望。

3. 市场专业性策略

企业向某个专业市场（某类顾客）生产经营所需的各种商品。例如，工程机械厂向建筑业提供挖掘机、搅拌机、推土机、起重机等，化妆品厂向妇女提供护肤霜、洗面奶、沐浴液、胭脂、口红、洗发香波等。

4. 特殊产品专业性策略

特殊产品专业性策略是指企业生产经营某些具有特定需要的特殊产品项目，如生产经营治疗某些癌症用的药品等。由于产品特殊，市场开拓范围不大，竞争少，有助于企业利用自己的专长，树立企业和产品的形象，长期占领市场，获取竞争优势。

特殊专业性产品也不可以忽视，它是企业凭借自身拥有的特殊技术和生产条件，提供满足某些特殊需要的产品，如某厂专门生产和提供残疾人使用的假肢、轮椅和康复器械等产品。

5. 多系列全面型策略

这是企业致力于向顾客提供他们所需要的一切产品。这种策略将尽可能地增加产品组合的宽度和深度。在增加时，企业可以根据自身内部条件，考虑产品组合的关联性，如美国奇异电气公司产品线很多，其产品都和电气有关。也可不受产品系列之间关联性的约束，如某钢铁公司不仅生产钢铁，还生产耐火材料、工艺品等。

第三节 整顿老产品

由于科学技术迅速发展，市场需求变化大，再加上竞争形势和企业内部条件的变化，不论是生产经营单一产品的企业，还是生产经营多种产品的企业，其产品有的可能销售形势很好，销售和利润增长较快；有的销售和利润的增长已趋于平稳；有的销售发展比较缓慢，而有的可能已趋向衰落。因此，企业有必要对现有产品进行整顿，调整产品结构，使其能达到更佳的组合。

一、调整产品组合

企业在调整和优化产品组合时，有三种决策可供选择。

（一）扩大产品组合决策

有些产品的销售形势很好，企业可以采取扩大产品组合的策略，满足市场需求。这种策略是扩大产品组合的广度和深度，也就是增加产品线和产品项目，增添生产经营的品种、扩大经营范围、提高经济效益。

1. 产品延伸策略

每一企业的产品都有其特定的市场定位。产品延伸决策指全部或部分地改变公司原有产品的市场定位，具体做法有向上延伸、向下延伸和双向延伸三种。这种策略不增加产品线，只是向产品线的深度发展，增加产品线的长度。

(1) 向上延伸。指企业原来生产低档产品，后来决定生产高档产品。主要理由有：①高档产品畅销，销售增长较快，利润率较高；②企业估计高档产品市场上的竞争者较弱，易于被击败；③企业想使自己成为生产种类全面的企业。

采取向上延伸决策也要承担一定风险：①可能引起生产高档产品的竞争者进入低档产品市场，进行反攻；②未来的顾客可能不相信企业能生产高档产品；③企业的销售代理商和经销商可能没有能力经营高档产品。

(2) 向下延伸。指企业原来生产高档产品，后来决定增加低档产品。企业采取这种决策的主要原因为：①企业发现其高档产品的销售增长缓慢，因此，不得不将其产品大类向下延伸；②企业的高档产品面临激烈的竞争，必须用侵入低档产品市场的方式来反击竞争者；③企业当初进入高档产品市场是为了建立其质量形象，然后再向下延伸；④企业增加低档产品是为了填补空隙，不让竞争者有隙可乘。

企业在采取向下延伸决策时，会遇到一些风险：①企业原来生产高档产品，后来增加低档产品，有可能使名牌产品的形象受到损害，所以，低档产品最好用新的商标；②企业原来生产高档产品，后来增加低档产品，有可能会激怒生产低档产品的企业，导致其向高档产品市场发起反攻；③企业的经销商可能不愿意经营低档产品，因为所得利润较少。

(3) 双向延伸。在定位于生产经营中等质量、中等价格的产品线上，增加高低档产品项目。企业向产品线的上下两个方向延伸，主要是为了扩大市场范围，开拓新市场，为更多的顾客服务，获取更大的利润。一方面增加高档产品，另一方面增加低档产品，扩大市场阵地。这种策略在一定条件下有利于扩大市场占有率，增强自己的竞争能力。

2. 相关系列多样化

这是根据产品组合的关联性原则，增加相关的产品线。例如，在肥皂产品线外增加洗衣粉、清洁剂两条产品线。通过增加相关产品线扩大市场范围，满足顾客的不同需求，争取更大的利润。

3. 无关联多样化

这是指拓展产品线时，不考虑关联性原则，增加与原产品线无关的产品，开拓新市场，创造新需求。例如，美国一公司的产品组合主要由化妆品、珠宝首饰以及家常用品三条产品线组成。

（二）缩减产品组合决策

这种策略是企业随着科学技术的发展、市场需求的变化，以及企业内部条件，主动合并，减少一些销售困难、不能为企业创造利润的产品线和产品项目，集中优势力量生产经营市场需求较大并能为企业获取预期利润的产品。

（三）淘汰产品决策

这是企业对一些已经确认进入衰退期的老化的产品线和产品项目所采取的策略。这些产品已不能满足市场需要，又不能为企业带来经济效益，企业理应淘汰和放弃这些产品，以免蒙受更大的损失。

1. 立即放弃策略

采用这种策略的主要原因有：①确认该产品已进入衰退期，无发展前途；②该产品如果继续存在，将危害其他有发展前途的产品；③该产品的市场售价已不能补偿成本。企业应采取果断措施，立即予以淘汰。

2. 逐步放弃策略

主要考虑立即放弃对企业将会造成很大损失，并给顾客造成被突然抛弃的印象，所以采取逐步放弃策略，有计划地逐步减产直到淘汰，使顾客的使用习惯能逐步适应，企业的资源有计划地逐步转移，在生产和财务管理上能平稳过渡，不致造成大起大落的现象。

3. 自然淘汰策略

这是企业不主动放弃产品，而是留在市场上，直至产品销售完全衰竭，被市场淘汰为止的策略。企业鉴于对竞争形势的分析，利用部分企业退出市场之机，决定留在市场继续满足部分顾客的需要。采取这种策略，在短时期内企业仍可获得一定的销售量和利润，但是也面临着丧失市场机会、蒙受损失的风险。

4. 产品差异化策略

企业可采取产品属性差异化策略来整顿老产品。产品差异化是指企业以某种方式改变那些基本相同的产品，以使消费者相信这些产品存在差异而产生不同的偏好。产品属性差异化策略就是指企业在产品质量、性能、用途、特点和式样等方面采取与同行业竞争对手的产品具有明显不同特色的产品策略。企业可以通过应用现代化的工艺和技术装备，提高产品质量，增加产品新的功能、规格和式样，改进老产品的结构，以期增强企业的竞争优势，引起顾客的浓厚兴趣，满足顾客的物质和精神需要，从而为企业创造更多的利润。

（1）产品差异化的原因：质量或设计；信息闭塞或不完整；由销售者推销行为，特别是广告、促销和服务引起的牌号、商标或企业名称的差异；同类企业地理位置的差异。

（2）产品差异化决策：研究与开发决策、地理决策、促销决策、服务决策。

二、整顿老产品，优化产品组合的方法

生产经营多种产品的企业调整和改组产品结构，做出最佳产品组合决策，力争产品组合能使企业最大限度地提高经济效益，这是企业在市场营销管理方面面临的一项十分艰巨的任务。现在此介绍几种优化产品组合、整顿老产品的方法。

（一）波士顿矩阵法

波士顿矩阵法（Boston matrix）又称"四象限法"（见图6.3）。这种方法是由美国波士顿咨询集团公司首先创立的，在许多国家中广泛传播。

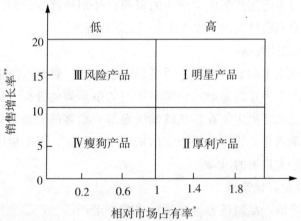

图6.3 四象限法

注："*"相对市场占有率 = $\dfrac{\text{本企业产品的市场占有率}}{\text{该产品的最大竞争者产品的市场占有率}}$

"**"销售增长率 = $\dfrac{\text{本期产品销售量（额）} - \text{上期产品销售量（额）}}{\text{上期产品销售量（额）}} \times 100\%$

第一象限：双高的明星产品，有发展前途→投入、创名牌→增强产品地位。第二象限：产品生命周期的成熟期，销售数量大→努力延长产品生命周期。第三象限：销售增长率高，相对市场占有率低的风险产品（有问题）。第四象限：无利可图→分析→采取相应对策→好转（做下去）→无效→淘汰，转向新市场。

（二）三维图分析法

画三维立体图，画出三个坐标——x（市场占有率）、y（销售增长率）、z（利润率），得到8种空间的位置，如表6.1、图6.4所示。

表6.1 产品在三维立体空间的位置

位置	市场占有率	销售增长率	利润率
1	低	高	低
2	高	高	低
3	低	低	低
4	高	低	低
5	低	高	高
6	高	高	高
7	低	低	高
8	高	低	高

三维立体图分析：

6号→重点发展；

5号→提高市场占有率；

2号→产品利润低→降低成本；

8号→加强人员推销和促销→扩大销售量；

3号→淘汰；

4号、1号→产品组合状态不好，绩效极差→调整。

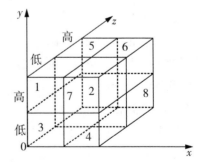

图6.4 三维立体图中8种空间的位置

（三）铺货量法

一个新产品上市时，除了对市场规模和容量要进行调查研究以外，还必须清楚零售商是产品与消费者的接口，要同时结合产品上市品种规格、陈列配合、季节性特征等因素，确定零售商可以接受的上市最大铺货量。根据零售商的分类以及每一个类别零售商的数量，在每一种类型的零售商可以接受的最大上市量确定后，就可以准确地计算出产品上市的订单总数量。当然，根据产品的特性以及购买特征的不同，产品分销的零售商覆盖水平也不同，因此，产品并不一定必须覆盖到所有的零售业态和零售商。经销商铺货管理的核心目标是达成与产品购买特征相符的最大程度的零售覆盖率，以便满足目标消费者的购买要求。经销商的铺货策略以及对执行的评估，主要考虑四个因素。

1. 足够的铺货率

一般用铺货率的高低来评估经销商的铺货质量。铺货率简单的定义是在所在区域的适合产品销售的目标零售商总数中，有多少家零售商在销售本公司的产品，这些已经铺入产品的零售商占目标零售商总数的比例就是铺货率。显然，铺货率越高，表示产品接触消费者的面越广，产品被目标消费者接受的可能性也越大；同时，还可以降低产品销售业绩过于集中所带来的风险。例如，某区域适合销售某产品的零售店有100家，已经实现铺货的是60家，则铺货率为60%。

铺货率的提升是业绩增长的基本保证，也是通路管理的核心内容。要达到理想的铺货率，必须有明确的铺货目标以及铺货达成计划。

（1）铺货目标。通常在产品上市的不同阶段有不同的铺货目标，但不论是处于哪个阶段，铺货目标的制定必须考虑两个因素：零售商总数以及目标铺点。

零售商总数：根据产品的特点和消费者购买行为特征确定对应的零售商类型，再根据可以取得的资料以及销售人员现场走访确定零售商总数。

目标铺点：目标铺点一般不会等同于零售商总数，因为铺货目标会因为产品不同上市阶段制定的铺货标准不同而会有不同的结果。比如，大多数实行大众化营销模式的保健品，在产品上市阶段通常会把大中型零售商以及大中型药店作为目标铺点，对其他类型零售商的铺货要等到对消费者的需求拉动达到一定程度后才会做要求。

还有值得注意的一点是，我们现在讨论的铺货率一直是指算术铺货率。在铺货质量的评估上，AC Nielsen 公司提供的铺货率调查评估指标除了算术铺货率以外，还使用了两个指标：坪数加权铺货率和产品加权铺货率。3 个指标结合运用，能够非常准确、全面地评估铺货质量。

坪数加权铺货率是以每个零售商的面积大小为基准，加以加权以后计算出的铺货率；而产品加权铺货率是以某零售商销售某产品的销售金额作为基准予以加权后计算出来的铺货率。以下举例说明算术铺货率、坪数加权铺货率、产品加权铺货率的计算方法。

假定某区域有 A、B、C 三个适合某产品销售的零售商，经营面积分别为 100 ㎡、100 ㎡ 和 200 ㎡，年销售额分别为 100 万元、200 万元和 200 万元。不同的铺货方式会带来不同的铺货率，所反映出来的对销售业绩的影响也截然不同。不同铺货率的计算结果如表 6.2 所示。

表 6.2　三种铺货率的计算

铺货方式	算术铺货率	坪数加权铺货率	产品加权铺货率
只铺 A 店	33%	25%	20%
只铺 B 店	33%	25%	40%
只铺 B 店和 C 店	67%	75%	80%

尽管在实际销售通路管理过程中，不一定会按照以上 3 种铺货率同时计算并确定 3 个不同的铺货率标准，但是我们必须明白，不同类型的零售商对销售业绩的贡献程度不同，在铺货率的要求上也必然有所不同。越是销售贡献大的零售商，越是铺货的重点客户。

（2）铺货计划。在铺货目标确定以后，销售人员应该将目标铺点进行分类，用甘特图（工作进度表）进行控制，并具体落实责任人、铺货时间、产品规格要求等。为了使铺货率目标达成并且稳定提高，厂家有必要对经销商销售人员进行培训，并同经销商管理人员一起制定每天、每周、每月的铺货进度表，用"每日订单数"和"每日新开发零售商数"两个指标进行控制，这样既可以满足业绩增长的要求，也可以满足铺货率达成的要求。在适当的时候，厂家可以考虑为经销商销售人员制定奖励办法，以提高其积极性。在执行铺货计划时，如果发现经销商的能量已经发挥到极致，无法满足铺货率进一步提升的要求时，就有必要考虑要求经销商增加资源配置的问题了，必要的时候还可以重新规划经销区域，或者加强对二级批发商的开发，以弥补经销商铺货能力的不足。

2. 深度分销

深度分销是快速消费品通路管理中经常使用的一个概念。① 对于上了一定规模的企业来说，深度分销是提高销售量，保证业绩持续稳定增长的重要工作内容。对制造商而言，当然希望目标消费者在有需求的时候都能够方便地购买自己所提供的产品。因此，对于一些次要通路，也就是零售商类型中的非主要类别，制造商在一定的时候会希望他们都能够销售公司的产品，这样可以使产品的销售最大化，零售覆盖最大化。

上规模的企业通常面临以下难题：经销商之间相互冲货、压价；经销商只愿意向一些销售量大、风险小、运输成本低的零售商销售公司产品，市场还存在大量的空白区域或者薄弱区域；销售的进一步增长困难；企业经营的进一步发展受经销商制约；对次要零售商管理不力或者根本无法进行有效管理。为适应这些形势，深度分销开始成为通路管理的重要内容。深度分销可以这样定义：供应商自己的销售组织直接渗透到销售通路的各个环节，通路管理的内容不仅仅管理到经销商，还管理到二级批发商、零售商经营本公司产品的行为及结果。

如前所述，深度分销是为了使供应商的产品达到销售或零售最大化的目的而存在的。具体而言，深度分销有四点好处。

（1）有效提高铺货率。铺货率的提升对销售的增加和市场潜力的进一步挖掘至关重要，也是经销商销售管理的核心内容。高的市场占有率必然伴随着高的铺货率。经销商和厂家的矛盾经常存在于经销商管理的各个环节，经销商往往不愿意对一些次要零售商通路铺货，担心应收账款风险、规模不经济、配送和市场开拓难度大；但是，对于制造商而言，为了使消费者能方便地购买，必须能够保证在消费者有需求的时候可以轻易购得。因此，凡是能够满足这种需求的零售商都应该成为铺货的目标店。而深度分销的好处就是供应商的销售队伍直接与这一类的店铺进行接触，针对二批、三批以及零售商进行销售陈述，协助开发新的零售客户并取得有效订单，要求经销商及其下级批发商送货、铺货，将铺货

---

① 参见陈春花《快消品营销与渠道管理》，电子工业出版社2013年版，第78页。

率提高到理想的水平。

（2）增强对渠道以及市场的控制力。企业通过深度分销可以有效地控制经销商下一级或者下两级客户（当然包括零售商）的销售行为。这样，一方面，企业的经营不会受到经销商运营情况的影响；另一方面，由于市场控制在企业手中，可以使企业所采用的通路策略和运作模式的效果达到最大化。

（3）在处理通路冲突中占据主动。通路冲突在销售环节中无时无刻不存在，包括相互杀价、冲货等。企业的深度分销加强了对零售商和二级、三级批发商的管理和控制，市场信息掌握及时，处理问题主动。因此，加强对区域市场的管理监控以及价格控制时解决冲突的有效手段就是实行深度分销。将市场区域详细划分给基层销售人员，能够对市场实行整体控制。

（4）提升零售表现。零售表现是指产品在零售商处的陈列位置、品种数量、促销执行、营业员的推荐率等多个方面。深度分销能够直接管理到零售商，因此可以有效提升零售店头的产品表现。

由此可见，深度分销不仅可以有效提升铺货率，同时还有很多其他用途，是提升销售业绩的有力武器。因此，它越来越多地被应用到医药保健品企业的市场营销之中。深度分销的实质是针对渠道开展工作，因此，它必然存在两种运行方式：一种是自上而下，另一种是自下而上。

自上而下的方式是从经销商到批发商再到零售商，在每一个环节都可以运用深度分销。比如，帮助经销商发展和管理更多的二批客户、三批客户；在市场存在空白的区域要求批发商进行有效的运作，发展更多的零售商销售公司的产品；在发展二批客户的同时，对其进行训练和培养，必要时可直接供货，缩短通路流程，加大零售覆盖和管理的力度。

自下而上的方式是指制造商的销售队伍直接对目标零售商进行路线访销，通过系统的方式组建销售队伍，进行标准程序化的销售运作。可以只接受订单，要求批发商供货；也可以自己拥有仓储组织供货和收款。

3. 加强商品管理工作

在经销商的铺货管理中，仅仅将产品放到货架上还远远不够，那样对销售的影响也很有限。正确的做法是通过对零售客户的拜访，取得好的陈列位置，并采用先进先出的原则摆货；同时加强对辅助宣传品的使用，这样才能尽可能多地影响消费者购买。

4. 执行适当的拜访频率

在对经销商管理的过程中，对于经销区域的关键零售客户，无论是制造商还是经销商的客户服务人员，一般都会维持比较高的拜访频率，对存货控制、商品流转周期、安全库存原则等主要的技巧都能够有效地掌握和使用。但是，除了这些客户以外，还存在二级、三级批发商和其他类别的零售商，事实上，对这些客户也必须实施适当的拜访频率，这样既能够有效防止缺货，又能够避免不合理的退货，还能减少与客户之间发生的矛盾。

第四节 品牌策略

菲利普·科特勒将品牌表达的意义分为六层：属性、利益、价值、文化、个性、使用者。消费者感兴趣的是品牌的利益而不是属性，品牌最持久的含义是它的价值、文化和个性，它们确定了品牌的基础。品牌是企业的一种无形资产，对企业有重要意义：有助于企业将自己的产品与竞争者的产品区分开来，有助于产品的销售和占领市场，有助于培养消费者对品牌的忠诚，有助于开发新产品，节约新产品投入市场的成本。

一、品牌的概述

品牌是一种名称、文字、术语、标记、数字、符号或设计，或是它们的组合运用，其目的是借以辨认某个销售者或某群销售者的产品或服务，并使之同竞争对手的产品或服务区别开来。

（一）品牌的构成

商品的品名有汽车、电视机、巧克力、夹克、电动机等（商品的一般通用名称），而品牌是指打算用来识别一个（或一群）卖主及其产品或服务的名称、术语、记号、象征、设计或其组合。品牌是一个包括许多名词的总名词，它还包括品牌名称、品牌标志、商标等内容。

品牌名称指品牌中可以用语言称呼的部分，品牌是商品的商业名称，由企业独创，有显著特性、特定名称。例如"新飞""康佳""春都"

等。具体也可叫 TCL 电视机、飞鸽牌自行车、鹦鹉牌手风琴、奥的牌汽车（品牌名称叫商品的品牌）。

品牌标志指品牌中可以识别，但难以用语言称呼的部分。如一种特殊的符号、设计、颜色或印字。品牌或品牌的一部分在政府有关部门依法登记注册后，就称为商标。产品品牌不实行法律管理，但可申请作为商标，按法律手续批准，注册企业即获得使用品牌名称和品牌标记的专用权，并受法律保护。业经注册、受法律保护的产品品牌称为商标（商标、品牌统一于同一商品之中）。

（二）品牌的功能及作用

品牌在市场营销中的作用体现在有利于商品的广告和推销，维护生产者和经销商的经济利益，便于顾客选购商品。下面从买方、卖方和社会三方面加以分析。

1. 对买方的益处

品牌代表产品一定的质量和特色，便于买者选购，提高购物效率。品牌可保护买者的利益，便于有关部门对产品质量进行监督，质量出了问题也便于追究责任。

2. 对卖方的益处

品牌便于卖者进行经营管理。如在做广告宣传和签订买卖合同时，都需要有品牌，以简化交易手续。注册商标受法律保护，具有排他性。品牌可建立稳定的顾客群，吸引那些具有品牌忠诚性的消费者，使企业的销售额保持稳定。品牌有助于市场细分和定位。企业可按不同细分市场的要求，建立不同的品牌，以不同的品牌分别投入不同的细分市场。①良好的品牌有助于树立良好的企业形象。

3. 对整个社会的益处

品牌可促进产品质量的不断提高。由于购买者按品牌购货，生产者不能不关心品牌的声誉，加强质量管理，从而使市场上的产品质量普遍提高。品牌可加强社会的创新精神，鼓励生产者在竞争中不断创新，从而使市场上的产品丰富多彩，日新月异。商标专用权可保护企业间的公

---

① 参见王艳丽《出版物市场的细分化与出版社目标市场的建立》，载《新闻传播》2014 年第 6 期。

平竞争，使商品流通有秩序地进行，促使整个社会经济健康发展。

二、品牌策略的内容

用营销管理的眼观看世界，会发现世界是智慧的。通过对创新历程的"营销"分析，我们认为，任何品牌策略都要知己知彼，既要做好自我的分析，制定好规划，确定目标客户，同时也要做好传播工作，根据品牌营销周期进行营销。

（一）权衡使用的品牌策略

选择品牌策略首先要确定是否该为产品确定一个品牌。产品要不要品牌主要是根据产品的特点和权衡使用牌子后对促进产品销售的作用有多大。若作用很小，使用品牌所开支的费用超过可能的收益，就不应该使用牌子。若是需要定一个品牌，则将进一步选择采取什么品牌策略。

1. 无品牌策略

无品牌策略是不使用生产者或经销者的标记，不给产品定品牌，以节省销售费用。

（1）未经加工的原料产品、农产品，如煤、木材、大米、玉米等。

（2）商品本身并不具有因制造者不同而形成不同质量特点的商品，如电力、糖等。

（3）生产简单、选择性不大、价格低廉、消费者在购买习惯上不认品牌购买的小商品，如手纸、酱油、针、线、扣子、木梳、小农具等。

（4）临时性或一次性生产的商品都可不使用品牌。

但随着商品经济的发展，越来越多的商品纷纷品牌化，如在西方国家超级市场中，大米经过经销商分装为小包装后，定牌出售。

2. 制造商、经销商品牌策略

（1）制造商品牌策略。即制造商使用本企业自己的品牌。国内外市场上的商品绝大多数使用制造商品牌。制造商使用自己的品牌，其好处是可以建立自己的信誉。制造商拥有的注册商标和品牌是工业产权，可以租借、转让买卖，其价值由商标、品牌信誉的大小而定。企业的产品、零部件等全部使用制造商品牌，可以和购买者建立密切的关系。

（2）经销商品牌策略。即制造商决定使用中间商的品牌。策略主要基于制造商要在一个不了解本企业产品的新市场上推销产品。本企业的商誉远不及中间商的商誉。本企业品牌的价值小，设计、制作、广告宣传、注册等费用高。中间商发展使用自己的品牌，虽然会增加投资和费用，承担一定风险，但仍有很多利益——中间商因制造商减少宣传费用，可获得较为便宜的进货价格，可以树立自己的信誉，有利于扩大销售。

3. 群体、个别品牌策略

制造商在决定使用本企业的品牌后，尚需进一步抉择，对企业的产品是使用同一的品牌或是使用不同的品牌。可供选择的策略有三种。

（1）群体（或家族）品牌策略，指企业的全部产品统一使用同一个牌子。其好处是建立一个名牌能带动许多产品，节省费用，有利于消除顾客对新产品的不信任感。但必须注意的是，这个品牌应在市场上已获得相当的声誉；要确保每一产品的质量，以免一种产品质量不好，影响其他产品，甚至整个企业的声誉。

（2）个别品牌策略，指企业对各种产品分别使用不同的品牌。其好处是每一个品牌和具体产品相关，易被顾客接受，各品牌产品各自发展，彼此之间不受影响；但是品牌的设计、制作、广告宣传、注册费用较高。

（3）系列化品牌策略，指企业把一种知名度较高的产品品牌作为系列产品的牌名，实际上是个别品牌变成为同一类产品的群体牌子。品牌的系列化延伸可以节省品牌制作、广告宣传等费用，系列新产品可凭借原有品牌在市场上的声誉很快打开销路；但同一品牌下的某系列产品质量不好时，则会影响该品牌下其他系列产品的销售。

4. 多品牌策略

多品牌策略指企业对同一种产品使用两三个不同的品牌。其好处是甲品牌产品推销一段时期获得成功后，又推出乙品牌产品，两个牌子互相竞争，但两者的总销量比一个牌子的要多，有利于提高产品的市场占有率，扩散企业的知名度。同类产品多种品牌可在零售商店占据更多的陈列空间，易于吸引顾客的注意力。

多品牌策略迎合顾客转换品牌的心理，有助于争取更多的顾客；激发品牌之间在企业内部相互促进，共同提高，扩大销售。多品牌策略必须有计划、有目标地使用，不可滥用。没有显著特点，没有一定销售目标，或者各种品牌只拥有很小的市场占有率，则不宜牌子过多。

（二）发展战略中的品牌策略

品牌策略是增强企业产品市场竞争力的重要策略之一，选择正确的品牌策略是搞好市场营销，提高企业经济效益的一项重要决策。产品是否使用品牌是品牌决策要回答的首要问题。品牌对企业有很多好处，但建立品牌的成本和责任不容忽视，故而不是所有的产品都要使用品牌。例如，市场上很难区分的原料产品，地产、地销的小商品或消费者不是凭产品品牌决定购买的产品可不使用品牌。如果企业决定使用品牌，则面临着使用自己的品牌还是别人品牌的决策，如使用特许品牌或中间商品牌。对于实力雄厚、生产技术和经营管理水平俱佳的企业，一般都使用自己的品牌。使用其他企业的品牌的优点和缺点都很突出，要结合企业的发展战略来决策。

1. 品牌化战略

品牌化战略是企业为其产品规定品牌名称、品牌标志，并向政府有关主管部门注册登记的一切业务活动。品牌化战略规定品牌名称可以使卖主易于管理订货；注册商标可使企业的产品特色得到法律保护，防止别人模仿、抄袭；品牌化使卖主有可能吸引更多的品牌忠诚者；品牌化有助于企业细分市场；良好的品牌有助于树立良好的企业形象。

品牌化可使购买者得到一些利益：购买者通过品牌可以了解各种产品的质量好坏，品牌化有助于购买者提高购物效率。

2. 品牌归属战略

制造商决定给其产品规定品牌之后，下一步要决定品牌的归属。制造商品牌即制造商决定使用自己的品牌。中间商品牌又叫私人品牌，即制造商决定将其产品卖给中间商，中间商再用自己的品牌将货物卖出去。企业还可以决定有些产品用自己的品牌，有些产品用中间商品牌。

3. 品牌名称战略

品牌名称又叫家族品牌战略，它分为：①个别品牌名称，即企业决定其各种不同的产品分别使用不同的品牌名称；②统一品牌名称，即企业决定其所有的产品都统一使用一个品牌名称；③各大类产品单独使用不同的品牌名称，产品分别使用不同的品牌名称；④企业名称与个别品牌名称并用，即企业决定其各种不同的产品分别使用不同的品牌名称，而且各种产品的品牌名称前面还冠以企业名称。

4. 品牌扩展战略

它是指企业利用其成功品牌名称的声誉来推出改良产品或新产品，包括推出新的包装规格、香味和式样等。还有一种品牌扩展，即企业在其耐用品类的低档产品中增加一种式样过于简单的产品,以宣传其品牌中各种产品的基价很低。

5. 多品牌战略

它是指企业决定同时经营两种或两种以上互相竞争的品牌。企业采取多品牌决策的主要原因有:多种不同的品牌只要被零售商店接受,就可占用更大的货架面积,而竞争者所占用的货架面积会相应减小;多种不同的品牌可吸引更多顾客,提高市场占有率;发展多种不同的品牌有助于在企业内部各个产品部门、产品经理之间开展竞争,提高效率;发展多种不同的品牌可使企业深入各个不同的市场,占领更大的市场。

6. 品牌重新定位战略

不论一个品牌在市场上的最初定位如何适宜,但是在一个动态的环境中,随着时间的推移,品牌往往需要重新定位。品牌重新定位主要是出于两个原因:①竞争者推出一个竞争性的品牌,并削减本企业品牌的市场份额;②顾客的偏好发生转移,使本企业品牌的需求减少。

思维拓展 品牌内容营销的三重境界[①]

当下的社会已经进入一个消费社会的阶段,这并不包含贬义,而是一个必须承认的现实:消费成为社会的主要活动。消费者不止在满足物质需求上不断有更高的追求,通过消费也想要获取精神上的愉悦或价值认同,这使品牌不仅要不断提升产品的品质和功能,满足消费升级的社会需求;同时也要不断提升品牌形象和调性,成为消费者用以彰显品位的消费符号。因此,不管是提升外在,还是修炼内功,内容营销成为品牌与消费者进行沟通的利器。

但当我们在谈论内容营销时,我们在谈论什么?我们往往聚焦于VR(虚拟现实)、视频、信息图、社交媒体信息、新闻稿这些内容营销的形式;其实就内涵而言,内容营销其实可以玩得很有深度。玩转内容营销不能只从横向学其形,笔者通过观察2016年行业品牌的内容营销案例,从纵向切开内容营销的外壳,为你总结出令人眼花缭乱的内容营销背后的三重境界。

---

① 参见Sherry等《20个品牌告诉你,2016年品牌内容营销的三重境界》,见http://www.meihua.info/a/67522,2017年8月30日。

第一重：以内容吸引受众，激发兴趣，主动分享。

切入点：创作优质内容，挖掘品牌IP①。随着品牌对内容营销的重视程度逐渐加深，靠单点、一次性的优质内容爆发，对品牌而言，不仅对创意要求极高，从品牌效应上看，也并非长远之计。因此，现在的品牌更集中于围绕品牌本身打好组合拳，也就是现在有点俗套的说法——挖掘品牌IP。

当下IP话题很火，对品牌来说，每一个品牌就是一个极具价值的IP。品牌IP化即品牌主围绕品牌定制各种内容，以丰富品牌内涵，提升品牌美誉度或者传达品牌知识或者精神理念，最终增加消费者对品牌的认知与好感。当下，打造"品牌IP"的思路得到不少品牌的实践，而他们的开发路径也各不相同。

品牌发力IP最主要的路径是制作影视内容、游戏、出版物……通过情景化、视觉化的形式，或者娱乐性、知识性等内容形式以传递抽象的品牌理念，他们的目的是区分于传统的广告，通过丰富多元的内容来引出产品所传达的情感或理念，从而创造出全新的内容营销。

第二重：以内容聚"粉"，聚集同好人群，构建品牌社区。

切入点：搭建品牌社区。不论内容营销形式有多花俏，说白了重要的还是实现品牌与人的沟通，而品牌更希望通过影响人与人之间的关系，从而让品牌与目标群体发生连接，即形成我们熟知的"品牌社区"。而SocialBeta目前观察到当下品牌在构建品牌社区时呈现以下特点：①以兴趣构建品牌归属感；②从PGC②到品牌与消费者内容共创；③从线下社区到线上社区到移动社区。

第三重：以内容融入我们的生活，成为消费者对美好生活的寄托或向往、一种品位的象征。

切入点：成为你的生活方式。好的内容营销并非为了转化成直接的销售成绩，那么不谈销售的内容营销又背负着怎样的使命？当品牌发展到一定阶段，售卖他们的产品早已经不是他们的最终目的，他们希望以

---

① IP（intellectual property）折射的是价值观、人生观、世界观或哲学层面的含义，它最终要和人们产生文化与情感上的共鸣。

② PGC（professional generated content）是互联网术语，指专业生产内容（视频网站）、专家生产内容（微博），用来泛指内容个性化、视角多元化、传播民主化、社会关系虚拟化。

"润物细无声"的方式慢慢渗透进我们的生活,从一日三餐到休闲娱乐,从知识学习到购买参考……这些品牌在身边轻轻告诉我们最好的生活方式是什么:①教你知识,更教你学习;②改变你的旅行方式;③热爱你热爱的生活。

消费者面貌多变,身份复杂,在不同的消费过程中寻求不同的认同或满足。品牌在围绕内容去满足消费者的多元需求,也创造出内容营销的不同阶段:从最简单的满足消费者的视觉享受到走进一群人的圈子,再到塑造新的生活方式,成为一种符号。而这些方式只有一个目的,即让品牌与消费者沟通这件事变得更直接、更有趣,以及更有意义。

思考练习题

一、简答题

1. 简述产品的含义。
2. 简述产品的层次。
3. 简述产品组合的概念。
4. 简述产品组合决策的原则和产品组合策略的分类。
5. 简述如何调整产品组合。
6. 简述整顿老产品、优化产品组合的方法。
7. 简述品牌的概念。
8. 简述品牌策略的内容。

二、论述题

1. 论述产品组合。
2. 论述整顿老产品。
3. 论述品牌策略。

三、思考题

1. 谈谈延伸产品的附加性。
2. 产品线总数是5,产品项目总数15,它的平均深度是多少?
3. 普通人与富人在创造财富的思路和方式上有何不同?
4. 风靡沈阳的"关东长乐包"创制不足3年,如今正以连锁店的经营方式在市场售卖。创始人寇祖轲曾在沈阳市电容器厂当副厂长,下岗后为了生计而费尽心思寻找出路。适逢杭州刮起了"包子风",寇祖轲于是毅然前往杭州拜师学艺,并在2005年8月开设首间店铺。经过多年努力，加上他的店铺所做的包子颇受大众欢迎，寇祖轲的"长乐包"终于在2007年开始在沈阳走红。

近10年，不论在中国内地或香港，很多不同类型的食品专卖店相继出现（如饺子店、阿二靓汤、蛋挞店、芝士蛋糕店等）。这些店铺的兴起，你认为主要原因在哪里呢？为什么会成功？假设你也有兴趣开设一家类似形式的店铺，你会怎样筹划呢？

第七章 产品生命周期理论

随着科学技术日新月异,市场竞争不断加剧,产品的生命周期不断缩短,每个企业不可能单纯依赖现有产品来占领市场,必须不断适应市场潮流的变化,不断推陈出新,开发适销对路的新产品,企业才能继续生存和更好地发展壮大。

因此,新产品开发策略和产品生命周期理论及其策略都是产品策略中的重要组成部分,对企业的市场营销和经济效益具有重大的作用和影响。

第一节
产品生命周期理论及其应用

产品生命周期理论是 1966 年由美国哈佛大学教授雷蒙德·弗农（Raymond Vernon）在《产品周期中的国际投资与国际贸易》一文中首次提出的，它的提出对国际化公司国际生产战略产生了深远的影响。

一、产品生命周期的概念

产品生命周期（product life cycle，PLC）是产品的市场寿命，即一种新产品从开始进入市场到被市场淘汰的整个过程。弗农认为，产品生命是指市场上的营销生命，产品和人的生命一样，要经历形成、成长、成熟、衰退这样的周期。就产品而言，也就是要经历一个开发、引进、成长、成熟、衰退的阶段。

（一）产品生命周期

产品生命周期在不同技术水平的国家里，发生的时间和过程是不一样的，其间存在一个较大的差距和时差，正是这一时差，表现为不同国家在技术上的差距，反映了同一产品在不同国家市场上的竞争地位的差异，从而决定了国际贸易和国际投资的变化。为了便于区分，弗农把这些国家依次分成创新国（一般为最发达国家）、一般发达国家、发展中国家。

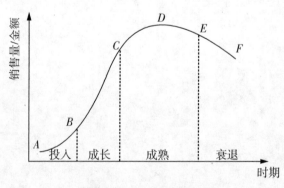

图 7.1 产品生命周期曲线

典型的产品生命周期一般可以分成四个阶段：投入期、成长期、成熟期和衰退期。这个周期可以用一条曲线来表示，该曲线称为产品生命周期曲线（见图 7.1）。

产品生命周期不是

产品的使用寿命,而是指产品的市场寿命。产品使用寿命是指产品实体的消耗磨损,它是具体的、有形的变化,受消费过程中使用的时间、强度、维护保养以及自然力的作用,如生锈变质等因素的影响。产品的市场寿命是从产品的市场销售额和利润额的

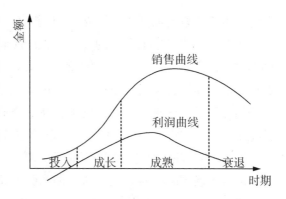

图7.2 产品生命周期与销售利润曲线

变化来进行分析判断的,是研究产品的销售情况及获利能力在时间上的变化规律,如图7.2所示。

产品生命周期受国民经济、科学技术、市场竞争、政治法律、供求情况、顾客的需求爱好等因素的影响较大。

(二)产品生命周期阶段划分

企业不能期望自己的产品永远畅销,因为一种产品在市场上的销售情况和获利能力并不是一成不变的,而是随着时间的推移发生变化,这种变化经历了产品的诞生、成长、成熟和衰退的过程,就像生物的生命历程一样,所以称之为产品生命周期。产品生命周期就是产品从进入市场到退出市场所经历的市场生命循环过程,进入和退出市场标志着周期的开始和结束。

1. 产品生命周期的各个阶段

(1)投入期。新产品投入市场便进入了引入期。此时顾客对产品还不了解,除了少数追求新奇的顾客外,几乎没有人实际购买该产品。在此阶段,产品生产批量小,制造成本高,广告费用大,产品销售价格偏高,销售量极为有限,企业通常不能获利。

(2)成长期。当产品进入引入期,销售取得成功之后,便进入了成长期。这是需求增长阶段,需求量和销售额迅速上升,生产成本大幅度下降,利润迅速增长。

(3)成熟期。经过成长期之后,随着购买产品的人数增多,市场需求趋于饱和,产品便进入了成熟期阶段。此时,销售增长速度缓慢直至

下降,由于竞争的加剧,广告费用再度提高,利润下降。

(4) 衰退期。随着科技的发展、新产品和替代品的出现以及消费习惯的改变,产品的销售量和利润持续下降,产品从而进入了衰退期。产品的需求量和销售量迅速下降,同时市场上出现替代品和新产品,使顾客的消费习惯发生改变。此时成本较高的企业就会由于无利可图而陆续停止生产,该类产品的生命周期也就陆续结束,直至完全撤出市场。

2. 测定产品所处生命周期的阶段

能否正确判断产品处在生命周期的哪个阶段,对企业制定相应的营销策略非常重要。企业最常用的判断产品生命周期阶段的方法有两种。

(1) 类比法。该方法是根据以往市场类似产品生命周期变化的资料来判断企业产品处于市场生命周期的何种阶段。如要对彩电市场进行判断,可以借助类似产品如黑白电视机的资料做对比分析,进行判别。

(2) 增长率法。该方法就是以某一时期的销售增长率与时间的增长率的比值来判断产品所处市场生命周期阶段的方法,如表7.1所示。

表7.1 不同比值下所处市场生命周期阶段

比值(k)	所处生命周期阶段
$k<0.1$	引入期
$k>0.1$	成长期
$-0.1<k<0.1$	成熟期
$k<0.1$	衰退期

3. 运用产品生命周期理论决策

随着国内市场经营主体的不断增加,市场竞争日益激烈,市场管理由传统粗放型向集约精细化转变。要提高产品的广度和深度,必须先从产品这一源头上做文章,运用产品生命周期理论来指导产品开发和销售过程中的策略运用,通过定期的产品归类确立其所处的生命周期阶段,制定不同的销售策略,将有限的资源做到效益最大化,逐渐形成产品优势,在满足客户需求的同时增强自身的市场竞争实力。

(1) 投入期营销策略。要瞄准市场,先声夺人。投入期是产品成功的开始阶段,但是,往往很多新产品在向市场投放以后,还没有进入成长期就被淘汰了。因此,企业要针对投入期的特点,制定和选择不同的营销策略。可供企业选择的营销策略主要有四种类型。

一是迅速夺取策略,即以高价格和高促销水平推出新产品的策略。前提条件为：产品鲜为人知；了解产品的人急于购买,并愿意以卖主的定价支付；企业面临潜在的竞争,必须尽快培养对本产品具有"品牌偏好"的忠实顾客。

二是缓慢夺取策略,即以高价格和低促销水平推出新产品的策略。它适用于这样一些情况：市场规模有限,顾客已经了解该产品,顾客愿意支付高价,没有剧烈的潜在竞争。

三是迅速渗透策略,即用低价格和高水平促销费用推出新产品的策略。前提条件为：市场规模大,顾客并不了解该新产品,市场对价格比较敏感,有强大的潜在竞争对手存在。

四是缓慢渗透策略,即以低价和低促销水平推出新产品的策略。前提条件为：市场规模大,产品有较高的知名度,市场对价格敏感,存在潜在的竞争对手。

（2）成长期营销策略。要顺应增长,质量过硬。企业在成长期的主要目的是尽可能维持高速的市场增长率。企业可以采取市场推广策略：改进产品质量,增加花色品种,改进款式、包装以适应市场的需要；进行新的市场细分,从而更好地适应增长趋势；开辟新的销售渠道,扩大商业网点；改变广告宣传目标,由以建立和提高知名度为中心转变为以说服消费者接受和购买产品为中心；适当地降低价格以提高竞争能力和吸引新的顾客。

（3）成熟期营销策略。要改革创新,巩固市场。成熟产品是企业理想的产品,是企业利润的主要来源。因此,延长产品的成熟期是该阶段的主要任务。延长产品成熟期的策略有：发展产品的新用途,使产品转入新的成长期；开辟新的市场,提高产品的销售量和利润率；改良产品的特性、质量和形态以满足日新月异的消费需求。

（4）衰退期营销策略。要面对现实,见好就收。处于衰退期的产品常采取立刻放弃策略、逐步放弃策略和自然淘汰策略,但有的企业也常常运用一些方法延长其衰退期。

产品生命周期是一个很重要的概念,它和企业制定产品策略以及营销策略有着直接的联系。管理者要想使他的产品有一个较长的销售周期,以便赚到足够的利润来补偿在推出该产品时所做出的一切努力和经受的一切风险,就必须认真研究和运用产品的生命周期理论;此外,产品生命周期也是营销人员用来描述产品和市场运作方法的有力工具。

4. 产品生命周期曲线形态变异

社会进步和科学技术发展使人们的思想观念发生了变化,崇尚个性成为时代的特征,这种个性化特征使企业所处的环境发生了根本的变化。对于企业,新的市场环境下最根本的特征为:产品多样化是最根本的需求,产品交货期和成本成为最主要的竞争因素。然而,在生产中建立丰富的多样化,势必导致成本上升、产品交货期延长等一系列问题;因此,解决这两者之间的矛盾是成功实施大规模定制的关键。产品生命周期曲线形态变异性控制着企业发展的思想和方法,如图7.3所示。

(1) 有的产品投入市场后,发展很快,销售量迅速增长,一开始就跳过投入期,直接进入成长期,或者投入期很短,迅速进入成长期。

(2) 有的产品投入市场后,迅速进入成长期,但销售量又迅速下降,

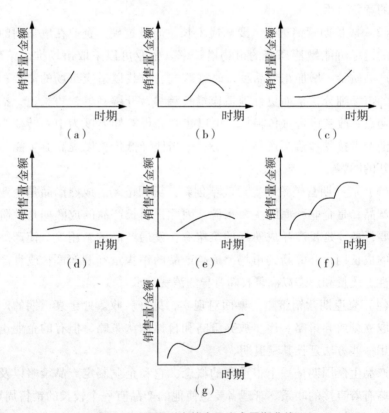

图7.3 不同形态的产品生命周期曲线

越过成熟期,立即进入衰退期。这类产品是快上快下的成功产品。

(3) 有的产品投入市场后,经过漫长的投入期,才进入成长期。

(4) 有的产品刚进入市场不久,就被市场淘汰,由投入期立即进入衰退期,这类产品是失败产品。

(5) 有的产品刚进入成长期,销售量一直没有迅速上升,而趋于平稳,由成长期迅速进入了成熟期。

(6) 有的产品呈现连续增长的扇形状态曲线,使成长期不断延长。

(7) 有的产品呈波浪形发展的曲线,也就是产品进入成熟期后,又进入第二个成长期,造成产品生命周期曲线上下波动,呈波浪式发展。

5. 弗农产品生命周期

弗农认为,产品生命是指市场上的营销生命。他还把产品生命周期分为三个阶段,即新产品阶段、成熟产品阶段和标准化产品阶段。

(1) 新产品阶段。创新国利用其拥有的垄断技术优势开发新产品,由于产品尚未完全成型,技术上未加完善,加之竞争者少,市场竞争不激烈,替代产品少,产品附加值高,国内市场就能满足其摄取高额利润的要求等,产品极少出口到其他国家,绝大部分产品都在国内销售。

(2) 成熟产品阶段。由于创新国技术垄断和市场寡占地位的打破,竞争者增加,市场竞争激烈,替代产品增多,产品的附加值不断走低,企业越来越重视产品成本的下降,较低的成本开始处于越来越有利的地位,而且创新国和一般发达国家市场开始出现饱和,为降低成本,提高经济效益,抑制国内外竞争者,企业纷纷到发展中国家投资建厂,逐步放弃国内生产。

(3) 标准化产品阶段。产品的生产技术、生产规模及产品本身已经完全成熟,这时对生产者技能的要求不高,原来新产品企业的垄断技术优势已经消失,成本、价格因素已经成为决定性的因素,这时发展中国家已经具备明显的成本因素优势,创新国和一般发达国家为进一步降低生产成本,开始大量地在发展中国家投资建厂,再将产品远销至别国和第三国市场。

产品生命周期理论是作为国际贸易理论分支之一的直接投资理论而存在的,它反映了国际企业从最发达国家到一般发达国家,再到发展中国家的直接投资过程。但是,在成为直接投资理论的同时,产品生命周期理论对某一具体企业的影响也是非常巨大的,它直接影响单一企业的国际化的生产战略。

二、产品生命周期理论的作用

新产品经过研究、开发、试销进入市场之后就开始进入了它的生命周期，产品退出市场标志着其生命周期的结束。随着时间的推移，产品依次进入生命周期的各个阶段，产品在市场上的销售及获利情况呈现出一定的变化规律。因此，认真研究产品的生命周期，用产品的生命周期理论指导经营活动具有非常重要的意义。

（一）产品生命周期理论对经营的重要意义

1. 借助产品生命周期理论可判断产品处于生命周期的哪一阶段

借助这一理论，可分析判断产品处于生命周期的什么阶段，推测产品今后发展的趋势，正确把握产品的市场寿命，并根据不同阶段的特点，采取相应的市场营销组合策略以增强企业竞争力，提高企业的经济效益。

2. 借助产品生命周期理论延长产品生命周期

由于科学技术迅猛发展，人们需求变化加快，未来产品生命周期的发展趋势将会越来越短。但是，通过企业的市场营销努力，产品生命周期是可以延长的。

延长产品生命周期的途径：①改进现有产品的质量、性能、包装、装潢，提高产品的可靠性，稳定老用户，吸引新用户；②增加花色品种，增加产品的新功能，生产系列产品或更新换代产品，满足不同顾客的不同需求，从而吸引更多的顾客，提高销售量；③创优质名牌产品，提高产品知名度，从而提高销售量，增加利润，延长产品生命周期；④扩大产品的用途，开拓或创造新的需求，争取新顾客，提高产品的销售量；⑤开拓产品的新市场，寻找潜在需求，发掘潜在顾客；对在原有市场的需求已相对饱和的产品来说，适时地开拓新市场，争取更多的购买者，可增加销售，延长产品的生命周期；⑥改进营销策略，如加强广告宣传，降低售价，开展优质服务等，对扩大销量，延长产品生命周期均有很大作用。

必须指出的是，由于影响产品生命周期的因素很多，企业在实际运用此理论时，不易判断产品已进入哪一个阶段；因此有人批评说产品生命周期不是产品销售发展的必由之路，而是企业营销策略选择的结果。所以，企业在应用时必须谨慎从事，认真分析，检查采用所有营销策略的情况，当验明确实是营销策略转变都无希望时，才能确认该品牌产品已进入衰退期，才能采取缩减生产或淘汰策略。否则对产品生命周期阶段做出错误判断将会过早地扼杀产品生命，失去为企业创造利润的机会。

3. 产品生命周期理论对企业生产战略的影响

产品生命周期理论反映出当代国际竞争的特点，即创新能力、模仿能力是企业保持生存能力和优越地位的重要因素。产品生命周期理论对企业生产战略的影响分为三个阶段。

（1）新产品阶段。由于某一或几个企业拥有技术垄断优势和市场寡占地位，竞争者很少，市场激烈程度远不充分，替代品很少且附加值高，企业对产品的成本关注不是很大，技术或产品可以通过出口源源不断地输向全世界各地。

（2）成熟产品阶段。由于创新企业的技术垄断和市场寡占地位的打破，一批国际化的跨国企业开始掌握此技术，于是，竞争者增加，市场竞争越来越激烈，替代产品增加。为了摄取更多利润，更多的企业开始重视产品成本的下降，较低的成本开始处于越来越有利的位置。为了提高市场占有率，各跨国公司开始从节约成本出发，在有较大需求的国家和地区设立工厂，推行国际化生产战略，以满足当地消费者的需要，最大限度地获取利润。

（3）标准化产品阶段。由于产品的生产技术、生产规模及产品本身已经完全成熟，趋于标准化，这时对生产者技能要求不高，随着越来越多的竞争者加入，原产品的技术垄断优势已经完全消失，成本、价格成为决定性的因素。这时，作为具有技术先导力的跨国公司，对此产品没有任何优势可言，因此，其有可能自己尽量少生产，甚至不生产，把生产直接给那些更具有成本优势的企业 OEM[①] 或 ODM[②]，然后再贴自己的品牌，利用自己的品牌影响，直接投放市场。

---

① OEM（original equipment manufacture）即定牌生产合作，俗称"贴牌"，就是品牌生产者不直接生产产品，而是利用自己掌握的"关键的核心技术"负责设计和开发新产品，控制销售"渠道"，通过合同订购的方式委托其他同类产品厂家生产产品，将所订产品低价买断，并直接贴上自己的品牌商标。

② ODM（original design manufacturer）即原始设计制造商，是一家厂商根据另一家厂商的要求设计和生产产品，受委托方拥有设计能力和技术水平，基于授权合同生产产品。

在这里面，涉及的企业包括国际一流跨国公司、一般国际化公司、具有相对成本优势的小公司。它们在产品生命周期理论中的地位并不是一成不变的，而是会随着实力的不断变化、技术掌握程度的不断变化而使其地位不断地发生变化。而且，对于一般企业，特别像处于发展中国家的中国企业而言，走的都是从小企业到一般国际化企业，再到国际一流企业集团的道路，其生产战略也是从第三阶段逐步上升的。

（二）从信息化看"生命周期论"

目前，人们关注的许多重要话题都与社会组织的生命周期有关。比如说大国兴衰，说的是国家生命周期；行业兴衰，说的是产业生命周期；联想兴衰，说的是企业生命周期。这些视角有一个共同点，就是用生物有机体的观点看待社会组织。社会有机体论由来已久，今天谈论它的新意在于发现信息化与它的内在联系。信息化无论之于国家、产业还是企业，作用都是用来补充生命活力的。

1. 国家生命周期

国家生命周期理论是金德尔伯格提出的。金德尔伯格认为，国家和人体一样，也有幼年、青年、壮年、老年之分。他称国家的生老病死为国家生命周期。他分析历史上经济强权的更迭，希望找出导致国家竞争力兴起的原因和趋向的方法以及衰退的原因和避免的方法。

其实，国家生命周期理论属于社会有机体论，它有很久的历史，包括社会静力学和社会动力学。社会静力学以斯宾塞为代表，大体上相当于生物学中的解剖学，认为对社会的解剖首先应当从社会的基本元素——家庭着手，因为家庭是缩小了的社会，社会是放大了的家庭。社会的秩序和美好前景来自家庭的和谐，这有点像儒家的修齐治平理论。社会动力学大体上相当于生物学中的进化论，孔德是其代表。

不光是外国，中国古代也有这种国家生命周期理论，认为王朝总是周而复始，而中国每个古代王朝，也确实走过一圈兴衰循环。

国家生命周期理论并不等于宿命论。同是上升期（相当于青春期）的国家，有的最终成为强壮的霸主，有的始终没有长大，这就取决于策略选择了。金德尔伯格就认为，一个国家能不能崛起成为大国、强国要看它的政策是否适当。但他也发现，一个国家很少能够连续三代维持经济领先，所谓"富不过三代"。信息化在国家生命周期中，具有"补气"

的作用，可以增强国家的活力。其作用表现为：加强国家对外部环境变化的快速反应和适应能力；通过透明化增强百姓的满意度，减少腐败的可能等。以信息化带动工业化可以说是中国在走向"大国和平崛起"这一国家生命周期关键时刻的正确选择将提高国家的综合竞争力，特别是生命活力。

2．产业生命周期

产业生命周期，顾名思义就是把产业视作有生命的有机体，并将其划分为从兴到衰的循环阶段。波特在《国家竞争优势》中提出国家竞争力发展的四个阶段。它们分别是生产要素导向阶段、投资导向阶段、创新导向阶段和富裕导向阶段。他指出："在竞争优势中，最重要的部分并不是静态的效率，而是企业充沛的活力。"

在最初的生产要素导向阶段，几乎所有的成功产业都依赖基本生产要素，企业完全以价格条件进行竞争，企业本身没有能力创造技术，必须依赖外国企业提供经验与技术。它相当于产业中的少年阶段。在发展壮大的投资导向阶段，国家竞争优势奠基于从政府到企业之间积极投资的意愿和能力。企业具有能吸收并改良外国技术的能力，这是它们突破生产要素导向阶段、迈向投资导向阶段的关键。它相当于产业的青年阶段。当国家处于创新导向阶段时，各种产业和产业环节中的竞争开始深化与扩大。依赖生产要素而形成竞争优势的情形越来越少，产业虽然没有生产要素优势，但能在不利因素的刺激下创新，产品与技术也不断往前推进。它相当于产业全盛的中年阶段。到了富裕导向阶段，经济活力开始下降。富裕导向阶段会导致经济衰退。它相当于产业的暮年阶段。对比这种产业生命周期，中国即将迈到第二、第三阶段之间的"门槛"上。在这个阶段，信息化特别重要，一方面，中国已经宣布从信息产业大国向信息产业强国转变的产业发展目标；另一方面，信息化应用成为强国、强省的必由之路。

抛开技术这个层面，从产业角度观察信息化与竞争优势的关系，我们会发现，信息化不是竞争优势之外的什么东西，而就是竞争优势本身。波特认为："产业是研究国家竞争优势时的基本单位。一个国家的成功并非来自某一项产业的成功，而是来自纵横交织的产业集群。"产业集群实际是将企业串成供应链再彼此交织形成的网络，与新经济结合在一起，就是企业联盟和虚拟企业。这种纵横交织的网络使产业获得一种类似生命力那样的东西。这是从产业层面观察到的信息化作用。

3. 企业生命周期

企业生命周期理论很多，例如，企业生命周期管理理论、企业生理学、企业仿生学等。这里重点要介绍的是它们与信息化之间的关系。了解了这种关系，对企业信息化的本质就会有更深切的理解。我们习惯用做大、做强、做活概括企业生命周期中不同层次的诉求。做大是一种生存力，做强是一种发展力，而做活则是再生力，也有学者从广义上将这三种力都称为活力。企业生命周期的初期，企业追求的目标是生存；到了中期，变成发展；到了末期，变成再生。如果不能做到再生，企业就失去了生命。

在企业信息化中，有一个最令人困惑的问题：企业信息化究竟带来什么样的效益？人们首先想到的是信息化投入与利润产出是否直接相关。国际上著名的生产率悖论就在按这个方向进行思考，但得不出非常确定的答案。事实上，虽然企业信息化可以帮助企业做大、做强，但它最主要的特长是"做活"。而这个"做活"应首先理解为有助于企业发展的再生力。根据企业活力指数理论，再生力（regeneration ability）主要指企业的创新和转型能力。它们正是企业信息化所擅长的领域。影响企业活力的主要是三个因素。

（1）适应力。包括一般适应能力（进一步包括环境识别与定位能力、应变能力、改造环境能力）、互动意向能力（竞争力、协作力）。

（2）创新能力。包括产品创新能力、技术创新能力和市场创新能力。

（3）转型（变革）能力。包括经营模式变化能力（涉及管理体系、组织文化）、再创业能力。

再生力可以使企业顺利进入第二个生命周期，进入发展的第二曲线。这是企业信息化的目标，也是企业信息化效能的最高表现。简单地把企业信息化理解为信息技术应用，甚至信息技术扩散，肯定是不全面的。

（三）客户关系的生命周期

客户关系是公司最宝贵的资源，培育忠诚客户，与有价值的客户保持长期稳定的关系是公司获得持续竞争优势的关键。由于日益认识到客户关系的重要性，许多公司纷纷实施关系营销（relationship marketing）和客户关系管理（customer relationship management，CRM）战略，以留住有价值的客户。

1. 客户关系生命周期的模型

将关系的发展抽象为四个阶段：关系的开始、关系的发展、关系的成熟、关系的倒退（含结束）。基于这样的抽象，将客户关系的发展划分为考察期、形成期、稳定期、退化期四个阶段，简称四阶段模型。考察期是客户关系的孕育期，形成期是客户关系的快速发展期，稳定期是客户关系的成熟期，退化期是客户关系水平发生逆转的时期。

2. 客户关系生命周期阶段特征

（1）考察期。这是关系的探索和试验阶段。在这一阶段，双方考察和测试目标的相容性、对方的诚意、对方的绩效，考虑如果建立长期关系双方潜在的职责、权利和义务。双方相互了解不足、不确定性大是考察期的基本特征，评估对方的潜在价值和降低不确定性是这一阶段的中心目标。在这一阶段客户会下一些尝试性的订单。

（2）形成期。关系的快速发展阶段。双方关系能进入这一阶段，表明在考察期双方相互满意，并建立了一定的相互信任和交互依赖。在这一阶段，双方从关系中获得的回报日趋增多，交互依赖的范围和深度也日益增加，逐渐认识到对方有能力提供令自己满意的价值（或利益）和履行其在关系中担负的职责，因此愿意承诺一种长期关系。在这一阶段，随着双方了解和信任的不断加深，关系日趋成熟，双方的风险承受意愿增加，由此双方交易不断增加。

（3）稳定期。关系发展的最高阶段。在这一阶段，双方或含蓄或明确地对持续长期关系做了保证。这一阶段有如下明显特征：①双方对对方提供的价值高度满意；②为能长期维持稳定的关系，双方都做了大量有形和无形投入；③高水平的资源交换，即大量的交易。因此，在这一时期双方的交互依赖水平达到整个关系发展过程中的最高点，双方关系处于一种相对稳定状态。

（4）退化期。关系发展过程中关系水平逆转的阶段。关系的退化并不总是发生在稳定期后的第四阶段。实际上，在任何一阶段关系都可能退化，有些关系可能永远越不过考察期，有些关系可能在形成期退化，有些关系则越过考察期、形成期而进入稳定期，并在稳定期维持较长时间后退化。引起关系退化的可能原因很多，例如：一方或双方经历了一些不满意，发现了更适合的关系伙伴，需求发生变化等。退化期的主要特征有：交易量下降、一方或双方正在考虑结束关系甚至物色候选关系伙伴（供应商或客户）、开始交流结束关系的意图等。

客户关系是一个具有生命周期的过程。客户关系阶段的划分是从动态角度理解客户关系的形成、发展、维持与解体过程的基础，是研究客户关系生命周期的起点，因此研究客户关系阶段的划分具有十分重要的意义。一个完整的客户关系生命周期包括考察期、形成期、稳定期和退化期。考察期、形成期、稳定期客户关系水平依次增高，稳定期是供应商期望达到的理想阶段，但客户关系的发展具有不可跳跃性，客户关系必须越过考察期、形成期，才能进入稳定期。关系退化并不总是发生在稳定期，而是可能发生考察期、形成期、稳定期三个阶段的任一时点。

第二节 新产品开发

随着工业生产的发展，设备和产品的功能与结构日趋复杂，产品更新换代也越来越快。根据以上产品生命周期理论，世界上没有一个企业的产品能永久畅销，迟早要被市场所淘汰，因此新产品开发在整个产品生命周期内占有越来越重要的位置。

一、新产品概念

从市场营销学观点而言，新产品是指与旧产品相比，具有新的功能、新的特征、新的结构和新的用途，能满足顾客新的需求的产品。

（一）新产品分类

新产品至少有两种。其一，它来源于某种现有产品线的延伸，譬如商家已经投放了普通洗衣粉，接着又开发出带苹果香味的新品洗衣粉。这种新产品就是普通洗衣粉的延伸。其二，它是一个全新的产品。

1. 全新产品

全新产品指由应用科学技术的新发明而研制成功的，具有新的结构、新的技术、新的材料等特征，市场上从未有过的新产品。一项科技从发明到科技成果转化为产品，需要花费很长的时间和巨大的人力、物力、财力，这样的全新产品，绝大多数企业很难提供。

2. 换代产品

换代产品是对原有产品采用或部分采用新技术、新材料、新结构而制造出来的新产品。这种换代产品比原有产品增添了新功能，给顾客带来了新的利益，如彩色电视机是黑白电视机的换代产品。

3. 改进产品

改进产品是对现有产品结构造型、质量、性能、特点、花色、款式、规格进行改进的产品；或者是由基本型派生出来的产品，如各种不同型号的电冰箱等；或者只对原有产品做很小改进，突出了产品的某一个特点，使用一种新牌子、新包装的新产品，如某某牌水果香型牙膏。

（二）对新产品从管理角度分类

（1）国际性的新产品。这种产品在世界上是独一无二的。

（2）全国性的新产品。这种新产品在世界上其他国家已经生产并投放市场，而在本国则是第一次开发生产并投放市场的产品。

（3）本地区性的新产品。在国内其他省、市、县等地区已生产投放市场，而在本地区则是第一次开发生产投放市场的新产品。

（4）本企业性的新产品。其他地区或本地区其他企业已生产投放市场，本企业则是第一次生产投放市场的产品。

从管理角度分类的目的是鼓励企业主动地开发新产品，但是企业开发本地区、本企业的新产品应特别慎重，以免一哄而上，重复引进，一旦供大于求，将导致产品滞销、企业受损。

二、新产品开发原则和方式

根据国外的一项调查，新产品开发的成功率：消费品为40%，工业产品仅为20%，服务类产品为18%。而据对国外700个工业企业的调查，新产品开发综合成功率为65%。

（一）新产品开发失败原因

一个失败的新产品不止浪费了研发成本、设备与产能上的消耗、渠道与宣传促销等费用，更会打击经销商的信心、内部的士气乃至企业的股价。新产品开发之所以失败，原因是很多的。

1．主观原因

（1）对市场调研不细，没能掌握顾客的实际需求。

（2）市场调研对新产品的市场规模估计过高。

（3）开发成本过高，超过预算，资金短缺。

（4）新产品投放市场后，企业没能熟练运用促销手段进行宣传，定价过高或过低，缺少配件，售后服务跟不上。

（5）没能掌握好产品推出时机。

2．客观原因

（1）国内外竞争对手抢先进入市场，推出新产品，市场竞争加剧。

（2）银行贷款利率升高，投资风险增大。

（3）科学技术发展速度较快，新产品开发步伐赶不上科技发展速度，使新产品在开发过程中就夭折。

（4）市场需求变化加快和市场趋于分散，迫使企业的新产品面向范围更小的目标市场。

以上原因导致企业开发新产品遭受一定程度的失败：一种是连新产品的开发费用、生产成本、销售费用都无法收回的彻底性失败；一种是能从开发的新产品中获取利润，但没能达到预期的利润或市场占有率目标的有限度的失败。平心而论，有太多的新产品开发都欠缺深入的思考与评估，诞生伊始就带着诸多营销上的缺陷，只是由于中国庞大的市场与迅猛增长的消费需求，这些不尽理想的产品也能随波逐流，存活下来。随着市场日渐成熟与饱和，市场门槛越来越高，跳不高的"鲤鱼"想混进"龙门"也不再容易了。但是，不论企业在开发新产品时面临何种困难和不利因素，企业必须不断推出新产品，这是企业生存和发展的唯一途径，是增强企业活力的重要条件。

（二）新产品开发原则

新产品的研制开发对企业的生存与发展至关重要，然而成功地开发新产品并非易事。为了提高新产品开发的成功率，企业在研制和开发新产品时，应该遵循五个基本原则。

1．进行市场调查研究

了解掌握顾客尚未满足的需求和市场规模，以便有针对性地开发顾客实际需要的产品。顾客的需要是开发新产品的源泉。

2. 新产品开发要符合国家政策

适应国内外目标市场的国情、消费价值观等，这样才能加速产品的推广使用，有利于新产品在市场上扩散。

3. 新产品要适应科技发展趋势

新产品的科技水平不能与科技发展的差距过大，以免新产品投放市场时，在科学技术上已是老化产品而很快进入衰退期。当今新产品的发展，在式样方面趋向于多样化、系列化、大型化、小型化、微型化；在质量性能方面趋向于多功能、高性能、节能源、省资源、防污染、兼容性强；在操作使用方面，趋向于轻便化、安全化、易操作、易维修等。

4. 考虑结构相似、工艺相近原则

开发新产品要求在时间上争取一个"快"字，为保证质量，企业可考虑开发与原产品的原理、结构相似，制造工艺相近的新产品。

5. 新产品要有特色

新产品是在市场竞争中，危急情势下应运而生的。新产品涉及的是一个高投入、高产出、高科技含量的行业。新产品的设计思路要灵活，要有创新精神，新产品的特色体现在个性和竞争力上。所以，开发新产品要求打破常规，采取特殊的手法。运用组织中的变化特征，复合组织可以变化无穷，其强调的是组织结构的特色。每个厂商都力图创出新产品，并使这种产品有别于其他同类产品，形成差异即特色，在价格不下降甚至上升的情况下，占领市场或抢占更多的市场份额。特色不仅能为企业带来利益，也是企业创立品牌的途径，而特色是由产品差异形成的。

（三）新产品开发方式

新产品开发是指从研究选择适应市场需要的产品开始到产品设计、工艺制造设计，直到投入正常生产的一系列决策过程。从广义而言，新产品开发既包括新产品的研制，也包括原有的老产品改进与换代。新产品开发是企业研究与开发的重点内容，也是企业生存和发展的战略核心之一。企业可根据自己的具体条件，采用不同的开发方式。

1. 独立研制

企业利用自己的技术力量和技术优势，独立进行新产品的全部开发工作。它一般适合于技术经济力量雄厚的大型企业。

2. 联合开发或协作开发

由企业与高等院校或科研机构利用各自技术、设备、人力等方面的优势互相协作，联合开发新产品。这种方式能较快地研制开发出先进的优质的新产品，使科研成果很快地转化为商品，故实际应用非常广泛。

3. 技术引进

企业通过引进国内外先进技术，或者技术转让，或者购买来开发新产品。这种方式能使企业的新产品迅速赶上国内外先进水平，提高产品的技术水平、质量水平和产品的档次，缩短差距，节约研制费用和时间，有助于新产品进入国内外市场。

4. 概念设计

新产品开发的关键技术是计算机辅助创新。概念设计是新产品开发过程中最能体现人类创造性的阶段，同时也是产品设计的关键环节。概念设计是详细设计的前提，即使详细设计再好，也难以弥补概念设计阶段所出现的缺陷。同时，在概念设计期间，所涉及的设计需求的种种知识，往往是不精确的、近似的或未知的，造成概念设计过程的复杂和困难，因而不仅需要设计者具有相当的工程经验、创造与直觉的能力，而且需要设计者有对问题的综合分析能力、多领域的专业知识。

现有的许多CAD（计算机辅助设计）软件在产品的分析、计算、绘图以及制造方面发挥了很大的作用，但是新产品开发更重要的是非数据计算的，通过思考、推理和判断来解决的创新活动。只有创新活动才能真正从根本原理上进行产品革新，才能为社会提供种类更多、功能更丰富、价格更经济、性能更有效的新产品，才能在产品的性能、质量、价格等方面产生质的飞跃。可以说现代设计的核心就是创新设计，它需要新产品开发人员根据以往的设计经验，根据新兴技术所提供的新原理、新方法进行产品的分析、设计。

概念设计是新产品开发中一个创造性很强的工作，其思维过程是形象思维和抽象思维综合作用的结果，仅仅靠人脑进行概念设计很难得到高水平的创新成果。当前新产品开发的趋势是：以光机电液磁一体化为特征的高新技术大量渗入新产品中，产品日趋小型化、多功能化、智能化；产品易于制造、生命周期短、成本低。因而在新产品开发过程中需要有较为成熟的创新理论支撑，用优秀的计算机创新软件来指导，并要有多学科领域的广博知识做支撑。

三、新产品开发策略

新产品开发策略是指企业通过改进原有产品或增加新产品而达到扩大销售的目的,在企业市场营销决策中占有非常重要的地位。

(一) 优质策略

优质策略即开发起点高、质量高的优质产品。采用这种策略不能一味地追求技术先进、质量好,必须注意适合国情,适合顾客需要,注意市场潜力,才能有助于新产品迅速占领市场,增强企业的竞争力。

(二) 低成本策略

在开发过程中注意大力降低成本。主要从研制的技术路线、产品结构、使用材料、工艺改革等方面挖掘潜力,以低廉的成本优势扩大市场占有率,迅速形成批量生产,提高利润。

(三) 配套策略

根据企业自身的具体情况,主动为支柱产业和大型企业开发生产所需的配套产品,为其配套服务。如一些中小型企业为大型汽车厂配套生产电动刮水器、新型车灯等。一般来说,为主导企业提供配套的产品若能达到其要求,新产品的销路就不成问题。

(四) 拾遗补阙策略

拾遗补阙策略即积极开发国家经济建设急需的或短线缺门的新产品。[①] 这种策略有利于企业填补空白,在市场上抢占优势地位,提高市场占有率,增强企业竞争力。

---

① 参见刘烈杰《企业竞争理论与实务》,湖南人民出版社 2006 年版,第 201 页。

第三节
新产品开发组织与程序

企业要根据市场（消费者）的需求，了解市场上竞争对手产品的品质、包装、性能、价位，充分收集有求新求异观念的消费者的资料，分析这些消费者对新产品的市场反应，包括已有产品在市场销售上存在的优劣势和消费者潜在的市场需求。间接调研主要是将市场业务员和经销商反馈的新产品信息进行汇总、整理后得出的结果，包括产品销量、市场占有率和消费者的反应。

一、新产品开发组织

为使新产品在开发过程中减少风险，获得成功，必须要有一个行之有效的新产品开发组织，对新产品开发的各个环节进行管理。现介绍三种组织形式。

（一）新产品开发委员会

其成员来自企业内部各主要职能部门，由技术、质量、生产、销售、财务、供应等部门的负责人或代表组成，共同担负新产品开发工作。该组织主要对新产品开发负有组织领导的责任，不直接从事新产品开发的研制、设计、生产、销售等工作。其职责主要是讨论确定新产品开发方案和计划，组织并审批成立新产品开发小组，核算新产品开发预算，组织鉴定、验收等。该委员会便于协调各部门意见，使各部门构想和经验融为一体，但有时由于各自职责不清等问题，也会带来一些不利因素。

（二）新产品开发部

由厂长或总经理亲自领导组织职能部门的有关人员成立新产品开发部，专门负责新产品的研制、设计、生产、调研、销售、预算、质量、供应、鉴定、验收等各项工作。一旦新产品开发成功转为正常生产，这项新产品开发工作即告结束，再进行其他新产品开发工作。

(三) 新产品开发小组

由有关技术人员组织成立新产品开发小组，摆脱生产、销售和其他部门日常工作的影响，专心致志地开展新产品研制、设计、开发工作，但在开发过程中要得到其他职能部门的配合，如生产部门要配合制造出样品，财务部门要配合制定各项预算，销售部门要配合做好调研和试销工作，供应部门要配合做好新产品的物资供应等。新产品试制成功，转入正常生产，新产品开发小组即解散。

二、新产品开发步骤与实施

新产品开发流程管理已经成为制造企业提升竞争力的重要途径。新产品开发流程管理思想和工具要满足其实际需要。新产品开发的组织机构确定后，新产品开发工作就要按照一定的科学程序来进行。

（一）新产品开发步骤

科学技术的飞速发展使产品生命周期越来越短。在20世纪中期，一代产品通常意味20年左右的时间；而到20世纪90年代，一代产品的概念不超过7年。生命周期最短的是计算机产品，根据摩尔定理，计算机芯片的处理速度每18个月就要提高一倍，而芯片的价格却以每年25%的速度下降。这一切促使企业为了自身的生存与发展，必须不断开发新产品，以迎合市场需求的快速变化。其步骤分为四个阶段。

1. 建立思想库阶段

思想是能够形成文字描述的产品点子，产品点子按照某种规范存放就形成了思想库。一般来说，企业的研发部负责建立并维护产品思想库。产品思想库的建立非常重要，它是企业源源不断推出新产品的源泉。

思想库中点子的来源包括：①过去的市场报告、研发报告等内部文档；②内部员工不同时间段组织的头脑激荡讨论的结果；③用户、客户的抱怨和投诉的结果；④研发人员根据某种研发规律所做出的推导的结果；⑤市场研究公司运用用户座谈会、研究中用户的分析等。思想库需要不断地更新，对每一个思想也需要定义与再定义，只有这样才能够保证思想库是一个真正有用的产品来源库。

2. 概念筛选阶段

对生产技术已经成熟的或者看起来可能有市场的新思想进行规范的描述后，提供给用户进行评价，目的在于挑选出接受度、喜欢程度较高的思想，补充营销的成分后，推进到概念测试、产品测试阶段，到最终推出市场。概念筛选阶段经常是对十几个概念进行评价，目的仅在于甄选出具有更高接受度的概念，不做其他营销成分的评价。

3. 概念测试阶段

在甄选阶段从十几个概念中挑出 2～5 个接受度高的概念进行概念测试，目的在于估计每个概念的市场量、目标人群、价位接受度等，为是否进行产品测试做支持作用。

4. 产品测试阶段

对于通过测试的概念，商家生产出产品或者产品模型，进行产品测试。测试的目的是确认产品与概念的匹配程度、产品的属性评价等。

（二）新产品开发程序

新产品开发程序一般可分为七个步骤：构想→筛选→概念形成与验证→可行性分析→产品研制→市场试销→正式投放市场。

1. 构想

构想是指对拟开发的新产品的构思与设想。任何一种产品的开发工作都是从构想开始的。没有构想也就没有新产品的开发。一个好的构想等于新产品成功的一半。

企业在广泛收集构想之前，有关领导应首先确定新产品开发的目标和要求，如准备开发什么新产品，准备打入哪些市场，期望达到什么目标等，以便工作人员有的放矢地收集构思。新产品构思的来源有五个。

（1）企业内部。包括设计开发人员、销售人员、生产人员及其他部门的职工。据国外的一项调查表明，在新产品的开发构想中，有55%来自企业内部。来自内部渠道的构想，其特点是了解企业的实际情况和能力，使构想与企业实际情况不至于严重脱节。

（2）顾客。顾客是新产品开发的源泉和动力，所以顾客是征集新产品开发构想的主要来源。据国外的一项不完全统计，消费者提出的产品构想，被企业采纳的占28%。

（3）竞争者。企业在开发新产品时，应密切注视竞争者的动向。据统计，企业有27%的产品开发构想是在对竞争对手的产品加以分析后萌发的。方法是：收集购买竞争者的产品目录、使用说明书、广告宣传品；购买竞争者产品，剖析其性能及优缺点；向购买竞争者产品的用户和销售竞争产品的经销商收集其对产品的意见和看法等，以便研究或改进本企业新产品的开发构想。

（4）经销商。向经销商了解顾客对现有产品的意见和想法以及对未来产品的要求等。

（5）其他。政府机关、大专院校、科研机构、市场调研机构、广告公司、学术会议、技术鉴定会议、展销会、报纸杂志、文献资料专利及国外的样品等。此外，还可从现有产品所存在的问题中得到构想，对现有产品结构做进一步分析，如结构是否可以改变，大的能否变成小的，重量能否减轻，上下左右能否颠倒，两个部件能否分开，或者组合在一起等，从中得到新的构想，如组合音响、微型手机、游戏机等。

2．筛选

对从各个渠道收集得来的开发构想进行筛选，从中选出具有开发价值的构想。在筛选过程中要注意避免两种失误：一种是误舍，将一些具有开发前景的产品构想筛选掉；一种是误用，将一个没有发展前景的产品构想盲目上马，付诸实现，结果投入市场后遭到失败，造成人力、物力、财力和时间上的损失。为避免出现以上失误，要求企业领导干部和有经验的专家对每一项新产品构想的性能、质量、技术先进程度、市场需求、市场竞争能力、原材料供应、设备和劳动力利用、开发周期、开发、制造成本以及经济效益等因素进行评定审核，做出最终抉择。为提高评估的科学性，可运用多因素综合评价方法，对各因素进行评分，记入新产品构想评价表，根据预先确定的评价标准确定优劣。

3．产品概念形成与验证

经过筛选后的产品设想仍需进一步形成完整的产品概念。例如，某葡萄酒厂提出拟利用葡萄为原料开发葡萄饮料的新产品构想，这种构想可衍生出许多具体的产品概念，如葡萄汁汽酒、葡萄可乐等。因为顾客要购买的不是产品构想（葡萄饮料）而是葡萄汁、汽酒等产品概念，企业要开发的也是具体的产品，所以要把产品构想转化形成产品概念。

通过评估比较，再把选定的可行产品概念提交给一组消费者，请他们验证，听取和收集他们的意见。可用文学描绘或制作实体模型，说明产品的特性、用途、外观、包装、价格等，请消费者就此概念回答有关问题，如与同类产品相比，该产品有何特点，这种产品能否满足其需求，对产品的外观、品质、性能、价格、包装等方面有何改进的建议，预估哪些顾客会购买本产品等。通过产品概念的验证，有助于完善产品概念，并选出最佳产品概念作为新产品开发目标。

4．可行性分析

对已拟定的新产品开发方案进行生产、技术、财务、安全、环保及社会制约、市场环境等可行性分析，经比较分析，评价是否应该开发这一新产品，从多种开发方案中选择一个最佳方案。

5．产品研制

由产品研制部门将抽象的产品概念研制成实体的产品，实体产品研制出来后，才能正式评价产品在技术上、经济上是否真正可行。若通过鉴定发现结构性能上有缺陷，必须立即改进完善产品性能和质量。如果被否定，整个过程即应中止。

6．市场试销

产品试生产出来后，为检验产品是否真正能受到消费者的欢迎，企业可进行市场试销。目的是了解消费者对产品的意见和建议；了解市场的需求情况；收集资料，为选择有效的市场营销策略提供依据；发现产品缺陷，及时反馈，改进产品。

7．正式投放市场

试销成功后，即可将新产品正式投放市场。为此企业应采取有效的市场营销组合策略，使新产品顺利地进入市场，并尽可能缩短投入期，早日进入成长期。

新产品开发是非常敏感的市场研究技术，因为它涉及的是一种全新的产品，用户基本上看不到、摸不着产品，因此，其研究难度非常大。在研究过程中，研究公司在过程控制、目标用户的定义、抽样设计、研究设计、数据分析、报告撰写直至结果解释的各个阶段，都要求较高，且必须具备特别的分析技术与经验。另外，对于不同的产品类型，其研究设计也各不相同。新产品的开发者只有不断提高自己的技术与经验的积淀，才能为客户新产品开发设计出最合适的研究方案与发展策略。

在科学技术飞速发展的今天，在瞬息万变的国内国际市场中，在竞争越来越激烈的环境下，开发新产品对企业而言，是应付各种突发事件、维护企业生存与长期发展的重要保证。

> **思维拓展** 结构性思维与新产品开发①

企业要根据市场（消费者）的需求，了解市场上竞争对手产品的品质、包装、性能、价位，充分收集有求新求异观念的消费者的资料，分析这些消费者对新产品的市场反应，包括已有产品在市场销售上存在的优劣势和消费者潜在的市场需求。这就涉及结构性思维。结构性思维是指一个人在面对难题时能够习惯性地从多个角度和不同层面进行思考的一种方式。想要掌握这种思维，必须要同时具备空间感和层次感。这是管理者的必修课，如果将这种思维方式注入管理中，必将更加高效。

新产品开发流程管理已经成为制造企业提升竞争力的重要途径。新产品开发流程管理思想和工具要满足其实际需要。新产品开发的组织机构确定后，新产品开发工作就需按照结构性思维的科学程序来进行。

人的大脑在处理信息的时候，往往会遇到两个困难：第一，信息采集量太大，这会让大脑超负荷运转，记不住或记不牢；第二，被采集的信息太杂，比较凌乱和无序，抓不住重点。不难看出我们的大脑就是个"处理器"，每个人的大脑处理能力几乎决定了一个人分析与解决问题的能力。

例如，假设有一个人习惯了用垂直思维来思考问题，那么这个人的行为基本上会围绕着"问题点"垂直地运行，并且他的行为会一直受垂直思维支配，直到事件结束，行为停止，充分体现思维决定行为。但是，大家敢不敢想象一下，这个人从事件开始到结束，解决问题的"过程"是怎样的？是不是由于被垂直思维支配，除了关注"问题点"的本身以外，其他要素都将被一一忽略。

分析问题要垂直思维，解决问题要水平思维，往往分析问题的人考验的是专业度，问题分析得越细致越好，越专业越好，但解决问题考验的是领导力，决策问题考验的是格局、魄力和眼光。如果我们可以通过垂直的思维抓住事物的本质，那么在解决问题时，我们的管理者则需建立结构性思维的意识，更方便我们与人的沟通和管理动作的实施。

---

① 参见蒋巍巍《结构性思维在管理中的应用》，见 http://blog.ceconlinebbs.com/BLOG_ARTICLE_245162.HTM，2017年8月30日。

例如，有一个组织正在讨论"如何鼓励员工创新"。很快就有人提出来："我们可以设一个创新奖。"主管说："这个想法不错哦。"经理说："那奖金设多少合适呢？"大家七嘴八舌，争论不休……

这个时候领导说话了："我认为我们应该先讨论一下，我们为什么要鼓励员工创新？然后再讨论一下鼓励员工创新的奖励是精神奖励还是物质奖励更能调动员工的积极性？最后我们再来讨论具体的奖励额度。"可见，这个领导用"结构性思维方式+结构性表达"挽救了这个会议。

所以，在管理过程中针对一些常见的问题，我们可以很容易地找到一个结构，将思考结构化，当你的脑海中缺乏现成的结构时，问题就会变得非常困难。其实，结构化思维的就是把零散的信息、思绪、数据、情感还有其他要素用一种框架收拢起来，这样让复杂的世界得以用简化的视野观察，并通过某种分析方法，甚至是量化工具，让你轻易地看穿事物的本质，获得解决方案。

思考练习题

一、简答题

1. 简述产品生命周期的概念。
2. 简述产品生命周期理论的作用。
3. 简述新产品概念。
4. 简述新产品开发原则和方式。
5. 简述新产品开发策略。
6. 简述新产品开发组织。

二、论述题

1. 论述产品生命周期理论及其应用。
2. 论述新产品开发。
3. 论述新产品开发组织与程序。
4. 论述新产品开发步骤与实施。

三、思考题

1. 在我们日常生活中的饮食方面，美国饮食为什么甜点多？法国饮食为什么有品位？
2. 谈谈浙江绍兴饮食中为什么有"三霉""三臭"。
3. 产品生命周期不是产品的使用寿命，这句话对不对？

4. 边际效用指在一定时间内消费者增加一个单位商品或服务所带来的新增效用，即总效用的增量。也就是说，在其他条件不变的情况下，随着消费者对某种物品消费量的增加，他从该物品连续增加的每一消费单位中所得到的满足程度称为边际效用。在社会生活中，获奖无数的姚明候选劳模有没有边际效用？

第八章 价格策略

价格是商品价值的货币表现。以货币来表示商品或劳务的价值就称之为该商品或劳务的价格。在市场经济下，任何商品或劳务都必须具有价格，供需双方才能进行交易。事实上，买卖双方一次交易是否成功往往取决于价格的高低。所以，价格是买卖双方完成交易的主要因素。价格是反映市场变化最敏感的因素，是市场营销组合因素中最活泼的因素。商品价格是否定得适当会直接影响市场需求、消费者行为，会影响产品在市场上的竞争地位和市场占有率，对企业的销售收入和利润的影响很大。因此，认真分析研究，制定合理可行的商品价格是企业经营中的重要决策。

第一节 影响企业定价的因素

随着我国经济的发展，商品价格已成为人们关注的焦点。目前，我国也正在进行价格改革，过去由政府定价的局面被逐渐改变，改由市场的主体企业自行定价，逐步形成以供求关系为主的价格机制。如何科学、准确地定价是每一个企业必须关注的问题，也是企业经营的关键。产品定价的高低直接影响到企业的生存和发展。

一、定价的客观依据

价格策略是市场营销组合中非常重要并且独具特色的组成部分。价格通常是影响商品交易成败的关键因素，同时又是市场营销组合中最难以确定的因素。定价目标是指企业通过特定水平的价格的制定或调整所要达到的预期目的。它的确定必须服从于企业营销总目标，也要与其他营销目标相协调。所以，定价的客观依据大致有四种。

（一）商品价值

商品价值是凝结在商品中的无差别的人类劳动力或抽象的劳动力。使用价值是商品的基本因素之一。具有不同使用价值的商品之所以能按一定的比例相互交换，是因为它们之间存在着某种共同的可以比较的东西。这种共同的可以比较的东西就是商品生产中的无差别的人类抽象劳动力。无差别的人类抽象劳动凝结在商品中，就形成了商品的价值。而商品的价值是由生产该商品的社会必要劳动时间决定的。

1. 商品价值的构成

商品价格是商品价值的货币表现，商品价格主要决定于商品本身的价值。因此商品价值是制定商品价格的基础。商品价值由社会必要劳动量决定，它由三个部分构成。

（1）生产过程中已耗费的物化劳动转移到产品中的价值，即生产资料转移的价值（C）。

（2）劳动者为自己劳动所创造的价值，即劳动者的报酬（V）。

(3) 劳动者为社会劳动所创造的价值（M）。

以上三部分中，$C+V$ 即构成生产成本，M 为税金和利润。它们是构成商品价格的主要因素。此外，商品从生产领域进入消费领域，其转移过程中所发生的劳动耗费表现在货币形态上，即为流通费用。它也是商品价格构成的又一因素。

2. 商品价值的变化

随着社会生产力不断发展变化，商品价值也会发生变化。商品价值量大，商品价格就会提高；反之，商品价格就会降低。企业在制定或调整商品价格时，应以商品价值为基础，才能保证商品交换符合等价交换的原则。

（二）国家政策

企业对商品定价要以有关的国家政策法令为依据。例如，按质论价政策，即国家允许对同一商品的不同质量实行按质分等论价。企业可根据商品的实际质量制定价格，优质优价，劣质劣价，同质同价。国家政策的宏观调控能起到积极的作用。

（三）商品供求关系

经济学原理告诉我们，如果其他因素保持不变，消费者对某一商品需求量的变化与这一商品价格变化的方向相反。如果商品的价格下跌，需求量就上升；而商品的价格上涨时，需求量就相应下降，这就是所谓的需求规律。这是企业决定自己的市场行为特别是制定价格时所必须考虑的一个重要因素。商品的供求状况与商品价格有着密切的联系，商品的供求推动着价格的变化。假定供给不变，需求量增加，价格上升；需求量减少，价格下降。假定需求不变，供给量增加，价格下降；供给量减少，价格上升。另外，价格也推动着供求的变化。一般情况下，价格上升，需求减少，供给增加；价格下降，需求增加，供给减少。但是，供求和价格的变动基础是商品价值，商品的价格变动离不开价值，价格总是围绕价值上下波动。供求变动对价格的影响如表 8.1 所示。

表8.1 供求变动对价格的影响

供求变动			价格趋势
供给不变		需求增加	↑
		需求减少	↓
需求不变		供给增加	↑
		供给减少	↓
供求同时变动	反向变动	需求增加，供给减少	↑
		需求减少，供给增加	↓
	同向变动 程度相等	供给和需求增加程度相等	—
		供给和需求减少程度相等	—
	同向变动 程度不同	需求增加 > 供给增加	↑
		需求减少 > 供给减少	↓
		需求增加 < 供给增加	↑
		需求减少 < 供给减少	↓

（四）商品的比价和差价关系

比价体系是指不同物种，而差价体系指的是同物种，这个是主要的区别。比价体系与差价体系同属于价格体系，这个是内在的联系。比价体系是指在同一市场上同一时间内不同种物资价格之间的比价关系，这些比价相互联系又相互制约，形成一个比价体系，反映不同种物资价格之间的横向联系。物资比价基础是不同种物资价值量的比例关系，本质上是物化在不同种物资中社会必要劳动时间的比例关系。差价体系是指不同环节的价格之间以及同种商品在不同地区、不同季节、不同规格、不同质量之间存在着差价关系，形成了差价体系。

1. 比价与差价的关系

（1）比价。比价指同一时间同一市场上不同商品价格之间的比例关系，主要有工农业产品比价、农产品比价和工业品比价。①工农业产品比价：如1千克粮食可以换多少千克食盐，1千克棉花可以换多少米白布等。②农产品比价：如猪、牛、羊肉之间，肉与蛋之间都有一定的替代关系。③工业品比价：如铜与铁的关系，假设以前100吨铁能换50吨铜；现在由于国际金融危机影响，铜价格大幅下降，100吨铁能换100吨铜。

（2）差价。差价指同种商品因其质量、购销地区、购销季节和流通环节等因素不同而形成的价格差额，一般是商品生产和经营中所耗社会必要劳动差异的货币表现。例如，一件商品在 A 地生产，销售价格为 100 元；在 B 地区，由于受到运费等因素影响，销售价格要大于 100 元，此为地区差价。再如，冬天你买了件大衣，假设为 300 元，但等春天了，你又看到同样的大衣可能只卖 200 元了，这就是季节差价。此外，还有批零和零售差价、质量差价等。

2．商品的比价

它是在商品交换中所形成的各种商品价格之间的比例关系，包括工农业产品之间、工业品与工业品之间，以及农产品之间的比价关系。商品比价是价值规律的客观要求，是制定和调整价格的重要依据。

（1）工农业产品比价是指在同一市场和时间内，工业品与农产品价格的交换比例关系。

（2）工业品之间的比价是指在同一市场和时间内，相互有关联的各种工业品价格的比例关系。主要有：原料工业与加工工业产品的比价，高、中、低档商品的比价，制成品与零件、配件比价，可相互代用的工业品比价，进口商品与国内商品的比价，主产品与副产品的比价。

（3）农产品之间的比价是指在同一市场和时间内，农产品之间和农产品与副业产品价格的交换比例关系。主要有：农产品之间的比价，如粮食与棉花等经济作物的比价，粮食中大米与小麦的比价等；农产品与副业产品之间的比价。

3．商品的差价

商品的差价是指商品由于其质量、购销地区、时间、购销环节等差别而形成的一系列差价关系。主要有五种类型。

（1）质量差价。质量差价指同种产品由于质量不同而形成的价格差别。商品的质量差价有很多种，如品种差价、品质差价、等级差价、规格差价、款式差价、商标品牌差价等。合理的质量差价是价值规律的客观要求，对促进生产更多的质量好、花色品种齐全、规格款式符合需要的商品有着重要的作用。

（2）地区差价。地区差价指商品在同一时间内，在不同地区由于运输距离和所需流通费用不同而形成的地区间价格的差别。合理的地区差价是保证商品在地区间正常流通、促进物资交流、发展经济所必需的。

（3）购销差价（也称进销差价）。购销差价指同一市场、同一时间、同一商品的收购价格与销售价格之间的差额。合理的购销差价对促进工农业生产的发展、鼓励工商企业改善经营管理有着十分重要的作用。

(4) 批零差价。批零差价指同一商品批发价格与零售价格之间的差额，由零售企业在商品经销中支出的必要的流通费用、应纳税金和合理利润构成。合理的批零差价是零售商业企业正常经营不可缺少的。

(5) 季节差价。指同一商品在同一市场、不同季节收购价格之间或销售价格之间的差额。一些生产、收购或销售季节性很强的农产品和工业品都有季节差价，合理的季节差价有利于促进生产，指导消费，合理储存，平衡供求。季节差价的幅度要定得适当，主要应兼顾生产企业、经销企业和消费者的利益。

二、影响商品价格的因素

我国企业刚从计划经济时期走出来，定价意识、定价经验还不够成熟。在计划经济时期，企业没有定价决策权，只有定价方案执行权。

(一) 国家经济形势

改革开放初期，部分企业有了定价权，但这些企业面临的是一个供给严重短缺的市场，企业能否得到利润，得到多少，主要决定于市场是否需要这种商品。一旦市场需要，即使价格高一些，也能被消费者认同，给企业带来较高的利润。在这种情况下，企业只把目光放在寻找目标市场和增加产品生产上，合理定价对企业来说并没有什么重要意义。

1. 20世纪90年代后的国家经济形势

进入20世纪90年代后，我国经济的供求关系发生了质的变化，需求大于供给的局面缓和了，甚至许多领域出现了供大于求的需求疲软局面，尤其是近几年，整个社会的生产和消费几乎处在一种基本饱和和过剩状态。据1997年下半年调查资料可知，全国613种主要商品中，供过于求的商品占32%（上半年为5%），而供不应求的商品只有1.5%。轻工、纺织、家电行业产品严重过剩，就连电力、煤炭、铁路、运输等当年严重短缺的产业部门，也出现了需求减少和需求增幅回落现象。

供求饱和和过剩带来的是企业平均利润率的下降。据1997年上半年对247家企业的调查发现：家电行业1997年上半年利润为3.14亿元，与上年同期比较下降54.7%，亏损与上年同期比较增加89%；汽车行业近三年来利润以 19% 的速度下降；商业、外贸、纺织等行业也出现了不同程度的高增长、低效益现象。

企业利润不断下降，必然会导致利息率的下调；同时利息率下调又会使生产资金成本下降，促使贷款增加，生产扩大，产品进一步丰富，价格进一步下降。这是一种循环，是社会进步和发展的表现。但对企业来说，竞争越来越激烈，市场制约因素越来越多，意味着定价条件越来越复杂。商品价格的升降和浮动是经常的，很少有一种商品长期保持固定的价格。企业在制定或调整商品价格时，除了考虑前面所述的客观的基本依据外，尚需考虑影响商品价格的更重要的一些因素。

一般地说，国家经济发展速度快，经济繁荣，人们的收入水平增长快，购买力强，社会需求量大大增加，商品价格易上涨；反之，国家经济发展速度慢，经济衰退，收入增长缓慢，购买力减弱，社会需求量减少，市场疲软，商品价格下跌。

政府的干预程度也是一个因素。各国政府干预企业价格制定也直接影响企业的价格决策。在现代经济生活中，世界各国政府对价格的干预和控制是普遍存在的，只是干预与控制的程度不同而已。

2. 2016 年中国经济发展[①]

2016 年，世界经济复苏依然缓慢且不均衡，国际贸易和投资疲弱，增长动力不足，受贸易保护主义抬头、逆经济全球化趋势加剧、欧元区政治经济困局等影响，全球生产率降低，创新受阻，世界经济仍处于"低增长陷阱"。在世界经济不景气的大背景下，中国经济可谓"风景这边独好"。2016 年是我国全面建成小康社会决胜阶段的开局之年，也是推进供给侧结构性改革的攻坚之年。在以习近平同志为核心的党中央坚强领导下，我们积极适应和引领经济发展新常态，坚持全面深化改革，坚持创新驱动发展，加快经济发展方式转变和经济结构调整，经济运行保持在合理区间，实现了"十三五"时期良好开局，经济发展呈现诸多亮点。

（1）经济增长亮点：提前实现 GDP 翻两番目标。2016 年，我国国内生产总值约为 2000 年的 4.22 倍，提前 4 年实现了党的十六大提出的国内

[①] 参见胡鞍钢《2016 年中国经济发展十大亮点》，载《人民日报》2016 年 12 月 14 日。

生产总值到 2020 年比 2000 年翻两番的目标。这是今年我国经济发展的最大亮点。预计 2017 年我国人均国内生产总值也将达到 2000 年的 4 倍以上，提前 3 年实现党的十七大提出的人均国内生产总值到 2020 年比 2000 年翻两番的目标。这为完成党的十八大提出的到 2020 年国内生产总值和城乡居民人均收入比 2010 年翻一番目标打下了良好基础，相当于为全面建成小康社会上了两道保险。

（2）结构升级亮点：向后工业化时代过渡。2016 年，我国经济结构进一步优化，成为明显亮点。"十二五"时期，我国服务业有了长足发展，到 2015 年，服务业增加值占国内生产总值的比重达到 50.5%，首次过半。2016 年前三季度，这一比重又上升到 52.8%，对经济增长的贡献率也从 2015 年的 54.1% 提高到 58.5%，创下了中华人民共和国成立以来服务业对经济增长贡献率之最。2016 年前三季度，高技术制造业增加值对工业增长的贡献率达到 20% 以上。我国高技术产业增加值、出口额、出口增加值均已超过美国，居世界首位，表明我国正在向高技术制造第一大国快速升级。2016 年的结构升级亮点是供给侧结构性改革扎实推进取得的重大成果，表明我国新旧增长动能正在加速转换。

（3）消费亮点：国内市场规模位居世界第二。消费已成为我国经济增长的最大动力。2010 年之后，我国最终消费支出占 GDP 的比重持续上升，2015 年提高到 52.4%。2016 年前三季度，最终消费支出占 GDP 的比重进一步提高到 55% 左右，对国内生产总值增长的贡献率从 2015 年的 66.4% 快速提高到 71%。2016 年，我国消费品市场规模位居世界第二，最终消费支出占世界消费总量的比重超过 8%，与美国的差距明显缩小。国内消费市场增速在世界位居前列，2016 年前三季度全社会商品零售额同比名义增长 10.4%，扣除价格因素后实际增长 9.8%，高于经济增长率 3 个百分点以上。消费已成为我国经济的"压舱石"，拉动经济增长的效应更为显著，也标志着经济增长对改善民生福祉的作用大大增强。我国经济增长模式已从以依靠投资驱动为主转向以依靠消费驱动为主。

（4）新经济亮点：世界最大数字红利。2016 年，我国新经济、新业态迅速发展。无论从网民规模还是从手机网民规模来看，我国都已成为世界数字用户第一大国，由此创造了巨大的数字红利。一是经济增长红利。数字经济连接企业，显著提高生产效率，拉动最终消费，扩大贸易范围。2016 年前三季度，我国网上商品零售额增长 25.1%，比社会消费品零售总额增速高出14.7个百分点,极大促进了国内市场消费。全球235个国家和地区的消费者通过中国电商平台购物,中国电商辐射全球,正在实现全球买、全国卖。二是就业红利。数字经济连接民众,有力地促进了创业和个体经营,创造了大量就业机会。三是服务红利。数字经济连接政府,电子政务迅速普及,促使政府更优质、更便捷、更低成本地提供公共信息和公共服务。

(5)创新亮点:世界最大发明专利授权国。2016年,我国创新驱动发展成效显著。制定《国家创新驱动发展战略纲要》,明确重点领域的技术发展方向,实施"互联网+"行动计划和国家大数据战略,部署"科技创新2030"15个国家重大科技项目和重大工程。依靠创新驱动打造发展新引擎,培育新经济增长点,持续提升经济发展质量和效益,推动产业迈向中高端水平。超级计算、量子通信等一批科技领域创新成果达到国际领先水平。经济增长新动力不断强化。知识产权产出指标爆发式增长,2015年我国发明专利申请量和发明专利授权量跃居世界第一位。知识产权产出指标爆发式增长为我国经济创新发展提供了有力支撑,我国经济创新发展也在有力推动世界经济创新和新科技革命进程。

(6)创业就业亮点:世界上新增就业规模最大,市场主体最多。2016年前三季度,我国新增城镇就业1067万人,预计全年将再次突破1300万人,超过全年新增就业预期目标,将创下中高速经济增长条件下创造1300万新增城镇就业人数的记录。2016年第三季度末,我国城镇登记失业率为4.04%,低于全年失业率控制目标,在世界主要经济体中属于失业率最低的国家之一。相比之下,欧元区失业率大约为10%,青年失业率高达20%。

2016年,我国大众创业蓬勃发展。商事制度改革取得明显效果,有力地促进了市场主体活跃发展。目前,我国已成为世界上拥有市场主体最多的国家。2016年前三季度,我国平均每天新登记市场主体超过4万户,目前全国各类市场主体已超过8000万户。中国的创业人数已经超过德国人口总数,也超过了美国、欧盟和日本市场主体的总数。2016年前三季度,我国平均每天新登记企业1.46万户。我国将成为世界上规模最大的"企业家王国",他们既是市场主体,也是创造就业的主体。

(7)增收减贫亮点:人均收入增长快,脱贫人口再创世界纪录。随着经济平稳发展,我国人民生活水平和质量普遍提高。2016年我国城乡居民人均可支配收入持续增长，扣除价格因素，前三季度分别增长5.7%和6.5%，是世界上居民收入增长最快的国家之一。农村居民人均可支配收入增速高于城镇居民，城乡居民收入差距继续缩小，收入倍差降至2.8倍左右。2016年，我国出台《"十三五"脱贫攻坚规划》，全国5000多万贫困人口全部建档立卡，预计全年减少贫困人口将超过1000万，相当于国际社会提出的全世界每年减少5000万贫困人口减贫目标的1/5。

(8) 生态环保亮点：绿色发展提速，环境质量趋于改善。2016年，我国节能减排取得重要进展。"十三五"开局之年，我国把绿色发展作为重中之重，着力提高各类资源利用效率，从源头上减少能源消耗和环境污染，加强污染防治。2016年前三季度，单位国内生产总值能耗同比下降5.2%，单位GDP碳排放同比下降6%，两者均提前完成了全年的约束性指标；主要污染物排放持续减少，预计4项主要污染物（化学需氧量、氨氮、二氧化硫、氮氧化合物）排放量同比下降，将超额完成全年约束性指标。2016年，我国资源消耗、环境污染、生态成本均明显降低，经济发展质量和生态效益显著提高，为实现2020年生态环境质量总体改善目标创造了有利条件。需要指出的是，2016年前三季度我国原煤产量同比下降10.5%，并且在2015年二氧化碳排放量首次负增长之后继续实现负增长，为全球减少碳排放做出了重要贡献。

(9) "走出去"亮点：对外投资造福世界。2016年，我国对外投资快速增长。前三季度，我国吸引外国直接投资950.9亿美元；对外直接投资1342.2亿美元，同比增长53.7%，遍布全球160个国家和地区。我国企业海外并购实际交易额674.4亿美元，涉及67个国家和地区的18个行业大类。对外承包工程新签合同额达到1478亿美元，在"一带一路"建设相关的61个国家新签对外承包工程项目合同额745.6亿美元，占同期我国对外承包工程新签合同额的50.4%，进度和成果超出预期。我国对外投资增长迅猛，已成为世界上最大的对外投资国之一，为相关国家创造了大量财富和就业机会。

(10) 全球治理亮点：为世界经济发展提供"中国方案"。2016年是中国全面参与全球经济治理年。中国既以自身的发展推动世界发展，又为构建创新、活力、联动、包容的世界经济提供"中国方案"。预计2016年中国对世界经济增长的贡献率将超过30%，继续成为世界经济增长最大的"发动机""顶梁柱"，为世界经济增长提供主动力。更重要的是，在世界经济遭遇贸易保护主义和逆全球化浪潮侵袭的背景下，中国主办二十国集团领导人杭州峰会，在多个国际场合提出多项建议和行动方案，特别是推动制定了《二十国集团全球贸易增长战略》和《二十国集团全球投资指导原则》等，大力推动全球贸易自由化、投资自由化、服务便利化，为世界经济发展指明方向，为世界经济复苏出谋划策。中国全面参与全球经济治理，提出的中国理念和中国方案得到国际社会广泛认可和响应。中国方案将推动全球经济治理向着更加公正合理的方向发展，造福世界各国人民。

（二）货币价值与流通量

在商品价值不变的情况下，货币价值量上升，商品价值下降，商品价格下跌；货币价值量下降，商品价值上升，商品价格上涨。货币发行量增多，货币流通量就增加，如果超过商品流通的正常需要，就意味着通货膨胀、价格上升。所以，货币的价值和流通量影响着商品的定价。

（三）企业定价环境分析

构成企业竞争环境的要素很多，实际上，它们都在不同程度上影响着企业定价行为。企业定价是一个复杂的行为，根本目的是追求最大利润，占有市场份额，合适的价格将有利于企业的生存和发展。

1. 消费心理与购买行为

消费心理与购买行为前提是利率影响企业定价：利率降低，将影响市场价格水平，从而影响企业定价。所以，买方市场出现，消费心理对购买行为的影响增强。随着产品的日益丰富，我国已出现了较强的买方市场，消费者购买商品受主观心理因素影响的程度越来越强，呈现出感性消费现象。日本社会学家考察第二次世界大战后到现代消费方式的变化时发现，整个社会发展史可分为三个阶段。

第一阶段："生存时代"，指第二次世界大战后的复兴阶段，那时生活就是为了食物，为了生存而努力。

第二阶段："生活时代"，指经济的高速成长期，当时耐用消费品大量涌现。这是一个有了各种生活设施（像冰箱、电视机、音响等）就能活得更好的时代。

第三阶段："生感时代"，也就是经济进入平稳的低发展时期。由于产品的过剩供给，人们开始追求感性的生活——追求更能满足自己归属与相爱、尊重与地位乃至自我实现需要的感性商品消费。他们认为，感性商品就是在一般商品上扩充其文化内涵、附加人类感性的一面、唤起和迎合人类感性需要的商品。

目前，我国城市经济发展正在进入第三阶段，生存需要满足了，基本耐用品具备了，以后更需要的将是感性商品。在收入不断增加，生活水平不断提高的条件下，人们将根据自己的性格爱好、社会地位购买自己需要的衣物、装饰品，根据生活习惯、口味嗜好购买自己需要的食物，而不是主要根据价格的高低选择商品。企业确定价格、销售产品时，不能像过去那样只调查消费者收入水平，购买能力等客观现象，而要在了解客观现象的基础上，着重调查消费者的消费习惯、消费倾向等主观因素，随时了解消费者的心理消费偏好，掌握消费者关于自己产品的心理价值或理解价值并根据其确定产品销售价格。

2. 企业从粗放经营向集约化经营转变

经济发展出现高增长、低效益现象，企业从粗放经营向集约化经营转变。计划经济时期，我国商品严重供不应求，改革开放时期，商品紧缺往往带来高利润，高利润又驱动高投资，高投资带来高通胀，高通胀又带来高利率。企业在"四高"中追求高投入、高产出、高利润，粗放经营。有人把这一时期称为"非理性经营时代"。随着改革开放的进一步深入，产品供给迅速增加，市场"空白点"越来越少，市场机制逐渐完善，消费者消费心理也逐渐成熟，粗放经营风险加大。尤其是20世纪90年代后期，各行业（自然垄断行业除外）都不同程度地受到了竞争的冲击，普遍出现高增长，低效益或低增长、低效益现象。为了增强自己的竞争力，企业不得不从非理性的粗放经营迈向理性的集约化经营，寻找科学管理的路子，节约开支，降低成本，争取利润最大化。价格是反映成本并能直接带来利润的因素，产品价格必须精确到位，高一分钱可能会失去市场竞争力，低一分也许会丢掉总利润的相当一部分，对于发展中企业，至少会影响其发展速度，不景气的企业也许会因此而倒闭。企业集约化经营也为产品价格的精确计算提供了条件和科学依据，企业可以在随时随地、准确地掌握自己产品成本变化态势资料的情况下，根据竞争对手的产品价格变化情况，更及时更合理地制定和调整自己产品的价格，以做到既能避免过分竞争，又不使自己的利润流失。

3. 非价格竞争激烈

非价格竞争手段增多，竞争更为激烈。影响企业定价的因素是很多的，目前除上述条件变化较大外，非价格竞争手段的增多也是很明显的。如产品组合、公关促销、广告引导等都是企业争先应用的竞争策略，这使市场竞争强度增加。若企业在竞争中，可供选择的竞争手段较多，价格手段可以同其他非价格竞争手段配合运用，则选择价格策略和定价方法的范围就较大；反之，当其他非价格手段匮乏，只能采用价格竞争时，企业定价的回旋余地就小。

（四）市场竞争状况

对竞争状况的分析包括：分析企业竞争地位、协调企业的定价方向、估计竞争企业的反应。在不同竞争条件下企业自身的定价自由度有所不同，在现代经济中可分为四种情况：完全竞争、纯粹垄断（或称完全垄断）、不完全竞争（也叫垄断性竞争）、寡头竞争。

不论是企业商品价格的变动，或者竞争者商品价格的变动都会引起竞争双方的关注，而采取相应的对策。因此，竞争者的行为将影响企业商品的定价，必须密切注意。若企业竞争力不强，则竞争企业提价，本企业也提价；反之，则降价。

（五）商品质量、声誉和特性

商品质量安全问题成为顾客衡量企业声誉的重要内容，尤其在社会化媒体下，商品质量舆情对企业网络声誉和特性的影响作用日趋明显。从网络舆情演化视角出发，分析商品质量舆情对企业网络声誉和特性的影响，建立顾客感知的商品质量舆情与企业网络声誉和特性的关系。

1. 商品质量影响商品价格

一般质量和价格的关系是高质量高价格。但是当消费者十分重视质量而又无把握或很难判断技术复杂产品质量时，往往是按价论质，产生高价必定优质的结论，从而出现高价商品销售量大的现象。所以，商品质量的高低直接影响商品价格的高低。

2. 商品声誉与价格相关联

名牌产品的价格比一般品牌的产品价格高。当消费者无能力判断产品质量时，往往注意的是产品的品牌、声誉，而不是价格，因此声誉好、价格高的产品也有人买。因此,商品的声誉往往直接与价格相关联。

3. 商品特性

商品特性包括商品的种类,标准化程度,商品的易腐、易毁和季节性,时尚性,需求弹性,生命周期阶段等。高度流行的时尚产品一般定价较高,消费者对之有强烈的需求,价格成了次要因素。标准化产品价格需求弹性大,一般定价低一些;非标准化产品价格需求弹性小,定价高。购买频率高的产品,如一般日用消费品,定价低些,适宜于薄利多销;反之,购买频率低的特殊品,价格要定高一些。产品在市场竞争中的地位如果处于优势,可采用提价策略;反之,采取降价策略。

此外,产品生命周期的不同阶段对价格也有影响。投入期时,由于研制费用大,需求量小,企业可根据不同情况采用高价策略,也可采用低价策略;成长期,需求量有较大增长,企业可根据实际情况保持原价、适当提价或减价;成熟期,因产品竞争激烈,需求量增长缓慢,甚至下滑,企业可保持原价,保持首创的信誉,也可适当降价,有利于竞争;衰退期,一般采取降价策略,但这对企业损失较大,主要应采取其他市场营销策略,扭转被动局面。

思维拓展　巴菲特说自己"愚蠢"[①]

一年一度的伯克希尔股东大会越来越像投资人的朝圣,87岁的"股神"巴菲特坐在台上,首富比尔·盖茨等信徒在台下洗耳恭听。

1. "股神"何错之有?

与以往历次伯克希尔股东大会不同的是,巴菲特此次坦言没有投资谷歌是"失误",后悔当初投资了IBM,还承认错过亚马逊是他的"愚蠢"。

"股神"失误是否会改变价值投资的信仰呢?不会。因为价值投资有三个层次:一是信仰,二是产业,三是决策。投资决策的失误每天都在发生,却不会因此改变价值投资的信仰。在投资产业化的时代,以证券投资为主题,市场形成两大分支:一级市场主营股权投资,二级市场主营股票投资。巴菲特的投资模式可定义为跨市场的投资,是一/二级市场

[①] 参见金岩石《巴菲特为何说自己"愚蠢"?》,见 http://www.ceconlinebbs.com/FORUM_POST_900001_900025_1124085_0.HTM,2017年8月30日。

联动型的投资模式。尽管伯克希尔公司的投资组合是以二级市场已上市的股票为主,但巴菲特的投资理念是企业经营的哲学。所以,他常说:"如果你不想持有一只股票10年以上,那就不要考虑拥有它10分钟!"

巴菲特的知行合一让价值投资成为一代投资人的信仰。基于此,投资已经成为一个产业,在财富货币化的时代,产业化的投资已经成为新增财富2/3以上的创造者,这种财富创造的机制在于投资人与企业家携手驱动产业创新。

正是站在产业创新的维度,巴菲特认错了!因为他错过了大数据时代的新资源开发型企业。谷歌和亚马逊都是云计算公司,其核心价值是"大数据+",而不是人们常说的"互联网+"。两家公司专注于云端数据的采集—处理—存储—计算,从而创造了一个产业链,让智能化产品和消费层出不穷。可以说,大数据资源正在诸多领域取代石油和煤炭等自然资源,上升为可以再生却不可替代的基础资源。

2. 产业创新离不开投资人

1995年前后,三大数据技术的突破及其相关的技术创新改变了产业创新的方向,让数据成为资源,让智能替代人工。1995年以来的经济发展又可分为两个10年:10年的数据化创新成就了一大批高科技企业,10年的智能化开拓培育了无数个平台型消费市场。去年全球五大市值公司都是IT(信息技术)公司,分别是苹果、谷歌、微软、亚马逊和脸书(Facebook),其中巴菲特参股两个、错过两个。在五大市值公司中,微软年纪最大,另外4家创立至今都不到20年,最年轻的脸书(Facebook)只有13岁。而10年前的五大市值公司中,微软是最年轻的,33岁,其余4家分别是通用电气125岁、埃克森美孚135岁、花旗集团205岁、美国银行233岁。

从全球五大市值公司的年龄差距即可看出,产业创新背后有两种人:其一是有思想的企业家,其二是有远见的投资人。技术创新天天有,产业创新划时代,投资人和企业家相互激励。巴菲特公开承认的"愚蠢"恰恰是他的智慧,也是一代投资人的使命。

第二节 定价程序

中国经济已进入微利时代,经济发展迅速,国家宏观调控有力,利率不断下调,企业间竞争加剧,平均利润率下降,企业定价环境出现较大变化。因此,企业产品必须慎重定价。一般企业的定价程序可以分为五个步骤,即确定企业定价目标、测定市场需求、估算商品成本、选择定价方法、确定最后价格。

一、确定定价目标

任何一个企业在制定或调整价格以前,首先必须确定企业的定价目标。定价目标不同,企业选择的定价方法和定价策略也不同。定价目标是企业选择定价方法和定价策略的依据。企业的定价目标必须服从企业的经营总目标和市场营销目标,根据企业经营总目标、市场营销目标、市场营销环境、企业自身的条件、产品的生命周期和产品在企业产品结构中的地位等拟订具体的定价目标。认真分析研究和拟订定价目标是合理定价的关键。

(一)以销售为定价目标

定价目标是企业在对其生产或经营的产品制定价格时,有意识地要求达到的目的和标准。它是指导企业进行价格决策的主要因素。定价目标取决于企业的总体目标。以销售为定价目标应该注意两点。

1. 销售增长率目标

企业以销售收入增长率或销售量增长率为定价目标,为达到这个目标,前者的商品价格一般高于后者。为使销售量提高与扩大,往往采取薄利多销策略。

2. 提高市场占有率目标

企业以产品的市场占有率作为定价目标,则将采取降低价格的策略,以求扩大和提高销量,从而提高市场占有率。企业要紧紧围绕提高市场占有率这一核心任务,构筑新型工商关系,强化网络建设,加快生产、管理、信息化建设和管理体制改革，确保目标的实现。

（二）以利润为中心的定价目标

最大利润定价目标是指企业追求在一定时期内获得最高利润额的一种定价目标。利润额最大化取决于合理价格所推动的销售规模，因而追求最大利润的定价目标并不意味着企业要制定最高单价。最大利润既有长期和短期之分，又有企业全部产品和单个产品之别。有远见的企业经营者都着眼于追求长期利润的最大化。

1. 最大利润目标

最大利润目标即企业以获取最大限度的利润为定价目标。为了达到这个目标，企业将采取高价政策。最大利润目标还有单个产品和全部产品之分，也有短期和长期之分。如果是单个产品的短期利润最大化目标，企业则势必采取高价政策，以获取超额利润。如果是单个产品长期利润最大化，则不同时期的价格可能有高有低。如果是追求全部产品长期总利润最大化，则并不是每种产品都实行高价，都获取最大利润，而是每种产品的价格可能有高有低，最终实现长期总利润最大化的目标。

实行利润最大化目标适合于企业的产品在市场上处于绝对有利的地位时，可实行高价、高利政策；但是这种目标不可能长期维持，必然遭到多方抵制、竞争、对抗，甚至引来政府干预。

2. 满意利润目标

满意利润目标是企业以适当的基本满意的利润作为定价目标，也就是说，企业不求最大利润，满足于适当的利润，以减少风险。

（三）增加或减少顾客目标

对一些产品或服务而言，顾客的增减将直接影响销售的增长或降低，如生产牙膏的企业以增加顾客数为定价目标，以较低的价格争取增加使用牙膏的人数，从而扩大销量增加利润。又如当桥梁、隧道运输过于紧张，为抑制需求，提高过桥费、过隧道费，以尽量减少顾客。

（四）结合实情的定价目标

定价目标是企业在制定价格时，有意识地要求达到的目的和标准。它是指导企业进行价格决策的主要因素。定价目标取决于企业的总体目标。不同行业的企业，同一行业的不同企业，以及同一企业在不同的时期、不同的市场条件下，都可能有不同的定价目标。

1. 以保持现状为目标

保持现状是指保持现有的企业经营地位、销量、市场占有率、利润水平等。企业为保持住现状，一般采取稳定价格策略，或者采用非价格竞争手段。此定价目标一般适合有实力的大企业，已有了相当的市场占有率和利润保障，为了保持现状，阻止带有风险的价格竞争，而采用稳定价格的方针。

2. 以适应竞争为目标

企业为避免在激烈的市场竞争中发生价格竞争，两败俱伤，互伤元气，而以适应竞争作为定价目标，以低于、高于或等于竞争者的价格出售商品。

3. 以保持分销渠道为目标

对一些主要由中间商销售其产品的企业来说，保持分销渠道的畅通无阻是企业扩大销售、提高经济效益的重要决策。企业以保持良好的分销渠道为定价目标，让利给中间商，给中间商有一定吸引力的利润，以促使中间商积极销售其产品。

二、测定需求与成本

企业每制定一种价格，都会对应于一个不同的需求水平，从而对其市场营销目标都会有不同的影响。价格与需求量之间存在着一定的关系。在通常情况下，需求和价格之间呈反方向运动，即价格越高，需求量越低；反之亦然。

（一）测定市场需求

企业商品的价格会影响需求，需求的变化影响企业的产品销售以至企业营销目标的实现。因此，测定市场需求状况是制定价格的重要工作。在对需求的测定中，首要的是了解市场需求对价格变动的反应，即需求的价格弹性（E）。需求的价格弹性可用公式表示：

$$需求的价格弹性 = \frac{需求量变动的百分比}{价格变动的百分比}$$

计算结果有三种情况：①当 $E > 1$，即价格变动率小于需求量变动率时，此产品富于需求弹性，或称为弹性大；②当 $E=1$ 时，即价格变动率同需求量的变动率一致，此产品具有一般需求弹性；③当 $E<1$ 时，即价格的变动率大于需求量的变动率时，此产品缺乏需求弹性或者非弹性需求。

影响需求弹性大小的主要有三个因素：商品替代品的数目和相近程度、商品在消费者收入中的重要性以及商品有多少用途。

（二）估算成本费用

企业在制定商品价格时，要进行成本估算。企业商品价格的最高限度取决于市场需求及有关限制因素，而最低价格不能低于商品的经营成本费用，这是企业价格的下限。

企业的成本包括两种：一种是固定成本，另一种是变动成本，或称可变成本、直接成本。固定成本与变动成本之和即为某产品的总成本。

在成本估算中，离不开对"产量－成本－利润"关系的分析，而其中一个重要的概念是分析边际成本。所谓边际成本是指企业生产最后一单位产品所花费的成本，或每增加（减少）一个单位生产量所引起的总成本变动的数值。因为边际成本影响到企业的边际收益，所以企业必须对其表示极大的关注。

三、选择定价方法

选择产品定价策略是指在顾客购买相关商品时，提供多种议案供顾客挑选，以鼓励顾客更多地购买商品。为了实现企业的定价目标，企业要选择适当的定价方法。定价方法主要有六种。

（一）成本导向定价法

成本导向定价法是以产品成本（包括固定成本和变动成本）为中心的定价方法，也是传统的、运用得较普遍的定价方式。具体做法是按照产品成本加一定的利润定价。成本加成法包含不同的具体种类，主要有完全成本加成法和边际成本加成法。

（二）需求导向定价法

需求导向定价法是以消费者的需求为中心的企业定价方法。它根据消费者对商品的需求强度和对商品价值的认识程度来制定企业价格。这种定价方法是按市场需求的强弱情况而制定不同的价格。市场需求量大，定价就高；需求量小，定价就低。

采取高价格定价，一般应适宜于以下情况：①在竞争者产品未上市前；②愿付高价购买的顾客人数相当多时；③当高价格上市诱使竞争者进入市场的风险不大时。

采取低价格定价，一般适宜于以下情况：①市场对价格呈现高度敏感，降低价格，需求量将大幅提高；②当低价可击退已有或潜在竞争者时；③单位生产成本与销售成本因大量生产和销售而能降低时。

（三）比较定价法

人们一般认为价格高，获利就大；反之，价格低，获利就小。然而，在某种情况下，定价低一些，实行薄利多销，反而可以获得更多的利润；而在另一种情况下，薄利多销又不能获得更多利润。因此，企业可以比较各种不同定价下产品销售量和利润，哪一种价格的销量高、利润大，就定哪个价格。企业可以通过市场调查，分析产品的价格需求弹性来判断是高价厚利少销对企业有利还是低价薄利多销更为有利。通过比较来帮助企业做出价格决策。

（四）竞争导向定价法

竞争导向定价以市场上相互竞争的同类商品价格为定价基本依据，以随竞争状况的变化确定和调整价格水平为特征，与竞争商品价格保持一定的比例，而不过多考虑成本及市场需求因素的定价方法。

1. 垄断定价法

垄断定价法是在垄断市场上，由垄断组织操纵生产和市场时所采用的一种定价方法。当少数几家或十几家大垄断企业控制了某种商品的生产和流通时，这些公司通过结成垄断同盟或达成垄断协议，将这种商品价格定成大大超过其价值的高价；而向非垄断企业和中小生产者购买生产资料，则规定低于这些商品价值的低价。这两种价格都称为垄断价格。这种定价法主要是为了获取高额利润。一些国家的政府都要对之进行干预，或以"反垄断法"进行限制。

2. 随行就市定价法

随行就市定价法是根据同行业的价格水平来确定定价标准。这种方法适用于一些难以核算成本的产品和生产经营同类的差异比较小的产品。生产经营这些产品的企业为了避免价格竞争，与同行业企业和平共处，减少风险，往往采用这种较为稳妥的定价方法。

3. 倾销定价法

倾销定价法即以低于国内市场的价格甚至低于商品生产成本的价格，在国外市场抛售商品，以期占领市场，打击市场竞争者。一旦控制市场以后，再提高价格，获得利润，收回损失。在很多西方国家中都制定有《反倾销法》对此进行限制。

4. 投标定价法

投标定价法是企业在投标时使用的定价方法。企业的目标是中标，占领市场。因此，根据企业投标任务的成本、预期利润、中标的概率，以及预计竞争者投标的报价水平，确定自己的投标价格。有时为了中标，企业往往以低于预计竞争者报价的水平来确定自己的报价。

（五）习惯定价法

习惯定价法即信息供方根据需要者条件和习惯上愿意接受的价格，或者历史上已经形成相类似的价格而被消费者看作习惯性的价格作为评估的基准价格，也就是根据消费者的需求习惯制定商品的销售价格。

日常消费品的价格，通常易于在消费者心目中形成一种习惯性价格标准，符合其标准的价格易被顺利接受，而偏离其标准的价格易引起疑虑。高于习惯价格被认为是不合理的涨价，低于习惯价格又让顾客怀疑是否货真价实。习惯价格一般难以改变，因此这类商品要力求稳定，避免因价格波动带来不必要的损失。

比如，面临通货膨胀，各家商店纷纷涨价的情况，商店如能通过降低经营费用，反其道而行，保持价格稳定，一定能获得良好的经济效益，塑造良好的形象。而在物价比较稳定的时期，市场上有些商品价格长期稳定，已经形成了一种被消费者普遍认可的习惯价格。任何企业生产经营这种产品，必须按习惯定价，不应轻易改变这类商品的价格，以免引起不满而失去老顾客。

对受习惯性价格支配的商品，当迫不得已要变价时，企业可通过改换包装、重量、宣传或品牌等措施，避开顾客对新价格的抵触心理，引导顾客适应新的价格，促进这种产品的销售。

（六）差别定价法

差别定价法是指根据销售的对象、时间、地点的不同而产生的需求差异，对相同的产品采用不同价格的定价方法。这种方法是指同一种产品在特定条件下，不是按照其成本来定价，而是根据不同的顾客，不同的时间、地点，不同的产品式样制定不同的价格。

1. 以顾客为基础

同样的产品或服务，对不同的顾客制定不同的价格。例如：工业用户用电和家庭用电价格不同；成人与学生、儿童乘坐火车，其票价不同；同一产品出售给批发商、零售商和消费者，其价格也不相同。

2. 以产品式样为基础

以产品的式样、外观等为基础的差别价格，即不同式样、规格、外观的产品其定价不同。这些不同式样、规格、外观的产品成本不同，但定价时，并不是因成本不同而按比例规定不同的价格，也就是价格的高低差别并不和其成本差别成比例。例如，同等质量的45码的运动鞋与38码的成本不同，而45码的价格却并不比38码的高多少。

3. 以时间为基础

以时间为基础的差别价格，即商品或服务的价格随着时间的变化而变化。例如，季节性的商品或服务在旺季时定价高，淡季时定价低。以时间为基础的差别价格可按不同季节、不同日期、不同钟点来确定。

4. 以地点为基础

以地点、场地为基础的差别价格，即不同地区、不同地点、不同场地，其价格也不相同。例如，戏剧院提供座位的成本是相同的，但按不同的座位（前座、后座、中座、边座）制定的票价不同。

实行差别定价的条件：第一，市场必须能细分，而且不同的细分市场能显示不同的需求程度；第二，要防止和确知高价细分市场的竞争者不可能以较低的价格进行竞销；第三，要防止低价细分市场的买主向高价细分市场转售；第四，划分细分市场所增加的开支不能超过高价销售的所得；第五，差别定价不会引起顾客的反感；第六，差别定价是合法的。

四、选定最后价格

在最后确定价格时,必须遵循四项原则:①商品价格的制定与企业预期的定价目标一致;②商品价格的制定符合国家政策法令的有关规定;③商品价格的制定符合消费者整体及长远利益;④商品价格的制定与企业市场营销组合中的非价格因素协调一致、互相配合。

第三节 定价策略与目标

在现代营销策略体系中,企业应把顾客的发展和稳定放在首位,以顾客满意度为定价目标作为企业对其生产经营的商品或劳务予以事先确定所要求达到的目的和标准,即企业的定价目标。它是企业整体营销战略在价格上的反映和实现,是企业制定价格策略的指导思想和总体方向。

一、定价策略

定价策略是市场营销组合中一个十分关键的组成部分。价格通常是影响交易成败的重要因素,同时又是市场营销组合中最难以确定的因素。企业定价的目标是促进销售,获取利润。这要求企业既要考虑成本的补偿,又要考虑消费者对价格的接受能力,从而使定价策略具有买卖双方双向决策的特征。此外,价格还是市场营销组合中最灵活的因素,它可以对市场做出灵敏的反应。

(一) 新产品定价策略

新产品定价是企业定价的一个重要方面。新产品定价合理与否不仅关系到新产品能否顺利地进入市场、占领市场、取得较好的经济效益,而且关系到产品本身的命运和企业的前途。

1. 撇取定价策略

实行这种策略必须具有以下条件:首先,新产品与市场上现有产品相比有显著的优点,能使消费者"一见倾心";其次,在产品初上市阶段,商品的需求价格弹性较小或者早期购买者对价格反应不敏感;最后,短时期内由于仿制等方面的困难，类似仿制产品出现的可能性小，竞争对手少。此策略的优点是达到短期最大利润目标，有利于企业的竞争地位的确定。但缺点也明显，即由于定价过高，有时渠道成员不支持或得不到消费者认可；同时，高价厚利会吸引众多的生产者和经营者转向此产品的生产和经营，加速市场竞争的白热化。①

2. 渐取定价策略

采用此策略的条件有：商品的市场规模较大，存在着强大的竞争潜力；商品的需求价格弹性较大，稍微降低价格，需求量会大大增加；通过大批量生产能降低生产成本。这种策略的优点是可以占有比较大的市场份额，通过提高销售量来获得企业利润，也较容易得到销售渠道成员的支持；同时，低价低利对阻止竞争对手的介入有很大的屏障作用。其不利之处在于定价过低，一旦市场占有率扩展缓慢，收回成本速度也慢。有时低价还容易使消费者怀疑商品的质量保证。

3. 中间定价策略

中间定价策略是介于以上两种策略之间的适中价格策略，适用于大量生产销售的产品。即按照本行业的平均定价水平或者按当时的市场行情来制定价格。企业制定的产品价格被消费者认可，企业可以在不承担较大风险的情况下获得比较稳定的市场面。同时，价格不高不低，销售渠道成员觉得稳妥，因此保持经营的积极性；从企业自身看，可有计划地在不太长的时间内收回企业的研制成本，企业因有一定的利润而乐于经营。消费者、中间渠道及企业自身都满意，故又称"满意法"。

（二）折扣与折让策略

这是一种减价策略，是在原定价格的基础上减收一定比例的货款，是企业为调动各方面积极性或鼓励顾客做出有利于企业的购买行为的常用策略。常用于生产厂家与批发企业之间，批发企业与批发企业之间以及批发企业与零售企业或批、零企业与消费者之间。

1. 现金折扣

现金折扣也称付款期折扣。其目的在于鼓励购买者尽早付款加速企业资金周转。购买者如以现金付款或提前付款，可以在原商品价格的基

---

① 参见高云龙《市场营销操作手册》，社会科学文献出版社 2002 年版，第 67 页。

础上享受一定的价格优惠折扣。对按约定付款日期付款的顾客给予一定的折扣，对提前付款的顾客给予更大的折扣。使用这种策略的目的是鼓励顾客提前付款，不拖欠货款，以加速资金周转。

2．数量折扣

数量折扣也称批量折扣，即根据购买者购买数量的大小给予不同的折扣。根据顾客购买货物数量或金额的多少，按其达到的标准给予一定的折扣，购买数量越多，金额越大，给予的折扣越高。数量折扣可分为累计与非累计数量折扣。

（1）累计数量折扣，即规定在一定时期内顾客购买商品达到或超过一定数量或金额时，按其总量的多少给予不同的折扣。这种策略鼓励顾客长期向本企业采购，与顾客建立长期的稳定的关系，因而有助于企业掌握销售规律，预测销售量。它还适宜于推销过时的和易腐易坏产品。

（2）非累计数量折扣，即顾客一次购买的数量或金额达到一定标准时，给予一定的折扣优待。采用这种策略不仅对顾客有利，企业也可以节省销售费用，因为企业每销售一次商品，不论数量多少，其所花费的费用都差不多。

3．交易折扣

交易折扣也称业务折扣、同业折扣或功能折扣，是生产厂家给予批发企业和零售企业的折扣。交易折扣是由企业向中间商提供的一种折扣。对于不同的中间商，企业可根据其提供的各种不同的服务和担负不同的功能，给予不同的折扣优待，但同一渠道成员必须提供同样的交易折扣。一般给批发商的交易折扣大于给零售商的交易折扣。

4．季节性折扣

季节性折扣也称季节差价。一般在有明显的淡、旺季商品或服务的行业中实行。季节性折扣是生产季节性商品的企业向在季节前后购买非时令性商品或提前定购季节性商品的中间商给予一定的价格折扣。这对中间商有好处，也有利于企业安排生产。一些有季节性的服务行业，在淡季时给予顾客一定的价格折扣，对顾客有利，也增加了企业的收入。

5．相关折扣

（1）推广折扣，是企业向为其产品进行广告宣传、橱窗布置、展销等促销活动的中间商提供的一定价格折扣或让价，作为给中间商开展促销工作的报酬，鼓励中间商积极为企业产品扩大宣传。

(2) 运费折让，是企业对路途较远的顾客减让部分价格作为对其部分或全部运费的补偿。

(三) 心理定价策略

心理定价策略是为适应和满足消费者的购买心理所采用的定价策略。

1. 组合定价策略

企业经常以某一价格出售一组产品，即企业迎合消费者求便宜的心理将两种或两种以上有关联的商品合并制定一个价格，具体做法是将这些商品捆绑在一起或装入一个包装物中。组合产品的价格应低于单独购买其中每一产品项目的费用总和。

2. 尾数定价策略

尾数定价策略也称"缺额原则"，即针对消费者对一般商品的求便宜、怕上当的心理，当商品价格为整数或略高于整数时，宁可减少一些，使其价格的尾数为零头。这种策略又称奇或非整数价格策略。

消费心理学家分析测定，定价时不取整数，消费者会认为，该商品价格核算准确，会产生一种没有被欺骗的良好感觉；同时，消费者会产生一种便宜的感觉，因为在消费者心里常常用特别的价钱作为一个划分点，某些数字常隐藏着特别意义。事实上，99元与100元相差不过1元，但在消费者心中却迥然有别。对于零数，我国消费者最喜欢"8""6""9"等，最不喜欢"4"。这种定价不取整数而降至零数上或低于整元的心理定价策略，价格学家称之为"零数定价法"。据观察，这种心理定价策略一般运用在单位价格较低的日用消费品上。

3. 整数定价策略

整数定价策略也叫声望定价或整数原则，即在消费者购买比较注重心理需要满足的商品时，把商品的价格定为整数，不带尾数。对高档商品，奢侈品常采用整数价格策略。如一辆高级小轿车，定价30万元，而不是29.9万元，给人以一种"豪华"的感觉，满足一些消费者的虚荣心理。

4. 期望定价策略

期望定价策略是根据消费者的愿望与购买习惯、接受水平制定价格，是一种利用企业和产品的声誉对产品定价的策略，其产品价格比一般商品价格高。这种策略有利于提高企业和产品的形象，有助于吸引注重名牌的顾客购买。例如，时装和化妆品等商品的价格远远大于成本，有些甚至是成本的几十倍、上百倍。实际上这也是一个心理价位，有人称之为时尚定价策略。原则上，它是以消费者心目中认为值得付出的产品价值来定价。化妆品追求的是"美丽"和"青春"，时装追求的是时尚、与众不同的个性和新奇等，这些都是物质成本所不能衡量的，价格的高低应以消费者的"适当价值感"为限。

5. 安全定价策略

安全定价策略也叫"一揽子定价"策略。针对消费者在购买大件耐用消费品时担心维修不便等心理，把商品本身的价格与确保消费者安全使用的费用加总计算，并将送货上门、代修代装、免费换易损件等售中、售后服务的措施广泛宣传，消除购买者的心理障碍，降低消费者的消费风险和增强安全感。

安全定价也可以这样理解，价值10元的东西，以20元卖出，表面上是赚了，却可能赔掉了一个顾客。对于一般商品来说，价格定得过高，不利于打开市场；价格定得太低，则可能出现亏损。因此，最稳妥的做法是将商品的价格定得适中，消费者有能力购买，推销商也便于推销。

安全定价通常是由成本加正常利润构成的。例如，一条牛仔裤的成本是80元，根据服装行业的一般利润水平，期待每条牛仔裤能获得20元的利润，那么，这条牛仔裤的安全价格为100元。安全定价，价格适合。在实际操作中，如果企业商品名气不大，即使采用安全定价也不安全。追求名牌、高消费的消费者觉得你的产品档次太低，讲究实惠价廉的消费者又嫌你的价格偏高，两头不讨好。

6. 特价品定价策略

特价品定价策略也叫"招徕定价"。企业将商品的价格定得低于市价，并广泛宣传，引起消费者的兴趣，此策略常在经营多品类的超级市场、百货商店使用。招徕定价是一种利用消费者求廉的心理，将少数几种商品暂时降低价格，吸引和招揽顾客购买的一种策略。这种策略有助于在招揽顾客购买特价品的同时，促使其选购非特价商品。

招徕定价策略的心理定位对习惯于求廉求实的消费者极具吸引力。北京一家中型仓储式超市——创益佳，将习惯性消费的日用品中的一部分呈周期性地轮流降价，有些甚至低于进价，轮到下几种商品降价时，上几种又涨上来，始终给顾客造成一种物美价廉的印象，引得顾客盈门。采用这种招徕定价策略，使消费者的注意力过分集中在降价商品上，而忽略了其他商品价格的涨落。

这些定价策略都可以归属于心理定价策略。以此策略确定的商品的心理价位是依照消费者心理上对产品的知觉价值决定的。许多价格学家都认为，心理定价策略有其科学的合理性。过去的经济学家认定，一个产品的价值是所投入的人力、物力、时间的总和，产品的价值等于其客观成本的总和。实际上这是一种很狭窄的观念。真正决定产品价值的因素是产品本身给人们所带来的满足，商品提供满足就产生了价值。凡是能够为消费者提供文化、安全等精神满足的商品，其价格就有可能是心理价位。因此，价格学家普遍认为，商家运用心理定价策略无可厚非。

不过，心理定价策略的最大缺点是消费者心中的"知觉价格"即"所愿付出的代价"很难衡量。倘若心理价位大于消费者的主观价值，便没有交易。因此，商家要下功夫研究不同类型消费者对某种商品的心理感受状况，尽量把握消费者那种与商品成本或批发价毫不相干的"适当价值感"。倘若这种"适当感"切得准，商家将获得其他价格策略所不能比拟的最大利润。

（四）相关商品价格策略

相关商品定价策略又称价格搭配策略，是将所生产或经销的商品分为几类，根据各类商品的特点及其在企业营销中的地位，有意识地将某类商品的价格定低些，而将另一类商品的价格定高些，互相搭配。低价商品可能利润很低甚至亏损，但总体看来，有利于整体利润的最大化。

1. 互补商品价格策略

互补商品指两种（或以上）功能互相依赖、需要配套使用的商品。互补商品价格策略是企业利用价格对消费连带品需求的调节功能全面扩展销售量所采取的定价方式和技巧。具体做法是把价值高而购买频率低的主件价格定得低些，而对与之配套使用的价值低而购买频率高的易耗品价格适当定高些。

2. 替代商品价格策略

替代商品是指功能和用途基本相同，消费过程中可以互相替代的产品。替代产品价格策略是企业为达到既定的营销目标，有意识安排本企业替代产品之间的关系而采取的定价措施。

(五) 商品阶段定价策略

商品阶段定价策略就是在对商品经济生命周期分析的基础上,依据商品生命周期不同阶段的特点而制定和调整价格。

在各个阶段要分别采取不同的定价策略。当新产品引入市场后,可通过完全成本加成法对产品定价,并采取渐取定价策略,让产品逐渐在市场上渗透,取得大的市场占有率。在市场成长阶段,可采取区分定价法,对不同的市场和不同的客户区别定价,满足各方面的要求。在市场成熟阶段,可分别采取对各个相对独立的市场分别作价和数量折扣价格策略,多买打折。在市场衰退阶段,可对退出市场的产品采取果断降价销售策略,对经营的商品有保存价值的和别的企业已不生产的产品采取稳定价格策略。

总之,商品阶段定价策略要紧密跟随着市场的各方面变化来随机应变,使企业产品在各个阶段都能保持一定的利润。

(六) 地理价格策略

这是一种根据商品销售地理位置不同而规定差别价格的策略。地理差别价格又分为产地交货价格和买主所在地交货价格。地理定价策略的形式是根据买卖双方地理位置的差异,考虑买卖双方分担运输、装卸、仓储、保险等费用的一种价格策略。

1. 产地价格

产地价格又称离岸价格,是卖方在产地将货物送到买方指定的船上,卖方只负担货物装到船上之前的一切费用和风险。交货后,商品所有权即归买方所有,其商品的运杂费、保险费等全部由买方自行负担。这种价格策略是单一价格,适合于各个地区的顾客,对卖方最便利省事,也节省费用,但对扩大销售和市场占有率不利。

2. 目的地交货价格

目的地交货价格是按照合同规定,卖方产地价格加上到达买方指定目的地的一切运输、保险等费用所形成的价格。目的地交货价格在国际贸易中又分为目的地船上交货价格、目的地码头交货价格、买方指定地点交货价格。

3. 统一交货价格

统一交货价格又称到岸价格或送货制价格，即不分买方路途远近，一律由卖方将商品送到买方所在地，收取同样的价格，也就是运杂费用、保险费等均由卖方承担。这种策略适用于重量轻、运杂费用低廉、占变动成本的比重较小的商品。它能使买方认为运送商品是一项免费的附加服务而乐意购买，从而扩大产品辐射力和市场占有率。

4. 分区运送价格

分区运送价格也称地域价格，即卖主将市场划分为几个大的区域，根据与卖方所在地距离远近分别定价，在各个区域内则实行统一价格。

5. 津贴运费定价

津贴运费定价主要是为弥补产地价格策略的不足，减轻买方的运费负担，由卖方补贴其一部分或全部运费。这种策略对扩大销售有利。

二、定价目标

现代企业的定价目标是顾客满意度。长期以来，企业定价目标被主要界定在"利润最大化"和"提高市场占有率"等目标内。这些定价目标已不能完全适应现代企业营销战略。在现代营销策略体系中，一个企业如果不能利用联系顾客的最终手段——价格，使顾客得到最大程度的满意，那么，企业的其他营销努力将可能付诸东流。

（一）关系营销

关系营销是现代企业确定定价目标的理论基础。20世纪90年代以来，市场营销正在发生着一次"真正规范性的变革"——关系营销。它正在取代企业各种旧的营销思想，并在企业的广泛应用中得到发展。

关系营销是把企业的市场行为看作一种连续的、长期的、稳定的和互利的伙伴关系。互利平等是关系营销的核心，企业通过建立、发展、培育和保持这种伙伴关系，以获得长期的市场利益。因此，企业定价目标必须反映出关系营销的内涵，原因有三个方面。

1. 满足营销的本质追求

营销作为一种企业的市场行为，以市场为起点和终点，以消费者需要为行为核心，旨在满足消费者需要的前提下，实现企业的各种生产经营的目标。在满足消费需要的过程中，最本质的则是顾客的满意，因为只有顾客满意，才能完成营销的使命——企业是为满足消费需要而存在的。顾客的整体满意程度最终是通过经济标准来衡量的。

2. 降低企业的营销成本

营销成本是指那些为了实现营销战略而支付的各种费用，其中开发顾客和联系顾客是其主要构成部分。"开发一名顾客比维系一名顾客要多耗'十倍'以上的成本。"[①] 所以，当企业运用关系营销保持企业已经开发了的目标顾客，可以大大降低企业的营销成本，为本企业降低价格水平创造前提条件，使企业的产品或劳务更能符合目标顾客的需求。

3. 顾客的生涯价值量

就企业的生存和发展而言，顾客的生涯价值量是指一名顾客在购买企业的某一件或某一类产品时，产生偏好而形成的该名顾客消费该件或该类产品的总量。如一位顾客购买某品牌的皮鞋，每年购买两双，按 50 年计，该名顾客共需购买 100 双该品牌的皮鞋。将 100 双皮鞋乘以单价，就构成了该顾客对该企业的生涯价值量。如果考虑到该位顾客可能带来的新顾客，则该顾客的生涯价值量更大。所以，企业一旦能够维持一批忠诚度较高的顾客群，将会获得有效的市场利益。

营销实践表明，企业在竞争中如果不把顾客的发展和稳定放在首位，那么，企业参与竞争的意识越强烈，它所处的环境也就会越恶劣。所以，尽可能让顾客满意成为企业营销的主体思想。因此，关系营销的存在是确定企业定价目标的理论基础。

(二) 价格调节

价格调节是价值规律对社会经济生活调节的实现形式，包括价格对商品生产、流通、消费和收入等的调节。顾客购买到的商品或服务总价值构成可划分为四方面。

1. 产品价值

它由产品利益、产品功能、产品特性三大板块组成。产品利益是指顾客购买该产品的基本利益取向。例如，化妆品的利益取向是永葆青春，图书的利益取向是知识汲取，服装的利益取向是身份地位的象征。产品功能是指产品满足顾客利益取向的方法和手段，如洗发液将洗发、护发、

---

① 参见马福存《新手拿单必杀技》，中华工商联合出版社 2010 年版，第 102 页。

美发合为一体。产品特性是由产品的品质、材料、品种等组成的产品特殊性，它们是顾客选购产品的基本依据之一。

2. 服务价值

在现代市场经营中，随着顾客的消费观念、消费时间、消费收入的变化，顾客在购买商品时，不仅仅停留在产品本身的价值变化上进行选择决策，而更加重视产品附加值的大小。社会实践表明，企业向顾客提供的产品附加价值越齐全完备，其服务价值也就越高，顾客从中得到的实际利益也就越大，从而购买到的总价值越大。

3. 员工价值

员工价值指企业员工的就业观念、业务素质、工作效率、应变能力、关系亲和程度等所产生的价值。这种价值的重要性就在于顾客满意直接来源于员工对顾客提供的超值服务。

4. 形象价值

形象价值就顾客而言，是显示其购买到的精神、心理满意感和荣誉感的巨大支撑力量。任何一家企业都给顾客树立了一定的形象，因而形象价值包含了企业一切构成要素所创造出来的价值，在很大程度上也是产品价值、服务价值、员工价值的综合反映和结果。因此，企业高度重视自身形象的塑造将会给顾客带去更多的总价值满意。

当顾客购买的总成本不变时，企业可以从四个方面增加顾客购买的总价值；而当顾客购买的总价值不变时，要使顾客满意度提高，就只能降低顾客的总成本。顾客购买时的总成本包括了货币成本、时间成本、精神成本和体力成本。

其一，货币成本的直接载体为价格，一般情况下，顾客购买时首先要考虑的就是价格的高低。而价格的高低，不但是货币支付量的大小，牵涉顾客的支付能力，也是顾客的货币收入价值在市场交换过程中的直接体现。

其二，时间成本是指顾客在购买过程中必须要考虑到的损耗时间量，由于时间可以折算成经济单位，它就成为构成顾客总成本的重要因素。

其三，精神成本和体力成本均是一种非经济成本，它的形成是源于顾客的购买过程，客观上是各种相关信息的收集、比较、决策的阶段组合，这些阶段的进展往往就是顾客的精神和体力耗费的结果。顾客为购买商品而支出的精神和体力就构成了精神成本和体力成本。

综上所述，提高顾客满意的途径无非是价值提高或成本下降。从价值决定价格这一基本经济规律来看，不论是顾客购买到的总价值提高，还是购买时的总成本下降，客观上都要求在价格上有所体现，即当总价值较高时，只要总成本能够吻合总价值，或者是总成本较高时，总价值也能够吻合总成本，总能保持顾客的满意度。顾客在比较总价值与总成本时，唯一可以及时得出结论的只有价格水平。新的定价目标将有助于企业更清醒地认识自己行为的特点和本质，有助于企业营销战略的实现。

（三）顾客满意度

顾客满意度是顾客的一种心理状态，即客户对产品的态度，顾客满意度是一个变动的目标。顾客满意度说法起源于 20 世纪 80 年代初。80 年代中期，美国政府设立了"马尔科姆·鲍德里奇全国质量奖"，以鼓励企业应用"顾客满意"。

1. 顾客满意度内涵

顾客的满意度是企业定价目标及其运动和调整的基本框架。在当今激烈的市场竞争中，企业想方设法在经常性变化的顾客需求中，在几十万种的商品和服务中，寻找着自己的发展空间。然而，他们往往忘掉了营销所要求的最本质的东西——顾客的满意。而这种满意最根本的表示是价值与成本的比值，比值的大小构成了顾客满意的梯度变化。每一位顾客的市场行为就是在追逐这一比值的有利性。

顾客的满意既是顾客追逐的根本目的，也成为企业营销行为追求的根本目标。作为营销战略反映和实现的企业定价目标，理应将此作为定价目标体系中的核心。顾客的满意度指什么？通常，顾客的满意度可用以下公式表示：

顾客满意度 = 顾客购买到的总价值 ÷ 顾客购买时支付的总成本

从该公式看，假设总成本不变，只有当顾客购买到的总价值较大时，顾客的满意度才会提高，顾客购买到的总价值与顾客的满意度成正比关系；当总价值不变，顾客购买时支付的总成本降低时，顾客的满意度也会提高，顾客购买时支付的总成本与顾客的满意度成反比关系。上述内容是企业确定定价目标及其运动和调整的基本框架。

2. 顾客满意度对经营的影响

顾客的满意度是一个心理指标。它将随着顾客在购物时所处的环境与条件的不同，处在一个经常性且随时可变的境地。所以，企业如果以顾客满意度作为其定价目标，需要建立一整套的监控系统，以便随时测算总价值与总成本对顾客的影响程度，调整价格水平。

3. 顾客购买的相对指标

顾客购买的总价值和支付的总成本是一个相对指标，只有当顾客的比较行为发生时才会产生实际的评价效果。因而，总价值与总成本是一对相互影响的比较因素。不同的顾客在不同的产品、不同的环境条件下，其满意度的构成因素、重视程度有差异，这有利于企业充分利用和发挥定价的艺术。

4. 顾客的总价值原则

顾客满意度的提高往往伴随着企业经营成本的潜在上升。因此，顾客的总价值提高或总成本的降低应该达到什么水平才符合企业营销战略的规定，应该以企业潜在利益和长期利益增长、企业要求与整体市场条件相适应为其控制原则。

测算总成本因素变化。由于顾客的市场行为是一种系统行为，他购买的是一个整体消费体系，因此，顾客的满意也是一个系统，虽然顾客的市场行为是以价格联系的，只有顾客愿意支付商品的价格，才表示顾客对商品是满意的；但是，顾客购买的总价值或支付的总成本中任何一种因素的变化，都会影响到顾客的满意程度。对此，定价时要进行科学的估价和预测。

以"顾客满意度"作为企业的定价目标是企业在市场条件下可选择的一种行之有效的行为，更有利于企业将价格制定的科学性与艺术性完美结合，它赋予了企业新的活动空间。

> **思维拓展**　一个杯子的 8 种卖法，思维再次大逆转[①]

在市场营销中，策划最大的目标是将好产品卖出好价钱。

我们以"一个杯子到底能卖多少钱"的例子来启发大家，策划对产品价值创新的意义，同时对打破我们被禁锢的思维有很大的帮助，以下思维创新方式适用于任何产品的营销策划。

---

① 参见《一个杯子的 8 种卖法，思维再次大逆转》，见 http://money.163.com/15/0323/11/ALD08IDB002552IN.html，2017 年 8 月 30 日。

第 1 种卖法：卖产品本身的使用价值，只能卖 3 元/个。如果你将它仅仅当作一只普通的杯子，放在普通的商店，用普通的销售方法，也许它最多只能卖 3 元钱，还可能遭遇邻家小店的降价揽客暗招，这就是没有价值创新。

第 2 种卖法：卖产品的文化价值，可以卖 5 元/个。如果你将它设计成今年最流行款式的杯子，可以卖 5 元钱。隔壁小店降价揽客的暗招也使不上了，因为你的杯子有文化，消费者愿意多掏钱，这就是产品的文化价值创新。

第 3 种卖法：卖产品的品牌价值，就能卖 7 元/个。如果你将它贴上著名品牌的标签，能卖 6～7 元钱。隔壁店 3 元/个叫得再响也没用，因为你的杯子是有品牌的，几乎所有人都愿意为品牌付钱。这就是产品的品牌价值创新。

第 4 种卖法：卖产品的组合价值，卖 15 元/个没问题。如果你将三个杯子全部做成卡通造型，组合成一个套装杯，使用温馨、精美的家庭包装，起名叫"我爱我家"，一只叫"父爱杯"，一只叫"母爱杯"，一只叫"童心杯"，卖 50 元一组没问题。这就是产品组合的价值创新。

第 5 种卖法：卖产品的延伸功能价值，绝对可以卖 80 元/个。如果你猛然发现这只杯子的材料竟然是磁性材料做的，那挖掘出它的磁疗、保健功能，绝对可以卖 80 元/个。这就是产品的延伸价值创新。

第 6 种卖法：卖产品的细分市场价值，卖 188 元/对也不是不可以的。如果你将具有磁疗保健功能的杯子印上十二生肖，并且准备好时尚的情侣套装礼盒，取名"成双成对"或"天长地久"，针对过生日的情侣，卖 188 元/对，绝对会让为给对方买何种生日礼物而伤透脑筋的小年轻们付完钱后还不忘回头说声"谢谢"。这就是产品的细分市场价值创新。

第 7 种卖法：卖产品的包装价值，288 元/对卖得可能更火。如果把具有保健功能的情侣生肖套装做成三种包装，实惠装卖 188 元/对、精美装卖 238 元/对、豪华装卖 288 元/对，最后卖得最火的肯定不是 188 元/对的实惠装，而是 238 元/对的精美装。这就是产品的包装价值创新。

第 8 种卖法：卖产品的纪念价值，卖 2000 元/个。如果这个杯子被奥巴马等名人用来喝过水，后来又被杨利伟带到太空去刷牙，这样的杯子能卖 2000 元/个。这就是产品的纪念价值创新。

营销策划解码：①消费者购买产品时，除了产品本身的使用价值外，更多的是购买一种感觉、文化、期望、面子、圈子、尊严、尊重、理解、地位等象征性的意义;②同样一个杯子,杯子里面的世界——它的功能、结构、作用等依然如故,但随着杯子外面的世界变化,它的价值却在不断地发生变化;③同样的杯子采用不同的价值创新策略,就会产生不同的营销结果。

思考练习题

一、简答题

1. 简述定价的客观依据。
2. 简述影响商品价格的因素。
3. 简述如何确定定价目标。
4. 简述如何测定需求与成本。
5. 简述如何选择定价方法。
6. 简述如何选定最后价格。

二、论述题

1. 论述影响企业定价的因素。
2. 论述定价程序。
3. 论述定价策略与目标。

三、思考题

1. 广州的潮皇食府雍容幽雅,服务周到,是接待重要好友的极佳地方,但是消费特别高,随便吃一餐饭,人均消费在100元以上。请你从营销的角度分析并言简意赅地用一句话来总结。

2. 柬埔寨是一个盛产热带水果的好地方,到柬埔寨旅游,你会发现这样一个现象,这个盛产热带水果的地方,水果的价格却比广州高一倍多。请你从营销的角度分析并言简意赅地用一句话来总结。

3. 在美国养牛,一般都是由农庄主的牧场来饲养,其所饲养的牛多则上万头,少则上千头,饲养牛的草料都是大量地从外面购买回来的。如果饲养牛的草料涨价了,牛肉是降价还是涨价?

第九章
分销渠道策略

在现代市场经济条件下，生产和消费在时间、空间、数量、品种、结构上相分离，这一对矛盾以及商品所有权的转移和生产者、消费者之间的信息沟通，大都离不开中间商或其他中介机构。时变则势异，面对市场新的情况，厂商应冷静地分析现状，深入考察目标市场变化，捕捉机遇，正确地认识自身渠道的优劣势，结合自身特点对已有渠道进行结构调整，尝试和探索新渠道。分销渠道策略就是要了解渠道结构和潜在的机会。

第一节 分销渠道的作用

市场是靠人来操作的,那么市场的主要合作伙伴——经销商,以及运作市场的销售队伍就成了重中之重。一个好的经销商可以帮助企业解决很多问题,一支有战斗力的队伍也是市场成败的关键。分销渠道决策的内容就是对这些中介机构的选择和管理。

一、分销渠道组成

分销渠道(也称销售渠道或配销通道)指产品从生产者向消费者或用户转移中经过的通道,这通道由一系列的市场分销机构或个人组成。换言之,一切与商品所有权转移相关的中介机构或个人组成了商品的分销渠道。渠道的起点是生产者,终点是消费者或用户,中间环节有各类批发商、零售商、代理商和经纪人。

中间商是人类社会分工的产物,并随社会分工和商品经济的发展而发展。中间商的介入,看上去使交换变得更复杂了,但实际上却减少了交易次数,并提高了效率,使整个社会用于商品交换的总劳动得到了节约,如图9.1所示。

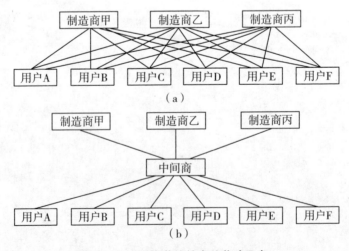

图9.1 中间商节约社会总劳动示意

20世纪60年代前后,某些西方发达国家曾出现否定批发的所谓"流通革命",认为随着生产企业规模集中,经营范围扩大和零售业规模的增长,商品流通中可以不再需要批发。但最终,批发商还是未能被取代,变化的只是批发商业的经营形式。

我国在过去计划经济体制下,产品销售渠道单一,工业与商业、商业与商业之间的商品交易活动均严格按计划执行。改革必然要打破这种固定不变、违背经济规律、市场需求的渠道结构,但同时也出现一种否定商业中介的倾向,用生产企业自销代替商业经销,或一味地减少渠道环节,将"合理"与"少环节"等同起来。这些做法和说法都是值得商榷的。实际上,对大多数规模不太大的生产企业和顾客数量众多又十分分散的行业来说,由中间商承担营销活动必不可少,也更为节约。

二、分销渠道增值管理

近年来,价格战和变相的价格战波及了一个又一个行业:从PC到航空业,从零售业到计算机软件,从家电到食品,从汽车到妇女用品,都未能幸免。经历价格大战,这其中根本就没有赢家。

(一)目前分销渠道情况

前些年的价格竞争是企业以价格为竞争手段,谋取更多市场份额的主动行为;而近年却是很多企业不得已而为之的被动行为。企业在分销商的压力之下,不得不降价,不得不促销,不得不投入越来越多的广告费用。这么多的"不得不"集中反映了中国企业存在的严重缺陷。

中国城市的经济改革是从流通体制开始的,这项改革表现为两个方面:一是传统商业体制和体系的改革,一是制造商分销渠道再造。传统商业体制和体系的改革最主要表现是打破统购统销机制、机构,激活大型零售商业,表现为大批个体从业者进入批发业和零售业。客观地说,中国工业企业的分销渠道再造正是围绕利用和扶持个体分销商逐步展开的。从某种意义上说,中国工业企业的发展是以争夺分销商为主线的。它们的荣辱和兴衰都维系在分销商的能力和效率上。

流通体制改革之初,企业的分销竞争并不激烈;相反,由于商品紧缺,市场竞争主要表现为分销商(主要是大商场和部分个体商户)对货源的竞争。随着市场形势的变化(主要是供求关系的变化),市场竞争逐步演化为对大商场的争夺。由于中国大型零售业进步缓慢（这种缓慢一方面表现为对城市的覆盖率有限，另一方面表现为对农村鞭长莫及），工业企业逐步将注意力从大型零售商场转向分销商。中国原有的商业主力从顶峰走向低谷，并最终成为大型分销商的附庸。为数众多的商场从高利润到微利，到难以生存，到出租柜台，每况愈下。

当市场权力从大型零售商转移到分销商之后，中国的批发业迅速兴起，并在过去10多年的时间内形成了覆盖城乡的、发达的分销体系。但令人遗憾的是，这个分销体系尽管发达却很不健康。

从分销商来说，由于良好的市场机遇和企业的"众星捧月"（往往一个大分销商会受到众多大中小企业的青睐），规模迅速扩大，但经营能力却提升缓慢。它们没有业务队伍，没有信息功能，没有管理功能，没有长远打算，不能正确处理和企业的关系。

从企业来说，分销渠道是以一级分销商为主建起来的，企业既没有完成对一级分销商的培训和改造，使其成为自己的战略伙伴，也没有实现对其的有效管理，更没有能力控制和引导下游分销商的行为。随着分销渠道规模的扩大，分销渠道和分销商的异化现象越来越严重。

撇开政府作用，市场秩序是由企业行为和分销商行为决定的，企业没有能力规范分销商的行为，分销商缺乏自觉和自律，这样中国市场秩序混乱就不足为奇了。

（二）对分销渠道增值管理

在市场经济发达的今天，绝大多数制造商并不是将其产品直接出售给最终用户，而是通过一些中间商构成的分销渠道系统才能使与最终用户之间的交易得以实现。由于目前分销渠道存在着种种缺陷，这就要求企业对分销渠道进行增值管理、渠道创新。在渠道策略和渠道管理方面，我们为企业整合分销渠道提出三点建议。

1. 以顾客满意度为主要目标

将注意力从服务于分销商转移到顾客上来。只有顾客满意，企业才能取得良好的业绩。顾客满意度决定顾客忠诚度，只要顾客忠诚，就为企业进行渠道创新和渠道整合创造了良好前提，企业就可以集中精力于几项成本较低但却能为顾客带来真正好处的事情上。

2. 重新审视和制定渠道策略

渠道应该从满足顾客需求和经济性两个方面来确定，应该关注渠道的运作（销售、分销、服务和其他）是否有效和迅速，还应该从主要目标顾客群角度来评价渠道的业绩和表现。

渠道的构成往往已对渠道有了明确的分工，决定了哪种渠道应服务于小批量高利润的顾客，哪种渠道应采用薄利多销的原则，服务于大批量的消费者。对于大多数企业来说，彻底研究现有的及潜在的渠道，采用合理的多渠道策略，是有效提高市场占有率和销售业绩的首要手段。

3. 渠道政策与企业目标一致

为了改变不求进取的分销商，企业必须重新考虑奖励机制和政策。用支持业绩目标（如销售量增长或是顾客满意度）的激励机制相对来说最容易考核和管理。根据中国企业目前的实际情况，考核分销商对下游分销商的管理以及下游分销商的满意度也十分关键。企业必须十分清楚自己需要渠道做什么和怎么做，否则，很可能会事与愿违。

企业在设计激励机制时最容易犯的错误是：①不顾及淡旺季差别；②不考虑品种盈利能力的差异；③不考虑对新品种推广的引导；④没有战略考虑，或难以为继或为企业造成巨大经济压力；⑤过分依赖激励机制，不能充分整合利用企业全部营销资源。

第二节 分销渠道结构与中间商类型

如前所述，分销渠道由生产企业、最终用户和参与商品所有权转移的各类中间商组成。不过，消费者市场和生产者市场分销渠道的构成又有不同，如图 9.2 所示。总的来说，首先，消费者市场分销渠道所含中间商的数目较生产者市场要多；其次，消费者市场分销渠道的出口是零售商，而生产者市场的分销渠道成员中没有零售商。

一、分销渠道结构

进一步考察分销渠道的结构，我们一般从有无中介环节、环节的多少及每一环节含中间商数量的多少等几方面对分销渠道进行划分。

（一）直接渠道

由生产企业直接将产品卖给用户，没有中间商介入。销售形式：推销员上门推销、邮寄、定做、自设销售门市部。

（二）间接渠道

至少含有一层中介机构的情况，是消费者市场上占主导地位的渠道类型。其结构有三种。

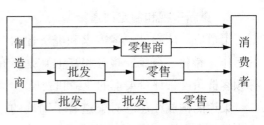

（a）消费者市场分销渠道

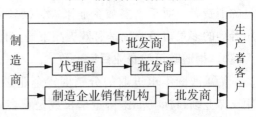

（b）生产者市场分销渠道

图 9.2　分销渠道结构

（1）一层渠道（制造商与用户之间只有一层中间环节）。

（2）二层渠道（制造商与用户之间有两层中间环节）。

（3）三层渠道（制造商与用户之间有三层中间环节，多一道批发）。

二、批发商

批发商是指把商品卖给工业用户或其他中间商的经营大额商品交易的商业机构或商人组织，也就是以批发经营活动为主业的企业和个人。对于批发商，可以按其本身是否拥有商品所有权分成经销商和代理商，也可以按批发商与其供应商双方之间的关系分成独立批发商和隶属于制造商的批发商。把这两个分类结合起来就可以把批发商分成三种基本类型：拥有商品所有权的独立批发商，称为商业批发商；没有商品所有权的批发商，称为代理商或经纪人；隶属于制造商的独立批发商，称为制造商的销售分部或采购办事处。按职能特点分，批发商有四种类型。

（一）商业批发商

商业批发商是具有独立投资、专门从事批发经营活动的企业或个人。他们对经销的商品拥有所有权，并且提供广泛的职能服务。如典型的完全职能的商业批发商，除从事商品买卖活动外，还承担商品储存、运输、挑选、拼配、分装、资金融通等职能。我们的国有批发企业过去大多属于这类批发商。当然，也有些商业批发商除商品买卖活动外，只提供部分职能服务，如只承担送货，而将储存、拼配等工作委托给专业的仓储公司；或者甚至将所有与商品实体转移有关的活动均委托给物流中心，达到了商流与物流的彻底分离。

商业批发商可根据承担职能的多少、经营商品品种范围的宽窄及市场覆盖地域的大小进一步细分。有提供完全职能的批发商，也有只承担部分职能的批发商；经营产品线广的称综合批发商，经营产品线深的称专业批发商；市场覆盖全国的称全国性批发商，经营活动限于某一区域内的称地区批发商。

(二) 代理商和经纪人

代理商和经纪人通常不拥有商品的所有权，仅销售供货方保有所有权和承担责任的产品，他们的客户是零售商和商业批发商。这类批发商通常占全部批发业务的60%。因此，代理商和经纪人与商业批发商相比的显著区别：①对所经营商品没有所有权；②在买卖方之间牵线搭桥；③经营范围较小，专业性强。

(三) 生产企业的销售机构

生产企业的销售机构是生产企业组建的有相对独立经营权的销售组织。我国流通部门的发展中，在批发领域，生产企业的销售机构及各类销售代理承担着主要的批发职能，市场份额接近70%；批发市场在农产品、日用消费品等的批发交易中占有较大的市场份额；期货市场和远期现货市场的发展尚不尽如人意。

(四) 大宗商品的专业批发商

专业批发商是指专业化程度较高，专门经营某一类商品或某一类商品中某一种商品的批发商。大宗商品的顾客主要是专业大商场，大宗商品的专业批发商是将分散的货源收集组织起来，然后再大宗地批发出去。

上述四类批发企业，商业批发商在整个批发销售额中占50%～60%，制造企业的销售机构占20%～30%，代理商和经纪人约占10%。

未来批发商业的发展，一方面将继续由少数大公司所控制，其经营业务在地理区域上扩展；另一方面，批发商业又面临大型零售企业、连锁店自营批发的挑战。从现代技术在流通领域应用的角度看，计算机和现代通信网络的广泛应用使生产企业与产业用户、零售用户之间的直接联系更为容易；物流与商流的分离则使提供完全职能的传统商业批发商面临着投资少、费用低的有限职能批发商，甚至代理商、经纪人的挑战。

三、零售商

凡以从事零售经营活动为主业的企业和个人，称之为零售商。零售商是将商品送达个人消费者手中的商品分销渠道的出口。由于消费者市场的分散，在所有商品经济发达的国家里，零售都是一个十分庞大的行业，拥有超过生产企业与批发企业之和的企业数量和众多的就业者。

（一）零售形式

零售是向最终消费者个人或社会集团出售生活消费品及相关服务，以供其最终消费之用的全部活动。零售形式包括八种。

1. 百货公司

一般规模较大，经营商品范围较宽，属综合性商店。内部按照服装、家庭日用品、洗涤化妆品、五金商品、文化用品等分为不同的商品部。每一大类商品中经营着多个品种、规格的商品，即产品线的深度取决于商店规模的大小。通常在城市的最大商业中心都有 1～2 家大型百货公司，经营商品品种可达数万到数十万；在城市二级、三级商业中心，则有规模较小的 1～2 家百货公司。

2. 专卖店

通常只经营某一大类商品，产品组合窄而深。如我们常见的服装店、鞋帽店、床上用品商店、照相器材商店、体育用品商店、书店。专用品商店是组成各级商业中心的主力，每个商业中心除有一两家百货公司外，主要由众多的专用品商店组成。专用品商店的经营要点是产品花色、品种、规格齐全，以供消费者选择。它的一大特色是往往经营同类商品的若干家专用品商店聚集在一起，生意反而更兴旺。

3. 超级市场

第二次世界大战后才在美国迅速发展起来，并被推广到很多国家。超级市场是一种大规模、低成本、低毛利、消费者自我服务的零售经营方式，主要经营食品、洗涤品及家庭其他日用小包装商品，后来又发展到经营药品、运动用品、小五金、唱片等众多种类的小包装商品，以进一步扩大销售，降低成本。

我国大城市在十几年前就开始引进超级市场的经营形式，但因营业面积小，多称之为自选市场，突出其开架售货特点，主要经营各种食品。后来有一段时间，所有自选市场几乎都改变了经营方式或干脆撤掉了，原因在于：一来，我们没有规模大带来的费用低，结果自选商场的商品反而比一般商店的贵；二来，我们与欧美国家相反，劳动力成本低而机械成本高，小包装商品少，包装不规范，上货、记价等几乎都还要靠手工。近两年，随着商品品种丰富，各种小包装食品越来越规范化，也引进了计算机等现代化设施进行管理，更重要的是消费者收入提高了，购买商品时选择性强了，时间宝贵，每次购买批量大了，自选商店的形式又开始恢复，而且经营范围除食品外扩大到家用各种小包装商品。不过，我国的自选市场大多仍突出"自选"，而非"超级"。

4．特级市场和购物中心

这种零售形式较传统的超级市场更大，平均营业面积1万～2万平方米。经营范围也大大超出了日常用品，包括家具、服装、床上用品、家用电器等许多种类的商品；还提供洗衣、就餐、修理等服务，消费者在这里几乎可以满足各方面的需要。

5．折扣商店

这是在欧美国家很受欢迎的一种零售形式，主要特点是鼓励大量购买，给予数量折扣。为进一步降低成本，这类商店多开在租金较低的非商业区，而且提供尽可能少的服务和销售设施，因此商品售价低廉，受到低收入层的欢迎。不过，售价低并不等于产品质量无保证，折扣商店以经销全国性名牌商品为主，所以既不必广做宣传，又能以低价令消费者买到质量可靠的商品。

6．自动售货

这也是第二次世界大战后出现的一种新型零售形式。现仅美国公共场所就有上百万台自动售货机在运行。自动售货机24小时服务，故被广泛用于人们随时可能购买的方便小商品上，如饮料、糖果、卷烟、报纸、化妆品、书籍、胶卷、T恤等，但价格较一般商店贵10%～20%。

7. 连锁商店

连锁商店被称为20世纪零售业最重要的发展。连锁商店是一种由少则两家、多则数百家共同所有，统一管理，销售类似商品，集中采购的商店组成。所以，连锁商店可以是超级市场的连锁、专用品商店的连锁、百货公司连锁，也可以是旅店连锁、快餐馆连锁。严格地说，连锁是一种组织形式，而非经营方式。

8. 专业店

专业店是迅速发展的零售业态，指专门经营某一门类商品并且具备有丰富专业知识的销售人员和适当的售后服务，满足消费者对该类商品选择需求的零售业态。如专营电器、建材用品、家私、礼品等的商店。这些商店与专卖店不同，因为它销售的不是自有品牌；也不同于百货公司，因为它经营的不是综合类商品。专业店在发达地区较为普及，在香港有经营家电的丰泽、百老汇、泰林，经营化妆品的莎莎和经营家居用品的宜家等。近年来，这种零售业态在内地也崭露头角，有影响的如经营家电的国美（北京）、三联（山东）、苏宁（江苏），经营妇女用品的女人世界商业广场（深圳）、女之都（武汉），经营鞋类的云柏（北京），经营黄金珠宝首饰的菜市口百货（北京），等等。

专业店之所以发展迅速、竞争力强，是适应社会经济发展，消费者的购物倾向、购物方式变化的结果。提高采购效率、获取质优价廉产品、享受良好服务是消费者的购物理想。随着经济发展和社会文化变革，消费心理也随之改变，消费个性化、品牌化、时尚化等趋势日益明显，要求商家为消费者提供商品定位准确的特色经营及专业服务。

专业店的经营特色：①围绕某一门类商品纵深化经营；②将市场定位瞄准在一个明确的细分区间，经营商品的门类虽然单一，但在同类商品中，品牌、品种、规格、花色、款式一应俱全，以其商品在某一专业领域的齐全性为卖点吸引消费者；③实行连锁化经营，价格低廉，优质服务；④注重品牌经营和独家专营；⑤有强大的销售能力，因此敢于采取买断式经营，采用现代化的管理手段和后勤支援系统。

零售业的发展趋势：一是非门市式零售发展，电子时代的到来为此提供了广阔的发展前景，如电话购物、电视购物、计算机购物；二是零售业继续两极分化，巨型购物中心和"夫妻店"、个体户同样活跃；三是服务和购物环境成为零售业竞争的主要方面，零售提供给消费者的不仅是商品，还有环境氛围和各种消费者需要的服务。

在新形势下，零售商业务要继续保持良好的势头，就要更新观念，也就是以观念制约观念。知识经济背景下的思维方式特征是创新。创新就是以超常或反常规的眼界、方法去观察市场、思考经营问题，提出与众不同的解决问题的答案、程序或重新组合已有知识、技术、经验，获取创造性的思维成果，从而提高零售商业务的营销力，从创新到创收。

（二）创新与创收

零售商从创新实现创收需要经过以下路径。

1. 真正了解客户的需要

消费者对前途的担忧有增无减，消费支出逐步缩减，制造业和零售业的增长缓慢。对大众而言，股市飙升和楼价上扬制造的"财富神话"早已成过眼烟云。消费者更是以苛刻的眼光寻觅价廉物美的商品。这种背景下，就使零售商实现创收更为困难。

2. 运作流程

创新零售商内部的运作流程关系到供应链。在零售业中，零售商很重要的能力是如何把当地的商业做大，取得规模效应。对于大型的零售商，他们的良性循环在于要尽快地做大规模，才能以最好的价格拿到最好的产品，满足消费者，使消费者更加喜欢光顾，因而构成良性循环。

比如沃尔玛，主要的强项是利用内部非常强大的信息处理系统，能够做到通过需求来决定存货，不但可以降低店内存货，同时其供应链里面的存货波动也相对平缓，还能防止缺货。缺货是造成销售损失的重要原因之一，而且对消费者情感上的伤害是比较大的。

3. 品牌创造

现在很多大的零售商某种意义上都变成品牌非常强势的公司，它所提供的品牌、建立的品牌包括品牌的各个方面。它的知名度、品牌含义能够提供功能上的益处和情感上的好处。总体上，与消费品公司建立品牌所创造的价值基本是一致的。

在品牌方面的创新，有所谓的店内品牌创新。以前大型零售商也做一些自有品牌，一般是靠价格竞争的，现在越来越多地把自有品牌做得越来越高端，不同的品牌体现出不同的品牌含义，标榜各种含义，比如豪华和高档的产品，从单纯地卖产品转化为品牌的推介者。

另外，品牌创新是让你的店真正地实现差异化。为了做大差异化，不同的商家有不同的做法：提供特殊服务、改变服务的内涵和产品的内涵。比如，把购物中心做成娱乐中心，不仅可以购物，还可以娱乐。

第三节 选择分销渠道

《孙子兵法》开篇就论证了知己知彼对战争胜负的重要性，从选择分销渠道来看，这一条也是做选择的关键所在。"知己"就是要深入分析自身的现实情况以及对分销渠道的期望，"知彼"就是要了解市场的关键影响因素，而完成知己知彼的过程也就是"内省"和"外察"。在知己知彼的基础之上，通过对"市场"和"需求"的"匹配"缩小备选范围，确定出候选的目标市场，再通过对目标市场的比较最终圈定出适合本企业需求的分销渠道。企业自己选择分销渠道，首先要决策是否需要中间商。如不需要，为直接销售；如果需要，为间接销售。

一、分销渠道的选择因素

分销渠道策略指企业为了使其产品进入目标市场所进行的路径选择活动和管理过程。它关系到企业在什么地点、什么时间、由什么组织向消费者提供商品和劳务。企业应选择经济、合理的分销渠道，把商品送到目标市场。分销渠道因素包括渠道的长短、宽窄决策，中间商的选择以及分销渠道的分析评价和变革等内容。一种商品的分销是否需中间商参与，或需要几个层次的中间商，取决于三个方面的因素或考虑。

（一）产品特性

一般来说，鲜活易腐商品、时兴商品宜直接销售，因这类产品在流通中时间因素特别重要，环节越少，从生产到达消费的速度越快；技术复杂、专用性强的商品宜直销，因中间商一般不具备所需的专业知识和技术，而且这类产品的用户大多也较集中；体积大，分量重，移动不方便的商品也适于直销，以减少中转的麻烦；再就是制造成本与销售价格之间价差大、单价昂贵，又需充分演示或较多附加服务的商品可直销，如高档护肤化妆品、清洗剂、小型家电产品。

(二) 市场条件

市场越分散，流通成本越高，耗时越长，越需要中间商；反之，用户规模大、位置集中、一次购买批量大，或市场整体需求量大，则可直销或采用短渠道，销售费用相对较低。因此，一般来说，对生产者市场的用户可采用直销，对消费者市场则大多需要相对较长的渠道。当零售商规模庞大时，可采取一层渠道或至多两层渠道；当零售商规模十分小时，中介环节自然要多些。

(三) 生产企业状况

企业规模大、声誉高、财力雄厚，具备市场营销所需的人员设施、技术和经验，亦可采取直销或短渠道；否则，只有无选择地采用间接渠道、长渠道。此外，还要看企业的战略和目标。如果生产企业十分看重自己对最终市场的控制，或者十分关注自己产品在最终市场上的销售情况，或者认为由自己直接承担各项营销职能将比中间商更有效，那么，可以选择直销或短渠道。

二、分销渠道管理和决策

面对全球化的新技术革命和市场变迁，企业的分销渠道正面临重大的变化。下面从我国企业分销渠道的基本现状出发，分析在分销渠道决策管理程序、分销渠道组织构架上的变革与创新思路，并以分销渠道管理实例作为分析框架。

(一) 企业对分销渠道的管理

企业要安排专人负责分销渠道的管理。在法律和政府政策方面，专卖制度、反垄断法、进出口规定、税法、税收政策、价格政策等因素都影响企业对分销渠道的选择。诸如烟酒实行专卖制度时，这些企业就应当依法选择分销渠道。

1. 确定中间商的要求

要对中间商进行绩效评价，必须先确定中间商的绩效评价指标。评价中间商的绩效指标有很多，每个企业对中间商的要求侧重点不同，所采取的评价指标也会不相同。评价指标大体上可以分为三类：中间商的财务绩效指标、竞争能力指标、素质指标。同时，企业要了解中间商有哪些要求，然后考虑怎样去满足中间商的要求并使其满意。

在中间商特性上，各类各家中间商实力、特点不同，诸如在广告、运输、储存、信用、训练人员、送货频率等方面具有不同的特点，从而影响生产企业对分销渠道的选择。按中间商数目的多少，可选择密集分销、选择分销或独家分销。

2. 减少企业与中间商矛盾

激励渠道成员、减少生产企业与中间商矛盾。生产企业对中间商应贯彻"利益均沾"原则，密切双方的合作关系，共同搞好营销，有必要规定一些考核和奖罚办法，对中间商的工作及时考核，经营效果好的，给予奖励或优惠待遇，并争取建立长期合作关系。

在减少矛盾方面，一是定期举行中间商与生产企业高层管理人员之间的会谈，及时沟通，消除分歧；二是制造厂从各方面主动为经销商提供方便。例如，通过广告协助推销；价格合理并给予折扣优惠，提供有销路的产品和营销调研获得的有用信息；给予货售出后再付款的信贷优惠，在存贷方面提供方便，当中间商的存货降到一定水平时，自动供货，协助中间商将库存压到最低限度；等等。

3. 定期对渠道成员进行工作评估

（1）检查每位渠道成员完成的销售量、利润额。

（2）查明哪些经销商积极努力推销本企业的产品，哪些不积极。

（3）检查每位渠道成员同时经销多少种与本企业相竞争的产品。

（4）检查每位经销商给商品定价的合理程度。

（5）检查每位渠道成员为用户服务的态度和能力，以及他们是否令用户满意。

（6）计算每位渠道成员的销量在企业整个销量中所占比重。

通过上述诸方面的评估，企业可鉴别出那些贡献较大，工作努力的渠道成员，给予特别的关注，建立更亲密的伙伴关系。通过评估也可鉴别出那些不胜任的渠道成员，必要时可做出相应调整。

（二）实体分销决策

以企业为背景，探讨产品分销问题的优化方法，了解产品分销决策支持系统的目标和功能，分析实现其目标的分销决策基本过程，进而研究实体分销职能和实体分销运作。

1. 实体分销职能

在科特勒的《营销管理》一书中将分销管理分为三个方面，即销售、实体分销与服务。但是，绝大部分中国企业片面地认为销售是产品分销的全部，这是一个很大的误区。因为消费者购买产品只是获得了产品的所有权，这不是消费者或最终客户的目的，他们的目的是消费、解决问题，而只有服务才可能帮助消费者满意地消费、有效地解决问题。

实体分销职能包括货物的运输和储存等。货物的储运是为了实现产品在空间位置上的转移，保存产品的使用价值，调节产品供需的有关矛盾。实体分销职能是实现交换职能的一个必要条件。

2. 实体分销运作

实体分销在市场营销中，简称为 PD（physical distribution），在我国有时又沿用日本的说法——物流管理。企业在市场营销中运用物流战略是指通过物流来达到扩大市场、促进销售的所有措施谋略。它包括许多具体内容，例如产品实体分销战略、供应链营销战略、第三方物流战略、商物分离战略、联合配送战略以及准时化战略等。对产品开展物流营销，不仅可以大幅度地降低物流成本，更重要的是可以提高对顾客的服务水平。对于顾客来说，由于送货准时、保质保量，大大提高了顾客的满意程度，从而赢得了市场；对于企业来说，由于大大降低了运行成本，既提高了经济效益，还可以达到巩固和扩大市场的目的。

（1）职能组成：运输、仓储、物料搬运、存货控制、保护性包装和订单处理。

（2）实体分销决策：运输方式（水运、铁路、公路、航空、管道）。

（3）存货控制：存货水平高、能更好地满足顾客提出的订单、增加销售。

三、渠道模式创新

当前，由于市场环境的变化，国内许多制造商在渠道网络建设和渠道管理方面面临严峻的挑战。渠道模式——包括渠道结构、厂商关系策略以及渠道管理体系等——将朝什么方向演变，应如何应对和解决棘手的渠道难题，怎样才能形成持久、稳固的渠道竞争优势，是许多厂家共同关心的问题。下列案例聚焦了一些核心命题,主要从策略角度给我们一些启发,也使我们看到,面对环境变化,制造商的渠道策略和渠道管理的新内涵。

(一) 利益捆绑

销售保证金使厂商和经销商关系从"情人"到"夫妻",将双方利益捆绑在一起。销量保证金的核心内容:如果经销商完成了招商阶段保证的销量,厂商就把销量保证金退还给经销商,在此基础上,经销商可以享受更多的利益;而如果没有完成任务,或者有越区销售、低价倾销等违背游戏规则的行为,销量保证金是不退还的。

在中国,肯德基开设的炸鸡店已超过1000家。在任何一个城市,肯德基都会与租赁方保持着比较信任和灵活的合作关系,这种灵活的关系体现在租金提成的方式得到普遍的运用,而且营运的投资均由肯德基实施。通常一个400平方米的肯德基餐厅投资额在800万元左右,年营业额要求在600万元以上,肯德基一般付出8%的销售提成给予租赁方,这意味着一个400平方米的肯德基餐厅一年的租金收入在48万元以上。由于肯德基拥有完善的信息化系统,操作透明度高,所以这种合作方式得到了大多数租赁方的信任。相对而言,利益捆绑式的合作更有抗风险能力,也是一种双赢的合作方向。

(二) 成长捆绑

现在,许多有实力的经销商早已超越了生存的基本需求,他们现在面临的是成长的需要,成长捆绑把经销商从"搬运工"变为"市场操作者"。经销商从以前的被动配合厂家做市场转变为"主动为自己的成长/为自己的长远利益而做市场"。心态的转变、市场操作地位的转变调动了经销商的积极性。

明确一下成长捆绑营销的定义,它是指共生营销的一种形式,是指两个或两个以上的品牌或公司在促销过程中进行合作,从而扩大它们的影响力。当然,并不是所有企业的产品和服务都能随意捆绑在一起的。

(三) 情感捆绑

情感捆绑就是用道德感、过去的感情或你们之间拥有的秘密等联系锁住你,甚至威胁你,让你听从他们的意愿,无法敞开心扉或者放手做一些自己想做的事情。情感绑架常常被作为骗子的诈骗手段、营销的方式等。情感捆绑:厂家树旗,经销商归队。在赚钱的需求、成长的需求外,每个经销商还都有受尊重的需要和对归属感的寻求。

思维拓展 电视营销利器:节目与品牌的捆绑营销[①]

在这个泛媒体、泛娱乐、泛营销的时代,真正有质量的娱乐营销依然属稀缺资源,而娱乐营销更非简单的冠名与赞助。优质节目和强势企业品牌的绑定本身将成为中国电视行业营销发展的趋势,而成功的捆绑营销可以用最短的时间在消费者心中提升品牌并有力促成销售。立白洗衣液、加多宝凉茶都是娱乐捆绑营销的典型案例。

1. 立白洗衣液《我是歌手》

(1) 理念捆绑。从品牌捆绑入手,理念的趋同是融合节目与商业的营销模式之一。借助节目进行推广,一方面提高知名度,一方面提升品牌。《我是歌手》节目元素和立白品牌结合,立白与《我是歌手》的契合点是实力。借用这个活动让消费者感受到品牌的实力。

(2) 节目元素捆绑。立白享有湖南卫视《我是歌手》冠名权益,还有联合 logo(标志)的使用权。立白方面负责将节目与企业元素结合及设计。此外,立白还专门派出人员参与《我是歌手》节目内容的讨论,堪称 2013 年年初最积极的电视节目冠名商。

(3) 宣传捆绑。在节目播出的同时,立白打造了一个综合性的营销平台,从线上的多媒体运用到线下的整合推广,每一个环节都紧密配合,而《我是歌手》节目则是这个整合性营销平台的切入点和引爆点。立白进行了线上多媒体的整合传播,包括电视、网络、户外等,同时线下也开展了全面的营销推广,包括卖场、大篷车活动等,目的就是在助力节目的同时借力节目,实现双方共同发展。

(4) 促销销售捆绑。《我是歌手》播出期间,北京、上海、广州各大公交站和地铁站台上出现了大量宣传广告,这是立白自掏腰包做的宣传。

2. 正宗凉茶加多宝《中国好声音》

(1) 理念捆绑。加多宝凉茶与《中国好声音》共同具有原汁原味、

---

① 参见《电视营销利器:节目与品牌的捆绑营销》,见 http://www.meihua.info/a/58774,2017 年 8 月 30 日。

正宗的品牌内涵，这是加多宝凉茶与中国版 *The Voice* 的结合点。

（2）节目元素捆绑。"正宗好凉茶，正宗好声音，欢迎收看由凉茶领导品牌加多宝为您冠名的加多宝凉茶中国好声音……"浙江卫视知名主持人华少的这一分钟"贯口"，以47秒说完350个字的广告词，不仅引发了公众挑战最快语速的热潮，也使广告词中提到的公司更加让人耳熟能详。

（3）宣传捆绑。加多宝在与《中国好声音》的合作中，并不乐享于其"项目投资人"的地位，而更是很好地诠释了"项目合伙人"的身份。从开始的权益谈判，到后期的利用线下终端、网络做推广，加多宝实际上是一个参与者、一个合伙人。加多宝通过其无可比拟的终端推广能力和各种资源的整合能力，以"电视+微博+网络推广+终端推广"，将各方资源充分整合。

（4）促销销售捆绑。浙江卫视是一家媒体，线上是其强项，但线下则是加多宝的强项。这种从上而下的执行也促成了"正宗好凉茶、中国好声音"。

第四节 分销渠道新变化

厂家—总经销商—二级批发商—三级批发商—零售店—消费者，此种渠道层级可谓传统销售渠道中的经典模式，然而这样的销售网络却存在着先天不足。在许多产品可实现高利润、价格体系不透明、市场缺少规则的情况下，销售网络中普遍存在的"灰色地带"使许多经销商实现了所谓的超常规发展，然而众多的厂家却有"养虎遗患"之感。多层次的销售网络不仅进一步瓜分了渠道利润，而且经销商不规范的操作手段如竞相杀价、跨区销售等常常造成严重的网络冲突；更重要的是，经销商掌握的巨大市场资源几乎成了厂家的心头之患——销售网络漂移，可控性差，成了说不定哪天就会掉下来的一把利剑。改革势在必行，由此，我国企业的销售网络进入了一个多元化发展的新阶段。

一、渠道体制

渠道体制由金字塔式向扁平化方向转变。传统的销售渠道呈金字塔式的体制，因其广大的辐射能力，为厂家产品占领市场发挥出了巨大的作用。但是，在供过于求、竞争激烈的市场营销环境下，传统的渠道存在着许多不可克服的缺点：一是厂家难以有效地控制销售渠道；二是多层结构有碍于效率的提高，且臃肿的渠道不利于形成产品的价格竞争优势；三是单项式、多层次的流通使信息不能准确、及时反馈，这样不但会错失商机，还会造成人员和时间上的资源浪费；四是厂家的销售政策不能得到有效的执行落实。

因而，许多企业正将销售渠道改为扁平化的结构，即销售渠道越来越短，销售网点则越来越多。销售渠道短，增加了企业对渠道的控制力；销售网点多，则增加了产品的销售量。

二、渠道运作

渠道运作由以总经销商为中心变为以终端市场建设为中心。销售工作千头万绪，但归结起来，重点要解决两个问题：一是如何把产品铺到消费者的面前，让消费者见得到；二是如何把产品铺进消费者的心中，让消费者乐得买。不同时代，企业解决这两个问题的方式是不同的。

即便是在20世纪90年代后期，企业还多是在销售通路的顶端，通过市场炒作和大户政策来展开销售工作。当市场转为相对饱和的状态，对企业的要求由"经营"变为"精营"、由"广耕"变为"深耕"时，这种市场运作方式的弊端表现得越来越明显。

（1）企业把产品交给经销商，由经销商一级一级地分销下去，由于网络不健全，通路不畅，终端市场铺开率不高，渗透深度不足等，经销商无法将产品分销到厂家所希望的目标市场上，结果厂家产品的广告在电视上天天与消费者见面，消费者在零售店却难觅产品踪影。

（2）产品进入零售店后，摆放到什么位置、如何展示陈列、POP (point of purchase) 广告如何张贴、补货能否及时等，这些终端工作经销商往往做不到位，影响终端销售力。

（3）厂家的销售政策无法得到经销商的全面执行，其结果是厂家的促销力度越来越大，但促销的效果越来越差。

(4) 厂家与经销商的利益矛盾使厂家无法确保一个稳定的市场,经销商无序经营,窜货、降价倾销现象屡禁不绝。

(5) 厂家调动经销商积极性的成本越来越大,导致厂家无利经营。

针对这些弊病,企业开始以终端市场建设为中心来运作市场。一方面,通过对代理商、经销商、零售商等环节的服务与监控,使自身的产品能够及时、准确而迅速地通过各渠道环节到达零售终端,提高产品市场展露度,使消费者买得到;另一方面,在终端市场进行各种促销活动,提高产品的出样率,激发消费者的购买欲,使消费者愿意购买。

三、渠道建设

渠道建设由交易型关系向伙伴型关系转变。厂家与经销商一体化经营,实现厂家对渠道的集团控制,使分散的经销商形成一个整合体系,渠道成员为实现自己或大家的目标共同努力,追求双赢(或多赢)。

(一) 厂家与经销商合作的形式

厂商合作渠道尽管在表现形式上并未改变传统的渠道结构,但本质上却由松散的、利益相对独立的关系变为紧密的、利益融为一体的关系,简单地说,即由"你"和"我"的关系变为"我们"的关系。

1. 联合促销

厂家与经销商共同进行促销,如合作广告——经销商发布广告,厂家给予一定金额的补贴(从货款中扣除或凭单据报销);陪同销售——厂家派销售人员协助经销商向其下级客户销售;销售工具——厂家为经销商提供样品、POP等。

2. 专门产品

厂家为经销商提供专门产品既可以增强销售网络凝聚力,也可以减少消费者购买时对价格的比较。如厂家针对大的零售商专门生产某一产品,以及经销商买断某一品牌经营等。

3. 信息共享与培训

信息共享是厂家与经销商共享市场调查、竞争形势、消费者动向等方面的信息。培训是厂家为经销商提供销售、产品、管理和营销等方面的培训活动,以提高经销商的销售和管理水平。

在紧密型的伙伴关系中,厂家与经销商共同致力于提高销售网络的运行效率、降低费用、管控市场。从厂家的角度讲，需要重视长期关系（如帮助经销商制订销售计划），渠道成员责任共担（如建立零库存管理体制），积极妥善解决渠道纠纷。厂家的销售人员要担当经销商的顾问（而不仅是获取订单），为经销商提供高水平的服务。厂家为经销商提供人力、物力、财力、管理和方法等方面的支持，以确保经销商与厂家共同进步、共同成长。

（二）厂家与经销商组合的关系

厂家与经销商组合可以消除厂家与商家为追求各自利益造成的冲突。厂家与商家结成利益共同体，根据双方核心能力的差异性或者说互补性，通过合理分工与沟通协作，各自负责擅长的渠道职能，优势互补，避免了重复、无效的工作。这不仅降低了各自的成本，而且有助于提高整条营销渠道的运行质量和效率。

1. 合同式体系

在厂家与经销商之间，经销商与经销商之间，以一定的合约为约束，在一定的利益基础上，把渠道中各个独立的实体联合起来，形成一个合同式的营销体系。特许经营就是一个典型的合同式体系，通过特许权将生产到经销的各个环节连接起来，形成一个完整的直达终端的经营体系。

2. 管理式体系

一些厂家依靠自己的市场声誉、产品创新能力及其他力量，成为整体流通渠道的主导成员，从而将销售渠道中的不同成员联合成一个体系。

3. 所有权式体系

厂家以入股的方式来控制销售渠道，采用这种方式，所有权经营体系的整合水平最高，厂家与经销商的联系最为巩固。在这一体系中，渠道成员的独立性部分或全部丧失，整个渠道的活动将全部受制于厂家的目标，渠道的经营能力也大大提高。

四、市场重心

企业以大城市为销售重心，靠一个或几个经销商来辐射整个省级市场，受经销商销售网络宽度和深度的局限，容易出现市场空白点，造成市场机会的浪费。将销售重心下沉，在地区设立销售中心，则可能做好地区市场；以县为中心设立办事处则可能做好县城—乡镇—村级市场。

市场重心下沉是一个细化市场的过程，这种细化也反映在对经销商的选择上，销售机构下沉，客户也要下沉。

企业对经销商的政策也由此发生了变化，从重点扶持大客户转移到重点扶持二批、三批经销商。例如美的集团，其小家电经销商以前多在省会城市，现在要让地、县级经销商占全部经销商的2/3，把市场发展的重心真正放到地、县市场上，一级市场的经销商只负责给美的提供资金，让二级、三级经销商去做市场。一个地区级的经销商的销售量可能只有一级经销商的1/10，但得到的美的集团的支持可能会比大客户更好。通过提高地、县级经销商市场竞争力，做"小方块"的规范来实施更大市场的规范，美的现在的渠道战略就是"弱化一级（经销商）、加强二级（经销商）、决胜三级（终端商）"。

五、渠道激励

渠道激励由让经销商赚钱变为让经销商掌握赚钱方法。我国现有的经销商队伍是以个体户为基础发展起来的，整体素质不高。许多经销商是在经商大潮中靠着"敢干"而发家的，他们具有四点不足：一是市场开发能力不足，二是促销能力不足，三是管理能力不足，四是自我提高能力不足。厂家对渠道的激励措施已不再仅仅是给经销商送"红包"，而是让经销商掌握赚钱的方法，对经销商进行培训。

六、渠道网络

随着商品市场竞争的日益激烈，产品价格成为制胜的关键，产品的成本是产品价格的决定因素之一，而在产品成本中，渠道成本又是其重要的组成部分。因此，如何降低渠道成本成为商家苦苦追寻的目标。

（一）戴尔渠道改革

戴尔是渠道改革的一个典范。他们越过以二级分销商为代表的渠道中间层实施直销方式，缩短了供应链，从而降低了渠道成本，使产品销售额和利润稳步上升，产品市场一片红火，引得众多商家纷纷效仿。

虽然有了直销成功的案例，但是不加分辨地采取直销策略又显得有些急功近利，而且并不是所有的商品都适合直销。如果供应商一味地打破原有的经营体系，越过所有的分销商直接与经销商打交道，就会给自己增加许多负担，到头来非但不能节约成本，还可能在售后服务、培训体系等方面做不好。

（二）晓通网络①理念

网络营销的出现对传统的分销模式、分销理念形成了巨大的冲击，使分销商不得不调整定式思维，快速反应跟上新的变化。从发展势头来看，网络终将成为分销商们手中的利器，分销商们可以借助原有的分销渠道，继续巩固自身承上启下的地位：承上，可以迎合供应商实行网上交易的需要；启下，可以更好地发展二级供应商和经销商，建立广泛的扁平化渠道管理。如果分销商们能够把网络系统和企业内部的管理信息系统结合起来，就能使管理完全实现电子化。

晓通网络是一个拥有 10 年积累的分销商，同时也是国内唯一能代理四家（3Com、Cisco、Lucent、Novell）一流网络厂商产品的分销商。它一直秉承"把握网络主流"的理念，密切关注网络市场主流技术、产品的变化对市场格局带来的影响，积极探索网络市场发展的规律，分析市场发展的趋势。晓通网络还本着从长远利益出发的原则，把合作伙伴纳入自己的销售、服务体系和分配、培训体系，竭尽全力让合作伙伴发挥自己的优势，使产品在分销过程中大大增值。在汹涌而至的网络大潮面前，晓通网络没有随波逐流加入直销的行列，去生产自己的品牌；相反，它仍然保持着原有的分销模式。此次，在分销市场中晓通网络再抢先机，率先宣布大举加入网络营销行列，利用电子商务的优势做分销渠道。

晓通网络一贯秉承的宗旨是"产品在销售中增值"，此次大规模投入网络应用，通过网络营销模式来节省交流的成本，缩短物流、资金流和信息流，并在线提供技术支持、售后服务以及培训等，再次体现了这一宗旨。

晓通网络进军网络营销领域的决策和实践如此迅速，对其他分销商来说，无疑带来了一股无形的压力；这同时也是一种激励和方向。在网

---

① 北京晓通网络科技有限公司（简称"晓通网络"）成立于 1990 年，并于 2001 年成为浙大网新（上证代码 600797）旗下成员企业，注册资本 2 亿元人民币。晓通网络是一家专注于网络产品销售和增值服务业务的高科技企业，是国内最具实力的专业化网络公司之一，分支机构遍及全国 21 个大中城市，年营业额达到 20 亿元人民币。

络时代的分销领域，网络营销的管理模式将是分销管理发展的必经之途，不朝着这个方向发展，将意味着落伍甚至是被淘汰，将因此逐步失去应有的市场份额。

思维拓展　电商十大赢利运营模式[①]

市场在变，竞争在变。市场竞争日趋增强的激烈性和对抗性，要求企业经营更加深入化和细致化，提高市场资源的可控程度。而分销渠道作为企业最重要的资源之一，其"自我意识"和不稳定性对企业的经营效率、竞争力和经营安全形成的局限和威胁却逐渐显现，对分销渠道的重新整合成为企业关注的话题。选择什么样的运营模式就决定了什么样的生存发展之路。现在，让我们分享几种当下最赢利的运营模式。

1. 中粮模式——玩转产业链

中粮集团作为国内龙头农业产业集团，已经从单一的粮油贸易延展到全产业链。通过对涉及农业的各领域，包括技术、信息、金融服务、网络、渠道、终端等进行投资和整合，从而对产业链的各个环节进行全方位的投资与服务开发，米、面、油、糖、肉、奶、饲料、玉米深加工产品、番茄酱、葡萄酒等均在国内取得了一定的市场规模和影响力。

解读：整合产业链是基础，玩转产业链的各大环节才是王道。在我们服务的很多农业企业中，涉及米面粮油、鸡蛋、榨菜等各大领域，虽然他们只涉及一个细分产业，但却把产业做到了极致，这是企业找到玩转产业链的有效方法。

2. 依云模式——用稀缺产地资源

依云，法国最普通的矿泉水，为何能在中国的超市卖到二十几元人民币？原因不仅仅因为它来自阿尔卑斯山，还在于背后的关键词：世界少有、无污染地区、海拔 2000 米以上、年均温 0 ℃以下、矿物质含量丰富、无污染。就是因为地域的唯一性和独特性，造就了产品的唯一性和独特性。使之成为世界上最贵的水。

解读：学会利用产地优势，形成强大竞争力。很多企业并不缺乏资源，缺乏的是嫁接资源的方法。

[①] 参见《2016 年十大最赚钱的电商运营模式解析》，见 http://www.sohu.com/a/64118486_293389，2017 年 8 月 30 日。

3. 双汇模式——走深加工之路

双汇不是单纯地卖火腿，而是借助当地（河南）养猪的原料资源所具有的规模优势，通过引进先进技术，不断挖掘深加工，打造"畜禽—屠宰加工—肉制品精深加工产品链"，加强畜禽养殖基地和产业带建设，提高工业化屠宰集中度，依托精深加工，加工销售生鲜肉。

解读：立足自身资源，引进先进技术，走深加工之路，不断挖掘深加工环节的含金量，大大转化高附加值，绷紧整个产业链条，这是农产品加工企业制胜的关键，正在成为越来越多涉农企业的选择。这是企业资源雄厚，又找到使之转化为高附加值的方法。

4. 阳澄湖大闸蟹模式——"饥饿营销+网络营销+会员卡制度"

为何阳澄湖大闸蟹每年没上桌前，都能被炒得"红遍全球"？核心是转变营销模式。阳澄湖大闸蟹在产品尚未上市之时，利用微博在网上热炒，并实行团购预定。为了满足顾客的多样化消费需求，以渠道为依托，直营店里的蟹卡采用了磁条记忆的技术，实现了可多次刷卡消费及反复充值使用的便利。"饥饿营销+网络营销+会员卡制度"让一只小小的螃蟹在经济低迷的时期依旧火爆。

解读：老树如何开新花？传统农业品牌需要在营销思路上大胆创新。转变固有的传统营销模式，产品在墙内开花还仅仅是第一步，只有墙外香遍消费群的内心深处，才能成为真正的品牌。

5. 极草5X模式——利用稀缺效应

极草5X一年的销售额就达到18亿元。极草5X利用产地的唯一性，利用产品的稀缺性，贩卖稀缺打造了一个亿元级的礼品市场。

解读：利用产品本身的稀缺属性，再加上贩卖稀缺的营销方式，让极草5X赚得盆满钵满。只有站在战略的高度，通过新奇的营销思路，挖掘产品背后的稀缺特质，才能使之与其他竞品形成鲜明的差异化。

6. 百瑞源模式——嫁接旅游资源，赚大钱

以往被外界一贯认为是"地摊货"的宁夏枸杞，有时候实在是让人拿不出手，但百瑞源是个例外。这家企业创造了一个奇迹：日销百万元，单店年销破亿元。它是怎么做到的呢？"文化元素+旅游整合"，创造前所未有的行业奇迹。百瑞源大力挖掘枸杞背后的文化元素，打造了百瑞源枸杞养生馆及博物馆，百瑞源枸杞养生馆以"尊贵、优雅、品位"的品牌个性，融枸杞养生文化、枸杞系列产品与品牌文化于一体；让客户

在体验和购买产品的同时品味优雅生活、感受养生文化。

解读：在产品背后，还要深挖其背后的文化，可结合故事化的手法，延伸品牌的文化内涵，让消费者不仅能感受到产品的品质，还能联想到其所代表产品的深厚文化底蕴；同时巧借当地资源优势实现产品动销，可以达到意想不到的效果。企业应深入研究自己产品及产品背后可嫁接的地理优势和旅游资源。

7. 沱沱工社模式——玩转电子商务，赚大钱

网上购物平台沱沱公社依托其自身的产业基地，利用消费者对食品安全问题的恐慌，创办中国首家专业提供有机食品的 B2C（business-to-customer）网上购物平台，抓住了食品供应体系的根源问题，贩卖有机让它成为白领购买有机产品的首选。

解读：传统渠道已经逐渐呈现出"僵尸化"态势。对目前的农业企业而言，随着信息技术及移动互联网技术的飞快发展，人们的消费环境及消费手段正在发生变化，一定要学会运用新兴渠道的力量来贩卖自己的产品。

8. 斯慕昔模式——社区会员卡，赚大钱

斯慕昔饮品在网上直接销售会员卡，只要会员一个电话，足不出户，几个小时之内就能喝上"特供"的饮料，再加上还有"月卡""季卡""年卡"等优惠措施，受到不少白领的喜爱。不仅如此，斯慕昔还走进社区便利店，让消费者能够更快、更便利地喝到纯正无添加的果汁。

解读：给消费者提供更为便利的购物体验将是未来战胜竞争对手的有力法宝。目前像鸡蛋、米面粮油等一些跟我们生活贴近的农产品企业，已经开始深入社区，让老百姓足不出社区，就可以吃到最新鲜、健康的食品。这是企业的产品找到"贴近"客户的方法。

9. 千岛湖模式——跨界餐饮，赚大钱

对外地游客来说，来千岛湖就是"赏天下第一秀水，品淳牌有机鱼头"，否则便是枉到千岛湖了。杭州千岛湖发展有限公司开创了我国有机水产品养殖的先河，并以鱼味馆为载体，成功举办千岛湖杯全国淡水鱼烹饪大赛，把有机鱼头卖给全国各大品牌餐饮店，成为各大品牌餐饮店主打的招牌菜，从地区走向全国，迅速提高知名度，占领市场。

解读：在市场竞争激烈的今天，跳出传统产品开发思路，提升产品的技术含量及其附加值，在"跨界"之中借力，在借力之中形成合力，

跨界开发新产品正在成为越来越多企业的选择。这是企业新的突破思路。

10. 黄飞红模式——错位变身，赚大钱

一个做调味品的企业居然做起了休闲食品？它只是把最普通的农产品——花生变了一个新的吃法，就迅速杀出一片新天地，成为时尚白领的最爱。

解读：开发适合市场的产品，错位营销能有效规避产品功能的同质性和营销策略的趋同性，走出一条属于企业自身的产品和营销之路，错位营销也能赢得新商机。

以上就是未来最赢利的十大运营模式的全面解读，切记，好的案例也只能学习人家的思路，而不能照搬。

思考练习题

一、简答题

1. 简述分销渠道的组成。
2. 简述分销渠道的增值管理。
3. 简述批发商的概念和类型。
4. 简述零售商的概念和类型。
5. 简述分销渠道的选择因素。
6. 简述如何进行分销渠道管理和决策。
7. 简述如何进行渠道模式创新。
8. 简述如何进行渠道体制变革、渠道运作和渠道建设。
9. 简述如何进行渠道激励。

二、论述题

1. 论述分销渠道的作用。
2. 论述分销渠道结构与中间商类型。
3. 论述分销渠道的新变化。

三、思考题

1. 艺术等于有话要说——把自己要说的话体现在雕塑上，《珠海渔女》、深圳的《开荒牛》和《广州解放纪念像》要传播的理念是什么？
2. "智慧城市"是能够充分运用信息和通信技术手段感测、分析、整合城市运行核心系统的各项关键信息，从而对于包括民生、环保、公共安全、城市服务、工商业活动在内的各种需求做出智能响应，为人类创造更美好的城市生活。请言简意赅地用一句话来传播智慧城市的理念。

3. 如何分析家用汽车的选择因素？
4. 节能要用法律手段来解决，对不对？
5. 国内外制造财富最多的三大城市是哪三个？

第十章
促 销 策 略

促销决策是市场营销组合策略中重要的一环。销售促进的主要任务是将有关企业和产品的信息传递给目标市场上的顾客，以达到扩大销售的目的。显然，在今天这样一个"信息爆炸"的时代，开展有效的促销活动至关重要。企业可选择的促销工具或方式有四大类：广告、人员推销、销售促进和公共关系。本章在对总的促销组合决策进行论述之后，将进一步探讨这四种促销方针。

第一节 促销组合

促销组合是指企业根据促销的需要，对广告宣传、销售促进、公共关系与人员推销等各种促销方式进行的适当选择和配合。促销指营销人员通过各种方式将有关企业及产品的信息传递给消费者，影响并说服其购买某项产品或服务，或者至少是促使潜在顾客对该企业及其产品产生信任和好感的活动。促销的实质是卖方企业与现实和潜在顾客之间进行信息沟通的过程。现代促销方式：①人员促销（推销员直接访问潜在顾客）；②非人员促销（广告、营业推广、公共关系和网络等）。促销组合是对这几种促销方式进行选择、运用与搭配的策略，同时也决定了促销预算的分配。

一、信息沟通过程

信息沟通是指可解释的信息由发送人传递到接收人的过程。具体地说，它是人与人之间思想、感情、观念、态度的交流过程，是情报相互交换的过程。我们要准确理解信息沟通的含义，一个信息沟通模式应能回答五个问题：①谁；②说什么；③通过什么渠道或媒介；④对谁说；⑤有何效果。据此，可用下述信息沟通模型图（见图10.1）表示。

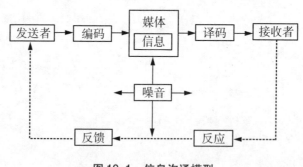

图10.1 信息沟通模型

二、促销组合决策过程

促销组合决策是根据产品特点和经营目标的要求,有计划地综合运用各种有效的促销手段所形成的一种整体的促销措施。企业的促销组合实际上就是对上述促销方式的具体运用。在选择采取一种或几种促销方式时,要确定合理的促销策略,实现促销手段的最佳结合,必须注意把握影响促销策略的各种因素。

(一)确定目标受众

企业产品或服务确定目标顾客应有的放矢,设计和管理整合营销传播,开发有效传播,其主要步骤包括:确定目标受众、确定传播目标、设计信息、选择传播渠道、编制总促销预算、管理和协调整合营销传播。

(二)确定沟通目标

市场营销者应该研究消费者的需要、态度和其他特点,其中最重要的是要了解企业及产品、竞争者在公众中的形象以便在确定沟通目标时予以考虑。因为企业及产品、竞争者的形象,直接影响着信息接受者的态度和购买行动。当确定了目标顾客后,还应了解不同顾客正处于购买准备过程的哪个阶段,并据此确定自己的沟通目标。顾客在购买准备过程中大约经历六个阶段。

1. 知晓阶段

在此阶段,营销者的沟通目标是使顾客知晓,沟通形式可采取在公众场合或宣传媒体上多次重复出现产品或企业名称。

2. 认识阶段

在此阶段,营销者的沟通目标是使顾客对本企业产品的性能、特点等有清楚的认识。例如,服装企业可通过展销会来展示自己的产品,以达到使顾客全面了解产品的目的。

3. 喜欢阶段

在此阶段,营销者的沟通目标是使顾客对本企业产品产生好感,沟通的形式是着重宣传产品或企业的特色。服装企业在广告内容策划上应注重服装面料、款式、色彩、设计和做工等方面的宣传。

4. 偏好阶段

在此阶段，营销者的沟通目标是使顾客形成对本企业产品的偏好，沟通的形式是着重宣传使用本企业产品的优越性。服装企业应精心设计服装陈列，充分反映服装特色。

5. 确信阶段

在此阶段，营销者的沟通目标是努力促使顾客建立或强化购买的决心，沟通方式是着重宣传购买这种产品是最佳的选择。

6. 购买阶段

在此阶段，营销者的沟通目标是促进购买行为的实现，沟通方式可采用降价、分期付款、增强服务质量、试用等促销手段。

确定沟通目标是围绕着知晓、认识、喜欢、偏好、确信、购买展开的，因为购买行为是一个漫长决策过程的最终结果。

（三）信息设计

设计信息内容、结构和形式。信息内容要有感染力，感染力的挖掘可从与目标顾客个人利益挂钩着手。通过表达能激发目标顾客某种否定或肯定的感情，以促使其购买。信息结构是指组织信息，使之更合乎逻辑，更具说服力。

1. 传统信息特点

以上级颁发及传递的正式法规为准；凭观测及不规则的反映获取信息，可信程度不高；公司发布的信息为单向沟通，主观性大。

2. 现代信息设计特点

形成政策、法规、管理理念、发展趋势等外部全方位信息网络；通过有效手段，上对下、下对上、平行的沟通有效进行（如员工满意度调查）；以必要的制度来保证信息的有效（如不允许散布谣言等）。

3. 信息方案目录

掌握政府职能部门的信息发布渠道及内部操作流程，订阅法规杂志、报纸、简报及人事劳动、职称、培训等各类机构的基本信息，通过非正式组织的渠道获取有效信息（如座谈、问卷、竞赛），通过员工满意度调查提取有效信息，通过设置建议箱、提供合理化建议、评议的方式获取信息，通过其他渠道获取公司所需要的信息（如猎取人才信息等）。

随着网络的发展，全球经济已建立了24小时的商业循环，全天候地将顾客与商家联系在一起。企业将产品信息以最快的方式输送给消费者，而消费者则通过互联网选择所需产品，更多的是根据个人的需求，向商家提出产品（包括功能、体形、重量、颜色等）、报价等要求，然后商家根据上述信息设计制造产品。由于商家与顾客可在地球任何角落、任何时间通过互动方式进行商品交易，因而大大提高交易效率，使强调整体和概念化的成笔交易所占比例大幅度下降。

信息设计能够在企业发展、产品研发、产品设计、市场营销等诸多方面为顾客提供细致周到的商业咨询服务，为顾客所遇到的实际困难提供最佳解决方案。理想的设计能引起目标顾客的购买欲望。

(四) 选择信息传播媒体

信息的传播对提高企业的综合竞争实力具有十分重大的意义；而为了提高信息的传播效果，信息传播媒体的选择又是至关重要的。选择信息传播媒体主要有人员和非人员两大类信息沟通渠道。

1. 人员沟通渠道

人员沟通渠道是一种双向沟通形式。不少信息可通过此渠道获得，如通过面对面谈话、信函、电话、邮寄函件等形式，能及时得到对方的反馈，效率高，适用于那些产品价格昂贵、有风险或购买次数少的产品。人员沟通渠道"面对面"双向"反馈"效果好。

2. 非人员沟通渠道

非人员沟通渠道是一种单向沟通形式，通过报纸、杂志、广播、电视、录音磁带、录像带、广告牌、海报等媒体传播信息。媒体选择时既要考虑信息的内容、目标顾客，又要考虑媒体本身特点。另外，由公关部门举办的新闻发布会、开幕式、展销会也属于非人员沟通形式。

(五) 制定促销预算

做促销预算需要确定严格有效的工作原则。每项促销工作都应该经过严格的审查，以确保此项工作符合市场目标短期和长期的需要；应该按照开支预算、实际开支和促销的成效来做出信息汇总工作。也就是说，预算不仅是一个计划和衡量促销开支的体系，还应该被用作检查公司在此项投资中实际收益的一种手段。

1. 制定促销预算应先了解的问题

应知道促销预算还可以根据产品、促销类型、促销期的长短、促销的领域加以细分。事实上,应把促销预算看作一个预算工程。制定促销预算时应先搞清五个问题,以便使决策者知道此项预算是否是经过认真分析、思考和对比而制定的。

(1) 促销活动怎样才能达到市场开拓的目标?

(2) 需要投入多少?

(3) 所要采取的促销手段是否有利于市场开拓?对于那些大型零售组织是否合适?此项计划是否具有推广价值?

(4) 此项促销计划是希望取得速效、产生短期效应,还是希望持久以取得一个长期的市场效应?

(5) 促销计划目的是向顾客展示产品的可靠性,从而使产品得以热销,还是用来刺激零售商多多进货、早上柜台?

2. 制定促销预算的方法

(1) 量力支出法:财力决定促销预算的大小。

(2) 与竞争者保持平衡法:避免促销大战。

(3) 目标任务法:确定促销要达到的销售增长率、市场占有率、品牌知名度等目标,确定促销工作将费用和目标联系,"成本 – 效益分析"逻辑合理。

(六) 制定促销组合

促销方式要适当搭配,促销的主要手段有四种,即人员推销、广告、营销推广和公共关系,它们都有各自的作用,也有自身的缺点。因此,在筹备促销活动时,就应该从产品自身特点和总的促销预算出发,考虑各种促销方式之间如何分配使用。比如,酒类产品最重要的促销方式是广告,其次是营销推广,然后是人员推销,最后才是公共关系。因此,在制定促销方案时,应该以引起潜在消费者对产品的需求和兴趣为第一目标,如果促销奏效,消费者便会纷纷向中间商咨询该产品,中间商有利可图,自然会考虑进货,这样一来,促销的目的就达到了。

在制定促销方案时,一定要考虑到产品的生命周期究竟处于哪个阶段。如果是导入期,就应大力加强广告和公共关系;如果是成熟期,就应该增加营销推广,削弱广告;如果该产品已进入衰退期,只要保留一定的营业推广就足够了。总之，只要我们有目的、有计划地将各种促销方式适当搭配，形成合理的促销组合，就可以收到最佳的促销效果。

第二节 广告策略

广告策略是指实现、实施广告战略的各种具体手段与方法，是战略的细分与措施。常见的广告策略有四大类：产品策略、市场策略、媒介策略和广告实施策略。产品策略主要包括产品定位策略和产品生命周期策略，另外还有新产品开发策略、产品包装和商标形象策略等。

一、广告概述

现代广告的概念是 20 世纪商品经济高度发展的产物。它既不是"广而告之"的广义的广告概念，也不是一种以盈利为目的的商品信息传播活动的狭义的广告概念。

（一）广告概念与定义

现代广告是运用系统论、信息论和控制论等学科知识，以市场调查为先导，以整体策略为主体，以创意为中心，以现代科学技术为消费活动，培养新的生活方式与消费方式，促进社会生产良性循环的一种新的文化现象。现代广告是一门科学，又是一门艺术，集科学、经济、技术、艺术、文化于一身，具有传统广告所不具有的新内涵和新特点。

长期以来许多专家学者都为广告下过定义，其内涵不尽相同。具有一定代表性的是美国市场学会为广告所下的定义：广告是由可识别的倡议者用公开付费的方式对产品或服务或某项行为的设想所进行的非人性的介绍。这个广告定义虽然仍把主体定在产品概念上，但在含义上也涉及非商品类广告，因而是比较准确的，被许多国家的广告界接受。

（二）确定广告目标

广告的最终目标无疑是增加产品销量和企业利润，但它们不能笼统地被确定为企业每一具体广告计划的目标。[①] 广告目标取决于企业整体的营销组合战略,还取决于企业面对的客观市场情况,如目标顾客处于购买准备过程的哪个阶段。换言之,企业在实现其整体营销目标时,需分为若干阶段一步一步往前走,在每一阶段,广告起着不同的作用,即有着不同的目标。归纳起来,企业的广告目标有以下两类。

1. 广告目标类型

广告目标(advertising goal 或 advertising objective),企业以创造理想的经济效益和社会效益为自己所追求的目标。广告目标是指企业广告活动所要达到的目的。确定广告目标是广告计划中至关重要的起步性环节,是为整个广告活动定性的一个环节。因此,广告目标类型有三种。

(1) 告知性广告。当一种新产品刚上市时,广告的目标主要是将此信息告诉目标顾客,使之知晓并产生兴趣,促成初始需求,如说明产品名称、效用、价格、使用方法、企业提供的各项附加服务等。

(2) 说服性广告。当目标顾客已经产生了购买某种产品的兴趣,但还没有形成对特定品牌的偏好时,说服性广告的目的在于促使其形成选择性需求,即购买本企业的产品。说服性广告突出介绍本企业产品的特色,或通过与其他品牌产品进行比较来建立一种品牌优势。

(3) 提示性广告。主要用于产品成熟阶段,目的不在于提供信息或说服人们去购买,因为此阶段中的目标顾客对该产品已了如指掌,形成了固定的信念和态度,广告的目的只是随时提示人们别忘了购买某种他们十分熟悉的"老"产品。

综上所述,广告目标的选择不是随意的,而应建立在对市场营销实际透彻的分析的基础之上。

2. 广告策略类型

广告策略是指实现、实施广告战略的各种具体手段与方法,是战略的细分与措施。常见的广告策略有十大类。

(1) 生活信息广告策略。这主要是针对理智购买的消费者而采用的广告策略。这种广告策略通过类似新闻报道的手法,让消费者马上能够获得有益于生活的信息。

[①] 参见〔美〕博恩·崔西《涡轮战略:提高利润和改善企业的简便方法》,张春萍译,华艺出版社 2004 年版,第 25 页。

（2）塑造企业形象广告策略。一般来说，这种广告策略适合于老厂、名厂的传统优质名牌产品。这种广告策略主要是强调企业规模的大小及其历史性，从而诱使消费者依赖其商品服务形式；也有的是针对其产品在该行业同类产品中的领先地位，为在消费者心目中树立领导者地位而采取的一种广告策略。

（3）象征广告策略。这种广告策略主要是为了调动心理效应而制定的。企业或商品通过借用一种东西、符号或人物来代表商品，以此种形式来塑造企业的形象，给予人们情感上的感染，唤起人们对产品质地、特点、效益的联想。同时，由于把企业和产品的形象高度概况和集中在某一象征上，能够有益于记忆，扩大影响。

（4）承诺式广告策略。这是企业为使其产品赢得用户的依赖而在广告中做出某种承诺式保证的广告策略。值得提出的是承诺式广告的应用在老产品与新产品上的感受力度和信任程度有所不同。承诺式广告策略的真谛是所做出的承诺必须确实能够达到；否则，就变成欺骗广告了。

（5）推荐式广告策略。企业与商品自卖自夸的保证未必能说服人，于是，就要采用第三者向消费者强调某商品或某企业的特征的推荐式广告策略，以取得消费者的信赖。所以这种广告策略又可称为证言形式。专家权威的肯定、科研部门的鉴定、历史资料的印证、科学原理的论证都是一种很有力的证言，可以产生"威信效应"，从而导致信任。在许多场合，人们产生购买动机是因为接受了有威信的宣传。

（6）比较性广告策略。这是一种针对竞争对手而采用的广告策略，是将两种商品同时并列，加以比较。这种广告策略在欧美的一些国家运用较多。比较可以体现产品的特异性能，是调动信任的有效方法。比较的方法主要有：①功能比较；②革新对比；③品质对比。

（7）打击伪冒广告策略。这是针对伪冒者而采取的广告策略。鉴于市场上不断出现伪冒品，为避免鱼目混珠，维护企业名牌产品的信誉，就需在广告中提醒消费者注意其名牌产品的商标，以防上当。

（8）人性广告策略。这是把人类心理上变化万千的感受加以提炼和概括，结合商品的性能、功能和用途，以喜怒哀乐的感情在广告中表现出来。其最佳的表现手法是塑造消费者使用该产品后的欢乐气氛，通过表现消费者心理上的满足来保持该产品的长期性好感。

（9）猜谜式广告策略。不直接说明是什么商品，而是将商品渐次地表现出来，让消费者好奇而加以猜测，然后一语道破。这种策略适宜于尚未发售之前的商品。猜谜式广告策略看起来似乎延缓了广告内容的出台时间，其实延长了人们对广告的感受时间。通过悬念的出现，使原来呈纷乱状态的顾客心理指向在一定时间内围绕特定对象集中起来，为顾客接受广告内容创造了比较好的感受环境和心理准备，为顾客以后更有效地接受广告埋下了伏笔。

(10) 如实广告策略。这是一种貌似否定商品，实际强化商品形象，争取信任的广告策略。这与竭力宣传本商品各种优点，唯恐令人不信的广告有很大区别。如实广告就是针对消费者不了解商品的情况，如实告诉消费者应当了解的情况。

二、广告制作

广告制作即设计广告内容，包括收集、确定广告所要传递的事实，以及将这些事实和广告发送者的意图编制成具体的音像、图片、语言、文字等。

(一) 广告制作的创造性

广告作为商品经济和社会发展的产物，作为一种促销的催化剂，已经成为传播经济、文化、科技、社会信息的有力工具和手段。有些广告新颖独特，令人耳目一新，创造性思维在广告设计中给人以深刻印象。除了设计、制作方面的因素外，关键是创造性思维水平高低不同而产生的不同效果。让顾客来买你的商品非要有很好的点子不可，这个点子就是人们所认为的创造性思维，即通过创意，构想出新的意境。可以说，没有创造性思维，就不存在广告创作，广告活动就无法深入开展下去。因此，成功的广告战略首先来自不同凡响的创意。好的创意是最能引起消费者注意，激发消费者购买欲望的催化剂。

1. 吸引力

传统的观念给我们这样的印象：广告的吸引力主要表现在电视媒体和印刷媒体上。但在今天，我们绝对不能忽视网络广告，网络广告虽然没有电视媒体广告强大的视觉冲击力，没有印刷媒体广告大幅的表现空间，但是却拥有自己独特的吸引力。

网络媒体广告的吸引力在于有限空间中的巧妙创意以及合理的媒体

发布策略。国内有网站推出了大尺寸的新型广告，但目前仍主要以旗帜广告（banner）为主，旗帜广告的面积有限，但是创意却是无限的。首先，针对不同的产品和服务，灵活地运用各种网络广告形式（动画式、交互式等）；其次，注重对广告语的选择，空间有限，广告语的分量相对也就更重了；最后，让浏览者产生行动——"点击广告"。

网络广告的媒体发布策略也是吸引注意力的一个重要手段。一般来说，广告所在页面浏览量越大，广告吸引浏览者的可能性越大，有点像大众媒体广告。这是利用了受众使用传媒的"便利性"原则，他们可能漫无目的地看到某个广告，也许就从该广告中获得了自己需要的信息。另外，广告内容与页面内容的相关性越高，广告的吸引力也就越大。很多网络媒体广告的投放主要是依据这一条原则。虽然访问该页面的人数可能不多，但是浏览者大部分都是该广告的目标对象。因此，网络广告真正实现了一对一的传播。网络媒体最大的特性就在于它的互动性，信息的传播方式不是单向的传递而是双向沟通。随着上网人数的不断增加以及网络技术的不断进步，网络广告将成为最为经济有效的广告形式。

2. 独特性

独特性即该品牌有别于其他同类产品的个性，是该品牌独有的，其他品牌不具备或没说过的某种特性。在成千上万的广告中，只有品牌个性鲜明的佳作才可能引起消费者的直觉反应。独特性体现心理型附加价值——颠覆叛逆。创作题材包括：小众的语言、小团体、社会边缘、领先示范、特别的生活方式、某种职业类别、某一年龄层。创作手法有：俚话、行话、外来语等。新的词汇语法致胜关键：虽然广告咄咄逼人，百无禁忌，但不要过分冲击既有价值观。结论：对自己有强烈的自我肯定，以打破传统、嘲弄传统来提高广告的独特性。

3. 可信性

广告的可信性一直是个令人沮丧的话题，因为"谎言重复一千遍便成真理"的论调总是那样猖獗。在不乏虚伪、谎言和欺诈的当代社会，在出现信任危机的今天，消费者的价值判断往往以是否可信为依据。广告的可信性决定产品的销售生命。

（二）广告摄影的重要性

市场经济中，每天有成千上万种商品上市，不做广告，谁会知道你的产品？广告应该做，但是，你的产品是什么样子的？最准确、最具体、最形象的办法就是把这种产品拍摄成照片，令人一目了然。广告摄影的重要性正在于此。

（三）好的立意是成功的一半

要想把广告照片拍好，首先要有好的立意。好的立意是指新鲜的、与众不同的创意和构思，既要使人们出乎意料，又要使事情在生活的情理之中。

1. 椅子展览的广告

比如，有一个椅子展览的广告立意就颇为新奇有趣。明明展出的是各种各样的座椅，广告里那各种坐姿的人的身下却空空荡荡，这就引起了观众的好奇，使他们更想前去看看展览会究竟都有些什么样的椅子。

2. 洋酒广告

一幅洋酒广告图片是一个躺在棺材里的死人，身旁堆满冰块，冰块中埋着某种品牌的洋酒。这张广告图片是在告诉观众，这位死者对这种酒的热爱到了"死也要死在一起"的程度，究竟是什么酒有这么大的魅力呢？观众仔细一看，这种酒的品牌就深深地纳进了他的脑海中去了。

（四）精湛技巧与商品美感

艺术技巧又称表达技巧，是指作者在塑造形象、创造意境、表达思想感情时所采取的特殊的表现手法，是对表达方式、修辞手法、表现手法、结构技巧等的统称。它的含义非常广泛，既可以包括各种修辞手法、表达方式的使用，也包括各类表现手法和艺术构思的巧妙使用。

1. 精湛的技术技巧是成功的基础

不论广告摄影的立意多么成功，多么高妙，多么新颖，如果摄影技术技巧不过关，拍出的照片很糟糕，就必然会陷进"枉费心机"的泥坑。真要想拍出漂亮的广告照片，首先必须苦练摄影基本功。

2. 用特写镜头充分挖掘商品美感

一般拍摄产品，习惯于整包、整瓶、整盒地摆放在台前拍摄它们的全貌全景。这种镜头给人的感觉是平淡而呆板。如果把拍摄的思维转变一下，改用特写镜头靠近拍摄它们的局部，那么情况就会大为改观。比如拍摄啤酒，只拍一个瓶口往杯子里倒酒，流动的酒液、杯子里的连珠泡沫、瓶子表面因冷冻而凝结的粒粒水珠全部得到了细致入微的表现，令人看了恨不得立刻端起来痛饮。这样的广告才是真正充满诱惑力的广告。其实生活里的许多东西、许多商品，人们都是匆匆忙忙地看上一眼就走开了，而特写镜头就是把人留住，要他看一看平时没有注意到的细节，从细节里发现新的美感，从而留下更鲜明、更深刻的印象。

三、广告媒体选择

广告媒体是用于向公众发布广告的传播载体，是指传播商品或劳务信息所运用的物质与技术手段。传统的四大广告媒体为电视、电台、报纸、杂志。在广告行业把电视媒体和电台媒体称为电波媒体，把报纸和杂志媒体称为平面媒体。我们可以根据自身需要和产品特点选择广告媒体。

（一）广告成功的关键

目前我们选择的媒体大致有：报纸、期刊、电视、广播、直接邮寄和互联网。正确地选择媒体是广告成功的重要因素。在选择媒体方面，一般的经验有四点。第一，问公司销售人员的意见。他们工作在第一线，最接地气，因为他们成天接触客户，他们了解哪些媒体在客户那里有影响力。第二，问公司管理人员、研发人员。他们同样见多识广，他们了解哪些行业媒体在行业中发挥最大的影响力。第三，问媒体本身。他们是否能提供有公信力的读者数量和分布数据，他们的媒体是否能够吸引读者。在这一点上还需要我们特别地能够依据自己的判断做出选择，而不是听媒体推广人员的一面之词。第四，当然是问我们自己。我们是否做出了慎重的选择。公司的宣传费用投出去看不到回报就是公司最大的失败。广告媒体选择是企业市场部从业人员的基本工作，也是最考验市场人员水平的尺子。因为这是对企业管理水平、市场人员专业知识、敬业精神多方面考量的结果。

（二）广告宣传造势

造势属于现实生活中很常见的炒作策略。在今天，眼球经济十分盛行，许多行业都需要炒作，研究造势技巧很有必要。质量是企业的生命，一般企业都会对质量事故加以掩饰，偏偏有的企业在出了质量事故之后大事张扬，借以造势，其目的便在于警醒众人，让员工们树立良好的质量意识。海尔集团在创业之初便使用这一招来达到树立质量观念的目的。

企业造势的另一种技巧是把企业文化与社会文化有机地结合起来，文化搭台，大造声势，唱经贸大戏，声东击西，实含弦外之音，乃创名牌之路。利用节日项目进行造势要特别注意节日与所要表现事物的内在联系，进而把两者有机地结合起来，相互融合。

第三节 人员推销

人员推销就是通过售货员或推销员直接与消费者见面，向他们传递信息、介绍商品与劳务知识、引起消费者的关注和兴趣，以促进消费者购买。这种促销传递信息准确，针对性强，反馈信息及时准确，它的不足之处是要受到人员、专业人员数量以及较高费用的限制。人员促销还包括邀请、聘请有关专家、顾问向消费者进行宣传与推销活动，客观上还包括消费者之间互相介绍与信息交流引起的购买现象。

一、人员推销作用与任务

人员推销是指通过推销人员深入中间商或消费者进行直接的宣传介绍活动，使中间商或消费者采取购买行为的促销方式。它是人类最古老，也是最直接的促销方式。在商品经济高度发达的现代社会，人员推销这种古老的形式更焕发了青春，成为现代社会最重要的一种促销形式。

（一）人员推销作用

人员推销在产品销售活动中起到至关重要的作用。销售人员对整个销售系统的运行很重要。只有当物品被销售时，一切才有可能发生。人员推销能够使决策者更好地汇聚市场信息，了解消费者的心理与需求，了解市场的动态以及竞品的相关信息，从而调整商品的信息，使之更加适应市场。推销对经济相当重要。如果没有销售，商品堆积在仓库里，进而导致的是大规模的失业。社会中的根本经济问题不是实际产品的生产，而是这些产品的分销，尤其是那些直接接触客户的推销。

1. 调动业务人员积极性

制定合理务实的营销政策，充分发挥业务人员的促销作用。推销人员除了销售商品这一作用外，还可以了解和熟悉顾客的需求动向，及时地向顾客提供企业的产品介绍以及顾客所需的各类服务；另外，业务人员还可以利用直接接触市场和消费者的便利，进行市场调研和情报工作，从而为高层管理人员进行决策提供依据。可见，业务人员在市场营销中占有举足轻重的地位。

一位著名的营销大师曾经说过，没有推销不出去的产品，只有推销不出去产品的推销员。可见，优秀的推销员可以推销任何产品。怎样才能培养出优秀的推销员呢？业务人员选择营销这项辛苦而艰巨的工作的重要原因就是基本动力。

当前，国内的许多企业企图通过道德和思想教育达成发挥业务人员作用的目的。这种做法是无可厚非的，但企业必须明白，当利益不成问题，业务员才不关心利益。松下幸之助曾经认为资本主义国家所以能够繁荣，主要是利益原则在起作用。企业应当根据自己的实际，制定相应的营销政策，调动业务人员的工作积极性。

2. 人员推销的价值

（1）人员推销的灵活性。人员推销是面对面的双向信息沟通，因此有很大的灵活性。

（2）人员推销的选择性强。推销员拟定了潜在的客户，比广告的成功性和目标性强。

（3）人员推销具有完整性。推销人员的任务不仅是访问客户、传递信息、说服顾客购买，还包括提供各种服务，达成实际的交易。

（4）人员推销具有公关作用。好的推销员善于与客户建立起超出单纯买卖关系的友谊和信任，为企业赢得一批忠实的客户。

(二) 人员推销任务

人员推销是指企业通过派出销售人员与一个或一个以上可能成为购买者的人交谈，做口头陈述以推销商品，促进和扩大销售。人员销售是销售人员帮助和说服购买者购买某种商品或劳务的过程。

1. 完善对推销人员的分配办法

创新过程中的系统思考指在系统论观点的指导下，强调创新体系的系统性和整体性，追求整体最优化。在管理上强调对全局的把握，推销人员任务明确，并坚持人是完成复杂任务的主体。其基本出发点为：整体系统是由许多分系统组成的，系统是开放的。

对推销人员的工资分配应与产品销售额和实际回款额紧密挂钩。企业可根据产品经营的需要，在确定推销人员任务和责任的基础上，实行按销售收入和回款额提成、工资和销售费用包干、超额销售利润提成奖励等多种分配办法。对推销新产品、长期库存积压产品以及回收逾期较长的货款效果显著的人员可给予特别奖励。

2. 推销人员的具体操作

（1）寻找潜在顾客。确定访问对象，培养新客户。

（2）传递信息。向目标顾客传递有关企业和产品的信息。

（3）推销产品。包括接近顾客，回答顾客的问题，解除顾客疑虑，促成交易达成。

（4）提供服务。推销员有责任为顾客提供各种服务，包括咨询服务、技术帮助、安排交货事宜等。

（5）收集信息。主要是为企业进行市场调研和情报收集工作。

（6）分配货源。主要在货源短缺时，根据顾客的信誉和急需程度，合理分配货源，调剂余缺。

二、人员推销方式及结构

良好的人员推销方式和组织结构可以促进推销工作人员的工作效率。人员推销结构可依公司的市场区域、产品、顾客以及这三个要素的结合进行调整和组织。

（一）人员推销方式

（1）推销员对单个顾客。即推销员当面或通过电话与某一顾客进行交谈，向其推销产品。

（2）推销员向采购小组介绍推销产品。

（3）推销小组向采购小组推销产品。

（4）会议推销。由企业的主管人员和推销人员向买方举行洽谈会，共同探讨有关交易问题。

（5）研讨会推销。召开由企业技术人员向买方技术人员介绍某项最新技术或最新产品的研讨会，让客户了解本企业的最新成果、最新产品，促成购买。

（二）组织结构的确定

人员推销决策的一个重要问题就是推销人员如何组织起来才是最有效率的。企业在设计自己的推销队伍的组织结构时，有三种类型。

（1）顾客型结构。这是一种按顾客的类别来组织的推销队伍。例如按不同行业的客户、新老客户、大小客户，分别安排不同的推销员。其优点就是推销员更加熟悉自己的顾客，更能掌握其需求的特点。

（2）产品型结构。每个推销员负责一类或几类产品在各地的推销。当企业产品种类繁多，而且产品技术性能较强时，采用此种结构较合适。

（3）地区型结构。每一个推销员分管一个地区，负责在该地区推销企业所有产品。这种结构适用于产品和市场较单纯的企业。其优点是职责分明，便于推销员与当地的企业或个人建立固定的联系，有利于提高推销效率。

三、营业推广

营业推广指的是一种适宜于短期推销的促销方法，是企业为鼓励购买、销售商品和劳务而采取的除广告、公关和人员推销之外的所有企业营销活动的总称。营业推广包括多种能在短期内迅速刺激需求，促成消费者或中间商大量购买某一特定产品的促销活动。

（一）营业推广形式

营业推广是为了刺激早期需求而采取的能够迅速产生激励作用的促销活动。它能立即促使消费者采取购买行为，但是营业推广是一种用于一定时期、一定任务的特别推销方式，是一种暂时的促销活动。因此，营业推广是对企业广告促销、人员推销的一种补充，是企业促销组合中的一种辅助性促销方式，其推广形式一般有九种。

1. 赠送样品

赠送样品给中间商或消费者试用，这种方式在介绍新产品时最为有效。样品可邮寄，可附在印刷广告中，在商店散发或送上门。促销策略中样品的含义包括赠送小包装的新产品和现场品尝两种。许多企业在推出新产品的时候愿意以向消费者赠送小包装的产品为手段来推广产品和刺激购买,如果是食品,则拿到商店里请顾客直接品尝。

2. 优待券

通过邮寄或附在广告上分发给消费者,持有者用它购买某种特定产品时可少付部分货款,是刺激重复购买老牌号产品的有效方式,对鼓励新产品的早期使用也有效。

优待券也会以代价券的形式出现。代价券是商业单位伴随广告或产品的外包装送给顾客的一种标有价格的凭证,但其价值只能在代价券责任者指定的商店里实现。通常顾客使用代价券购物可以在价格上获得百分之几的优惠,但另有一种是持代价券购物后可以将代价券兑换成货币的"自动清偿式代价券",其优惠的比例就显得更大。

3. 付现金折款

付现金折款也称退款,同优待券的差别是发生在购买之后。折扣即在销售商品时对商品的价格打折扣,折扣的幅度一般从5%~50%不等,幅度过大或过小均会引起顾客产生怀疑促销活动真实性的心理。折扣的标志可公布于店外,也可以标在打了折扣的商品的陈列地点。

4. 价格折让

价格折让即以低于正常水平的价格向顾客提供产品,可对个人消费者,也可对中间商。它可以有多种形式,如买一送一、组合包装(如牙膏和牙刷)。

5. 赠送礼品

企业也可以利用一些机会和场合来发放作为礼品的本厂的产品,以提高企业及产品的知名度。有时企业只花费很少的经费在展览会或其他场合发放印有厂名的公文包、提兜等,这也是很经济的扩大企业知名度的方法。此外,还可以在顾客购买某特定产品时,免费附赠小物品,如买录像机附赠录像带、买相机附赠胶卷、买饮品附赠卡通娃娃。

6. 有奖销售

奖励即我们熟知的抽奖。顾客购买商品获得奖券,如果中奖,可得现金、实物或者旅游的机会。有奖销售是最富有吸引力的促销手段之一,因为消费者一旦中奖,奖品的价值都很诱人,许多消费者都愿意去尝试这种无风险的有奖购买活动。在中国,法律规定有奖销售的单奖金额不得超过5000元。除了即买即开的奖品外,为了提高有奖销售的可信度,抽奖的主办单位一般都要请公证机关来监督抽奖现场，并在发行量较大的当地报纸上刊登抽奖的结果。

7. 现场演示

现场演示的促销方法也是为了使顾客迅速了解产品的特点和性能，以便激励顾客产生购买的意念。现场演示可以大量节约介绍产品、邮寄广告的费用，并使顾客身历其境，得到感性认识。

8. 竞赛

竞赛的方法有多种，常用的还是智力和知识方面的竞赛，其内容多数都是与销售产品的公司或它的产品有关的问题。竞赛的奖品一般为实物，但也有以免费旅游来表示奖励的。竞赛的地点也可有多种，企业有时通过电视台举办游戏性质的节目来完成竞赛，并通过在电视节目中发放本企业的产品来达到宣传企业和产品的目的。

9. 展销会

展销会集商品展示与销售活动于一体，是近年来很热门的一种商业活动。展销会的产品由厂家直接销售时，其价格会比零售价格略低。由于参加展销会的消费者多数都具有购买便宜商品的欲望，所以如果展销商品的水准较高的话，厂家的销售额能够达到相当的水平。

营业推广的费用往往比估计的要昂贵，而且有一定的风险，如损害品牌形象，增加顾客对各种优惠的期望值等，但它在总体促销组合中发挥着越来越重要的作用。目前，我们可以利用网络、微信和手机进行营业推广，它能够起到事半功倍的效果。

（二）营销策划

营销策划是企业通过激发创意有效地配置和运用自身有限的资源，选定可行的营销方案，达成预定的目标或解决某一难题。营销并不是万花筒，可以随心所欲地变换图景，营销有自己独特的内容和要求，即营销包括若干基本要素的组合，营销必须达到一定的经营目标。这是评价营销策划的基础，我们可以用五个标准来衡量一个营销策划的优劣。

1. 全面性

营销策划的内容必须是营销基本要素的综合运用。这些基本要素至少包括定位战略、产品策略、价格策略、渠道策略和促销策略五个方面。

缺少其中任何一个因素，都不能称为优秀的营销策划。即使一家企业仅仅通过铺天盖地的电视广告，就使其产品畅销了大江南北，我们也不能认为它是一个优秀营销策划，至多它是一个优秀的广告策划。

2. 创意性

营销策划的内容必须独特新颖，令人叫绝。平平淡淡，没有新鲜感，就谈不上策划了，只是一种计划安排。创意是营销策划的重要特征之一。点子常常是创意的产物，因此它是营销策划不可缺少的内容。"不创新就死亡"同样适用于营销策划业。因此，模仿秀不能成为优秀营销策划的候选者。不容易想到不容易做到的创意，是死点子；容易想到容易做到的创意，是差点子；不容易想到容易做到的创意，是绝点子。

3. 正向性

企业策划的创意必须有利于达成预定的目标，是为目标服务的，否则再好的创意也没有价值。比如，向某个明星赠送别墅、珠宝，也算是非常有影响的创意，但是这对提升企业形象不仅没有正向效应，反而起到了反向效应，这就不是好的营销创意。一些厂商的广告密度达到了令人反感的程度，纵然使销售增加，也不是一个优秀的策划。高知名度加低美誉度，是臭名远扬（最次）；低知名度加低美誉度，是臭名近扬（较次）；高知名度加高美誉度，是有口皆碑（最好）。

4. 可行性

策划构想要有实现的可能，必须做到这一点：将创意与企业现有人力、物力、财力合理结合，最终能落到实处。那种叫好不叫座、无法实现的创意都不是真正的策划。就像再好的点子，如果无法实施，只是启发人们的思路，不会产生效益。

5. 效益性

营销策划必须产生理想的效益，或者是推动效益的增长。我们评价营销策划不是在进行作文竞赛，看谁的方案写得漂亮，也不是在进行富豪榜排列，看谁的营销费用多；而是看谁的策划带来的效益最高。

这五个要素缺一不可，是构成优秀营销策划最起码的条件。如果一个策划缺少了其中一个要素，那么我们就可以断定这个策划不是优秀的营销策划。营销策划不是广告策划、推销员策划、产品策划、促销策划、公关策划，也不是拍卖奖牌的聚敛钱财的活动。

四、营销以系统取胜

系统表示将涉及某一事物价值的挖掘与利用的整体工作的每一环节

加以设计，前后衔接和有效协调。系统化的价值在于超越某一环节的视角，而从整体产出能力来作为工作安排的出发点。因此，整体配合性而非某些节点的突出性成为衡量系统水平的基准。

企业的产品营销同样也是这样的一种系统化工作：确定目标消费群体、理解他们的需求、挖掘最能满足他们需求的功能利益点和情感利益点、确保产品有效递送、产品与品牌信息的充分有效传播、用户需要的更新及消费体验的反馈，如此等等。这是一个系统的工作，需要系统的策略。营销系统不必处处熠熠发光，但它必定连接妥帖，在综合竞争力上见真章。但是，系统工作往往被忽略，这不仅仅因为系统的完善本身需要在许多环节进行大量细致而枯燥的工作，更需要持续不断的严格的维护工作，需要颇具规模的投入，需要长期性的收益目光。

营销也特别容易受到许多误导：比如仅长于营销某一环节的服务机构可能向客户推销存在重大系统偏差的营销观念；比如最容易被人看得见的终端营销环节——广告、VI（视觉识别系统）设计被误认为是营销之核心；比如最可与财务指标连接的销售环节被等同于营销；比如营销与企业运营的其他方面相比，仅被看作一个平级的部门。如果营销的要素和环节不能整合成为系统，如果营销系统不能整合成企业的基础系统，那么营销的价值不仅是有限的，很多时候它甚至不能表现出自己与传统商业运营模式的相对优势。

一个企业向营销转化是一种经营世界观的转化——突出地重视内外客户的价值，以客户的需要为需要，以客户的节奏为节奏，即以客户的生活方式全面改变本企业的生活方式。在市场上能否取得胜局取决于我们的系统是否可以有效地与客户保持深入、持续、广泛的沟通。这同时也决定了我们在竞争格局中的一般结果：营销系统提升的企业面对只有局部更新或者少量节点创新或所有环节毫无更新的对手，胜算总是很大。

第四节 公 共 关 系

"公共关系"一词首次出现在1807年美国总统托马斯·杰斐逊的国会演说中。根据爱德华·伯尼斯（Edward L. Bernays）的定义，公共关系是一项管理功能，制定政策及程序来获得公众的谅解和接纳。公共关系是指某一组织为改善与社会公众的关系，促进公众对组织的认识、理解及支持，达到树立良好组织形象、促进商品销售目的等一系列公共活动。公共关系是指组织机构与公众环境之间的沟通与传播关系。

一、公共关系的概念

公共关系一般指一个社会组织用传播手段使自己与相关公众之间形成双向交流，使双方达到相互了解和相互适应的管理活动。这个定义反映了公共关系是一种传播活动，也是一种管理职能。作为一个专业，公关是在美国20世纪50年代正式诞生的；作为一个行业，当时大多数的职能是在一个组织内产生的，因此主要和政治、经济和文化特征相关联。

（一）公共关系定义

"公共关系"一词源自英文的 public relations。public 一词可译作"公共的""公开的"，也可译作"公众的"。relations 则宜译作"关系"。因此，中文表述可称为"公共关系"，也可称为"公众关系"。

公共关系本意是社会组织、集体或个人必须与其周围的各种内部、外部公众建立良好的关系。它是一种状态，任何一个企业或个人都处于某种公共关系状态之中。它又是一种活动，当一个工商企业或个人有意识地、自觉地采取措施去改善和维持自己的公共关系状态时，就是在从事公共关系活动。作为公共关系主体长期发展战略组合的一部分，公共关系的含义是指这种管理职能：评估社会公众的态度，确认与公众利益相符合的个人或组织的政策与程序，拟定并执行各种行动方案，提高主体的知名度和美誉度，改善形象，争取相关公众的理解与接受。

公共关系活动过程的三个基本要素是"组织""传播""公众"。任何公共关系活动都是由这三个要素构成的。"组织"和"公众"分别是公共关系的"主体"和"客体"，这二者之间的相互作用方式是"传播"（communication，也译作"沟通"）；而现代"公共关系传播"的本质即组织与公众之间信息的双向交流。组织是公共关系的主体，公众是公共关系的对象，传播是公共关系的过程和方式。三个要素之间的联系就是组织与公众之间通过传播沟通活动所形成的信息的双向交流。据此可以给公共关系下一个简单的定义：公共关系是运用现代信息传播沟通手段，建立完善组织与公众之间的双向交流，促进相互了解、理解、信任与和谐，为组织优化社会环境，树立良好形象。

（二）公共关系管理

公关关系管理的三个层次的组成部分：一是战略角度的投资者关系管理，这里更多的是着眼于一个组织从制定几年的公司管理战略，最终实现各项良好发展；二是策略层面的投资者关系管理，更多地着眼于一个个里程碑式的事件，实现友善的引导，最终实现具有典型意义的事件的诞生；三是从战略到策略，再到日常管理，多元化、立体化的投资者关系管理帮助公司与投资者、媒体和公众更好地沟通，实现公司市值最大化。将其具体化后，我们认为公共关系的管理可以从状态、职责、过程、价值和意识来分析。

1．公关状态、活动和观念

在使用"公共关系"这一概念的时候，往往可以表示一些不同层次的含义：①公共关系状态——表示客观存在的关系状况和舆论状况；②公共关系活动——表示实际的操作实务；③公共关系观念——表示引导、规范组织行为的一种价值观念和行为准则。

2．公共关系基本职责

公共关系基本职责为：①收集信息；②辅助决策；③传播推广；④协调沟通；⑤提供服务。

3．公共关系管理过程模式

四步工作法：①公共关系调查；②公共关系策划；③公共关系实施；④公共关系评估。

4．公共关系终极价值

公共关系的终极价值是和谐的人文精神，它体现在三个方面：宽容、传播和竞争。宽容是努力找到双方利益的结合点；传播要有真实性和真诚合作的精神；竞争是良性的，要使物质和精神回报相结合。

5．公关意识内容

公关意识内容包括：①尊重公众，为公众服务与公众合作；②注重自身形象，真实、真诚、公道、讲信誉；③注重沟通，实行公开化；④讲求平等和利益上的互惠；⑤谋求整体协调；⑥寻求长期和谐发展。

二、公共关系活动形式

公共关系是社会组织同构成其生存环境、影响其生存与发展的那部分公众的一种社会关系，是一个组织为了达到一种特定目标，在组织内外部员工之间、组织之间建立起一种良好关系的科学。[①] 公共关系是社会组织为了生存发展，通过传播沟通、塑造形象、平衡利益、协调关系、优化社会心理环境来影响公众的科学与艺术。所以，公共关系活动就应该围绕以上的原则去做。

（一）新闻报道

公关人员的一个主要任务是善于发现或创造对企业和产品有利的新闻，以吸引新闻界和公众的注意，增加新闻报道的频率，扩大影响，提高知名度。

1. 撰写新闻资料和新闻稿

新闻五要素（即五个w），即何时（when）、何地（where）、何事（what）、何因（why）、何人（who），这是新闻中不可缺少的。要写好新闻稿，应掌握三个要点。

（1）新闻稿的结构。常见的新闻稿结构有三种：倒金字塔结构、并列结构、顺时结构。其中最常见的是倒金字塔结构，由导语和事实两大部分组成。导语是新闻稿的灵魂，最新、最重要的内容即包含在其中。导语之后是一般的新闻事实，按重要在前、次重要在后的原则排列。

（2）导语的写作。导语在新闻稿中的地位十分重要，虽然只有一两句话，却要概括一篇新闻中最新、最重要的信息，使人只看导语便可了解新闻的基本要点。

（3）新闻背景材料的运用。新闻背景材料是对新闻人物和新闻事件起衬托补充、说明等辅助性作用的材料。

2. 新闻发布会

新闻发布会是组织与公众沟通的例行方式。它是一种两级传播：先将消息告知记者，再通过记者所属的大众媒介告知公众。新闻发布会可

[①] 参见任昕《新媒体时代现代公共关系的应对策略》，载《中国市场》2015年第21期。

用于树立或者维护组织形象、协调公共关系、引导舆论倾向。新闻发布会的工作环节包括以下几个方面：①确定主题；②邀请记者；③会前准备；④主持会议；⑤收集反馈信息。

与新闻界协调关系的诀窍在于：①主动传递本组织信息，真诚坦率提供情况，维护本组织和新闻媒介的良好信誉；②尊重记者和新闻单位，为他们的工作提供方便，无论大报、小报、名记者、一般记者，都要一视同仁，不能厚此薄彼；③指定专人负责，密切同新闻界人士的联系。

3. 策划具有新闻价值的事件

策划具有新闻价值的事件也叫作"制造新闻"或"策划新闻"，是组织争取新闻宣传机会的一种技巧。即在真实的、不损害公众利益的前提下，策划、举办具有新闻价值的事件或活动，吸引新闻界和公众的注意力，制造新闻热点，争取被报道的机会，使本组织成为新闻的主角，以达到提高知名度、扩大社会影响的目的。

（二）综合活动

公共关系活动只是组织长远战略发展的一个点的展示而已，综合性指的是宏观上的把控和规划。一般这种策划的成功与否可以直接定论一个项目的成功与失败。还有就是为什么分为策划和计划，因为策划是随市场和自身发展情况而及时变动调整，而计划是按部就班达到目标。

1. 赞助公益和社会活动

赞助活动是组织或团体所举办的一项社会活动，要求获得社会各界钱财或者物质上的援助，同时也能提高企业自己的声誉与形象。

举办社会公益活动的种类、形式是多种多样的。开展社会公益活动要注意考虑几个问题：①目的必须十分明确，以是否有助于增进公众对本组织、本企业的了解和好感为目的；②选择的范围要以最有利于达到预定目的为宗旨；③资助某一项活动或某一个团体，要考虑到该项目和该组织是否纯正，在公众心目中是否有好感；④开展和举办社会公益活动，其规模和出资款项要以本企业、本组织的经济实力和可能达到的目标为依据来考虑。

2. 展览活动

展览是指通过实物、文字和图表等来展现成果或问题的一种宣传形式。办好展览会需要具体抓好以下环节：①明确展览主题；②展览内容结构严谨,层次分明;③精心设计好主题画或展览物,设计不落俗套的会徽和纪念品;④编印介绍展览会的宣传小册子,撰写好前言、解说词和结束语;⑤培养讲解、示范操作人员;⑥做好环境布置以及照明、音响、影像等设置;⑦做好观众的组织、接待和信息反馈。

3. 特殊活动

"特殊活动"的英文为 special event,与日常活动(ordinary event, daily event)相区别。特殊活动是指发生在特定时刻的,以典礼或仪式的形式庆祝的,满足特定需要的活动。

(1)国旗悬挂。国旗是一个国家的象征和标志。内容:①接待国宾时的悬旗要求;②国际会议上的悬旗;③悬旗的一般规定;④悬旗致哀。

(2)节庆活动。节庆是为节日或共同的喜事而举行的、表示快乐或纪念的庆祝活动。节庆日是公共关系部门,特别是宾馆等接待服务单位开展公共关系活动的极好时机。举办节庆活动要注意三点:①要区分公共关系节庆活动的重点;②开展节庆活动,贵在富有传统特色;③要不失节庆活动的时机。

(3)开幕典礼。开幕典礼又可称开幕式,是指为第一次与公众见面的、具有纪念意义的事件而举行的庄重而又热烈的活动形式。开幕典礼可分为三个步骤。①开幕典礼的准备工作:邀请嘉宾,拟好开幕词,拟好程序,准备好照明、音响等。②安排仪式程序:签到接待,确定剪彩人员,摄影、录音、录像的安排,回答记者或嘉宾提出的各类问题。③开幕典礼的结束工作:不论何种规模的开幕式,结束后做好嘉宾的送别、征求意见、感谢致意等都是必不可少的。

(三)处理危机

公共关系危机是指突然发生的、严重损害组织形象、给组织造成严重损失的事件,如公众的指责批评、恶性事故等。危机的处理对策有两个方面。

1. 预防危机

预警的意思是提前发现并做出响应和应对,着重于提前发现;预防是提前做出对可能出现情况的应对,着重于防止出现。

(1)灵敏的预警系统:为了预防危机的发生,防患于未然,组织应设立自己的情报信息网络,保持沟通联络,建立预警系统。

（2）完善企业的管理系统：依靠健全的组织机构和完善的管理系统，将危机损失降到最低程度，或者消灭于萌芽状态。

（3）模拟准备：进行处理公共关系危机的模拟训练以锻炼员工在紧急情况下冷静处理问题的能力，积累处理公共关系危机的经验。

2．危机处理过程

企业遭受危机应该采取积极的公关措施，其中与媒体的沟通是危机公关的重要方面，应利用媒体建立信任通道。信任是解决危机的重要前提，而信任必须依赖于沟通；因此沟通是企业危机公关的灵魂，而通过媒体沟通显然是最有效、最经济、最快速的方式。

危机处理的步骤：①果断采取措施，有效制止事态扩大；②情况调查，收集信息；③成立专门机构，制定处理危机的方针和对策；④确定新闻发言人；⑤迅速、扎实、全面开展工作，并安抚好受害者；⑥认真做好检查，切实改进工作。

三、组织形象设计

组织形象设计也叫企业识别系统（corporate identity system，CIS），是一种组织形象战略，通过提炼组织的理念个性和行为特征，整合组织的各种形象资源，对组织的一切形象要素进行统筹设计、规划、控制和传播，以突出组织的形象个性和统一性，强化组织整体形象的视觉冲击力和市场竞争力。

（一）CIS 概念

CIS 的主要含义是将组织文化与经营理念统一设计，利用整体表达体系（尤其是视觉表达系统），传达给组织内部与公众，使其对组织产生一致的认同感，以形成良好的组织印象，最终促进组织产品和服务的销售。

1．CIS 概念的要点

CIS 概念的要点体现在个性化、统一化、整合性和识别性，从而实现导向作用、约束作用、凝聚作用、激励作用和辐射作用。

2．CIS 的基本要素

CIS 由三大基本要素组成：理念识别系统（mind identity system，MI）、行为识别系统（behavior identity system，BI）、视觉识别系统（visual identity system，VI）。

（1）理念识别系统。主要包括四项基本内容：组织使命、组织精神、组织价值观、组织目标。其具体的表现形式为：信念、口号、标语、守则、歌曲、警语、座右铭以及企业高层人员的精神和讲话。

组织理念识别：事业领域与形象定位、组织愿景、使命、战略和目标、经营理念与管理哲学、组织的价值观念和文化系统。组织理念识别有助于确定组织的形象个性和内涵。

企业的新型价值观是企业文化建设的核心和灵魂，是企业及员工的价值取向和行为准则，是企业职业道德的核心。随着社会主义市场经济体制的发展，现代企业制度的建立，企业的价值观应切合时代的主题，体现爱国主义、社会主义和集体主义的主旋律。

（2）行为识别系统。基本内容分为对内和对外两个方面。①对内的活动：业务培训、员工教育（包括服务态度、应对技巧、电话礼貌及工作精神）、奖惩活动、工作环境、职工福利及研究开发项目等。②对外的活动：市场调查、广告活动、公关活动、公益文化活动、促销活动、竞争策略以及与各类公众的关系等。

（3）视觉识别系统。①基本要素：组织名称、标志、标准字、造型。②应用要素：主要包括办公事务用品、产品包装、广告、车辆、建筑、环境等。

VI 视觉要素是综合反映组织整体的特色的重要载体，是组织形象外在的符号化的表现形式。从本质上讲，它属于一种组织行为，必须能使人感悟到组织精神的个性与内涵，传达组织的经营理念。组织视觉识别：对组织的一切可视物（展示物）进行统一设计、规划、制作和控制，使组织形象的表达充分个性化和统一化。还有标识系列，它本身就是组织形象的标志，能够帮助公众识别和记忆组织的形象。

（二）产品市场定位策略

在市场营销学中，决定产品市场定位的因素有很多，但策略大体有两种：一是根据消费者需求，新产品的推出考虑到消费者某部分的需求没有被满足，或没有被完全满足；二是针对竞争对手，就是推出的新产品在某一方面或某几方面与竞争对手有所差异。如果是针对消费者需求而对目标消费者没有了解透彻，那么肯定会失败；如果是针对竞争对手的策略，在价格或性能方面优于对手，则有可能取得成功，也有可能失败,这要看当时市场的情况。

1. 产品定位

产品市场定位策略是要使本企业产品具有一定的特色,适应目标市场一定的需求和爱好,塑造产品在目标顾客心目中的良好形象。

日常生活中,我们接触到的形象定位有很多。可口可乐的定位是"无处不在(买得到),物有所值(买得起),我心中首选(乐得买)"。中国移动的定位是"沟通从心开始"。

2. 营销人员的形象定位

营销人员应内强素质,外树形象,工作优良而富有创造精神。一个营销人员应充实、理智、清雅、大方、自然、洒脱,达到真、善、美的统一,是能力型和智力型相结合的人才。这种复合实用型人才具体表现为:懂管理、善策划、会传播。形象地说,就是坐下来能写、站起来能讲、跑出去能干。

综上所述,各种促销类型比较如表 10.1 所示。

表 10.1 促销类型比较

促销类型	预期结果	顾客接触	时间
广告	改变态度、改变行为	间接	中
销售推广	销售量	半直接	短
公共关系	改变态度	半直接	长
人员推销	销售量	直接	短

思维拓展 人工智能将改变营销管理方式[①]

促销决策是市场营销组合策略中重要的一环。销售促进的主要任务是将有关企业和产品的信息传递给目标市场上的顾客,以达到扩大销售的目的。显然,在今天这样一个"信息爆炸"的时代,开展有效的促销活动至关重要。作为消费者,我们非常熟悉"人工智能",知道自动驾驶汽车、语音控制程序 Siri、亚马逊 Alexa 等产品。人工智能对生产力和经

---

① 参见《人工智能将改变企业 3 大管理方式》,见 http://www.ceconlinebbs.com/FORUM_POST_900001_900002_1114058_0.HTM,2017 年 8 月 30 日。

济都具有重大影响，这也意味着其将彻底改变企业。除了评估原始数据以外，人工智能还会根据历史模式和当前员工的工作性质以及市场的动态来处理数据。它可以提供一个全面的框架来改变人们做决策、工作以及企业成长的方式。我们将看到人工智能给企业营销带来的巨大改变：

1. 优先权及重点

人工智能可能会提高人们日常的工作效率，AI（artificial intelligence，人工智能）能够通过分析我们在公司里的职位提供有用的建议，从而让我们可以合理安排时间。如果你是一个销售代表，AI将帮助你确定最好的谈判时机。此外，它还会告诉你哪些客户很可能会不续签合同。在营销管理层层面，AI将会为首席运营官或首席营销官指明资源分配的方向，即分析出哪些地区可能需要更多的销售人员，哪些部门需要更多的预算。作为首席执行官，它能让你告诉股东和媒体公司是否盈利。简而言之，AI将会根据人们的职位和需求提供相应的有用建议，让他们以最好的方式分配时间。

2. 组织协作

很多人都想知道人工智能和机器学习会不会导致一些工作的消失，尤其是交流方面的。但这种担心可能是多余的，因为日常业务操作仍需要人与人之间的交流。对于营销管理而言，团队绩效如何将会一目了然，并且也会愿意为最需要的人花时间。无须讨论每个项目的细节，你就能知道哪些团队成员需要指导。

机器人将在企业协作中扮演同等重要的角色，让人们能够即时做出正确的协作行为。举个例子，如果AI识别出某项交易可能不会在季度结束之前结束，那么机器人将会通知代表、销售工程师、经理以及销售运营主管，让他们派出正确的团队来达成交易。当然，机器人也将在日常事务中担任助手一职，为你安排会议、提醒你打电话给同事甚至是为你在网上预约午餐。

3. 客户服务

用机器人订玉米饼，这听起来很有趣。但人工智能在客户服务领域的特点还是在于它能带给客户一个全新的体验。通过机器学习，我们能够借鉴从前成功的模式，创建一套最佳方案，如项目管理、客户管理等。又如，基于贵公司吸引客户的模式，人工智能可以让你在特定的阶段了解客户是否想要终止合作，然后，你就能派出优秀的团队去注意这一时刻的来临，以确保合作的继续进行而不是忙着去弄清楚哪里出了问题。无论是优先级、协作还是客户服务，它们看起来似乎都只是公司运营中很小的一部分。然而，它们代表着人工智能改变企业营销管理以及成长方式的无限可能。

用 AI 营销管理的眼观看世界，会发现世界是智慧的。通过对革命历程的"AI 营销"分析，我们认为，任何营销都要知己知彼，既做好自我的分析，制定好规划，确定目标客户，同时要做好宣传工作，根据产品营销周期进行营销。

思考练习题

一、简答题

1. 简述信息沟通的过程。
2. 简述促销组合的决策过程。
3. 简述广告的概念与广告制作。
4. 简述广告媒体的选择。
5. 简述人员推销的作用与任务。
6. 简述人员推销的方式及结构。
7. 简述营业推广的概念和形式。
8. 简述营销如何以系统取胜。
9. 简述公共关系的概念与活动形式。
10. 简述组织形象设计。

二、论述题

1. 论述促销组合。
2. 论述广告策略。
3. 论述人员推销。
4. 论述公共关系。

三、思考题

1. 城市雕塑怎样才可以永葆活力？
2. 从营销心理分析，香港明星梁朝伟的眼神让观众看到什么？梁朝伟的性格是什么类型？
3. 从营销心理分析的角度剖析陕北民歌《赶牲灵》的形式创新。陕北的《信天游》有数十种，《赶牲灵》的曲调就属于"信天游"的一个变种,《赶牲灵》体现了什么精神?

4. 什么是营销的核心理念?谈谈你对营销的核心理念的看法。

5. 如何及时合理地运用现代促销手段?什么是形象促销?它包括什么内容?

6. 作家在市场营销中的炒作:

(1) 你认识郭敬明、韩寒、九丹、棉棉、卫慧、葛红兵、阎连科、北村吗?

(2) 能否谈一谈他们的作品在市场中的运营?

(3) 你对老一辈作家冰心、巴金、茅盾、老舍、周作人的评价如何?如何用饮料来比喻?

第十一章
互联网营销

在营销观念的发展史上，曾依次出现过生产观念、产品观念、推销观念、营销观念、社会观念和大市场营销观念等观念。从总体上来说，这些观念更多地强调供应者的主动性、显性需求和信息的不对称性。从根本上看，这些观念都是营销的手段，只是关注的重点和复杂的程度有所不同。更主要的是，这些观念都是建立在工业经济时代的基础上的，已经不能完全适应网络经济时代的需要了。所以，我们需要一种全新的营销观念。这种营销观念应该能够有效地应对瞬息万变的市场，应该能够更关心顾客的内心，应该在供需双方之间搭起互动的桥梁。这种营销观念就是互联网营销。

第一节 互联网营销概述

互联网营销起源于20世纪90年代末期，欧美的一些企业率先利用互联网为平台展开营销活动。21世纪以来，我国移动互联网伴随着移动网络通信基础设施的升级换代快速发展，尤其是2009年国家开始大规模部署3G（第三代移动通信技术）网络，2014年又开始大规模部署4G（第四代移动通信技术）网络，两次移动通信基础设施的升级换代有力地促进了中国移动互联网快速发展，服务模式和商业模式大规模创新。

一、互联网营销内涵

（一）互联网营销定义

互联网营销（sales network）也称为网络营销，就是以国际互联网络为基础，利用数字化的信息和网络媒体的交互性来实现营销目标的一种新型的市场营销方式。[①]

1. 广义的互联网营销

互联网营销的同义词包括网上营销、网络营销、在线营销、网络行销等。笼统地说，互联网营销就是以互联网为主要手段开展的营销活动。也可以这样说，广义的网络营销指企业利用一切计算机网络［包括Intranet企业内部网、EDI（electronic data interchange）行业系统专线及Internet国际互联网］进行营销活动。

2. 狭义的互联网营销

狭义的网络营销专指国际互联网络营销（国际互联网是全球最大的计算机网络系统），是指组织或个人基于开发便捷的互联网络，对产品、服务所做的一系列经营活动，从而达到满足组织或个人需求的全过程。网络营销是企业整体营销战略的一个组成部分，是建立在互联网基础之上、借助于互联网特性来实现一定营销目标的营销手段。我们可以将其

---

① 参见冯英健《网络营销基础与实践》，清华大学出版社2002年版，第35页。

理解为利用互联网（包括移动互联网）所进行的市场开拓、产品创新、定价促销、宣传推广等活动的总称。其功能包括电子商务、企业展示、企业公关、品牌推广、产品推广、产品促销、活动推广、挖掘细分市场、项目招商等方面。现在的网络推广、探索引擎优化、探索引擎营销、微博营销、微信营销、论坛营销、视频营销等都属于网络营销的范畴。

如何定义网络营销其实并不是最重要的，关键是要理解网络营销的真正意义和目的，也就是充分认识互联网这种新的营销环境，利用各种互联网工具为企业营销活动提供有效的支持。这也是在网络营销研究中必须重视网络营销实用方法的原因。

（二）互联网营销和电子商务

互联网营销和电子商务是有区别的。根据联合国经济合作和发展组织（organization for economic cooperation and development，OECD）的定义，电子商务指的是发生在开放网络上的包含企业之间（business to business）、企业和消费者之间（business to consumer）的商业交易。也就是说，电子商务的侧重点在于网上交易、网上买卖活动；而互联网营销则是贯穿营销的整个过程。电子商务是互联网营销的一部分，是互联网营销的一个重要环节。我们从电子商务的英文 E-Commerce 和互联网营销的英文 E-Marketing 也可看出两者的区别。

（三）互联网营销与传统营销

传统营销遵循营销流程图，并依赖层层严密的渠道，通过大量人力与广告将产品或服务投入市场。20 世纪 90 年代末兴起的互联网技术对传统营销形成了巨大的冲击，并构成"21 世纪营销领域的创新焦点"。

1. 互联网营销对传统营销总的影响

（1）互联网技术将营销流程简化压缩。消费者通过互联网设计和订制产品，然后以订单的形式通过互联网将信息传递给消费者，厂家按订单生产，然后通过物流配送体系直接将货发送到消费者手中。营销探测和营销战略被压缩简化了，同时还省去了分销这一环节。

（2）消费者占据主权。商家在互联网营销中不再居于主体地位，产品不再由商家调研，然后制造，并进行定位定价，最后推销给消费者。明智的消费者占据了主动权，由他们发出自己的需求信息（包括产品设计、零件配置信息等），商家只是按单生产而已。

2. 互联网营销对传统营销各流程的具体影响

互联网信息的全球性和透明性，使同等产品价格差异趋于零，定价由市场决定；网络时代消费者的个性独立，使一对一营销成为一种迫切的需求；而互联网的低成本互动性，则使消费者和商家一对一的亲密沟通成为现实。

3. 互联网营销相对于传统营销量和质的变化

营销流程的压缩简化使营销成本下降和营销速度加快，结果是营销效率的提升，这是互联网营销相对于传统营销量的变化；消费者占据主权，营销职能外部化——顾客事实上成了市场探测和营销战略实施的主体，使厂家生产的产品接近甚至等于市场需要，这是互联网技术相对于传统营销的质的变化。

二、互联网营销的特点

随着互联网技术的成熟以及互联网成本的降低，互联网就像一种"万能胶"，将企业、团体、组织以及个人跨时空联结在一起，使他们之间信息的交换变得"唾手可得"。市场营销中最重要也最本质的是组织和个人之间进行信息传播和交换。如果没有信息交换，那么交易也就是无本之源。正因为如此，互联网具有营销所要求的某些特性，使网络营销呈现出以下特点。

（一）时域性

营销的最终目的是占有市场份额，由于互联网能够超越时间约束和空间限制进行信息交换，使营销脱离时空限制进行交易变成可能，组织有了更多时间和更大的空间进行营销，可每周7天，每天24小时随时随地地提供全球性营销服务。

另外，一方面，互联网上的营销可由提供商品信息至提供收款、售后服务，是一种全程的营销渠道；另一方面，建议企业可以借助互联网将不同的传播营销活动进行统一设计规划和协调实施，以统一的传播资讯向消费者传达信息，避免传播咨讯的不一致性产生的消极影响。互联网营销还突出了公平性，在网络营销中，所有的企业都站在同一条起跑线上。公平性只是意味给不同的组织、不同的个人提供了平等的竞争机会，并不意味着财富分配上的平等。

（二）富媒体

互联网被设计成可以传输多种媒体的信息，如文字、声音、图像等信息，使为达成交易进行的信息交换能以多种形式存在，可以充分发挥营销人员的创造性和能动性。富媒体定向投放技术可以让客户对希望投放广告的时间、区域、网页 URL（uniform resource locator）、网页关键词、搜索引擎关键词等进行有针对性的营销信息投放，让企业的营销信息更加吸引顾客。

（三）交互式

互联网通过展示商品图像、提供商品信息资料库查询来实现供需互动与双向沟通，还可以进行产品测试与消费者满意调查等活动，为产品联合设计、商品信息发布以及各项技术服务提供最佳工具。

互联网营销的交互式是通过对消费者需要和欲望的研究，找出这种需要和欲望，并且给消费者搭建满足这种需要和欲望的舞台，让消费者自己进行自我培训和教育，通过其自身的完善和进步去影响其他消费者，把部分消费者从顾客转变成为经营者，并让经营者在公司固定店面内或外，或消费者家里、办公场所、工厂，或消费者指定的地方，把消费性商品和服务推广或销售给最终顾客的营销方式。

（四）个性化

互联网上的促销是一对一的、理性的、消费者主导的、非强迫性的、循序渐进式的，而且是一种低成本与人性化的促销，避免推销员强势推销的干扰，并通过信息提供与交互式交谈，与消费者建立长期良好的关系。

互联网营销个性化体现在时空的个性化。互联网营销突破了传统营销在时间上和空间上的限制。在时间上，网络营销可以提供全天候的24小时服务，用户可以根据自己的时间安排接受服务。即使你深夜想到要去异地旅行，也可以立即用鼠标在网上查询订票。地点上则利用互联网技术实现远程服务和移动服务。互联网营销方式也呈现出个性化，企业可以通过互联网提供更具特色的服务。

（五）超前性

互联网是一种功能最强大的营销工具，它同时兼具渠道、促销、电子交易、互动顾客服务，以及市场信息分析与提供的多种功能。它所具备的一对一营销能力正符合定制营销与直复营销的未来趋势。在高效性上，计算机可储存大量的信息，代消费者查询，可传送的信息数量与精确度远超过其他媒体，并能因应市场需求，及时更新产品或调整价格，因此能及时有效地了解并满足顾客的需求。

（六）经济性

通过互联网进行信息交换，代替以前的实物交换，一方面，可以减少印刷与邮递成本，可以无店面销售，免交租金，节约水电与人工成本；另一方面，可以减少由于迂回多次交换带来的损耗。在技术上，网络营销大部分是通过网上工作者，通过他们的一系列宣传、推广，这其中的技术含量相对较低，对客户来说是小成本、大产出的经营活动。

思维拓展　互联网时代的"赶学比超"[①]

互联网的广泛应用不但引起了信息技术新的变革，而且改变了传统营销领域的发展方向。市场竞争如今变得越来越激烈，单靠传统的营销手段和方法无法使企业获得持久的竞争能力，必须依靠网络营销的方法提高其竞争力。2017年元旦《罗辑思维》当家人罗振宇进行跨年演讲活动，他的跨年演讲会迅速为社会主流认可。

1. 公众号的启发

每天收听罗振宇的"60秒语音"，我们发现他每天的一分钟总结很多都说出了我们的心声，对外界事务的认知、带团队及品牌传播中的困惑和心得，罗振宇的"一分钟"常概括得淋漓尽致。慢慢地罗振宇的微信公众号"罗辑思维"在企业拥有了强大的受众群，通过他的微信公众号，企业也在想：自己的公众号如何建立？怎样学习罗振宇将互联网经验用于我们的网络营销管理建设中？这也是企业经营公众号的最直接动力和

---

① 参见黄鸣《互联网时代的"赶学比超"》，见 http://blog.ceconlinebbs.com/BLOG_ARTICLE_245225.HTM，2017年8月30日。

原因。

2. 跨年版的演讲

罗振宇的"时间的朋友"跨年演讲给我们的影响是转化成行动才会有更深的学习力。学习先从形式学起,企业也应举办跨年演讲活动。现在是一个变革时代,每个人在变革中要看到时代赋予的改革红利,对于新事物、新鲜理念要热情地拥抱,正如迎接新的生命般,千万不要畏惧和躲避。按"一把手领导变革"的原则,一把手首先要打破自己,如果变革不是从一把手做起,那变革的阻碍将是巨大的,所以我带着大家一起突破。

3. 寂寞中的坚守与希望

变革转型时代,很多人面对企业所处的环境,产生了迷茫、困顿、纠结、犹豫以及一丝丝的恐惧,在不确定的未来和看不透的现实前,很多人丧失了一种能力——看不到他人探的路,感受不到价值创造的惊喜。我们大家一定要有信心,在寂寞中一定要学会耐心地坚守。一个人一时兴起做一件事情容易,长年累月地坚持做一件事是非常艰难的。比如罗振宇的"每天60秒",又有多少人能长年坚持这短短的"一分钟"?美好的理念须靠我们的行动一步步地落实,需要专注,需要死嗑,需要向内自修、向外吸收。

新的时代来临了,让我们张开臂膀迎接网络营销的美好未来,太多的不确定就是太多的希望,借罗振宇的一句话祝福大家,"未来已经来临,只是尚未流行"。

第二节 互联网营销技巧

网络营销推广,顾名思义就是利用互联网推广自己的产品。互联网营销每天都在变化,学习互联网营销技巧也并非一朝一夕的事情,做好互联网营销需要拥有一定的资源,一个企业拥有的资源只有自己企业的资源,而一个好的互联网营销公司资源是无限的,互联网营销资源越分享也就越强大。下面将分享一些很有效果的网络营销方法。

一、掌握潜在客户数据与影响潜在客户决策

潜在客户是指对某类产品（或服务）存在需求且具备购买能力的待开发客户，这类客户与企业存在着营销合作机会。经过企业及营销人员的努力，可以把潜在客户转变为现实客户。

（一）增加潜在客户数据

浏览网站的人多，直接购买的人少，绝大部分网站都是让这些人悄悄地来了，悄悄地走了，浪费了非常多的潜在客户。所以，建议设法让登录你的网站的大部分用户都心甘情愿地留下联系方式。只要你不断地开展让潜在客户乐意接受的数据库营销策略，他们都会逐步成为你的客户。

（二）影响潜在客户决策

绝大部分的人都有从众心理，所以购买过的人对产品的评论对潜在客户的购买决策影响非常大。所以，每个产品下面都要合理地放上其他客户从各个角度对这个产品的好评。

1. 优惠券策略

一个客户订购成功之后，可以赠送客户一张优惠券，在一定期限内购买产品可以抵扣一定的金额。这样客户就会想办法把这张优惠券花掉或者赠送给他的朋友。

2. 数据库营销

定期向客户推送对客户有价值的信息，同时合理地附带产品促销广告。国内大部分电子商务网站只会生硬地向客户推送广告，这样效果很差，应该向客户发送他们喜欢的信息并合理地融入广告。

二、互联网营销的品牌策略

在"互联网＋"时代下的"五步走"策略——原点、发声、回声、无声、无声崇拜。互联网营销并不是单纯抓住一两个点便能做强做大的，它需要系统规划，并清楚地把握每个阶段的不同做法。

（一）原点区

做品牌就像用圆规画圆，有了明确而又坚定有力的原点，才能画得

好。如果原点没选对或不坚定，那画出来的圆就永远都无法圆满。如品牌定位指的是企业在市场定位和产品定位的基础上，对特定的品牌在文化取向及个性差异上的商业性决策，它是建立一个与目标市场有关的品牌形象原点区的过程和结果。

网络营销是为品牌的长期打造服务的。营销传播的方向是否正确，最根本的是取决于是否符合品牌的个性。营销传播的有效，取决于挖掘出品牌的核心内涵，找到与品牌之间最牢固的原点区。

（二）发声区

没有声音，就没有市场。品牌与消费者的关系，如同你在山谷里叫，如果太小声，可能山也不会理睬你。例如，水即使烧到99 ℃，如果没有加最后一把火让水烧到100 ℃，也不是沸水。网络营销同理，对公众的传播一定要保证足够的传播量和传播效果。

传播效果是传播对消费者的行为产生的有效结果。具体指消费者接受信息后，在知识、情感、态度、行为等方面发生的变化，通常意味着营销网络传播活动在多大程度上实现了传播者的意图或者目的，才能达到网络营销预期的传播效果。

（三）回声区

广义的"品牌"是具有经济价值的无形资产，用抽象化的、特有的、能识别的心智概念来表现其差异性，从而在人们的意识当中占据一定位置的综合反映。品牌建设具有长期性。狭义的"品牌"是一种拥有对内、对外两面性的"标准"或者"规则"，是通过对理念、行为、视觉、听觉四方面进行标准化、规则化，使之具备特有性、价值性、长期性、认知性的一种识别系统总称。这套系统我们也称之为CIS。品牌就是个有个性的人，除了生理特征，更要有精神特征；声音是可以听见的，声浪却是无形的，用无形包装有形成为占据人心的重要手段。公关传播是为品牌的长期打造服务的。

网络营销策略的方向是否正确，最根本的是取决于是否符合品牌的个性。网络营销传播的有效，取决于挖掘出品牌的核心内涵，找到与品牌之间最牢固的结合点。所以，品牌建设不是空中楼阁，做网络营销传播不是空穴来风，一切营销传播都必须有落地的措施予以支撑；而这个回声区既要"开天窗,又要接地气",也就是看得见,摸得着。

(四)无声区

不追求名利才能使志趣高洁,平稳静谧心态,不为杂念所左右,静思反省,才能树立(实现)远大的目标,这就是"宁静而致远"。"宁静而致远"不是完全没有声音,而是主动调低音量;于无声处反思内在,倾听内心,在觉醒中夯实原点,谋定新图景。

企业完善自己关键在于企业的自我反思。企业成长和发展的第一步,就在于企业自身的反思。反思不仅是沟通网络营销理论与实践行为的桥梁,更为重要的是反思使一个企业从技巧的执行者演进成传播"思想者",引导企业走向解放与营销传播自主的大道。

(五)无声崇拜

要做到事半功倍、四两拨千斤,就要有能引起公众关注、媒体兴奋的亮点。大音希声,不可说的才最具魅力。其核心可以归结为三点。

1. 倾听消费者声音

与消费者沟通交流,才能听到消费者真正的声音,这是一种基本态度。在媒体多元化和"草根媒体"时代,在网络营销公关传播的过程中,引起关注的同时,势必引发一定的质疑。如何才能处变不惊,化危为机?凡事预则立,不预则废。

2. 学会发声

首先要回到原点,说出"人话";然后学会思考,发出文化之声、生命之声。要真正使舆论始终按照预定的方向发展,使一切尽在掌控之中,就必须在事前找到各个层面及各个环节的保护点,做好危机管理,为网络营销传播当好保镖,保驾护航。

3. 在互联网发声

联系公众一起发声,制造声音;借力高端人群发声,制造回声;让朋友一起发声,营造口碑。口碑传播自始至终存在,我们总是在购买口碑良好的商品;但与过去不同的是,现代营销人员意识到口口相传的威力后,开始主动策划口碑营销活动,并有一套科学的方法来评测口碑营销带来的宣传推广效果。口碑是自发形成的,但好的口碑更需要企业自己主动制造并培育。

4. 润物细无声

用一种精神，让消费者发出共鸣之声；用一种力量，让品牌、消费者和社会共奏天籁之声。一切"名望"的产生都源于消费者的内心。消费者内心的活动是外力影响的结果。消费者的内心受到外力的影响而产生情绪，产生交流分享的意愿，就会通过各种声音表达出来。这些不同的声音相互叠加交错，形成声浪。

三、互联网营销外包

互联网推广服务提供商基于服务数十万中小企业的经验，深刻理解企业推广的真实需求，利用自身搜索技术、流量资源等领先优势，将企业信息以丰富多彩的样式展现给有需求的客户，并促使其与企业产生更多互动，最终达成交易，从而有效地帮企业拓展客户。网络营销外包（网站推广外包、网络推广外包）就是把原本需要企业自己雇人实现的网络营销工作以合同的方式委托给专业网络营销服务商。

（一）营销外包实操

网络营销外包服务商以互联网为平台，在深入分析企业现状、产品特点和行业特征的基础上，为企业量身定制个性化、高性价比的网络营销方案，并全面负责方案的有效实施，同时对网络营销效果进行跟踪监控，定期为企业提供效果分析报告。

（二）营销外包优势

网络营销服务商通过整合利用企业内外部优势资源，通过自身专业的技术、精准的营销策略、有效的执行从而达到降低成本、提高效率、充分发挥自身核心竞争力和增强企业对外环境的应变能力的目的。从而创造更高的效益。

四、互联网营销方式

随着互联网时代的兴起，互联网营销已经成为21世纪营销模式的新宠。网购盛行，传统企业的单一市场营销手段很难开辟更广阔的市场，而互联网营销带给了企业新的发展契机。

（一）整合网络营销

网络营销是企业整体营销战略的一个组成部分，是为实现企业总体经营目标所进行的，以互联网为基本手段营造网上经营环境的各种活动。这个定义的核心是经营网上环境，这个环境在这里可以理解为整合营销所提出的一个创造品牌价值的过程，整合各种有效的网络营销手段制造更好的营销环境。

（二）颠覆式网络营销

颠覆式营销只是思维方式上的逆转，是跟旧的逻辑方式和秩序相违背的思考方式，是一种反传统的，始终强调创新，改变格局，具颠覆性的创新性意义的理论加实践的营销方式。企业应跳出普通层面，以高端的商业策划为指导，突破常规网络营销方法，创造出独特、新颖、创意、吸引、持久的颠覆式网络营销方法，才能实现网络营销效果。

（三）社会化网络营销

社会化网络营销是新兴的以人际关系为核心的社会化网络与传统的论坛结合起来构建的更为强大的网络社区。社会化网络营销是集广告、促销、公关、推广为一体的营销手段，是典型的整合营销行为，只不过是在精准定位的基础上展开的，偏重于口碑效应的传播。创意、执行力、公信度、传播面样样都要出彩；同时，要树立"精品意识"，减少"互动参与"的疲劳。

（四）网络营销其他方式

除上述三种常用的方式外，下面还会介绍一下近年来网络营销的其他方式。

1. 病毒式营销

病毒式营销名字听起来挺吓人，但其实是一种常用的网络营销方法，常用于网站推广、品牌推广等。病毒式营销利用的是用户口碑传播的原理，在互联网上这种"口碑传播"更为方便，可以像病毒一样迅速蔓延，因此病毒式营销是一种高效的信息传播方式，而且由于这种传播是用户之间自发进行的，几乎不需要费用。

很多品牌也会利用转发产品信息,即可获得礼品或者抽奖机会,以达到让更多人了解和关注产品的目的。比如2008年北京奥运会期间,可口可乐公司推出了火炬在线传递活动,这个活动堪称经典的病毒性营销案例。如果你争取到了火炬在线传递的资格,将获得"火炬大使"的称号,QQ头像处将出现一枚未点亮的图标,成功邀请一位好友参加活动,图标将被点亮。

2. 即时通信营销

即时通信营销又叫IM（instant messaging）营销,是通过即时工具帮助企业推广产品和品牌的一种手段,常用的主要有两种情况:①网络在线交流,营销员自己建立网店或公司建立网站时一般会提供即时通信在线服务,这样潜在的客户如果对产品或者服务感兴趣自然会主动和在线的营销员或者保险公司服务人员联系;②公司可以通过IM营销通信工具,发布一些产品信息、促销信息,或者品牌理念等等。

3. 网络直复营销

网络直复营销是指公司通过网络,直接发展分销渠道或直接面对终端客户销售产品的营销方式,如B2C（business to consumer）、B2B（business to business）等。网络直复营销是通过把传统的直销行为和网络有机结合,从而演变成一种全新的、颠覆性的营销模式。很多营销员因为建立营销分部成本过大和自身实力太小等因素,纷纷采用网络直复营销,通过其成本低,收入多等特点达到以小博大的目的。

4. BBS（bulletin board system）营销

BBS营销又称论坛营销,就是利用论坛这种网络交流平台,通过文字、图片、视频等方式传播公司的品牌、产品和服务信息,从而让目标客户更加深刻地了解公司的产品和服务,最终达到宣传公司品牌、产品和服务,加深产品市场认知度的效果。

BBS营销就是利用论坛的人气,通过专业的策划、撰写、发放、答疑、监测、汇报等流程,在论坛空间利用论坛强大的聚众能力实施高效传播,包括各种置顶帖、普通帖、连环帖、论战帖、多图帖、视频帖等方式;还可以利用论坛作为平台举办各类踩楼、灌水、贴图、征文等活动,调动网友与品牌之间的互动,达到品牌传播和产品销售的目的。

5. 网络口碑营销

网络口碑营销是把传统的口碑营销与网络技术有机结合起来的新营

销方式，应用互联网互动和便利的特点，通过客户或公司营销员以文字、图片、视频等口碑信息与目标客户之间进行互动沟通，两者对企业的品牌、产品、服务等相关信息进行讨论，从而加深目标客户的印象，最终达到网络营销的目的。网络口碑营销是"WEB2.0"网络时代中最有效的传播模式。

6. 聊天群组营销

聊天群组营销是即时通信工具的延伸，是利用各种即时聊天软件中的群功能展开的营销，目前的群有QQ群、MSN群、旺旺群、新浪聊天吧等。

聊天群组营销时借用即时通信工具，具有成本低、即时效果和互动效果强的特点，广为公司和营销员采用。它是通过发布一些文字、图片、产品计划书等方式传播企业品牌、产品和服务的信息，最终达到宣传公司的品牌、产品和服务的目的，是加深市场认知度的网络营销活动。营销员可以直接建立营销QQ群来销售自己公司的产品。

7. SNS营销

SNS，全称为social networking services，即社会性网络服务，如人人网、开心网、朋友网等都是SNS型网站，这些网站帮助人们建立社会性互联网应用服务。SNS营销就是利用SNS网站的分享和共享功能实现的一种营销，是随着网络社区化而兴起的营销方式。SNS社区在中国发展时间并不长，但现在已经成为备受广大客户欢迎的一种网络交际模式。

未来30年谁能营销网络，谁就能营销市场。如果企业和管理者现在还没有开始进行网络营销，那真的会像网络上说的："您错过的不是一个机会，而是一个时代。"

8. 网络事件营销

网络事件营销是企业通过精心策划、实施可以让公众直接参与并享受乐趣的事件，并通过这样的事件达到吸引或转移公众注意力，改善、增进与公众的关系，塑造企业良好的形象。目前，某些企业在全国开展的客户节、寻找有缘人等等都属于成功的网络事件营销典型案例。

9. 博客营销

博客营销是通过博客网站或博客论坛接触博客作者和浏览者，利用博客作者个人的知识、兴趣和生活体验等传播理念和产品信息的营销活动。

博客营销通过原创专业化内容进行知识分享，争夺话语权，建立起个人品牌，树立自己"意见领袖"的身份，进而影响读者和消费者的思维和购买行为。[①]

10. 搜索引擎营销

搜索引擎营销是目前最主要的网站推广营销手段之一，尤其是基于搜索结果的搜索引擎推广，因为很多内容是免费的，因此受到众多中小网站的重视，搜索引擎营销方法也成为网络营销方法体系的主要组成部分。

搜索引擎营销主要方法包括：竞价排名、分类目录、搜索引擎登录、付费搜索引擎广告、关键词广告、搜索引擎优化（搜索引擎自然排名）、地址栏搜索、网站链接策略等。个人可以把搜索引擎与自己所建立的网络门户，如博客、微博等相互关联，以增加访问量、知名度和关注度。

11. RSS（real simple syndication）营销

RSS 营销又称网络电子订阅杂志营销。RSS 营销的特点决定了其比其他邮件列表营销具有更多的优势，是对邮件列表营销的替代和补充。使用 RSS 的以行业业内人士居多，比如研发人员、财经人员、企业管理人员等，他们会在一些专业性很强的科技型、财经型、管理型等专业性网站，用邮件形式订阅企业的杂志和日志信息，从而达到了解行业信息需求的目的。

12. 网络图片营销

网络图片营销就是企业把设计好的有创意的图片放在各大论坛、空间、博客和即时聊天工具上进行传播，最终达到宣传企业品牌、产品、服务等信息，进行产品营销的目的。这种图文并茂的销售图片，说服力强、形象生动，客户容易接受。

13. 网络软文营销

网络软文营销，又叫网络新闻营销，通过门户网站或行业网站等平台传播一些具有专业性、新闻性和宣传性的文章，包括新闻通稿、深度报道、保险理赔案例分析等，把企业的品牌、人物、产品、服务、活动项目等相关信息以新闻报道的方式，及时、全面、有效地向社会公众广

[①] 参见［美］杰里米·莱特《博客营销》，洪慧芳译，中国财政经济出版社 2007 年版，第 87 页。

泛传播的新型营销方式。

14. 网络视频营销

网络视频营销指的是公司或营销员将各种视频短片放到互联网上，宣传公司和自己个人品牌、产品以及服务信息的营销手段。网络视频广告的形式类似于电视视频短片，它具有电视短片的种种特征，如感染力强、形式内容多样、创意性强、生动活泼等特点，又具有互联网营销的优势，如互动性和主动传播性强、传播速度快、成本低廉等。可以说，网络视频营销是将电视广告与互联网营销两者的优势集于一身的方式。

15. 网络知识性营销

网络知识性营销是利用百度（微博）的"知道""百科"、新浪的"爱问"或公司网站自建的疑问解答板块等平台，通过与广大客户之间提问与解答的方式来传播企业的品牌、产品和服务的信息。网络知识性营销主要是因为扩展了客户的知识层面，让客户体验公司和营销员个人的专业水平和高质服务，从而对公司和个人的产生信赖和认可，最终达到传播企业品牌、产品和服务信息的目的。

> **思维拓展** 企业拥抱"互联网+"战略的关键点[①]

"互联网+"行动计划给了传统企业拥抱互联网的最大契机。目前，国家发展和改革委员会正在制订具体的"互联网+"行动计划，显然，这是中国传统制造企业转型升级的战略性步骤。当今社会，已经进入第三次工业革命的纵深阶段，围绕着大互联背景实施的经济转型势在必行，尤其是传统企业，更加需要进行这样的转型升级。

1. "互联网+"战略规划

大互联时代，面对新生代消费群，这是一个当下的基本时代经济背景，企业如何使自身的战略规划与时代经济背景保持一致是相当重要的课题，只有制定明晰的"互联网+"战略规划，才能够使企业运营融入"互联网+"经济背景当中。需要指明的是，企业的"互联网+"战略规划应该把握三个方面。

（1）"互联网+"的企业运营模式，这里面包括"互联网+"的企

---

① 参见《企业拥抱互联网+战略需要把握的几个关键点》，见 http://www.rmlt.com.cn/2016/0526/426784.shtml，2017 年 8 月 30 日。

业价值链条和运营生态系统，简而言之，就是建立大互联背景下的战略运营步骤及价值生态体系。

（2）"互联网＋"的业务战略计划，企业必须适时调整企业的业务战略计划，以保证其与大互联背景相结合，检视企业的业务使命、任务、计划是否与大互联背景相对称。

（3）"互联网＋"的战略管理规划，在企业分工、职责、控制、管理、监督等诸多方面制定战略管理规划，以保证企业的战略执行力和战略运营效率符合大互联时代背景。

2. "互联网＋"的价值模型

引入消费者创造价值已经成为大互联时代的普遍共识，企业必须寻求发现并洞察市场需求，并诚意地与需求方进行合作，从而谋求获得来自需求的真知灼见，以便为企业创造价值、满足需求提供更多的参考。大互联背景下，"互联网＋"价值模型由线性价值模型向立体生态价值模型转变，这主要缘于互联网为企业打造平台战略提供了基础和依据，企业运用平台战略可以更好地实现"互联网＋"价值模型，保证价值科学有效地实现。

从技术支撑角度来说，大数据云计算为企业提供了足够的信息支撑，物联网使智慧物联成为可能。比如农业生产领域的智慧农业，比如工业生产领域的制造服务业新提法，都为平台战略的发展提供了专业技术支撑。营销策划专家在2008年提出的基于互联网背景的5VO价值导向营销理论，倡导组织价值（organization value orientation，OVO）、顾客价值（customer value orientation，CVO）、社会价值（social value orientation，SVO）、自然价值（nature value orientation，NVO）和道德价值（moral values-oriented，MVO）的五个导向，使企业的平台战略价值运营拥有了价值理论依据和实施方向。

3. "互联网＋"市场营销

市场背景随着大互联的发展，无论在市场需求层面，还是在市场营销运营层面，都发生了很多根本性的转变，企业无法再利用老一套的营销模式推动大互联背景下的市场营销工作。

市场需求层面主要表现出两个主要特征：一个是商业民主，另一个是消费者主权。在过去信息不对称的情况下，企业常常利用信息不对称获取市场营销优势，参与市场竞争。如今，市场需求方要求在商业民主氛围里参与到企业的市场运营当中，而互联网又使信息变得极度对称，企业无法再利用信息不对称获取营销优势。这就要求企业把价值运营作为市场营销运营的主体，由信息运营到价值运营，是大互联时代市场营销水平的一个极大提升，这标志着企业通过信息传播带来的市场优势逐渐消退，以价值为标的的营销传播越来越能够帮助企业获取竞争优势。因此，营销者一定要探索并发展以价值传播为基础的营销推广模式和策略。

消费者主权已经被很多企业所重视，甚至成为许多企业获得市场竞争优势的撒手锏。基于此，消费者被置身于市场营销活动之中，成为市场营销活动的主动参与者，这对需求一方来说，是一种彻头彻尾的改变和尊重。

4."互联网+"的品牌资产

有一个基本共识，就是品牌永远是企业最为重要且核心的资产；同样，大互联时代品牌仍然是企业运营的核心资产，那种认为品牌已经不再重要的认识，显然是一种短视甚至愚蠢的想法。"互联网+"的品牌资产模型的创建，包括三个层面的内容：一是品牌元素的互联网化，二是品牌资产模型的共鸣模型，三是品牌营销活动的互联网化。

很多企业家并不理解互联网化的品牌元素的创建或者改造，包括近几年的可口可乐"卖萌装"的互联网化尝试，也曾经受到过一些品牌专家的批评和指责。随着互联网进程的发展，品牌元素适应新生代消费群的消费习惯和消费特征被证明非常有必要，这群出生并成长在互联网时代里的年轻人，越来越需要互联网化的品牌元素与之进行沟通互动。

创建品牌资产模型对企业而言一直是非常困难的事情，直到当下，仍然有很多著名企业尚未能够建立起成熟稳定的品牌资产模型，这导致企业品牌营销的单调性和无目的性。进入大互联时代，品牌与消费者之间的共鸣越来越被看重，因此品牌资产模型的创建制高点就是二者之间的共鸣，这就像一个金字塔，共鸣是品牌资产的塔尖，塔基和塔身仍然在品牌资产创建过程中发挥着不可替代的作用。

市场营销活动的互联网化由来已久，包括电子商务、互联网营销传播等都已经成为人所共知的共识，近年来营销策划专家们开始关注互联网思维改造传统企业、传统企业的O2O（online to offline）营销模式的创建、互联网营销推广等领域，都希望能够帮助传统企业实施并实现互联网化。

围绕着"互联网+"战略,包括企业的战略规划、人力资源、技术研发、价值创造、市场营销、品牌创建、顾客及客户关系管理等都需要顺应并适应大互联时代的背景进行变革,这对企业来说,既是挑战又是机遇。无可厚非,"互联网+"并非一个毫无用处的官方语言,它更像中国经济转型升级的顶层设计标识。"互联网+"行动计划的出现标志着中国经济全面拥抱大互联,标志着中国制造由传统制造向着智慧制造和制造服务的转型,值得期待。

第三节 互联网营销在中国

我国移动互联网的发展分为四个时期,分别呈现不同的发展趋势。萌芽期(2000—2007年):WAP(wireless application protocol)应用是移动互联网应用的主要模式。成长培育期(2008—2011年):3G移动网络建设掀开了中国移动互联网发展新篇章。高速成长期(2012—2013年):智能手机规模化应用促进移动互联网快速发展。全面发展期(2014至今):4G网络建设将中国移动互联网发展推上快车道。互联网营销在中国运用率逐年提高,很多企业的发展得益于互联网营销的发展。互联网营销优势很多,能让企业与顾客即时沟通,速度快、效率高、成本低。

一、中国互联网运用情况

2017年8月4日下午,中国互联网络信息中心(CNNIC)在京发布第40次《中国互联网络发展状况统计报告》(以下简称《报告》)。《报告》显示,截至2017年6月,中国网民规模达到7.51亿人,占全球网民总数的1/5。中国互联网普及率为54.3%,超过全球平均水平4.6个百分点。

1. 数字技术助推经济社会转型

中国网民规模达7.51亿人,数字技术助推经济社会转型。截至2017年6月,我国网民规模达到7.51亿人,半年共计新增网民1992万人,半年增长率为2.7%。互联网普及率为54.3%,较2016年年底提升1.1个百分点。

2. 移动互联网主导地位强化

手机网民占比达96.3%，移动互联网主导地位强化。截至2017年6月，我国手机网民规模达7.24亿人，较2016年年底增加2830万人。网民中使用手机上网的比例由2016年年底的95.1%提升至96.3%，手机上网比例持续提升。[①]

2017年上半年，各类手机应用的用户规模不断上升，场景更加丰富。其中，手机外卖应用增长最为迅速，用户规模达到2.74亿人，较2016年底增长41.4%；移动支付用户规模达5.02亿人，线下场景使用特点突出，4.63亿网民在线下消费时使用手机进行支付。

二、中国互联网营销实操三篇章

2016年中国互联网营销的三个重要篇章是BAT篇、老二篇和行业篇，这三个篇章对2016年中国互联网营销具体的、典型的事件做了一个简洁、清晰的概括。

（一）BAT篇

BAT是百度、阿里巴巴、腾讯三家互联网企业的英文名称的首字母缩写，三家知名企业的互联网营销就是2016年中国互联网营销经典的缩影。

1. 微信与支付宝新年红包大战

2016年春节期间，微信与支付宝展开红包大战，支付宝植入春晚，微信红包势头凶猛，除夕当日全球4.2亿人使用微信红包，收发总量达80.8亿次。

2. 微信发布"小程序"刷爆朋友圈

2016年1月11日，腾讯高级副总裁、微信事业群总裁张小龙在"2016微信公开课pro版"现场透露微信团队正在开发"应用号"。等待8个月后，这款产品终于来了，不少用户收到了微信应用号的内测邀请，纷纷刷朋友圈。与此同时，微信官方也确认了应用号暂定名为"小程

---

① 参见冯烁《我国网民规模达到7.51亿》，见http://china.cnr.cn/news/20170805/t20170805_523886019.shtml，2017年8月30日。

序",正式版于 2017 年 1 月 9 日面世。

3. 阿里巴巴"双十一"交易额再创纪录

2016 天猫"双十一"当天交易额超过 1207 亿元,快递量超过 10 亿件,其中广东就超过 2.5 亿件,较去年的 912 亿元人民币增长 32%,刷新了世界纪录。阿里巴巴硬是把"光棍节"变成了全民购物节。

4. 腾讯 18 周年,"小马哥"发 17 亿元红包

腾讯今年市值再创新高,2016 年 11 月 11 日腾讯成立 18 周年纪念日当天,"小马哥"(腾讯创始人马化腾)宣布:向员工授予每人 300 股腾讯股票,本次授予股票总价值约达 17 亿港元(约 15 亿元人民币)。对于已离职的员工,每人获得 188～1888 元不等金额的微信红包,被戏称为"最大气老板"。

5. 百度无人车在乌镇正式上路

2015 年的世界互联网大会上百度无人车亮相了,而 2016 年在乌镇举行的世界互联网大会期间,百度无人车首次进行开放城市道路运营,并开放试驾体验。

6. 支付宝做社交,被称"支付鸨"

支付宝想要做社交已经是人尽皆知的事情,2016 年 11 月 27 日,支付宝圈子功能悄然上线,立即引起社会热议,不少网友戏称支付宝变成"支付鸨"。随着事态的扩大,蚂蚁金服的董事长彭蕾在几天后发布内部信承认错误,并宣布暂停圈子功能的开放。

7. 阿里巴巴旗下蚂蚁金服再获投资

2016 年 4 月 26 日,蚂蚁金服宣布获得 45 亿美金的投资,蚂蚁金服将成为互联网金融领域的巨无霸平台,这将是马云的第二个阿里巴巴。

(二)老二篇

小米商城是小米官方网站,直营小米旗下所有产品,囊括小米手机系列智能硬件、配件及小米生活周边产品,同时为"米粉"提供客户服务及售后支持。京东是专业的综合网上购物商城,销售数万个品牌、4020 万种商品,囊括家电、手机、电脑、母婴、服装等 13 大品类。乐视成立于 2004 年,致力打造基于视频产业、内容产业和智能终端的"平台+内容+终端+应用"完整生态系统,被业界称为"乐视模式"。微博、滴滴与优步、今日头条、网易等企业的网络营销也热闹非凡。

1. 小米销量下降，估值严重缩水

如今的小米公司风光不再，2016年小米手机的销量一直不乐观，出货量不增反降，甚至被欧珀（OPPO）、维沃（VIVO）这些后来者反超，公司估值也从当初的450亿美元下跌到现在的40亿美元。

2. 京东到家宣布与达达合并

2016年4月15日京东宣布，旗下O2O子公司"京东到家"与众包物流平台"达达"的合并达成最终协议。京东将以京东到家、京东集团的业务资源以及两亿美元现金换取新公司约47.4%的股份并成为单一最大股东。在新公司的管理架构中，原达达CEO蒯佳祺将出任新公司的CEO，原京东到家总裁王志军将出任新公司的总裁。

3. 微博复兴，股价上涨

由于扶持中小网红，发展短视频、直播，向三四线城市渗透等举措，微博用户数量、营收利润一路高涨，市值一度超过推特。前两年不被看好的微博令人刮目相看，主要还是因为娱乐圈都把其作为爆料的第一平台。

4. 乐视疯狂资本运作，老贾叫降速

2016年11月初，市场有消息称乐视亏欠供应商的巨额货款，11月7日贾跃亭发出一封公开信，坦承乐视拓展过快，资金链遇到问题。随后四个交易日内，乐视市值缩水128亿元。

5. 滴滴合并优步中国

本来两家公司还在融资开战，突然传出合并消息，很多人都认为不可能，但最终就是发生了。合并后，滴滴基本垄断了中国网约车市场，占据市场老大位置，估值350亿美元。

6. 今日头条日活跃用户数超6300万人

截至2016年9月底今日头条透露数据，已经有5.8亿名用户，日活跃用户数超过6300万人，用户日均使用时长超过76分钟，仅次于微信。据传今日头条已完成60亿元广告销售额，今年广告销售额将达到100亿元。

7. 网易股价稳步增长，"丁家猪"拍出爱马仕的价格

伴随着游戏业务的直线攀升，网易的成功已从中国扩大至华尔街，过去几年网易股价一直保持着上涨趋势，上涨幅度超过200%，目前市值接近300亿美金。借着"黑色星期五"网易考拉大促，三头"丁家猪"

进行了为期 3 天的 1 元起拍活动，万万没想到，这几头养在浙江安吉深山里的猪竟然拍出了爱马仕的价格，最高一头拍到 27.7 万元。

8. 新美大将如何引领 O2O 升级

进入了 O2O 下半场，合并后的新美大看上去无坚不摧，但是裁员风波起，说到底还是只烧钱不盈利惹的祸。最后，王兴会带着新美大走到什么高度就不好评断了，盈利才是王道，2017 年变数还是很大的。

9. 360 也宣布关闭个人云盘服务

2016 年 10 月 20 日周四晚上，360 云盘官方发布公告，决定在 2016 年 11 月 11 日之后停止个人云盘服务，转型企业云服务。这是继新浪微盘取消个人用户存储服务之后又一家网盘停止服务，现在就剩下百度云盘还撑着。

10. 携程宣布与去哪儿度假合并

2016 年 11 月 22 日，携程高管发布内部邮件，宣布去哪儿度假与携程旅游合并，双方将多方面协同作战，携手共同开拓在线旅游市场；同时，携程管理层还对外否认了市场有关携程并购途牛的传闻。

（三）行业篇

企业借力互联网大举进军各个行业，社交网络疯狂发展，技术手段日益精进……网络营销成了 2016 年度热门词汇。这一年被引爆的营销热潮一波接一波，行业范围的扩大化也成为未来营销发展的趋势，技术营销在将来也会站在主导地位，下面结合年度热点排行榜，整理 2016 网络营销的行业篇。

1. 李世石大战"阿尔法狗"（AlphaGo），人工智能被热议

2016 年 3 月 13 日，围棋"人机大战"第四局在首尔开战，李世石执白子在劣势局面时下出"神之一手"战胜"阿尔法狗"，为人类挽回了尊严。事后中国围棋高手柯洁称："'阿尔法狗'赢不了我！"其实我们也期待"阿尔法狗"对决柯洁。事后 IBM、Microsoft、Facebook 人工智能平台的推出，都是很重要的事件。在中国，以 BAT 为代表的互联网大公司也逐渐展开人工智能布局。

2. "Papi 酱"广告拍出 2200 万元，"网红经济"盛行

从 21.7 万元起拍，到 2200 万元落槌，"Papi 酱"广告处女秀的拍卖只用了 6 分钟就有了结果，标王居然被一家名不见经传的化妆品电商摘

得。尽管这场异常高调的广告拍卖已尘埃落定，但"网红经济"的大门却刚刚打开。

3. 视频直播行业"千团大战"

映客、花椒直播、一直播、淘宝直播、美拍、快手、斗鱼直播……各种直播平台如雨后春笋般出现，内容见诸各大媒体。下半年一篇爆文《残酷底层物语》将快手炸出水面。据说快手用户量超过2亿人，内容充分体现了中国乡村城镇特殊的审美及生活喜好。

4. 分答引爆知识付费，但前路艰难

2016年在微信朋友圈里突然出现了分答，主打为知识付费，兴起之后不久，网站即被关闭，进入整改状态。同类型的付费问答还有类似得到、知乎live、值乎等。

5. 2016年被称为VR的元年，可惜只火了上半年

2016年作为虚拟现实（virtual reality，VR）的元年，自然也就成为资本追捧的热点。上半年投资规模已达15.4亿元，投资案例38起，各种VR行业新闻、论坛会议满天飞；而到了下半年貌似沉静了很多，都在筹备大招，预备2017年放出。

6. 摩拜与ofo引领共享单车市场战斗开启

互联网物种爆发史、物种惨烈竞争史再次在共享单车领域上演。ofo（小黄车）背后站着金沙江创投、真格基金、小米、滴滴、中信、经纬中国，摩拜身后站着高瓴资本、腾讯、华平、红杉、启明创投、创新工场、美团。

7. 跨境电商火了上半年，下半年也冷了

2016年上半年，中国跨境电子商务交易规模达2.6万亿元，同比增长30%。下半年增长进入迟缓期，各类中小型海淘创业公司进入倒闭停滞期。著名事件：蜜淘倒闭、蜜芽被爆售假、笨鸟倒闭等。

8. 巨头们布局整合内容分发与内容创业

巨头们纷纷布局整合内容与内容创业，例如腾讯的微信公众号、腾讯新闻、天天快报，阿里巴巴的UC、优酷、淘宝头条，百度的百家号。2016年9月20日，今日头条创始人张一鸣在头条创作者大会上宣布，将拿出10亿元人民币补贴短视频创作者，助力短视频创作的爆发。11月23日下午，百度今日举行百家号2016内容生态大会并宣布：2017年百度将累计向内容生产者分成100亿元。

9. P2P 行业出台新规，重新洗牌

最严 P2P（person-to-person）新规落地，市场已经洗牌。陆金所打算 2017 年在香港启动 IPO 计划，估值 500 亿美元。跟前些年的团购、打车大战类似，大战之后，现在 P2P 市场已经浮现巨头。

10. 快递行业都在筹备上市，圆通市值近千亿元

2016 年快递业第一梯队的"三通一达"陆续找到了自己的上市平台，都在谋划上市，其中圆通成为快递行业上市第一家，上市后市值近 1000 亿元；顺丰快递作价 433 亿元借壳鼎泰新材上市。

互联网大潮就像大气层，无所谓跟风，更多时候是身不由己，但决胜的关键在于内容，无论是传统媒体时代还是如今的社会化媒体时代，内容有嚼头，传播的物料有趣、好看、好玩，才能吸引眼球，这一点从未改变。互联网营销烽烟四起，每一场仗都带着战略的企图心和战术的对决，在信息过度透明化的时代，规律可以借鉴，大数据也可以参考，最惨烈而有趣的拼杀应该是运营者的眼界和态度。

第四节 互联网营销方法与评价

关于互联网营销方法，大家都各抒己见，有不同看法，建立一种完善的网络营销评价并非易事，网络营销可以量化的评价有时并不容易获得，即使获得一些可以量化的指标，也不一定能够直接反映经营业绩。因此，有必要综合评价网络营销的效果。

一、互联网内容营销的方法

互联网的广泛应用，不但引起了信息技术新的变革，而且改变了传统营销领域的发展方向。市场竞争越来越激烈，而单靠传统的营销手段和方法无法使企业获得持久的竞争能力，必须依靠网络营销的方法提高其竞争力。网络营销是企业在新时代获取竞争优势的新出路，以至营销竞争力在互联网环境下的研究变成有意义而又创新的课题。2016 年互联网内容营销有六大方法。

(一) 内容营销必须是整合营销

内容营销本质上是指导如何做营销的一种思维方式。① 它是一种战略指导思想，要求企业能生产和利用内外部价值内容，吸引特定受众"主动关注"。重中之重是"特定人群的主动关注"，也就是说你的内容能否自带吸引力，让消费者来找你，而不是运用纯媒介曝光。整合营销是一种对各种营销工具和手段的系统化结合，根据环境进行即时性的动态修正，以使交换双方在交互中实现价值增值的营销理念与方法。

现在，无论是将企业（品牌）信息融入好的内容中，还是企业（品牌）设计自制好的内容融合到媒体平台中，这两个最基本的内容营销方法都无法单独存在。媒体平台上的好内容不能通过简单的冠名赞助、硬广告等自然变成企业（品牌）的内容，而必须通过与企业（品牌）相关的社交媒体、线下活动、话题事件等方式，将企业和内容完美融合。同样道理，企业（品牌）自制的内容，譬如"杜蕾斯"这样的内容营销高手也必须和社会热点结合，利用社交媒体进行整合传播。

在媒体高度发达的时代，媒体越多的同时也越细分，单个媒体作为载体的价值就越低，内容和表达形式变得越来越重要。当大众媒体已不再那么大众时，找到与核心受众沟通的最佳平台，并通过最能引起他们共鸣的内容，将品牌故事讲述给受众，从而达到品牌核心信息、价值观有效传达的效果，这样的营销越来越重要和必要，营销公司需要为企业（品牌）整合资源、设计资源。

(二) 借助科学评估工具提高分析准确率

随着网络已经渗入用户生活中的每一个角落，越来越多的人开始利用互联网浏览热点信息，企业应该看到这个机遇，知道利用热点来做网络营销推广的各项好处。那么，如何利用热点来做网络营销推广呢？其实很简单，企业要注意到推广的各项基本问题，把热点都渗入这些基本问题中。想在热点内容里融入企业信息，选择好的热点内容就十分关键，这需要从多个维度审核新内容。例如，StarKPI 内容分析系统就可提供多

---

① 参见［美］安·汉德利、C. C. 查普曼《内容营销——网络营销的杀手级武器》，王正林等译，电子工业出版社 2011 年版，第 27 页。

达 2000 多位明星的分析、每年 200 多部电影的观看率和喜好分析以及近 300 个电视栏目的分析。

(三) 跟随潮流，把握热点，响应市场

我们虽然不能够超越这个社会，但我们也不能够落后于这个社会，我们要跟上这个社会。所以，企业要跟随潮流，把握时事热点，快速响应市场。企业涉及的时政热点范围广、内容多，要掌握和利用每一个时政热点是不可能的。所以，有针对性地选择时政热点是有效利用时政热点的前提。要做到随时随地与受众亲密互动，就需要紧跟时事热点，这对企业把握热点和迅速反应的能力提出了非同一般的要求。

(四) 创造个性化内容并利用社交媒体传播分享

个性化，顾名思义，就是非一般大众化的东西，是在大众化的基础上增加独特、另类、拥有自己特质的需要，是独具一格、别开生面的一种说法，为了打造一种与众不同的效果。有很多组织通过个性化提高客户满意度，提高线上销售转化、营销效果、品牌，改进网站指标以及广告。个性化是社交媒体和推荐系统中的一个关键元素。大规模创造个性化内容并利用社交媒体分享扩散。与等待热点内容出现不同，自制内容往往被视为一种自动化工具，由于其传达内容操作简单，有规律可循，会越来越广泛。

比如，2015 年曾红极一时的足记 App 能够将照片做成电影大片效果，生活即电影，自己当主角，让用户大呼过瘾。又比如智慧运动场项目，通过对运动场馆进行智能升级，用摄像头对运动者的动作进行捕捉，让普通体育爱好者也能获得明星级专业视频剪辑服务，拍摄自己的比赛集锦以分享给亲友。有趣的个性化内容不仅能够激发用户主动分享和扩散，甚至能够提供零广告费的传播效果。

(五) 提高用户转化率对企业品牌的关注

品牌是销售者向购买者长期提供的一组特定的特点、利益和服务。品牌是给拥有者带来溢价、产生增值的一种无形的资产，它的载体是用于和其他竞争者的产品或劳务相区分的名称、术语、象征、记号或者设计及其组合，增值的源泉来自消费者心智中形成的关于其载体的印象。

品牌承载的更多是一部分人对其产品以及服务的认可，是一种品牌商与顾客购买行为间相互磨合衍生出的产物。

无论是赞助好内容还是自制好内容，对企业（品牌）的挑战都只有一个：如何将受众对内容的注意力转化为对企业（品牌）本身的关注，最终转化为产品（服务）的购买者。营销人员必须厘清从关注到消费的整个链条，在每个环节根据不同的情景设置可转化的激励因素和通路，才能提高转化率。

（六）内容营销规划与销售策略规划并行

很多企业（品牌），尤其是过去使用传统媒体获利颇丰的企业，往往将内容营销规划放在媒体计划环节，然而最好的方式应该是在拟定沟通策略乃至整体市场销售策略阶段就积极地和内容营销部门沟通，因为好的内容营销是整合营销微分销。对于大多数2C（to consumer）产品（面向个人用户的产品）而言，整个内容传播过程都有可能产生即时销售或获得大量销售线索。

综观以上各方面，作为营销和传播领域的企业，一定要跳脱代理的思维，从对客户的理解开始，找到客户的真正课题，并提供与客户课题及核心价值观吻合的、符合社会潮流的解决方案，以体育、音乐为中心，或者是以电影、卡通形象为中心，然后通过这个中心来营造整个事件，从核心受众扩展到一般受众，达到营销效果最大化，把体育、娱乐等作为整体营销的重要部分来企划和实施。

我们甚至可以从广义上说，长期以来，代理公司和企业的所有工作都是内容营销微信分销，只不过如今的社会环境、媒体渠道、受众心理、消费行为发生了巨变，导致内容营销方法、手段、工具发生了很大变化，然而其本质仍然是围绕消费者——内容的接收者和使用者。所有内容的出发点都是需求，只有真正了解消费者的需求是什么、痛点在哪里、最关注什么，才能真正打动他们，进而实现内容到消费行为的转化。

二、互联网营销管理与评价

网络信息量是一个比较大众化的指标，企业可以定期记录主流搜索引擎抓取的公司品牌的信息量，如果在公司或员工工作期间品牌相关的信息量大幅增加，说明其工作是有价值的。掌握网络营销管理的内容体系，有助于理解基于互联网的网络营销与传统营销在管理方式上的联系与区别。

（一）互联网营销操作与范围

互联网营销工作的重点自然是网络推广，利用网络媒体达成公司的整体营销目标。实际工作中主要涉及四个方面。

1. 网站平台的建设与维护

包括网站相关的营销工具的管理维护，如企业 QQ、网站流量分析系统、网站域名、网站服务器等。也有的企业把网站放到企业的信息中心，如果网站以营销为目的，笔者建议放在网络营销部或市场部。

2. 网络广告

包括网络硬广告和关键词广告，这部分的花费比较多，工作人员需要策划好的宣传主题，以使广告资源充分发挥，广告资源就是一堆萝卜白菜，要想做出可口的饭菜，还需要一个厨师，在推广工作中，这个厨师就是我们的网络营销人员，或者就是营销机构的策划人员，这也是企业愿意多花钱请全案策划公司的原因。全案策划公司等于开饭店的，而广告公司相当于是卖菜的，自己的厨艺不怎么样的话，想吃得好还得去下馆子。

3. 网络公关

网络公关（online PR）又叫线上公关或者 e 公关，它利用互联网的高科技表达手段营造企业形象，为现代公共关系提供了新的思维方式、策划思路和传播媒介。网络媒体的软性推广、危机公关处理和网站优化也可算在本部分，这是网络营销推广工作中最耗费人力的部分，也是最能体现工作能力和创意的部分，企业的品牌和口碑主要来自本部分工作。

4. 网络活动策划

网络活动策划是一项复杂的系统工程，它属于思维活动，但它是以谋略、计策、计划等理性形式表现出来的思维运动，是直接用于指导企业网络营销实践的。它包括对网站页面设计的修改和完善，以及搜索引擎优化、付费排名、与客户的互动等诸多方面的整合，是网络技术和市场营销经验协调作用的结果。它也是一个相对长期的工程，期待网站的营销在一夜之间有巨大的转变是不现实的。一个成功的网络营销方案的实施需要通过细致的规划设计。

除了以上几个方面,网络营销推广工作还有网络促销策划、网站专题策划等,更细节的内容不再探讨。

(二) 互联网营销评价与指标

网络营销过程评价也就是对各种网络营销活动进行及时的跟踪控制,以保证各种网络营销方法可以达到预期的效果;同时,对网络营销方案的正确性和网络营销人员的工作成效也是一种检验。因此,对网络营销过程评价是非常重要的,这也是不少企业往往容易忽视的地方。一个完整的网络营销方案包括网站规划和建设以及各种网络营销方法的实施,因此,网络营销过程评价指标包括网络信息量、关键词排名、外在工作量、其他参考指标和商业模式。

1. 网络信息量

(1) 这个是一个比较大众化的指标,公司可以定期记录主流搜索引擎抓取的公司品牌的信息量,如果在某公司或某职员工作期间品牌相关的信息量大幅增加,说明其工作是比较有价值的。

(2) 优点是工作人员创意好坏、转载率高低都可以定性地反映出来;缺点是信息量受搜索引擎更新影响,搜索引擎的自身数据库整理更新会扰乱考核结果。

2. 关键词排名

(1) 关键词排名可以是网站优化的考量指标,也可以是整个网络营销推广工作的考量指标。企业可以将公司业务重点的关键词都监控起来,看看有没有自己公司的相关信息。

(2) 优点是考核指标直接关乎企业的销售业绩,排名好对企业的销售拉动就给力;缺点是完全以该指标考核,容易让工作人员走入误区,追求排名和忽略用户体验。

3. 外在工作量

工作量是指分配给雇员的多少工作或工作时间。外在工作量包括新闻发布量、论坛发帖量、博客更新量等。其优点是考核简单、直观;缺点是以量为考核指标,容易降低质量。

4. 其他参考指标

其他参考指标有网络舆论情况、行业专家的观点评价、企业网络销售的达成与否等。在此,要特别指出一点:网销工作是属于销售部的,互联网营销工作严格来讲是属于市场部的，网销工作可以以销售业绩来做衡量指标，互联网营销工作与销售业绩息息相关，但并不直接与销售业绩挂钩，一般不以销售业绩为考核指标。

5. 商业模式

商业模式是网络营销的重要研究对象之一，在分析商业模式过程中，我们主要关注一类企业在市场中与用户、供应商、其他合作伙伴的关系，尤其是彼此间的物流、信息流和资金流。

三、互联网营销限制与安全

网络营销风险控制的核心和关键问题是交易的安全性，这也是电子商务技术的难点，为了降低交易的风险性，必须从信息保密性、交易者身份的确定性、不可否认性、不可修改性四个方面进行风险控制。一个完整的网络交易安全体系至少应包括技术方面的措施、管理措施、社会的法律政策与法律保障。开展网络营销的企业可以从网络营销限制、网络安全顾虑和网络在业界影响来实施。

（一）网络营销限制

因为网络营销需要顾客使用比传统媒体更新的科技，并非所有的人都取得讯息；低网速造成不方便，如果公司建立过大、过复杂的网页，拨接连线或行动装置的互联网使用者得挣扎下载资讯；网络营销在客户线上购买前无法提供摸、闻、尝，或者试用实体商品的机会，许多电子商务提供商制定自由退货条款以及据点提货服务以消除顾客疑虑。

（二）网络安全顾虑

对参与线上商务的企业与消费者双方来说，网络安全都是非常重要的。许多消费者对透过互联网购买物品迟疑，因为他们相信他们的个人信息和隐私不会得到保护。某些参与线上商务的公司被逮到提供或者销售客人的资讯，这些公司在其网站有保证条文，宣称客户资讯将不被泄漏。通过销售客户资讯，这些公司破坏了他们自己制定的公开政策。某些购买客户资讯的公司提供个人将其资讯从数据库里头剔除的选择；然而，许多客户并不知道他们的资讯已被分享，并且无法阻止该讯息在公司间流通。

安全顾虑是如此重要，许多从事网络营销的公司都努力开发解决方案。加密是一种主要的处理互联网上隐私与安全顾虑的手段。加密将资料转换为一种被称为"密件"的形态，这个密件无法轻易地被截获，除非透过程序经过授权的个人，或者进行加密的公司。一般而言，密件越强，资料受到保护的程度越好；然而，随着密件的加强，加密成本会更为昂贵。

（三）网络在业界影响

营销与广告界将随着 Web2.0 的浮现进行重组。Web2.0 对网络营销有着巨大的冲击——通过 Web2.0 的启用让它成为公司打广告的主要媒介。

在音乐产业，许多消费者已开始通过互联网购买并下载音乐（例如购买 MP3 格式的音乐文件），而非购买 CD（compact disc）。

越来越多的银行提供客户线上处理私人金融事务的服务。线上银行对客户具有吸引力，因为在线处理业务比去银行办事处跑一趟更方便。线上银行目前是成长最快的互联网活动。互联网接入速度变快是其快速成长的主因。目前，在使用互联网的人群中，有 44% 的人通过互联网处理私人金融事务。

互联网拍卖日渐风行。以往在跳蚤市场才能看到的珍奇玩物被摆到 eBay，eBay 亦同时影响业界价格。买卖双方常常在去跳蚤市场前于网站上查价，而且 eBay 价常常就是成交价。越来越多的跳蚤市场卖家将其产品放上互联网，并且生意越做越大。

网络营销对广告业的影响是相当深远的。不过几年的时间，线上广告已经成长到价值上百亿元一年。之前透过网络营销取得一个客户的成本比传统营销低，然而随着越来越多公司把年度预算从传统营销抽离，放到互联网营销，成本有增加趋势。例如搜索引擎营销作为网络营销的一部分，继续以惊人速度成长，电子邮件营销也成长许多。网络分析是网络营销里的一个成长领域，因为它比起单单分析广告历史有更佳的可解释性。

四、互联网营销的发展趋势

随着互联网的高速发展，使用互联网的人数越来越多。网络逐渐成为人们生活和工作中不可或缺的服务工具,在这个基础上,网络营销便逐渐开始发挥其强大的市场作用。在中国,网络已经成为重要的媒体宣传平台,影响着人们的生产生活,而网络营销就是这个平台上的重要一环。根据互联网发展的特点以及市场营销环境的变化,可以预测网络营销将会有四个发展趋势。

(一) 网络技术更有利于商品销售

互联网的防火墙技术、信息加密技术将更加成熟,电子货币等安全的网上支付方式将得到进一步推行,网络系统在商品销售方面的效率将大大提高,令网络消费者感到不安的网上付款安全问题将会迎刃而解,电子商务的使用将更加多样化,在销售促进上发挥更大的作用。

(二) 营销决策趋于理性化

网络营销目前正处在一个快速发展的成长时期,营销决策逐渐趋于理性化,主要表现在两个方面。

1. 企业服务的对象

网络营销提高了服务对象的理性思考,理性思考是一种有明确的思维方向,有充分的思维依据,能对事物或问题进行观察、比较、分析、综合、抽象与概括的一种思维。说得简单些,理性思维就是一种建立在证据和逻辑推理基础上的思维方式。理性思维是人类思维的高级形式,是人们把握客观事物本质和规律的能力活动,是人区别于动物的各种能力之母。作为一个企业从业者,我们服务的对象就是客户,或者是给我们带来利益的人群,包括企业的员工。互联网消费者的购买与消费行为更加理性化,头脑冷静、擅长理性分析是网络用户的显著特点。

2. 效率提高奠定理性决策

网上市场调查是指在互联网上针对特定营销环境进行简单调查设计、收集资料和初步分析的活动。网上调查将成为21世纪应用领域最广泛的主流调查方法之一,网上调查既适合于个案调查也适合于统计调查。市场调研效率的提高为理性决策奠定了基础。在网上进行市场调研比采用传统的调查方法具有巨大的优势,不论是在调查的宽度,还是在调查的效率上都为网络用户决策提供了有利条件。

（三）网上电子商场将兴旺发达

电子商场就是一种购买日常用品、书籍、服饰、鞋帽、玩具、软件、唱片、家电等并且送货上门的购物平台，是互联网、银行、现代物流业发展的产物。

将商场或企业的商品以多媒体信息的方式通过互联网络供全球消费者浏览和选购，是国内外许多大商场和大企业正在使用的促销方式。对于企业来说，网络商场与传统的商场相比，具有不需店面租金，可以减少商品库存的压力，降低销售、管理、发货等环节的成本，经营规模不受场地的限制，便于收集顾客的信息等等很多优点，其发展前景十分广阔。

（四）互联网广告将大有作为

互联网广告就是通过网络广告平台在网络上投放广告。利用网站上的广告横幅、文本链接、多媒体的方法，在互联网刊登或发布广告，通过网络传递到互联网用户的一种高科技广告运作方式。与传统的四大传播媒体（报纸、杂志、电视、广播）广告及备受垂青的户外广告相比，互联网广告具有得天独厚的优势，是实施现代营销媒体战略很重要的一部分。互联网广告是一种全新的广告媒体，速度最快、效果很理想，是中小企业扩展壮大的良好途径，对于广泛开展国际业务的公司更是如此。

与传统广告相比，互联网广告所表现出来的优势是明显的：互联网广告的空间几乎是无限的，其传播范围远远大于传统广告；网络广告成本低廉，仅相当于传统媒体的1/10；网络广告可以实现即时互动，克服了传统广告强制性的缺点；互联网广告促成消费者采取行动的机制主要是靠逻辑、理性的说服力，因此具有更高的效率。

21世纪，人类迅速进入数字化时代，电子商务改变着工业化社会传统的、物化的营销模式。① 互联网对传统的市场营销最具有革命性的影响就在于缩短了生产与消费之间的距离，减少了商品在流通中经历的诸多环节，消费者可以直接操纵鼠标在网上完成购买行为。互联网与经济的

---

① 参见朱雯《电子商务时代网络营销的发展对策》，载《商场现代化》2009年第9期。

紧密结合推动市场营销走入了崭新的阶段——互联网营销阶段。

人们早已熟知,市场营销的研究对象是市场,而随着互联网经济时代的到来,这一研究对象发生了巨大的变化,互联网虚拟市场有别于传统市场,其竞争游戏规则和竞争手段发生了根本性的改变。我们已经不能简单地将传统的市场营销战略和市场营销策略搬入互联网营销。传统市场营销中的一些具有优势的资源在互联网营销中可能失去了优势。因此,企业必须重新审视网络虚拟市场,调整旧的思路,树立新的观念,开创新的思维,研究新的方法。

马云曾说过,传统的营销模式必将被电商模式所取代。[①] 在电子商务高速发展的未来,网络营销的就业前景可想而知。互联网营销不是市场营销的简单延续,它带给人们的世界充满了创造性和想象力,它带给社会的效益是无法估量的,它带给互联网营销学习者的新知识也是丰富多彩、富于诱惑力的。

思维拓展　互联网时代之后,是什么时代?[②]

数年前,我们曾经把全球的 IT 行业划分为几个时代,分别是硬件时代、软件时代、互联网时代、移动互联网时代。到了移动互联网时代,为了区分,互联网时代又被称为 PC 互联网时代。这是现在的叫法,用不了多久,就不会区分了,PC 互联网和移动互联网就会统称为互联网。那么,问题来了,互联网时代之后,是什么时代呢?

互联网时代之后,将会是智能化时代。一个新时代就要开始了。这个时代,就是智能化时代。它是近几十年来人工智能不断发展、即将从量变到质变的结果。有两个标志性的事件值得回顾。

1. 深蓝计算机与卡斯帕罗夫的比赛

1997 年 5 月 11 日,IBM 公司的深蓝计算机在一场国际象棋比赛中与俄罗斯棋王、国际象棋世界冠军卡斯帕罗夫进行第 6 次交手。

此前,双方已苦斗 5 局,打成 2.5∶2.5 平手。在第 6 局决胜局,誓

---

① 参见《旧的不去新的不来,马云说电商已死,新零售将要崛起!》,见 http://www.sohu.com/a/130591361_174277,2017 年 8 月 30 日。

② 参见刘兴亮《互联网时代之后,是什么时代?》,见 http://blog.ceconlinebbs.com/BLOG_ARTICLE_235476.HTM,2017 年 8 月 30 日。

要捍卫人类尊严的卡斯帕罗夫在仅走了19步的情况下就眉头紧锁,向深蓝"拱手"称臣,整个世界为之震动。这是第一次在智力较力中机器打败了人类专家,它意味着智能机器具有了高超的推理能力。

2. "Google Brain"项目中的识猫成果

2011年,当时供职于谷歌的人工智能专家吴恩达启动了"Google Brain"项目。这个项目利用谷歌的分布式计算框架和大规模人工神经网络,能够在没有任何先验知识的情况下,仅仅通过观看无标注的YouTube视频,学习到如何识别高级别的概念,如具体的动物——猫。这就是著名的"Google Cat",它的面世意味着机器具备了像人类一样的感知能力。目前,这个项目的技术已经被应用到了安卓操作系统的语音识别系统上。

到了智能化时代,以后的一切设备都将是一个人工智能系统,都会变成机器人。具体而言,即以后可能我们身上的每个纽扣、每个鞋子都是智能设备,都可以互相连接并接入云端。智能化时代,也可以被称为"智能一切的时代"。当智能一切时代来临,我们将被各种智能设备和智能机器人所包围,且数量多得惊人。让我们想象一下未来的生活:你睡醒睁开眼的那一刻,你已经生活在一个智能的环境中——你的家本身就是一个综合型智能超级机器人,智能卫浴会为你自动调整洗浴水温,智能厨房会为你自动烹饪早餐。等你出门上班时,交通工具会是一个无人驾驶的机器人汽车。当你走进办公室,你的智能桌子会立刻感应到,为你打开邮箱和一天的工作日程表……

思考练习题

一、简答题

1. 简述互联网营销的内涵。
2. 简述互联网营销的特点。
3. 简述如何掌握潜在客户数据与影响潜在客户决策。
4. 简述互联网营销的品牌策略。
5. 简述互联网营销外包。
6. 简述互联网内容营销的方法。
7. 简述互联网营销管理与评价指标。
8. 简述互联网营销的限制与安全顾虑。
9. 简述互联网营销的发展趋势。

二、论述题
1. 论述互联网营销技巧。
2. 论述互联网营销在中国的运用情况。
3. 论述中国互联网营销实操三篇章。
4. 论述互联网营销的方法。

三、思考题
数年前，我们曾经把全球的IT行业划分为几个时代，分别是硬件时代、软件时代、互联网时代和移动互联网时代。到了移动互联网时代，为了区分，互联网时代又被称为PC互联网时代。这是现在的叫法，用不了多久，就不会区分了，PC互联网和移动互联网就会统称为互联网。那么，问题来了，互联网时代之后，是什么时代呢？

第十二章
国际市场营销

2017年，随着科技的进步，共享经济成了热点话题。共享经济又称分享型经济或协作型消费，是当前经济发展的重要趋势，也为市场营销理论与实践的研究带来丰富的机遇。企业进入国际市场是国家积极鼓励的，也是改革开放以来我国企业面临的一大课题。在这种情况下，进一步研究国际市场的营销问题就显得更为必要了。国际市场营销的基本理论和方法与国内市场营销大体相同，并无本质区别；但跨越国界毕竟又决定了国际市场营销面对一个更广大、更复杂、有更多差异性和风险性的环境，而环境的巨大差别必然给国际营销带来众多新问题，需要采取若干有别于国内营销的策略。

第一节
开拓国际市场

第二次世界大战结束以来，世界经济中最显著的变化之一即企业经营活动国际化，跨国公司的发展是一例，国际贸易额成倍增长是另一例。为什么企业纷纷进入国际市场？国际市场营销能给企业带来哪些利益？这正是当代国际贸易理论试图回答的问题。

一、国际市场营销带来的利益

国际市场营销包含了国际贸易的内容，而又远远超出它的范围。国际市场营销惯例是国内市场营销惯例的延伸、发展和扩大范围的使用。所以，国际市场营销是指企业超越本国国境、在本国以外的市场进行的营销活动。

（一）逻辑分析

世界市场是世界各国之间进行商品和劳务交换的领域。它包括由国际分工联系起来的各个国家商品和劳务交换的总和。可见，世界市场这一概念是由其外延和内涵两方面构成的。世界市场的外延指的是它的地理范围。世界市场的内涵是与交换过程有关的全部条件和交换的结果，包括商品、技术转让、货币、运输、保险等业务，其中商品是主体，其他业务是为商品和劳务交换服务的。所以，国际市场总比任何一国的国内市场大。

（二）市场多样化

世界经济一体化是大势所趋，开拓国际市场，融入世界经济是每一个企业的必然选择。国际市场多元化、国际经营多样化，在消费倾向趋同的领域里，采取市场多样化比产品多样化更有利可图。

（三）利用不同国家的资源优势

国际分工的发展和国际贸易壁垒的削弱使企业在某些国家从事生产

经营活动比在另一些国家或国内获得更大利益，即通过国际营销活动，充分利用不同国家的资源优势、劳动力优势或资本优势取得更大的经济利益。当跨国公司涌入中国并大量利用中国丰厚的土地、劳动力等资源时，他们并没有考虑这些生产要素的国别界域，别人能利用我们的资源，我们也要利用他们的优势。

（四）国际市场的形成

国际方面，20世纪90年代以来，经济全球化进程加快，世界进入了一个超竞争时代。某些外国企业打入本国市场，迫使本国企业不能再高枕无忧，而不得不进入他国市场，以提高企业竞争力。机遇与挑战并存，一方面，我们可以充分利用国际市场和资源，把更多的企业推向国际竞争，参与国际分工；另一方面，由于我国在重要工业领域的竞争优势尚未确立，在与国际市场的全面接轨中将面临十分严峻的挑战。

（五）产品生命周期的国际化

一些产品在本国市场上已处于产品生命周期的饱和甚至衰退阶段，但在某些国家的市场上却还处于引入或成长期，此时若将产品打入国际市场，等于延长了该产品的生命周期。还有一些因素促使企业进入国际市场。如使企业获得外汇收入（对外汇短缺的发展中国家尤其重要），因对国家有利而获得政府支持，从事国际营销能给企业带来声誉等。

二、制约开拓国际市场的因素

在中国企业"走出去"论坛上，有关领导认为：立法、管理、信息服务等因素制约着中国企业成功开拓国外市场和参与国际竞争。

（1）立法滞后问题值得关注，管理体制亟须完善。虽然在外商投资方面有了非常成型的法律体系，但至今还没有规范的对外投资法律，业务部门主要依靠部门规章和规范性文件。无法可依造成了多头管理、责任不清、监管不力等体制性问题，还造成审批手续繁杂、审批时间过长。

（2）工作机制尚未理顺。国内投资主体对境外企业的后期管理工作跟不上，特别严重的是，国家的很多鼓励政策没有得到充分利用，尤其在境外加工贸易信贷资金和金融保函支持方面，审办难度较大，境外加工贸易项目可享受的商业银行信贷及财政贴息扶持政策没得到落实。

（3）政策导向作用有待加强，缺乏总体统一规划和合理布局，管理创新不足，协调力度仍需加大。现在从中央到地方，对对外投资都遵循着以风险防范为首位的管理思路，严重制约了对外投资发展。

（4）信息服务严重滞后，目前没有建立起一个专门提供国内外商情信息的官方或半官方机构，使国内有优势的产品和项目无法及时得到投资机会，国外的多种投资机会和需求信息也无法及时反馈到国内。

（5）外汇管理和银行信贷限制过严。目前，国家仍然对资本项目外汇从严管理，银行信贷主要扶持机电产品和成套设备类的海外工程承包项目，而很多以土建为主的国内大型建筑工程企业无法获得贷款。

（6）中国企业的微观经营机制也存在一定的缺陷。目前中国许多海外企业沿袭了传统的国内经营模式，在形式上虽然直接面对国际市场，但行为上却要按照国内现行体制进行管理，进而引发一系列问题。

三、共同拓展国际市场

目前，"开拓国际市场"的提法已于2000年首次写入我国的政府工作报告。报告谈到，"积极开拓国际市场，特别是大力拓展非洲、拉美、东欧、独联体等新兴市场……鼓励国内有比较优势的企业到境外投资办厂，开展加工贸易，或者合作开发资源"。开拓国际市场现已成为政府官员、企业家、学者，甚至市井街坊议论的话题。不但大企业要开拓海外市场，中小型企业都想去海外市场搏一搏。全球市场已一体化，你不出去，别人也要进来；更何况外面的世界也很精彩。

（一）引入科学的营销管理系统

这些年，国内不少企业把销售额做得很大，但这并不能说这些企业就有科学与规范的营销管理。欧美公司已有成熟、系统、科学的营销系统，想去海外市场成功营销，必须建立起与之适应的管理系统。

（二）建立营销导向的组织结构

目前，不少企业仍然是销售导向，市场部徒有虚名，没有配备营销专才，专司广告、促销、调研、品牌、客户服务等。再者，没有制度化的营销计划、执行与监督评估体系。国内企业传统的营销是没有计划，或者计划流于形式，并无充分的依据，也不依此执行。定期评估有利于计划与策略的调整，而国内企业忙于事务的多，监督、评估与审计很少。借鉴欧美成熟营销管理经验，建立整合的营销系统是当务之急。

不可单枪匹马地闯市场。即使是一个大企业，也不可能事事自己动手，专注于自己最擅长的事，而把不擅长的事委托给擅长的机构。在专业分工越来越明显的今天，企业更要有效地购买外部资源，利用他人长处，共同开拓国际市场。

（三）小企业同样敢闯大市场

并不只是大企业才能去开拓海外市场。网络技术与信息技术给小企业进入全球市场提供了机会，尤其是一些生产富有民族特色产品的企业。成功营销的关键之一是利用专业公司的网络进行出口，如亚洲资源的网络为国内不少中小企业出口提供了好的服务。此外，要借助一些专业外贸公司的信息与资源。因为他们有长期从事出口的经验，正朝为中小企业提供市场信息与出口代理服务之专业机构方向发展。网络化与信息化时代，小企业也可以将国际化的梦想变为现实。

（四）营销组合的适应性

营销组合没有绝对的全球标准化，也没有绝对的各国本土化。开拓国际市场的国内企业要知道，不可能开发出全球标准化的产品、价格、促销、广告组合，也不可能针对不同国家市场开发一种完全本土化的营销策略。一些强势营销的公司采取影响和改变当地的策略。例如，20年前，法国没有人知道早餐麦片，今天，家乐氏这种食品在法国已司空见惯。日本人向来以茶叶为饮品，20世纪60年代以来，雀巢带来了咖啡消费的习惯。另一些公司则采取迎合当地市场的战略。例如，可口可乐公司改变其饮料的风味，以迎合在美国、英国、印度各国消费者的口味。关键是企业要总结出各国之间可共享的经验，再针对个别市场对策略加以微调。

思维拓展

"粤港澳大湾区共同开拓展国际市场日"异彩纷呈[①]

2017年6月16日上午,"粤港澳大湾区共同开拓展国际市场日"活动在广东省江门市举行。逾600名珠三角企业代表借此了解了香港商贸平台及服务业优势、香港贸发局的多元化服务,特别是如何协助企业拓展包括"一带一路"沿线国家和地区在内的海外市场。该活动由江门市政府与香港贸发局联合举办,分为"环球经济新形势'一带一路'下香港优势及角色"及"以科技和创意开拓国际市场"两个环节。

江门是著名侨乡。香港一直是江门最大的境外投资来源地、重要的贸易伙伴和最主要的转口市场。至2017年4月,江门市累计批准设立港资企业6282家,实际吸收港资金额累计103.76亿美元,占全市总量的57.84%。随着深中通道、深茂铁路等交通基础设施项目的开工建设,江门交通优势和区位优势凸显。江门的土地资源丰富,是粤港澳大湾区内唯一拥有可大规模连片开发土地的城市,其中大广海湾经济区不仅适合建设国家级的区域合作平台,也非常适合作为粤港澳大湾区实施重大突破性政策创新的试验区。"一带一路"倡议和"粤港澳大湾区"发展规划为江门和香港提供了新一轮的合作机会,而港珠澳大桥和深中通道也为香港与江门全方位合作创造了有利条件。

第二节 评析国际市场营销环境

国际市场营销的第一步是对国际市场营销环境做出正确的评价与分析,唯有这样,才能不失时机地抓住国际营销的机会,选择恰当的目标市场,制定有效的营销组合策略。国际市场营销环境处在经常变动,有时还是十分剧烈的变动之中。如世界贸易和海外直接投资迅速增长,大

[①] 参见魏蒙《"粤港澳大湾区共同开拓展国际市场日"异彩纷呈》,见 http://news.xinhuanet.com/local/2017-06/16/c_1121159300.htm,2017年8月30日。

国经济实力此消彼长，一些新兴发展中国家的经济实力也在此消彼长。总之，各个国家的市场环境各有其特点和变化，对企业是否具有吸引力取决于对其政治、法律、经济、文化和贸易环境的分析。

一、经济环境

经济环境是指构成企业生存和发展的社会经济状况和国家经济政策，是影响消费者购买能力和支出模式的因素，它包括收入的变化、消费者支出模式的变化等。社会经济状况包括经济要素的性质、水平、结构、变动趋势等多方面的内容，涉及国家、社会、市场及自然等多个领域。经济环境是进行国际市场营销决策时要优先考虑的因素之一，有四方面的特征足以说明一个国家作为国际营销对象有多大的吸引力。

（一）人口与收入

人口与收入分配来源结构不仅是一种静态的规范，更多的是作为动态的演变。一国的市场规模大致等于该国人口与人均收入的乘积。所以，人口多的比人口少的，国民收入高的比收入低的国家更有吸引力。其中，生活必需品受人口影响较大，奢侈品受收入水平影响较大。

（二）收入分配与资源配置

资源配置与收入分配虽然在形式上有许多共同之处，但两者毕竟是有区别的。资源配置属于对生产条件的分配，是一个"做蛋糕"的问题；而分配是对已经生产的财富的分割，是一个"切蛋糕"的问题。两者也有联系，这种联系表现为它们都统一于财政活动之中。资源配置与收入分配是从不同角度对同一财政活动的研究，最终统一在财政活动上。

1. 收入的分配

国民收入是指一个国家在一定时期（通常为一年）内物质资料生产部门的劳动者新创造的价值的总和，是社会总产品的价值扣除用于补偿消耗掉的生产资料价值的余额。国民收入在物质形态上表现为体现新创造价值的生产资料和消费资料两部分。国民收入不仅有高低之分，还有分布或构成的不同。它有几种类型：①家庭收入低而平均；②家庭收入高低悬殊；③家庭收入有高、中、低三档；④大部分家庭收入中等。

2. 资源配置及产业结构

各国自然资源禀赋的差异形成的比较优势一直是国际贸易的动因之一。在现代，包括自然、技术、资金及劳动力等各种生产要素在内的资源的配置更是影响到一国的产业结构及其作为营销对象国的吸引力。当前，各国的产业结构可分为四种类型。

（1）生存型经济。这类国家中，自给自足型的传统农业占国民生产总值的绝大部分，只有少量工业，市场封闭，进出口额都很小。

（2）原材料或能源出口型经济。这类国家的一般生产力水平并不高，但因有一种或几种较丰富的自然资源，通过出口换汇维持较高甚至很高的国民收入水平。同时又要大量进口维持其"支柱产业"所需的技术设备、运输工具和生活消费品。

（3）新兴工业化经济。这类国家的工业发展已初具规模，并迅速增长。它们迫切需要进口先进技术和设备武装自己。同时也开始出口一些技术含量较低的轻纺产品和机电产品。这类国家居民的收入也在迅速增长，他们需要的某些高档消费品也要通过进口满足。

（4）工业发达型经济。这类国家已实现了产业现代化，拥有先进的科学技术和雄厚的工业基础，它们大量出口各种工业制成品、技术和服务，因此也有很强的进口能力。这类国家的个人消费者、企业和政府都有巨大的购买潜力，因而被各国企业家视为最具吸引力的市场。

（三）经济运行状况

除上述特征外，在制定近期国际营销策略时，考察一国的经济运行状况也十分必要。简而言之，如果一国经济处于繁荣或恢复期，市场潜力较大；如果一国经济处于衰退、萧条期，市场潜力较小。一国通货膨胀严重又得不到控制，或连年贸易逆差，国际收支状况恶化，都会增加国际营销的风险，从而减弱该国市场的吸引力。

二、政治、法律环境

政治与法律是一国政府意志的集中体现，它们对企业的营销活动正在产生越来越广泛的影响。鉴于国与国之间并无统一的政治和法律制度，企业在进入某一国开展营销活动前，有必要先对该国的政治、法律环境做详细考察。

（一）政局的稳定性

国际营销者最关心的是目标国的政局稳定。因为政局的动荡和政府的更迭可能造成如下影响：一是可能干扰该国经济的正常运转；二是可能影响该国有关政策的连续性，从而大大增加了经营风险，如企业的财产和人员得不到保护、合同被中止、贷款收不回、资金被冻结等。

（二）政府之间的关系

国家之间的良好关系是鼓励企业进入一国市场的因素之一；反之，两国关系紧张，阻力总是要大些。由于各国的情况不同，每个国家都有自己的特色之处。虽然在政府与企业之间含有权变成分，但更主要地取决于国家之间的良好关系，以及政府管理企业职能的定位。因为不同国家之间的良好关系和互相理解信任是建立一个美好的国际市场营销环境的必要基础。

（三）政府对国际营销的政策

一国政府对进出口贸易和外资投入的政策与态度极大地影响外国企业在该国从事营销活动的效果。如一国政府可以通过进口配额、外汇控制使所需物资商品不能自由进口，利润和资本不能任意返回；通过要求有本国资本参与、本国人参加管理等规定和拖拉的官僚作风等阻止外国企业进入；也可以通过税收减免，允许盈余资金自由流入、流出，提高办事效率，帮助选择厂址和其他配套措施，鼓励和吸引外国投资。

（四）法律

各国的法律千差万别，而法律又是现代社会维持商品交易活动秩序的主要手段。其中与国际营销活动有关的主要是保护正当竞争和消费者权益的各种法律条例，如专利法、商标法、合同法、反垄断法、环境保护法、投资法、商品卫生检疫和技术标准条例等，还有一些国家特殊的法令条规。由于法律条文的繁杂和各国法律在具体内容上的千差万别，为谨慎起见，企业在决策参与国际营销活动前，最好能求得通晓国际商法问题的律师们的帮助。

三、社会文化环境

社会文化环境是指企业所处的社会结构、社会风俗和习惯、信仰和价值观念、行为规范、生活方式、文化传统、人口规模与地理分布等因素的形成和变动的一种环境。每个国家有各自不同的社会结构、价值观念、语言、风俗和禁忌，这些不同导致各国消费者在购买、需求、偏好、态度和行为方面有很大差异。

（一）社会因素

社会阶层的划分在各国差异很大，各阶层的消费倾向也有很大不同。又如家庭结构、家庭成员结合的紧密程度、家庭内的决策模式、男女在家庭和社会中的地位与角色以及社会群体行为等，亦因国别而不同。

从社会系统和生活的具体社会环境看，影响国际市场营销力的社会因素大致可以分为社会政治上层建筑因素、社会经济基础因素、社会文化观念因素和社会环境交往因素等。

（二）语言与审美

各国语言文字的差异构成了国际营销的一大障碍，如果不能娴熟、准确地使用国际通用的语言文字或目标国的语言文字，就可能丧失营销机会，甚至闹出笑话，特别是在广告、促销活动中。

人与人之间的沟通，除了语言交流外，还有人类学家称之为身体语言的姿势、手势和表情等，这些差异在上门推销或洽谈合同时需十分注意。不同文化背景下的民族对音乐、色彩、造型等的审美偏好也有差异。因此在产品、包装、商标和广告的设计上需考虑到这些不同。

（三）教育水准和物质文明程度

世界各国居民受教育的水准和物质文明的发展程度也相差甚远。例如，日、韩等国成年居民的识字率高达99%，一些落后国家的成人识字率仅20%～30%；发达国家大学生和科技人员占人口的百分比数十倍、数百倍地高于落后国家。文明和受教育水准的差异导致不同国家所需产品的种类、性能、数量的不同，还影响到企业对所需提供的售后服务内容、促销方式、媒体，甚至市场调查方式的选择。

（四）宗教信仰与价值观念

宗教信仰与价值观念既决定人们的行为模式，又影响人们的选择机会和基本发展方向，还决定宗教与文化、个人与社会、国家与社会等重大战略关系的互动模式，二者相互影响。世界上有许多不同的宗教，而且宗教目前在许多国家和地区都有极大的影响力。宗教影响人们的生活和活动方式、信仰和价值观念，从而影响人们的消费选择和购买行为。如各国的节假日大多有宗教背景，而一些节假日演变成了购物的旺季。各种宗教又都有一些禁忌，这些也是从事国际营销时要特别注意的。

四、经济全球化下的战略联盟

经济全球化趋势日渐明朗。我国企业在经济全球化大趋势下如何能够利用机遇发挥自身优势，从而实现跨越发展，是当前学术界与企业共同关注的问题。经济全球化会对我国企业带来重大机遇与挑战，我国企业在经济全球化环境下进行战略联盟才能够实现快速发展。

（一）国际贸易和金融环境

国际贸易和金融环境中，有一些会对企业进行国际营销起限制作用的因素，从而增加了国际营销的难度。最主要的限制因素：各国采取的各种贸易保护措施、各种经济一体化组织的发展、国际汇兑问题。

1. 贸易保护

第二次世界大战后，国际贸易的总趋势是成长迅速，但各国也没有放弃适当保护自己的国内市场，特别是进入20世纪80年代以后，整个世界经济处于停滞和低增长时期，以美国为首的发达国家国际收支不平衡现象严重，纷纷强化各种贸易保护措施，并使之制度化、法律化。

关税是古往今来最常见的一种贸易保护措施，即政府对进出口商品征税。征税的目的在于增加财政收入或保护国内市场。

2. 经济一体化组织

经济一体化是指两个或两个以上的国家在现有生产力发展水平和国际分工的基础上，由政府间通过协商缔结条约，让渡一定的国家主权，建立两国或多国的经济联盟，从而使经济达到某种程度的结合以提高其在国际经济中的地位。在这个多国经济联盟的区域内，商品、资本和劳务最终能够自由流动，不存在任何贸易壁垒，并拥有一个统一的机构来监督条约的执行和实施共同的政策及措施。第二次世界大战后，世界上出现了许多国际性或地区性的经济组织，这些组织的存在和发展趋向均会对企业的国际营销活动产生极大影响。

（1）关税与贸易总协定（简称"关贸总协定"）。关贸总协定是1947年由23个国家签定的，现其成员已达120多个国家的多边国际贸易协定，它也指执行这个协定的国际经济组织或为此所进行的谈判。关贸总协定的目的在于促使缔约国之间降低关税，减少贸易壁垒，平等互惠，协商解决贸易摩擦。现在，世界贸易总额的85%在关贸总协定的范围内进行，该协定制定的贸易规则和达成的协议对世界贸易起着重要的影响作用。

（2）地区性经济组织的目的。寻求成员国之间的经济合作，在成员国之间实行自由贸易，以使成员国企业获得更大的市场和经济规模，增加竞争力；同时对外构筑起同一道贸易壁垒。

3. 国际汇兑

外汇是国际汇兑（foreign exchange）的简称，外汇的概念有动态和静态之分。动态的外汇是指一国货币兑换为另一国货币，以清偿国际债务的金融活动。静态的外汇又有广义与狭义之分，各国外汇管制法令所称的外汇就是广义的外汇。世界上有100多种通货，而且一种货币与他种货币之间的比率即汇率又在不断变动之中。

企业在从事国际营销活动时，必然涉及国际结算、产品定价和资金融通，由此产生了货币选择、了解获得和支付货币的手续和预测汇率变动的问题。特别是汇率的变动增加了企业国际营销的风险，对产品价格的确定和对经营成果的评定变得十分困难。

（二）战略联盟的主流地位

战略联盟指两个或两个以上的经营单位以实现互惠互利的战略目标为目的而形成工作的伙伴关系。在经济全球化背景下，它变得越来越具有主流地位。尽管不同企业展开战略联盟的目的不尽相同，但仔细分析，可以归为以下原因：开发或者进入新的市场、获取新的技术、减少财政风险、保持竞争优势、分摊研发成本等。如果战略联盟能够得到有效执行，其潜力相当巨大。

(三) 战略联盟的"七忌"

战略联盟的主流地位是不可否认的，但过于轻率地开展战略联盟，其成功的概率会减小，甚至有人统计出失败的概率达到了70%。因此，开展战略联盟之前要好好思量一番，特别是对那些有可能导致败绩的因素，不得不防。在经济全球化背景下，开展战略联盟有"七忌"。

1. 文化冲突

文化冲突是战略联盟的最大禁忌。文化冲突包括语言、经营态度等方面的差异。如美国企业倾向于基于利润的业绩评价、市场份额以及特定经济利益；而日本公司则更多关心如何运作以帮助其建立战略地位，特别是改善其能力。

2. 缺乏信任

缺乏信任是导致战略联盟失败的原因。在很多联盟中，一些公司总是把失败的原因指向合作方。事实上，随意迁怒于别人无助于问题的解决，反而增加了双方的紧张程度，很可能导致联盟的瓦解。

3. 贸然联手

在没有搞清楚到底是怎么回事之前，不要轻易联盟。许多公司管理层认为，进入战略联盟的目的是与产业对手竞争，此举能够阻止竞争对手聚焦于他们的公司。但他们没有想到，这些行动有可能会把公司置于聚光灯下，把内部业已存在的问题昭示于天下，反而会招来厄运。

4. 独断专行

如果战略联盟中的一家公司总是我行我素，就会引发联盟中另外一些公司的反感，进而引发矛盾和争端。要解决问题，则耗时费力，错过战略机遇期。

5. 关系风险

合作方在参与联盟的时候，更多地出于自己的利益而不是共同的利益来考虑问题，将直接威胁到联盟的可靠性。"机会主义"的行为包括挪用合作者的资源、扭曲信息、隐匿工作进程、提供淘汰产品或者服务等。因此，关系风险成为战略联盟各种问题中不可忽视的威胁。

6. 业绩风险

有研究表明，业绩风险包括外部（环境）因素和内部因素。前者如政府政策、战争和经济萧条，以及市场的不稳定性；后者主要指合作伙伴均缺少关键领域的竞争能力。上述因素都有可能引发业绩跌落，最终使合作基础岌岌可危。

7. 在核心竞争领域合作

有的战略伙伴可能通过战略联盟探测市场，等到"羽翼丰满"，再分灶吃饭。这样一来，昔日的"兄弟"很有可能成为不共戴天的对手。减少在核心竞争领域与其他公司的合作能够帮助公司降低创造竞争对手的可能性，从而减少对自己经营领域的威胁。

第三节 国际市场营销组合决策

市场营销组合（marketing mix）是企业市场营销战略的一个重要组成部分，是指将企业可控的基本营销措施组成一个整体性活动。近些年来，随着大数据和新常态时代的到来，社会主义市场经济体制在中国不断地完善和发展；同时，国际市场营销组合决策工作已成为企业经营管理中的一项核心内容。

一、国际市场进入决策

并非每家企业都应成为"外向型"企业，实际上，作为中国这样的一个大国，多数企业只需很好地在当地或在国内市场上从事经营活动就可以了。但也有一些企业，其行业特点或国际竞争趋势决定了只有从事全球经营才能获得竞争优势，如计算机、汽车、飞机、彩电等。

当然，也有一些行业，一国在世界市场上享有某方面资源的相对或绝对优势，或者可从品种、款式上在某国市场上起拾遗补阙作用，这时，需就怎样进入国际市场做出决策。决策内容大致有四个方面。

（一）确定从事国际营销的规模

国外销售额在总销售额中的比重。一般来说，多数公司在开始向外发展时规模都不大。有些公司想继续维持小规模，向国外销售只是对国内市场不足的补充；有些公司打算大力发展海外经营规模，与国内并驾齐驱，甚至比国内份额更大。

（二）确定进入的国家和类型

在初始阶段，多数公司都选择少数国家作为国际营销对象，以控制进入成本、减少风险和积累经验。选择少数国家，可挑选那些条件最好、潜力最大的国家，企业可获得较优厚的投资回报，但其范围和规模毕竟有限。

（三）选择具体国家

确定了进入哪一类型国家的市场后，还要选择具体的进入国。这时要对备选国逐一进行评价，包括评估现有市场潜力，预测未来市场潜力、风险和销售潜力，预测成本、利润和投资报酬率，然后从中选出最佳者作为企业国际营销的对象国。

在决策的这一阶段，企业不能只是凭经验、个人好恶、语言和文化的一致性或距离的远近就匆匆做出决定，而要收集大量的客观资料，请有关机构和专家进行认真的分析和预测，谨慎从事。一般来说，市场吸引力、竞争优势和风险是最基本的三大标准。

（四）选择进入方式

世界经济正朝着大市场、大流通、大循环方向发展，不同公司、不同企业如何适应新的国际经济形势，在瞬息万变的国际市场上取得一定地位，已是各国经济发展的关键。

企业进入国际市场的方式有多种，如图12.1所示。虽然我们传统上最为熟知的是商品出口，但第二次世界大战后，为绕开各种各样的贸易壁垒，或者充分利用他国人力和资源的优势，越来越多的企业开始采用对外直接投资方式进入国际市场，其表现之一即现代跨国公司的兴起。

企业可根据自身资源实力、预期目标、风险和希望达到的对市场控制的程度等因素选择适合自己的进入方式。

一般来说，本国生产，然后出口国际市场的方式相对比较简单、风险较小，并因有助于扩大就业机会和赚取外汇而受到本国政府支持。海外直接投资风险较大，但可以带动国内产品出口，利用国外资金、技术、劳力和资源优势使产品成本更低而更具竞争力。

（1）间接出口。企业将产品卖给或委托给国内独立的中间商，由他

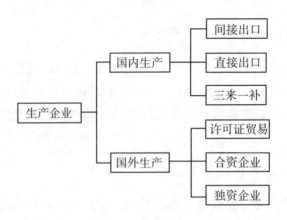

图 12.1　进入国际市场的方式

们负责外销。

（2）直接出口。由企业独立完成出口业务。

（3）三来一补。通过来料加工、来样加工、来零部件装配和补偿贸易的方式将产品推入国际市场。

（4）许可证贸易。由许可方企业与外国被许可方企业达成协议，有偿转让某制造工艺、商标、专利、技术诀窍或专门知识的使用权，收取提成费或使用费。

（5）合资企业。企业进入外国与当地投资者合作办企业，共同享有对企业的所有权、经营权。

（6）独资生产。企业进入国际市场的最终形式即在国外直接投资、独立建企业，从而达到对国际营销活动的完全控制，制定符合长期战略目标的营销政策和策略。

综上所述，企业走向国际市场进行营销的过程可归纳为四个阶段：①被动、偶然的出口业务；②通过独立的中间商（代理商）出口；③建销售子公司，自营全部出口业务；④在国外直接投资生产。

至此，该企业已成为一家跨国公司，随着跨国经营业务量的扩大，该考虑如何在全球市场最有效地从事营销活动了。

二、国际市场营销组合

企业进入国际市场营销时还需考虑是否调整其市场营销组合策略。国际营销环境与国内市场环境不同，国与国之间亦有不同，企业在国际营销中遇到众多在国内营销中不存在的障碍，为此，企业的国际市场营销组合策略要有新的内容。

（一）产品策略

产品策略在国际市场营销组合决策中处于首位。如果产品决策不当，其他决策将成为无本之木而不可能成功。国际营销的产品决策不外乎三种选择：不做任何改变，将产品直接推向国外；部分更改产品，使之适合进口国市场所需；开发新产品。

1. 直接推广

直接推广指把国内成功的产品不做任何变动直接推入国际市场。这种策略的优点是可充分发挥现有设备的生产能力、降低成本、获得规模经济效益，管理也相对简单。

2. 产品更改

产品更改即根据国际营销对象国市场需求的特殊性，对产品的某些方面予以适当调整、改变的策略。这种改变可以是功能、外观、包装、品牌商标或服务等一方面或几方面的改变。

3. 产品创新

当企业现有产品不适合国际营销时，就要采取产品创新策略。结合产品生命周期理论和新产品的概念，判断一产品是否为创新，只能从进口国市场的角度出发，因此有前向发明和后向发明两种创新形式。

（二）定价策略

国际营销中的产品定价远比国内复杂，这主要受其面对的特殊环境因素影响。

1. 价格升级现象

绝大多数企业的产品在国外市场的售价高于国内市场的价格，原因在于增加了包装、运输、关税成本，进口国的分销成本，中间商利润和汇率波动、通货膨胀等风险。

这笔因国际营销而带来的费用高得惊人，以至于生产企业认为，产品在外国的售价应是国内售价的 2～5 倍，他们才能获得同样多的利润。

2. 进入国政府及工商团体对价格的管制

当今世界各市场经济国家政府对价格的管制或干预普遍存在，如规定利率水平、规定最高或最低限价、调节关税、实行补贴及规定贸易形式等。目标国内占据着垄断地位的工商团体为保护其既得利益，也会直接采取若干价格控制办法，或向政府施加压力，以维护行业内有利于其成员的价格水平或价格结构。除此之外，还有一些国际组织制定的限价措施也需企业遵守。

（三）渠道策略

一般来说，国际营销的分销渠道较国内营销要长，企业须从整体的观念看其渠道决策。图12.2表明了连接生产企业与国外最终用户的国际营销渠道的三个主要环节：企业的国际营销部门、各国间的渠道（各国的进出口商）、外国国内的分销渠道。

图12.2　国际营销渠道

制定国际营销渠道策略可以从四个方面着手。

1. 了解进入国的营销组织结构

如以大型零售商店占主导地位、渠道短而宽为特色的美国企业在进入日本市场时，曾很不习惯后者层次多而复杂的渠道结构。在一些国家，几乎所有批发商都在全国范围经营；而在另一些国家，由于政府法令的限制、市场分散、运输落后，几乎没有全国性的批发商。

2. 选择适当的中间商

了解进入国消费者的地理分布和购买行为特点，以便选择适当的中间商。如人们的购买行为受其经济及文化传统影响，超级市场在欧美发达国深受消费者欢迎，因其体现了降低成本、开架售货、减少中介环节、节约购物时间的优势。

3. 构筑分销渠道系统

企业在构筑渠道系统时，一般总是先考虑使用进入国现成的渠道，成本较低，风险较小，特别是在分销体系已十分发达的国家。

4. 渠道评价

建立在数据基础上的评价指标也难以评价顾客满意度、渠道状态、渠道发展能力。传统财务指标评价系统受评价对象的制约，也难以及时对渠道经营状况进行反馈。因此，有必要扩大评价对象，分别满足短期和长期决策需求。分销系统建立后，还要定期对其运行情况进行评估，其内容主要有四个方面。

（1）渠道覆盖面，指其密集程度是否覆盖了企业的全部目标市场。针对每个渠道都要考虑相对应的目标顾客群消费习惯，以及产品形态、价格段等内容。

（2）渠道费用，包括渠道开发费用和日常经营费用。因这两项费用直接关系到商品在分销阶段的加价和企业盈利水平，故特别受到关注。

（3）渠道控制，促使中间商认真执行企业营销政策，抓住市场机会，及时反馈市场变化趋势，并保持长期业务关系。

（4）经营效果，用市场经济的观点，提出了评价经营效果的方法，对其方案的经营效果的评价，以经济效益和经营风险为依据。考察渠道成员是否实现了预期销售额、市场占有率和利润率等营销目标。

（四）促销策略

促销策略是国际市场营销组合的基本策略之一。促销策略是指企业如何通过人员推销、广告、公共关系和营业推广等各种促销方式，向消费者或用户传递产品信息，引起他们的注意和兴趣，激发他们的购买欲望和购买行为，以达到扩大销售的目的。国际促销策略的基本做法与国内促销并无二致。其基本决策是在国际市场上照搬在国内市场获得了成功的促销策略，或者是加以改变后再运用到不同国家的市场上去。

1．标准化策略

国际促销策略我们称之为标准化策略，这种策略撇开各国市场的特殊性，突出基本需求和偏好的一致性。如可口可乐公司的广告基本上采取这种策略，有一段时期，其广告主题甚至广告画面在世界各地均保持一致。标准化策略的优点：一是节省费用、简化管理，二是在各国保持了公司和产品形象的国际统一性。

改革开放以来，我国的企业开始更多地走向国际市场，但走向国际市场和真正成为国际性企业这中间还有很长一段路要走。为了成长为国际性企业，我们有必要认真探索国际营销的特殊规律，进而依据这些规律规划我们企业未来的全球营销战略与策略。

2. 华为国际市场营销策略

华为目前所取得的成绩是中国企业去海外发展的宝贵经验。华为的国际化发展战略对很多希望走出去的中国企业而言，有着一定程度的示范以及借鉴意义，也给我们带来许多启示。

(1) 要有准确的市场定位，不断强化"市场需求为导向"的创新策略。华为准确的目标市场选择和市场定位是华为进入海外市场的关键。华为的市场细分为目标市场的选择打下了基础。华为以"华为的市场定位是业界最佳设备供应商"为目标，以渐进式的国际化模式，走农村包围城市的道路，率先成为国内通信设备的领头企业，然后进军俄罗斯、拉美市场，最后打入欧美市场，并最终完成了华为的国际市场布局。

(2) 重视技术和人才。华为在技术上的投入和成功是世界公认的。即使在低谷时期，华为也保持销售收入10%以上的研发投入。随着知识产权时代的到来，其专利申请突破1000件，成为中国申请专利最多的企业。华为的成功告诉我们形成核心技术产品靠的绝不是单纯的引进，而是坚定的、持续的高投入，重视对研发人才的投入。

(3) 国际化的发展需要国际化规范的管理体系。"华为取得既往成功的关键因素，除了技术、人才、资本，更有管理与服务"，任正非曾这样总结华为的管理经验。在创新管理方面，华为从自己摸爬滚打到引进消化外来经验的"削足适履"，再到优化、固化，现在已经形成了一套非常规范化的创新管理流程。

"以流程型和实效型为主导"的国际先进企业管理体系使其对多变的国际市场具有快速的反应和决策能力。IPD（integrated product development）集成产品开发管理控制产品开发流程，提升产品开发质量；ISC（integrated supply chain）集成供应链保证在实行供应链的过程中提高客户的满意度，降低供应链的总成本；全球化的地区结构化重组，在美国、缅甸、印度和俄罗斯等地设立研究机构和几乎遍及主要国家的分支机构，建立全球化的研发、营销和服务体系。

(4) 企业国际化的关键是要形成企业的核心竞争力。华为在进入国际市场时，坚持把"最好的产品拿出去"，大力支持自主研发技术和技术创新，并最终形成先进成熟的技术体系，从而依靠这种核心技术优势强势进入国际市场。

(5) 重视跨国文化管理。文化在国际市场营销中具有重要的地位，各国不同的文化环境造成的文化差异将影响着跨国企业的营销策略。所以跨国企业一定要重视跨国文化,对国外文化进行分析研究,加深对不同文化价值观念和行为准则的理解,培育、兼容与吸收不同文化。

(6) 合理的定价策略。企业在国际市场上销售产品,由于目标市场距离原产地远近不同而带来了成本费用的差异,因而企业需要对销售不同地区的产品制定出差异价格。华为的产品实行分区定价的策略,将销售市场划分成各个不同的区域,对不同区域的顾客分别制定不同的区域价格,这样有利于企业在同一个大的市场区域内保持价格的一致,同时在不同的大区域之间体现价格差别。

(7) 有效的分销渠道。国际分销渠道分为直接渠道和间接渠道。华为采取了两种方式相结合的方式,在南美之外的发展中国家自建营销网络,直接与电信运营商洽谈。在欧美发达国家,一是加大投入,设立办事处和研发中心,实现制造与研发的本地化;二是积极寻找合作伙伴,建立合资公司,利用他们的营销网络,在国际市场上打开一条通路。

三、国际市场营销战略

为了对国际市场有一个清晰的理解,我们可以从国际营销的角度,通过分析美国大公司与香港中小企业所采取的不同的国际市场营销战略,谈企业的国际市场营销战略的选择问题。国际企业进入国际市场后所面临的营销战略主要有四个方面,即产品策略、价格策略、渠道策略和促销策略。这四种策略运用是否得当是国际企业营销成败的关键。

(一) 正确的产品策略

运用正确的产品策略增强企业的竞争能力。产品是企业竞争的基础,只有不断开发新产品,企业才能在竞争中求得生存和发展。在当前竞争激烈的国际市场环境中,企业为了生存必须满足消费者对新产品或改良产品源源不断的需求。

以广汽本田(以下简称"广本")的营销战略变化为例。广本于2013年推出第九代雅阁,其市场表现并未达到广本的预期。导致这一尴尬局面出现的主要原因就在于广本所坚持的营销策略,即传统凭借口碑营销的方式,然而这种方式在现今已经不足以推动新产品的销量上升。业内评价认为第九代雅阁价格太贵,广本就干脆官方降价2万元,这样足以表示广本的诚意。在广本重新调整第九代雅阁的市场定位与营销策略之后，第九代雅阁终于迎来了自己的第一春。2014年10月价格调整当月销量即翻番达到了1.26万辆，这虽不能与雅阁的历史高位相提并论，但却足以说明广本针对市场需求做出了正确的决策。市场对广本策略的接受度远高于广本的预期，目前广本雅阁低配版的订单已经远超过广本的产能。清晰的定位、合理的定价以及贴近市场的营销手段更是抢占市场的不二法门，这是广本在2014年的最大领悟。①

（二）适当的价格策略

采取适当的价格策略，增强企业的竞争能力。国际企业常用的产品价格策略有：产品寿命周期各阶段的产品价格策略、产品线定价策略、差别定价策略等。对于不同企业、不同产品、不同阶段应采取不同的定价策略，只有这样，才能做到以可靠的质量、满意的价格吸引消费者。

定价策略中有一种是折扣定价策略。折扣营销定价策略是通过减少一部分价格以争取顾客的策略，在现实生活中应用十分广泛，用折让手法定价就是用降低定价或打折扣等方式来争取顾客购货的一种售货方式。如沃尔玛的"折价销售"。沃尔玛能够迅速发展，除了正确的战略定位以外，也得益于其首创的"折价销售"策略。每家沃尔玛商店都贴有"天天廉价"的大标语。同一种商品在沃尔玛比其他商店要便宜。沃尔玛提倡的是低成本、低费用结构、低价格的经营思想，主张把更多的利益让给消费者，"为顾客节省每一美元"是他们的目标。沃尔玛的利润通常在30%左右，沃尔玛公司每星期六早上举行管理人员会议，如果有分店报告某商品在其他商店比沃尔玛低，可立即决定降价。低廉的价格、可靠的质量是沃尔玛的一大竞争优势，吸引了一批又一批的顾客。②

（三）优化的促销策略

选择优化的促销策略，增强企业的竞争能力。产品的促销就是人们

---

① 参见倪佳《B级车地位不复当年，营销策略再"年轻"——广本的自我救赎》，载《时代周报》2015年1月13日。

② 参见柳峰《跨国企业的经营战略分析——以沃尔玛和家乐福为例》，载《教师》2011年第29期。

通过一些有意识的活动手段和媒介等来宣传、介绍产品，激发消费者的购买欲望，达到销售的目的。促销活动主要有广告人员推销、公共报道、展销等方式，不同企业在不同时期应采取不同的促销策略。例如，美国汽车业面对日本汽车业的压力，在促销策略选择上主要是重新树立产品形象，大力宣传其产品的优越质量，利用一切机会提高产品的公众形象。

（四）良好的销售渠道

选择良好的销售渠道，增强企业的竞争能力。在目前的经济环境与制度下，绝大多数国际企业都未能将产品直接售予消费者，在他们与消费者之间存在着一些中间媒介，这些媒介各自起着不同的作用。有些中间媒介如批发商、零售商，在取得产品合法所有权之后，再转售出去；另外如经纪人、企业代表、销售代理人负责寻找顾客，代表企业与人洽商，但他们并没有取得产品所有权；还有一些，如运输公司、独立仓库等协助完成销售工作，而未取得产品所有权，也未参与买卖双方的洽商。渠道策略五花八门，选择哪一种要根据企业各自的实际情况。

作为国际企业，在激烈的市场竞争环境中，必须把握适当的国际营销战略，充分发挥自己的优势，扬长避短，才能取得满意的经营成果。

第四节 国际营销发展趋势

近年来，中国发生了具有深刻意义的几件大事：加入 WTO、知识经济的到来、互联网的迅速普及。这些事件对正从计划经济向市场经济全面转轨的中国而言是具有颠覆意义的，也使中国的市场更具独特的典型价值：一方面，这个市场带有强烈的本土化特征——复杂、转型、初级；另一方面，它必须面对全球化的时代大潮——信息化、全球化、知识化。这一切又以进入 21 世纪为一个明显的分水岭，并产生了新营销。

一、新营销概述

在 20 世纪八九十年代，中国的市场营销几乎从零起步，历经推销、促销、广告推广等阶段，各种营销手段渐次应用，呈现出明显的梯次演进的特征；但总体上企业人的营销处于点式状态、战术状态，从具体应用着手，着眼解决眼前个案问题，以解决企业生存问题为出发点。进入21世纪以后，市场竞争空前激烈，市场营销的复杂性大大增强，如果有一个国家可能改写世界营销规则的话，那就是中国。中国市场和中国企业的崛起将成为21世纪世界营销最新的，也许是最激动人心的风景。

（一）新营销理念

整合营销传播、顾客关系管理、4C理论、CS理论、网络营销、数据库营销、全球营销等，这些通常被称为新营销。新营销的特点是高度依赖现代计算机和通信技术，以及信用卡支付系统。关注潮流、把握趋势、在变化中掌握机会，这是所有富有远见和成功企业的典型特征。

"新营销"理念为：Think global, act local（全球化思考，本地化行动）。进入21世纪的中国企业要具备全球化的视野，同时必须熟悉本土市场，这是在中国市场的成功关键。许多跨国公司纷纷提出本地化的经营理念；相形之下，国内家电企业、手机行业、金融、石油等行业越来越发现在全球的视野下经营的益处。与此同时，各种新兴的观念、新的营销手段和工具迅速被运用到企业的实践当中去：数据库营销、整合营销、联盟营销、直销、网络营销等。这些都在日益繁荣和推进着中国的营销事业，推动着中国市场的进步和企业的腾飞。对于广大的中国企业，如何才能在急速的变化当中站稳脚跟并持续发展？唯有学习和创新，加速学习并运用当今的新营销理论、思想与方法，加速企业自身的营销创新，不断进行自我的革命与革新，企业才能永续发展。

（二）实质性论证阶段

新营销已进入实质性论证阶段。其定位方向更加集中，无论涵盖的内容如何，对于中国市场，它都清晰地指明：在传统营销方式向21世纪营销转型的契机上，营销观念和理念的变革是最显著的。这体现在两个方面。首先，营销关注的中心更加集中于消费者，表现为消费者集群的小众化和产品的个性化，传播也由单项传播转变为双向对称式的传播，改变了以往单向度、信息不对称的传播状态；其次，营销的目的从追求市场份额最大化转向追求消费者消费份额最大化，寻求建立品牌大额顾客忠诚、重复购买和购买升级。

这些新特点要求新的营销方式应运而生。而新的营销方法，如大量利用计算机技术和现代通信技术、信用消费的普及等等也促成了这种转变。

二、新营销的观察视角

移动互联网彻底改变了传统广告信息传播的单向性和强制性，消费者可以根据自己的需要通过移动互联网主动索取信息。今天我们都能深刻体会到移动互联网占据了我们越来越多的注意力。在移动互联网时代，我们需要审视传统营销方法的有效性，更需要发掘一些在新时代下新营销最基本的观念，就是关注全球化背景下中国市场的营销。中国营销发展呈现十大趋势，这也是对新营销的观察视角。

（一）营销视野的全球化

中国市场的国际化程度加深，竞争也随之加剧。中国企业的国际化之路已经迈开——产品出口、直接设厂，甚至利用资本直接收购国际品牌。如 TCL 通过收购当地企业的方式进入欧盟市场，首先，可以轻松地越过这道反倾销壁垒；其次，利用其现成的品牌和网络快速切入此市场；最后，进入欧盟这个成熟市场，真正地与国际大企业过招，有助于 TCL 提升国际竞争力。

跨国公司的中国攻略与中国企业的国际化进程将成为 21 世纪的一大营销趋势。其有竞争也有合作。例如 TCL 就在国内代理销售飞利浦、松下的彩电。没有全球营销视野和思维、不能在全球化背景下找到自己的比较优势和发展战略的企业，不可能拥有远大的前程。

营销视野的全球化同样适用于城市营销。一个城市的旅游资源就算再丰富，知名度再高，也要不断地进行营销，营销就要有全球化的视野和创意。例如，桂林旅游可以考虑引进外国先进的旅游营销办法和技巧，向全世界推介桂林。桂林作为国际旅游城市，正在打造国际旅游胜地形象，旅游营销对桂林来说显得尤为重要。桂林营销要有一个长远的规划，要摸清整个旅游市场的营销现状和发展趋势，针对不同的目标群体打造多元化和个性化的旅游产品。[①]

[①] 参见支荣《营销桂林要有国际化的视野和创意》，载《桂林晚报》2013 年 10 月 24 日。

(二) 营销领域的广泛化

透过城市的营销、体育明星的营销、政府官员形象的营销，营销正在泛化，无处不在。从制造业到零售业、服务业，从消费品企业到工业品企业，都需要营销意识。从企业的营销部门到设计部门、生产部门，都需要营销眼光。从事件营销（如非典型肺炎事件前后医药企业的营销）到节日营销（如情人节），从正常性营销到突发性营销（如 2017 年 8 月海底捞的危机公关），企业必须具备"随时随地准备营销"的观念。最终，营销变成了一种基因，深深地埋藏在企业的生命中，在这个时候，企业和组织就成为真正的以市场为导向的企业和组织。

(三) 营销渠道争夺的白热化

商业渠道的力量正在重塑中国的企业版图。百货商店、连锁店、超市、便民店、专卖店、仓储商店等不同商业形态以不同特色吸引着消费者。中国企业面对的是营销渠道争夺的白热化，渠道的掌握能力决定着企业市场命运。

例如，渠道优势是娃哈哈在本土市场与可口可乐、百事可乐竞争的法宝，而娃哈哈跨界多元化经营的失利也正是其在该领域缺乏渠道优势所致。

(四) 营销工具的 E 化

近年来，沃尔玛在中国市场的发展一直保持稳健增长的步伐。2016 年，沃尔玛开出 24 家新店，包括 21 家大卖场和 3 家山姆会员商店。2017 年 2 月 22 日，沃尔玛在报告中指出，沃尔玛全球 2017 财年（2016 年 2 月—2017 年 1 月）营收达到 4859 亿美元，剔除汇率的影响，则为 4969 亿美元，比上一财年增长 3.1%。2017 财年第 4 季度（2016 年 11 月—2017 年 1 月），沃尔玛在中国的总销售额增长 5.4%，可比销售额增长 2.3%，可比客单价增长 5.2%，推动销售增长的动力主要来自大卖场和山姆会员商店，鲜食和干货商品表现最为强劲。[①]

[①] 参见《沃尔玛 2016 业绩飘红，2017 将扩大差异化优势》，见 http://www.sohu.com/a/126921052_566349，2017 年 8 月 30 日。

沃尔玛的收益率增长取决于三方面：第一，沃尔玛使用领先的信息技术和后勤系统不断地大幅降低其运营成本；第二，沃尔玛不断地向其供应商施加压力，如对供应商的劳动力成本、生产场所、存货控制及管理工作进行质询，迫使供应商进行流程改造，使他们同沃尔玛一样致力于降低成本的运作；第三，沃尔玛强调其供应商要完全明白沃尔玛的成本构成，以便记录和展示这些供应商是如何降低了沃尔玛的成本。所有这三方面的工作都与对信息技术的应用密切相关。在所有的工作场合实施实时的数字化管理使沃尔玛和它的所有供应伙伴融为一体。拜信息化所赐，大象也能跳舞，而且是轻盈起舞。

（五）营销对象的个性化

与传统的目标市场营销相比，个性化营销具有明显的优势：更加充分地体现现代市场营销观念。现代市场营销观念就是"顾客至上""爱你的顾客而非产品"的思想。从大众化到差异化，到定制化，再到个性化，是营销对象的发展趋势。营销对象个性化的表现有四种。

1. 区域化

芭比娃娃在日本的特许经销商对八年级的女孩和她们的家长进行调查后发现，他们认为芭比娃娃的胸部太大而腿又太长。于是，生产商特别制造了日本的芭比娃娃，两年内卖出了 200 多万个改造后的娃娃。

2. 分众化

宝洁公司为它的佳洁士牙膏做了六种广告，分别针对不同年龄和种族的细分市场，包括儿童、美国黑人和西班牙裔人。

3. 定制化

丽思卡尔顿饭店集团用电脑记录了 28 家饭店接待过的每一位客人的喜好，如果某位客人上次在蒙特利尔的丽思卡尔顿饭店里要了一个海绵枕头，那么几个月甚至几年以后，当她住进亚特兰大的丽思卡尔顿饭店时，就会有一只海绵枕头正等着她使用。

4. 个性化

日本松下工业自行车公司采取灵活的方法，大量制造适合于每一个顾客需要的自行车。顾客到当地自行车店后，该店的服务人员会在一个特殊的架子上对顾客进行测量，然后把规格传真给工厂，在工厂里面，测量数据被输入电脑，三分钟之内便可画出一个效果图——如果采用手工，可能需要耗费60倍于此的时间。然后，由计算机指导机器人和工人进行生产。工厂能够生产1800万种、18类型号、199种颜色的自行车，拥有的尺寸适合各类人。

用一种手段有效地把产品推销给所有消费者的时代已一去不复返了，"大市场"将被越来越细分、个性化的市场所代替。

（六）营销空间的品牌化

新经济时代，企业更加关注无形资产所带来的价值。企业越来越注重将价值从有形资产转移到无形资产上，加强对无形资产的利用和控制。例如，万豪（Marriott）是世界著名的酒店管理集团，它从不自己建造酒店或拥有任何酒店实体，而只负责对酒店进行管理。这类公司不仅不组织生产，同时也很少将资本投入固定资产，他们更加重视对品牌的管理。品牌价值的相对稳定性向我们证明，品牌是一个企业最持久的资产。

（七）营销活动的传播化

衣食住行之后，现在必须加上一个"传"字，这就是传播。

在世界市场上，你找不到任何一个企业的成功可以不通过对外界的传播而获得。微软公司的操作系统之所以独霸天下，关键就在于传播。

比尔·盖茨曾说过："如果王安电脑注意到了开放性与通用性的意义，PC发展的历史将会被改写，微软也不会是今天的微软。"当微软首先将自己的操作系统变成一个开放平台，就注定要赢得后来的一切。微软视窗系统的市场推广更是经典的营销案例，最大可能地调动了传播的力量。营销而不懂得传播，必然在21世纪的市场上被杀出局。

（八）营销方式的整合化

整合营销传播加上品牌资产等于整合品牌传播。世界营销界的一个共识是在旧经济时代，企业依靠大规模的广告传播等基本手段便可以得到营销效果，而在新经济时代，这种简单的做法已经很难取得成功了。你很难把人们大规模地集中到一起，除非是在观看诸如奥运会之类的比赛。

现在，广告代理将渐渐转变为传播代理，它将不仅仅代理广告本身，不只面对销售推广等活动，还将更深入地负责广告的效果反馈、产品的售后服务等更多方面,广告代理逐步转变为传播代理是大势所趋。就企业而言,他们需要的也不再是"单打一"的营销方式,而是整合的营销传播、整合的品牌传播。他们需要的新营销人才也必须具备三个技能:电子营销技能、建立品牌的技能、客户关系管理技能。

(九) 营销手段的娱乐化

一个不会娱乐的营销人员不是好的营销人员,形势比人强。当 TCL 手机靠"镶嵌宝石"一鸣惊人的时候,连李东生都自叹:"当初没有想到。"新营销方式和娱乐的结合实质是和新兴消费者的结合。

微软亚洲研究院已经把对数字娱乐的研究作为未来的主要研究方向之一。研究院认为,数字娱乐正在成为人类缤纷生活的新起点,网络化、互动性与真实感三大趋势构成了未来数字娱乐的基本特征。在不久的将来,人们可以在任何场所用掌上电脑、表式多功能娱乐器读取存储在家用 PC 之上的游戏进度,以便与使用其他设备的亲友继续"没有硝烟的争霸战"。

(十) 营销伦理的社会化

企业家要从基本概念补课。《大败局》一书中提到"中国企业的道德分裂"。这是一本放在手上令人发烫的书,讲了一个个国内很著名的企业,在它们"花样年华"的日子里突然灰飞烟灭,突然无声无息地倒下了,如同一个个鲜活的生命突然枯萎带给人们的震撼。这是一个令人激动的年代,无数的机会令人心动,一个伟大品牌往往在一瞬间便打造而成;这也是一个冒险的年代,未知的风险又令每一个人不寒而栗,成功者往往在一瞬间灰飞烟灭。①

其实,中国企业的营销和自我宣传的形象之间也存在巨大的"道德落差"。美国一位学者曾指出:"中国企业在国际市场上没有信誉,不是产品不好,而是经营不规范。"问题已经不需要罗列,我们期待着具有社会责任感的新营销的兴起。

20 世纪的中国企业营销,应该说走的是一条以模仿为主的道路。进入 21 世纪,中国企业将面临国际国内经营环境的深刻变化,如经济全球

---

① 参见吴晓波《大败局》,浙江人民出版社 2001 年版,第 16 页。

化、高度信息化、知识经济的到来、世界性的产品过剩、价格滑坡、全球范围的环境保护运动及绿色消费运动的兴起等。今天，市场营销已经成为决定中国企业命运的重要因素，我们要认真探索和研究中国企业在21世纪市场营销的发展方向，领会其重要的现实意义和战略意义。当今，中国前所未有地走入世界中心，我们可以自豪地说"21世纪的世界市场看中国，21世纪世界的新营销看中国"。

思维拓展　创业前仆后继，中国进新年代[①]

进入21世纪以后，国内外形势的交错咬合与影响，加之市场竞争空前加剧，市场营销的复杂性大大增强，如果有一个国家可能改写世界营销规则的话，那就是中国。中国市场和中国企业的崛起将成为21世纪世界营销最新的，也许是最激动人心的风景。

1. 配合时势快速变化，获国际肯定

2014年春季，我在《欧洲的世界》发表了一篇名为《不要看低中国创新的潜力》的文章，阐述了我对中国创新潜力的看法。

2015年10月的《经济学人》熊彼得专栏里，该专栏作者承认了中国在"某些方面"的确有创新的能力，而这"某些方面"是指在快速变化环境中做出敏捷反应的业务模式创新。这次的肯定是破天荒的，可以说是西方主流媒体首次正面肯定中国的创新能力。

2. Uber CEO（优步首席执行官）料华未来创新超硅谷

2017年1月，Uber（优步）的CEO卡兰尼克在北京的一场演讲里预测，未来5年，在中国出现的创新、发明和创业将较美国硅谷更多，这将令中国企业开始走向国际，认为硅谷同业要留神，方可保持最高水平。

3. 追赶意识弥漫，民企崛起助发展

优步CEO等都不是等闲之辈，他们对美国以及全球科技的发展有着敏锐的触觉。他们对中国创新的看法值得大家注意。此时此刻，中国在创新方面向前踏出了一大步，受到有识之士的认可，原因有四点。

（1）追赶心理。中国人在20世纪70年代末开始改革开放时发现他们在经济方面比全球较发达国家都要落后，而且差距非常庞大。这对于

[①] 参见谢祖墀《创业前仆后继，中国进新年代》，见 http://blog.ceconlinebbs.com/BLOG_ARTICLE_241286.HTM，2017年8月30日。

长时间自认为身处一个理想国度中而且背靠数千年历史文化的国民来说，形成了无比的自卑和莫名感。但这种感觉却造成了巨大的追赶意识。

（2）国有经济给予的空间。长时间以来，中国的经济是以国有经济为主的，国有企业有它们的作用，但亦有它们的短板。在面对快速市场变化、充分竞争，以创新为手段的情况里，国企是没有特别优势可言的。这恰恰给予了一批民营企业一个巨大的发展空间。不少创新型的民企掌握了这个机会而迅速崛起。

（3）转型的高度竞争。中国从计划经济逐渐走向市场经济是一个循序渐进的过程。转型中产生了不少市场区隔的开放，同时亦带来新的市场参与者。因中国市场规模的巨大吸引力，往往带来大数目的竞争者和高度的竞争程度。竞争促使企业进步和增强竞争力，而创新往往就是建立优势的最佳手段。

（4）社会中存在许多痛点。中国在进行经济转型过程中，社会上许多痛点被暴露出来了。这些痛点固然为国民带来不少痛苦和无助，但同时它们却为创新者、创业家提供了无尽的创新的机会。不少创新其实就是为解决或改善社会中的痛苦而被驱动的。

4．网络盛行、资本充足、创业机会大

（1）移动互联网的崛起。当然这是一个重大的驱动因素。当移动互联网、智能终端和社交媒介已经成为大部分国民生活核心的一部分的时候，互联网的应用提供了无限的创新和颠覆的机会。

（2）中国市场的庞大规模。中国市场的规模和快速演变容许许多创业公司快速地扩张，同时亦给予不少空间让创业者可以试错，调整学习，再调整。另外，创新公司的估值主要是看未来的，中国市场的潜力让不少初创公司得到较大的估值，因之而来的融资额度让它们可以较有实力去维持高速的增长。

（3）资本的能力。经过近20年的发展，不少风投公司和天使投资者已经尝到在中国投资的盛宴。无论是国外来到中国投资或在内地自我发展的投资者均为创业者提供了大量的资金。

中国已经进入一个新的时代。创新者的年轻化、普及化和指数级的发展为中国社会注入了无比多的新力量。在创新和创业过程中，不少人会失败或不会第一次尝试就成功。创新者和创业者前仆后继，这种现象在中国的几千年的历史中是划时代的。

思考练习题

一、简答题

1. 简述国际市场营销带来的利益。
2. 简述制约开拓国际市场的因素。
3. 简述国际市场营销环境的经济环境。
4. 简述国际市场营销环境的政治、法律环境。
5. 简述国际市场营销环境的社会文化环境。
6. 简述经济全球化下的战略联盟。
7. 简述国际市场进入决策。
8. 简述国际市场营销战略。

二、论述题

1. 论述如何开拓国际市场。
2. 论述如何进行国际市场营销组合决策。
3. 论述新营销的观察视角。

三、思考题

1. 一个营销专家,想向一个女生求爱,思考了很久,最后鼓足了勇气求婚。但女生家长却说:"你来晚了,因为我的女儿已经是三个小孩的母亲了。"你认为,这个营销专家今后碰到这样的问题,应该怎么决策?
2. 国际市场营销的最高境界是什么?
3. 从国际市场营销的角度分析,乔布斯事业的成功说明了什么?

参 考 文 献

一、著作

[1] [美] 科特勒, 凯勒. 营销管理 [M]. 13 版. 王永贵, 何佳讯, 于洪彦, 等译. 上海: 格致出版社, 2009.

[2] [美] 汉德利, 查普曼. 内容营销: 网络营销的杀手级武器 [M]. 王正林, 王权, 肖静, 等译. 北京: 电子工业出版社, 2011.

[3] 于树青. 市场营销学 [M]. 北京: 经济科学出版社, 2008.

[4] [美] 平克. 全新销售: 说服他人, 从改变自己开始 [M]. 闾佳, 译. 杭州: 浙江人民出版社, 2013.

[5] 刘海龙, 王惠. 金融风险管理 [M]. 北京: 中国财政经济出版社, 2009.

[6] [美] 科特勒. 营销管理: 新千年版·第十版 [M]. 梅汝和, 梅清豪, 周安柱, 译. 北京: 中国人民大学出版社, 2001.

[7] 束军意. 市场营销: 原理工具与实务 [M]. 北京: 机械工业出版社, 2015.

[8] 邢会强. 金融消费纠纷的多元化解决机制研究 [M]. 北京: 中国金融出版社, 2012.

[9] 王秀彦, 杜峰. 当代世界政治经济形势 [M]. 北京: 北京工业大学出版社, 2011.

[10] 孙丽英. 市场营销调查与预测 [M]. 北京: 北京理工大学出版社, 2012.

[11] 黄洁. 企业经营决策与管理综合实训 [M]. 成都: 西南财经大学出版社, 2015.

[12] 隋兵, 武敏. 市场营销基础与实务 [M]. 北京: 中国经济出版社, 2010.

[13] 石元蒙, 王学思. 特许经营导论 [M]. 北京: 北京师范大学出版社, 2009.

[14] 陈春花. 快消品营销与渠道管理［M］. 北京：电子工业出版社，2013.

[15] ［美］崔西. 涡轮战略：提高利润和改善企业的简便方法［M］. 张春萍，译. 北京：华艺出版社，2004.

[16] 谭昆智. 营销城市［M］. 广州：中山大学出版社，2004.

[17] 廖为建，吴柏林，谭昆智. 公共关系学［M］. 北京：高等教育出版社，2000.

[18] ［美］斯迪克兰德. 战略管理［M］. 段盛华，王智慧，译. 北京：北京大学出版社，2000.

[19] ［美］科特勒，阿姆斯特朗. 市场营销原理［M］. 郭国庆，钱明辉，陈栋，等译. 北京：清华大学出版社，1999.

[20] ［美］科特勒，［菲］罗伯特. 社会营销［M］. 俞利军，邹丽，译. 北京：华夏出版社，2003.

[21] 尹世杰. 消费经济学［M］. 长沙：湖南人民出版社，1999.

[22] 倪鹏飞. 中国城市竞争力理论研究与实证分析［M］. 北京：中国经济出版社，2001.

[23] ［美］舒尔茨，田纳本，劳特朋. 整合行销传播［M］. 吴怡国，钱大慧，林建宏，译. 北京：中国物价出版社，2002.

[24] 郭国庆. 市场营销学通论［M］. 北京：中国人民大学出版社，2002.

[25] 王肖生. 现代广告设计［M］. 上海：复旦大学出版社，2002.

[26] 云红茹. 国际商务文化［M］. 北京：经济科学出版社，2002.

[27] 戢守峰，邓德胜，赵浩兴. 现代市场营销学［M］. 北京：北京工业大学出版社，2002.

[28] 白光. 市场定位与功能质量战略：第2卷［M］. 北京：中国经济出版社，2014.

二、期刊

[1] 朱雯. 电子商务时代网络营销的发展对策［J］. 商场现代化，2009(9)：165.

[2] 巩娟. 新型财经报纸的定位研究：受众定位趋同的缺陷与内容差异化的弥补［J］. 新闻世界，2012(1)：32.

[3] 张晓林,张润东. 中小企业持续发展的战略规划原则[J]. 消费导刊,2009(4):42.

[4] 刘巾. 我国畅销书整合营销传播策略分析[J]. 视听,2017(2):21.

[5] 徐卫民. 消费者网购行为分析[J]. 经济学研究,2010(6):64.

[6] 郝素娟. 消费者购买动机调查分析的具体方法探讨[J]. 现代经济,2014,13(7):127.

[7] 邢祥焕,张明星. 朝鲜高丽参的规模化市场经营研究[J]. 中外企业文化,2014(9):14.

[8] 王艳丽. 出版物市场的细分化与出版社目标市场的建立[J]. 新闻传播,2014(6):48.

[9] 任昕. 新媒体时代现代公共关系的应对策略[J]. 中国市场,2015(21):29.

[10] 谭昆智. 文化力提升经济力[J]. 中山大学学报论丛,2003(3):220-227.

[11] 谭昆智. 东莞城市文化形象建设的战略思考[J]. 城市问题,2003(增刊):113-118.

[12] 谭昆智. 名牌战略与企业家的结构思维[J]. 中山大学学报(社会科学版),1997,37(3):36-40.

[13] 谭昆智. 论数字改变样态:数字媒体时代公共关系传播的挑战与机遇[J]. 公关世界,2016(8):48.

[14] 谭昆智. 论新常态下"公关专业+视觉传达"[J]. 公关世界,2015(12):38.

[15] 谭昆智. 论互联网公关时代[J]. 公共关系学报,2015(1):27.

后　记

　　市场营销学是一门研究企业市场营销活动的学科。本书按照教育部21世纪高等院校教学改革与教材建设的基本精神，在内容和形式上，力求有所突破和创新，加强学生操作能力的培养，使理论知识与实际技能紧密结合，力图将市场营销学理论与现代市场营销实践紧密结合起来，突出与市场营销实践相对应的现代市场营销观念、策略和手段，继承传统的有生命力的市场营销理论和方法、系统地阐述社会主义市场经济条件下市场营销的理论和方法；在具体内容上，力争反映当前市场营销理论研究的新方法和所面临的新问题，贴近现实生活，力求融科学性、知识性、实用性于一体，突出市场营销的策略与方法，内容简明扼要，通俗易懂，以知识创新推进中国营销。

　　谈到营销管理，我们需要的不是多一点或少一点的管理，而是一种营销管理的思想体系：管理人员欢迎挑战和竞争，为自己的行为负责，并把种种不确定性看作机会。我们需要的营销管理是有责任感的管理，是付出与回报之间的平衡，是营销管理者与员工之间的互相信任、协调一致和有效沟通。这样的营销管理有双重意义：一方面，是对员工的高标准要求；另一方面，管理人员要对自己的行为负责，既不能对员工过分要求，也不用所谓的客观评价法对员工做出评价。

　　本书既能为高等院校经济管理类与非经济管理类专业的研究生、本科生和其他有志于学习市场营销学的人士提供一本内容系统全面而又丰富的教材，又能为各行各业、不同层次的管理者和市场营销人员提供一本自学和研究营销管理的参考书。市场营销学在西方发达国家已有近百年历史，但在我国尚属一门新学科，其内容和体系都有待于通过实践来不断丰富和完善。限于编者水平，书中不当之处在所难免，敬请读者指正。

　　我不是一个贪婪的人，不过为了这几个月写作的艰辛和牺牲的精力，觉得不加几笔实在过意不去，现在把自己的感受和大家一起分享，内心自然是激动和快乐的。《营销管理》一书之所以能够顺利出版，离不开方方面面的鼎力支持，离不开一直关心我和支持我的老师、同学和亲人。家庭的支持相当重要，我是在家庭成员的鼓励支持下积极奋进的。我的太太和女儿给我创造了一个温馨、和谐的家庭气氛和写作环境，使我能专注地把本书完成，从这个角度来看，可以说此书是大家心血和集体智慧的结晶。本书的出版要感谢中山大学出版社和嵇春霞副总编的大力支持与指导；同时，也要感谢粟丹、李艳清等编校老师细心的审稿和校对，他们的敬业精神使我难忘。在这里，我要对他们的帮助致以深深的谢意！

谭昆智

2018 年 4 月